대학생의 행복한 삶을 위한

진로심리학

손은령 · 김민선 · 김현정 · 이혜은 · 김지연 · 이순희 공저

Career Psychology
for Happy Life of University Students

학지사

머리말

대학생들에게 진로를 가르치는 교수들인 우리에게는 목마름이 있었다. 대학생들이 긴 안목으로 자신의 삶을 바라보고, 현명하게 자신과 직업세계를 이해한 후 진로를 선택해 나가고, 그 과정에서 행복을 찾을 수 있기를 기원하지만, 막상 그에 걸맞은 교재를 찾기 힘들었기 때문이다. 어떤 책은 지나치게 이론 중심이었고, 어떤 책은 너무 단순하게 정리되었으며, 현장을 담아내지 못한 경우도 많았다. 대학생들이 따뜻한 시선으로 자신을 바라보고, 타인을 격려하면서 행복한 삶을 만들어 갈 수 있도록 용기를 북돋워 주는 교재가 나타나기를 우리는 기다렸다. 하지만 대기 모드가 너무 오래된 것을 느낀 일군의 교수들은 일제히 실행 모드로 바뀌었고, 함께 연대하여 교재를 만들기로 마음먹었다. 이후의 과정은 일사천리로 진행되었다. 소장학자들은 대학생의 진로 발달과 선택에 필요한 내용을 담을 틀을 구성하고, 의견을 나눌 수 있는 장을 만들었다. 이 모든 과정이 진행된 이후 선택된 대표 저자로서는 그분들의 청을 감히 거절할 수 없었다. 그들의 진지함과 뜨거움이 온몸에 전해져 왔고, 대학생에 대한 그들의 관심과 애정이 교재의 질을 미리 담보한 것이나 마찬가지였기 때문이다. 이 책은 젊은 학자들의 꿈과 애정을 토대로 마련되었다.

여섯 명의 교수는 대학생들이 행복한 삶을 준비하기 위해서 기본적으로 인간의 면면을 알고, 직업세계의 실상을 이해하며, 진로 관련 이론들에 대한 기본적인 정보들을 숙지해야 한다는 점을 잘 알고 있었다. 이에 더하여 건강한 직업인으로 살 수 있어야 행복한 삶을 영위할 수 있다는 사실도 숙지하고 있었다. 이러한 내용들은 총 14개의 장으로 배열되었고, 서로 배려하고 양보하여 순조롭게 각자 집필한 장을 맡았다. 출판사 선정과 기획을 주관한다는 이유로 대표 저자를 맡게 된 손은령 교수는 이 책의 마지막 장인 제14장을 집필하였고, 다섯 명의 교수가 나머지 장들 중 2개 또는 3개의 장을 각각 맡았다. 각자가 집필한 장을 나열하면 다음과 같다. 이순희 교수가 제1, 10장을, 김민선 교수가 제2, 6, 12장을, 이혜은 교수가 제3, 9, 11장을, 김지연 교수가 제4, 5장을, 김현정 교수가 제7, 8, 13장을 성심껏 집필하였다.

이 책은 크게 5부로 구성하였으며, 인간, 직업, 진로이론에 대한 이해를 토대로 건강한 직업인으로 성장하고 행복한 삶을 영위해 나가도록 내용을 조직하였다. '제1부 인간의 이해'에는 전생애 발달이라는 측면에서 다양한 발달의 영역을 살펴본 후 학습과 적응을 중심으로 청년 발달의 면면을 담아내었다.

'제2부 직업의 이해'에서는 일의 세계에 진입하기 위해서 준비하고 있는 청년들이 알아야 할 직업의 여러 측면—직업세계의 변화, 미래의 직업, 진로 선택과 준비를 위한 자기계발 영역—을 확인할 수 있다.

'제3부 진로이론의 이해'는 진로이론들이 사회 변화에 따라 어떻게 변화해 갔는지를 좇아갈 수 있도록 구성하였다. 전통적 진로이론이 현대의 진로이론으로 변화해 간 양상과 더불어 진로 발달에 관한 이론과 함께 진로 선택 및 결정에 대한 이론들도 담아내었다.

'제4부 건강한 직업인'에는 앞의 내용을 토대로 하여 건강한 직업인으로 살아가는 데 필요한 여러 가지 정보와 기법들을 제시하였다. 사람들과의 관계 속에서 존재하는 개인과 그 개인을 바라보는 시각이 어떠해야 하는지를 기술하였으며, 종단적·횡단적·맥락적으로 개인을 어떻게 이해할 수 있는지를 보여 주었다.

마지막에 제시된 '제5부 행복한 삶과 생애설계'에는 행복한 삶에 대한 의미와 그에 관한 연구들을 토대로 행복한 삶을 어떻게 만들어 가야 하며 각자 만들어 갈 수 있는 방법이 무엇인지를 담았다.

모든 계획은 바뀌게 마련이며, 그 과정에서 더 좋은 방향으로의 변화가 만들어짐을 우리는 알고 있다. 이 책도 처음의 안에서 많이 바뀌었고, 출판과정에서 새로움이 덧입혀졌다. 그러한 변화는 반가웠고, 그 과정에서 서로의 생각을 맞추어 나갈 수 있어서 좋았다. 전문가들과의 만남을 통해 서로 성장할 수 있는 계기가 마련되었기에 더욱 기뻤음을 지금 고백하고 싶다.

　이 책의 시작부터 늘 지원과 격려를 아끼지 않으셨던 학지사 김진환 사장님, 항상 필요한 정보를 주고 연결망을 만들어 주신 유명원 부장님, 꼼꼼하게 편집 작업을 해 주신 황미나 선생님을 비롯한 편집부 관계자의 노고가 없었으면 이 책은 빛을 볼 수 없었을 것이다. 이 책이 갈 길을 제대로 찾지 못하여 안개 속을 헤매는 청년들에게 희망과 의지를 북돋우며, 실천할 용기를 줄 수 있는 마중물이 되기를 기원한다.

2020년 9월
대표 저자 손은령 씀

차례

제4부 건강한 직업인

제1부

인간의 이해

제1장

발달하는 인간

✎ 개요

인간의 발달 과정은 시간의 흐름에 따라 양적으로 또는 질적으로 변화하며, 전생애에 걸쳐 포괄적으로 진행된다고 할 수 있다. 출생 이후 급격한 성장수준을 나타내며 청년기에 도달하는 상승적 측면과 청년기 이후부터 노년기에 이르기까지의 하강적 측면도 포함한다. 인간발달의 단계는 그 이전의 발달 단계로부터 영향을 받고, 이 영향은 또한 앞으로 다가올 다음 발달 단계에도 영향을 미치는 것이므로 어느 특정한 시기가 중요하기보다는 모든 시기가 중요하다는 것을 알 수 있다. 인간이 발달적인 관점에서 성인기에 도달한 이후에는 신체적, 정서적, 심리적으로 변화가 더 이상 일어나지 않는다는 한계적 시각에서 벗어나 전생애적으로 일생 동안 발달이 진행되는 것에 초점을 두어 전생애적 접근을 해야 할 필요가 있다. 이 장에서는 인간발달에 대한 기본 개념, 다양한 영역에서의 발달적 특성, 청년기의 발달 단계 특징 및 이 시기에 개인적으로 달성해야 할 발달과업에 대해 살펴보고자 한다.

📖 학습목표

- 전생애 발달의 개념 및 관점에 대한 전통적 개념의 차이를 설명할 수 있다.
- 인간의 발달 단계에 있어서 태내기부터 노인기까지 각 단계의 변화를 이해할 수 있다.
- 인지적 발달과 정의적 발달을 구분하여 설명할 수 있다.
- 청년기의 발달적 특징을 이해하고 발달 과정에 대해 설명할 수 있다.

1. 전생애 발달

인간에게는 연약하고 무력한 모습 속에 만물의 영장이 될 어마어마한 '가능성'이 웅크리고 있다(최병태 외, 2006). 인간의 발달이란 광범위하게는 불완전에서 완전을 추구하고 무한한 가능성이 현실에 나타나도록 만들어 가는 과정인 것이다. 인간의 발달은 전생애를 통해 일어난다. 출생부터 노년에 이르러 나타나는 노화의 모습까지 시간의 연속선상에 있다. 이 과정에서 기능이 약화되고 양적 퇴행을 보이는 요소들도 있지만, 또 다른 측면에서는 고도의 성숙이 진행된다고 할 수 있다. 태어나서 청년기까지 왕성한 성장을 달성한 후에는 상승적 측면의 성장이 한계에 이를 것이라는 여러 학자의 관점과 시각을 달리하여 인간의 생애 전체를 성장과 발달로 보는 관점이 생기면서 전생애적 발달이론 관점이 점점 자리 잡고 있는 추세이다(Conger, 1977). 한 인간의 성장과 발달은 청년기로 국한된 20세 전후에만 일어나는 것이 아니라 전생애에 걸쳐 일어난다는 이론적 관점과 이에 따른 실증적인 연구결과들이 뒷받침되어, 발달연구에서는 전생애적 접근이 필요하다는 의견이 자연스럽게 인식되었다. 전생애 인간발달이 의미하는 것이 무엇인지 그 개념에 대해 살펴보고자 한다.

1) 전생애 인간발달의 개념

인간발달은 수정되는 순간부터 죽음에 이르기까지 일생 동안 일어나는 변화의 과정이라 할 수 있다. 인간의 일생에 걸쳐 신체적, 인지적, 심리사회적 영역에서 일어나는 변화와 안정의 과정을 통틀어 전생애 발달이라 일컫는다(신명희 외, 2017). 대부분의 발달심리학자들이 인생 초기의 시점이라 할 수 있는 영·유아와 아동·청소년의 변화에 관심과 초점을 두었으나, 최근 들어 태아와 신생아, 성인, 노인을 포함하여 전생애에 걸친 변화로 그 관심이 크게 확대되었다. 발달심리학자들은 점차 발달을 일생의 과정, 즉 전생애 발달의 개념으로 인식하게 되었다. 태내기에서 노년기에 이르는 각 발달 단계는 이전 단계의 영향을 받음과 동시에 다음 단계에 영

전통적 관점

유아기	아동 전기	아동 후기	청년기	노년기

전생애적 관점

유아기	아동 전기	아동 후기	청년기	성인 전기 성인 중기	노년기

[그림 1-1] 전통적 관점과 전생애적 관점의 차이

출처: 정옥분(2019).

향을 끼치게 된다. 그러므로 인간의 발달적 변화를 보다 쉽게 이해하기 위해서는 단계를 구분하여 접근해야 할 필요가 있다. 발달 단계를 구분하는 기준으로는 연령뿐만 아니라 발달의 개인차나 문화적 차이 등도 고려되어야 한다. [그림 1-1]에는 발달에 대한 전통적 관점과 전생애적 관점의 차이를 제시하였다.

먼저, 발달의 의미와 발달 단계, 일반적인 발달 원리에 대해 살펴보고자 한다. 수정 이후 수정란은 하나의 완전한 생명체로서 주어진 유전적 정보에 따라 자신을 변화시켜 나간다. 이 과정에서 환경의 영향을 끊임없이 받게 되며, 그 상호작용의 과정이 곧 발달이라 볼 수 있다. 이 발달은 성숙에 의한 변화와 학습에 의한 변화라는 두 형태의 변화가 복합적으로 작용하는 것이다. 유전적으로 주어진 정보에 의해 자연스럽게 이루어지는 변화는 성숙이며, 후천적인 경험에 의한 변화는 학습이라고 할 수 있다.

이 두 가지 변화는 대부분 개별적으로 일어나기보다는 복합적으로 일어나는 경우가 많다. 발달에 있어서 별도의 두 방향으로 진행되고 또 연합하여 상호 촉진하는 과정이 진행된다고 보면 된다. 흔히 성숙에 의한 변화는 신체변화를 설명하는 것이며, 학습에 의한 변화는 지능이나 사고 등 인지적 영역의 변화를 예로 들고 있다. 그러나 신체적 변화나 인지적 변화 등은 모두 성숙과 학습의 상호작용 결과라고 보는 것이 더욱 합리적인 견해이다. 이러한 변화는 크기의 변화, 비율의 변화, 새로운 특징의 획득, 기존 특징의 소멸 등을 의미한다(임은미 외, 2019).

발달 단계는 주로 연령을 기준으로 구분한다. 각 단계별로 그 시기에 적합한 발달적 전환이 이루어지는데, 이는 특정한 과제의 성취와 특정한 측면의 발달이 강조됨을 의미한다. 각 발달 단계는 고유한 특징이 있어서 그 이전 단계나 이후 단계로부터 독립적으로 구분된다. 이 발달 과정에는 방향성이 드러나며, 새로운 단계에서는 그 이전의 단계까지 이루어진 발달을 통합하게 된다(McGillicuddy-DeLisi, 1982; Miller, P. H., 1983). 이전 발달 단계에서 심각한 결손이나 결핍이 생기면 다음 단계에서 정상적인 속도의 발달을 기대할 수 없는 경우도 발생하게 된다. 발달 단계는 생물학적인 발달, 인지적인 발달, 정서적인 발달의 영역으로 구분할 수 있다.

　일반적인 발달 원리는 다음과 같다. 발달의 순서는 다소 예측이 가능하다는 점, 아동은 서로 다른 비율로 발달한다는 점, 발달은 완만한 성장기와 급등기로 구분될 수 있다는 점, 발달에는 유전과 환경이 상호작용하여 영향을 미친다는 점 등을 들 수 있다. 이는 보편적으로 따르는 발달 원리이며, 시간에 따라 비슷한 발달 현상을 보인다는 뜻이다. 그러나 모든 아동이 같은 연령에서 특정한 수준에 이르는 것은 아니다. 신장의 경우 처음에는 천천히 자라다가 청소년기가 되면 급격하게 성장하는 양상을 보인다. 발달은 물리적 자극과 사회적 자극에 반응하는 유전적 성향이 다르게 나타난다. 유전은 성숙이라는 과정을 통해 일생에 걸쳐 나타난다. 행동적인 측면도 타고난 기질과 양육 환경이 상호작용하여 특정한 행동패턴으로 자리매김하게 되는 것이다.

　전생애 인간발달은 생물학적 성장이 비교적 가파른 속도로 일어나는 유년기에서 청년기까지의 발달과 함께 청년기 이후의 성인기, 노년기도 동일한 비중으로 중요하게 다룰 필요가 있다는 관점을 제시한다. 인간발달에 대한 전통적인 이론적 접근에서는 유아기와 아동 전기의 발달 단계를 비교적 중요하게 다룬다. 그것은 인간이 출생한 이후부터 청년기까지는 신체적으로 발달과 성장이 비교적 급속한 속도로 진행된다고 보기 때문이다. 청년 후기를 거쳐 성인기에는 모든 면에서 안정감이 지속되고, 노년기에는 모든 기능적인 측면에서 감소의 방향성을 보이는 것으로 간주하였다. 인간발달에 대한 전통적 접근에서는 성년기와 중년기는 발달적 측면에서 거의 변화가 없는 것으로 간주하고 있기도 하다. 그러나 전생애적 인간발달 접근에서는 유아기의 발달 단계도 중요하게 인식하고 있지만, 성장의 극대점에 이른 청년기 이후의 발달 단계인 성인기 전반의 변화와 모든 기능이 둔화된다고 가정하는 노년기까지의 변화도 중요하게 다루어야 함을 주장하고 있다.

2) 전생애 인간발달의 특성

전생애 인간발달을 지속적으로 연구한 발달심리학자 Baltes와 Baltes(1990)는 전생애 발달의 개념을 도출해 내고, 이와 관련된 여러 이론을 제시하여 학계의 주목을 받았다. 그는 인간발달에 대한 전생애적 접근의 중요한 특성을 다중방향성(multidirectionality), 유연성(plasticity), 역사적·사회적 맥락(historical and social context), 다양한 학문적 접근(multidisciplinary partnership) 등으로 구분하였다. 자세한 내용은 다음과 같다.

첫째, 발달은 전생애에 걸쳐 일어나며, 다차원적·다방향적으로 일어난다는 것이다. 발달적 변화를 구조적인 성장, 기능적인 측면에서의 공교함과 수준 향상, 환경에 대처하는 적응능력의 증가 등으로 여겼다. 그러므로 성인이 되는 순간부터는 더 이상 발달하는 것이 아니라 노화, 즉 퇴보해 가는 것으로 간주한 것이다. 전통적 접근에는 발달의 목표점이 성숙이며, 노화의 목표점이 죽음이라는 가정이 그 밑바탕에 있었다. 그러나 전생애 접근법은 모든 연령 및 발달 단계가 성장과 감소를 동시에 포함한다고 가정한다. 성인의 경우 유아기에서 청년기에 이르기까지의 신체적 발달과 비율 변화와 같은 양적인 성장은 감소의 추세를 보일 수도 있으나, 이에 반해 문제해결력, 통찰력, 어휘력과 같은 능력은 증가할 수도 있기 때문이다. 인간발달의 다중방향성을 고려하지 못하고 한 방향으로의 일률적인 성장 또는 쇠퇴의 관점으로만 보는 것을 변화시킬 필요가 있다.

둘째, 발달은 진행과정에서 유연성이 있다. 이 유연성은 인간의 중요한 발달 단계에 반드시 성취하였어야 할 발달목표를 이루지 못한 경우 이후에라도 그 환경이나 여러 조건이 개선되면 발달결핍을 충분히 극복하여 다음 단계의 발달을 이룰 수 있는 최고의 상태로 조성될 수 있음을 의미한다. 빈곤, 질병, 영양실조와 같은 장기간 결핍 상태에 노출된 아동이 그 이후에 환경이 개선되면 다음 단계로의 발달 촉진을 기대할 수 있게 되는 것이다. 이는 여러 개인차가 있을 수 있으나, 노인의 경우에도 연습이나 반복훈련을 통해 여러 가지 필요한 기술을 유용하게 향상시킬 수 있기 때문이다. 인지적인 능력을 일시적으로 상실한 노인들이 특별한 반복훈련을 통해 그 상실한 능력을 어느 정도 회복할 수 있는 것으로 보고된 바 있다(Baltes, Smith, & Staudinger, 1992).

셋째, 발달은 다양한 맥락 내에서 이루어진다. 이것은 역사적 · 사회적 맥락에서 인간의 발달적인 측면을 살펴볼 필요가 있다는 것을 뜻한다. 인간발달의 과정에서 반드시 역사적인 사건이나 사회적인 환경에 의해 일방적으로 영향을 받기도 하고 그 환경과의 상호작용이 발생하게 된다는 것이다. P. H. Miller(1983)는 인간의 발달을 이해하는 데 중요한 것이 개인의 연령이 아니라 성장 과정에서 체험한 삶의 역사임을 강조한 바 있다. 이 역사란 미시적 · 개인적 차원에서의 경험이며, 그 경험은 역사적으로 특수성을 띤 역사적 경험을 의미한다. 예를 들면, IMF와 같은 국가적 금융위기를 거친 개인은 그렇지 않은 개인보다 경제적인 측면에서 다른 세대들과는 다른 영향을 받게 된다. 동일한 부모에게서 양육되었을지라도 자녀로서 개인이 주관적으로 경험한 양육 환경은 큰 차이를 보일 수 있는데, 이는 사회적 맥락이 개입되어 작용했기 때문이다. 좀 더 광범위한 사회적 맥락 요인으로는 전염병 확산, 경제적 위축, 4차 산업혁명의 도래와 같은 것들이 있다. 이는 그 세대들만의 독특한 행동 양상을 형성하게도 한다. 특히 최근에는 가족구조의 다양한 변화, 남성과 여성의 역할 변화, 미니멀리즘과 같은 개인의 가치관 변화가 급속해지고 있다. 인간의 발달 현상은 한 차원에 머무를 수 없으며, 이 발달은 또한 어떤 완전한 수준이 있을 수 없다. 따라서 부단한 모순에 직면할 수밖에 없는 것이 인간이라는 존재의 속성이므로 발달 현상은 이러한 관점에서 통합적으로 연구되어야 한다는 것이 인간발달에 대한 맥락적 접근을 제시하는 학자들의 주장이다(Lerner, 1992).

넷째, 발달은 다학문적인 연구와 접근을 통해 이루어진다. 이것은 인간발달을 제대로 이해하기 위해서 각 분야의 다양한 전문가들의 견해가 총체적으로 통합되어야 한다는 것이다. 한 인간이 겪는 발달에 대해 철학적, 교육학적, 의학적, 심리학적, 생물학적, 인류학적, 역사학적, 가정학적, 사회학적으로 다양한 관점이 확보되어 공유점을 찾아야 한다는 의미이다. 문화가 발달에 미치는 영향, 세포와 신체기관의 생물학적 성장과 노화, 시대에 따른 인간발달의 변화, 가족과 사회적 맥락에서의 발달, 개인의 정신능력, 성격특성, 사회적 기술, 사회의 본질과 개인과 사회의 관계를 연구하는 등 많은 학문 분야의 통찰적 시각을 종합할 필요가 있다(Shaffer, 1994). 그 외에 발달은 성장, 유지, 상실 조정 과정이 포함된다는 특성과 생물학적, 사회적, 문화적, 개인적 요인 간의 상호작용을 통해 이루어진다고 볼 수 있다.

3) 전생애 발달의 단계

발달심리학자들은 특정 영역의 발달이 어떤 시기에 어떻게 이루어지는가에 관심을 가진다. 일반적으로 전생애는 비교적 넓은 범위의 나이 단계로 구분되는데, 수정 (conceptions)에서 출생까지의 시기인 태내기를 시작으로 영아기, 유아기, 아동기, 청소년기, 성인 전기, 성인 중기, 노년기로 나뉜다. 발달심리학을 연구하는 대부분의 학자들은 이 나이의 범위를 수용하는 편이다. 그러나 실제로 나이는 여러 가지 면에서 임의적인 것임을 재고해 볼 필요가 있다. 그 시기의 구분이 비교적 분명하고 확정적인 시기가 있는가 하면, 어떤 시기는 그 시작이나 끝이 명확하지 않다. 예를 들면, 영아기는 출생에서 시작되고 유아기는 초등학교에 입문하면서 끝이 난다. 청소년기는 사춘기의 시작, 곧 성적인 성숙에서 시작된다. 그러나 성인 전기의 시작 연령인 20세는 10대가 끝났다는 신호일 뿐, 단계 구분에 있어서는 큰 의미가 없다고 볼 수 있다. 오히려 대학에 재학 중인 19세와 20세는 크게 달라지는 것이 없으며, 졸업을 하고 사회에 진출하여 직장을 가지는 연령이 실제로 성인 전기의 시작이라 보는 것이 더 바람직할 수도 있다. 이것 또한 개인의 차이나 시대와 문화에 따라 그 해석 맥락이 달라지기도 한다.

생물학적 성숙의 개인적 차이와 더불어 환경적인 변인들이 직업선택, 결혼 등의 특정 생애사건이 일어나는 시기에 영향을 주게 된다. 초기 발달 단계보다 후기 발달 단계로 갈수록 나이의 구분은 더욱 불분명하고 복잡해진다. 그러므로 발달심리학자들은 나이의 범위를 그 평균을 택하여 구분하는 경향이 있다. 왜냐하면 어떤 사람은 사회가 통상적으로 용납하는 삶의 이정표에 일찍 도달하고, 또 어떤 사람은 늦게 도착하기도 하지만, 대부분의 사람들이 비슷한 나이 즈음에 도달하기 때문이다(신명희 외, 2017). 발달 단계와 관련한 연구에서는 대체로 영유아기와 아동기에 대한 연구는 많이 축적되었으나 전통적 관점에서 볼 때 발달속도가 감소하는 성인기 이후의 연구는 다소 미흡한 편에 속한다(정옥분, 2000). 전생애적 관점으로 바라본 성인기와 노인기에 대한 다양하고 깊이 있는 연구가 추가적으로 진행될 필요가 있다.

(1) 태내기

태내기(prenatal period)는 수정의 순간부터 출산까지를 지칭하는 것으로, 태아가 어머니의 배 속에 있는 약 9개월간을 말한다. 이 기간에 정자와 난자가 결합한 하나의 세포는 독립된 생명체로 성장한다. 그러므로 태내기는 짧은 기간이지만 인간발달의 초석이 되는 아주 중요한 시기이다. 기본적 신체구조와 기관은 이 시기에 형성되며, 이 기간 동안의 성장과 발달은 인간의 전생애에 걸쳐 가장 빠르고 놀라운 변화를 보인다. 태내에서의 발달은 발아기, 배아기, 태아기 등 세 단계로 나누어진다.

(2) 영아기

1개월 이후부터 24개월까지를 영아기(infancy)라고 한다. 그중에서도 출생 후 첫 1개월을 신생아기라고 한다. 이 기간 동안 무력한 존재인 영아는 하나의 독립된 개체로서 성장할 준비를 하게 된다. 특히 신생아기는 태내 환경과 상이한 새로운 환경에 적응해야 한다는 점에서 중요한 의미를 가진다. 왜냐하면 신생아기는 영아기 중에서도 발달의 여러 단계에서 급속한 성장이 이루어지는 시기이기 때문이다. 갓난아기는 무력해 보일 수 있으나, 이미 많은 능력을 가지고 태어난다. 생존에 필요한 반사능력을 모두 가지고 태어나며, 오감 또한 충분히 기능한다. 이후에는 뛰어다닐 수 있을 만큼 빠른 속도로 신체발달이 이루어지고, 다른 사람과 의사소통이 가능할 만큼 언어능력도 발달한다. 이 시기에는 원만한 사회성 발달을 위해 양육자와 정서적 유대감을 형성하며 향후 심리사회적 발달의 토대가 되는 생애 최초의 사회적 관계 맺음을 경험하게 된다.

(3) 유아기

2세부터 초등학교 입학 이전까지의 시기를 유아기(early childhood)라고 구분한다. "세 살 버릇이 여든까지 간다."라는 속담이 만들어질 정도로 발달상으로 의미 있는 시기이다. 이 속담은 어릴 적 몸에 밴 버릇은 늙어서도 고치기 힘들다는 의미로, 습관을 형성하는 유아기가 건강한 인간으로 살아가는 데 매우 중요함을 뜻한다. 유아기는 신체적, 인지적, 정서적으로 많은 발달이 다른 시기에 비해 활발하게 이루어지는 시기이다. 신체적 활동 반경이 넓어지고 호기심도 높아져서 자칫 사고의 위험이 높은 시기이기도 하다. 주요 생활공간인 가정과 가족을 떠나 어린이집, 유치원 등의 기관으로 생활영역이 확대되고 대인관계의 폭이 넓어져 가족 이외의 사람들과의 상호작용을 통해 외부세계를 탐색하고 사회의 가치관과 규범을 습득하게 된다. 유아기에는 걷기, 말하기, 사회성 발달 여부가 이 단계에서의 발달이 정상적으로 잘 이루어지는지를 살펴보는 중요한 지표가 되기도 한다.

(4) 아동기

6세부터 12세까지의 시기를 아동기(middle childhood)라고 한다. 이때는 신체의 성장이 다소 느려지는 경향이 있으나, 체력과 운동기능은 한층 더 신장되는 현상을 보인다. 더욱 활발해진 운동량으로 인해 아동기 내내 그 수준을 유지하다가 사춘기에 접어들면서 서서히 감소하게 된다. 이 시기를 거치는 과정에서 인간의 운동기능은 기존에 비하여 더욱 빠르고 정교해지며 유연성도 함께 발달하게 된다. 대근육과 소근육의 발달로 악기 연주, 정교한 조작 등 다양한 취미활동을 하게 되고, 부수적으로 심리적인 독립심도 증가한다. 이 시기에 발견되는 성장통(growing pains) 현상이 바로 아동기 신체 발달 특징 중 하나라 할 수 있다. 유아기의 자기중심성이 조금씩 사라지면서 또래친구들에 대한 관심을 보이기 시작한다. 자아개념이 발달하게 되며 인지적인 기억력이 증가하고 언어기능도 향상되기 시작한다. 학교생활을 시작하면서 아동의 인지능력 또한 급격한 변화를 겪는다.

(5) 청소년기

12세에서 20세까지의 시기를 청소년기(adolescence)라고 한다. 보편적으로 사춘기가 시작되는 청소년기는 신체적 변화가 일어나는 생물학적 성숙으로 인해 그 시작이 분명하지만 끝나는 시점은 개인차가 발생한다. 행동적·문화적·심리적 성숙의 개인차로 부모-자녀 관계도 가장 힘들고 청소년 자신도 가장 동요하는 혼란스러운 시기이기도 하다. 흔히 질풍노도의 시기라 불리며, 청소년 시기에는 스스로를 아이도 성인도 아닌 모호한 주변인으로 인식하는 경향이 있다. 신체적으로는 성인과 비슷한 겉모습을 지니게 되나, 심리적·경제적으로는 독립이 덜 된 상태이기 때문이다. 외모로 나타나는 발달수준과 사회경제적 위치의 불균형으로 인해 자아정체성 등 여러 면에서 갈등이 큰 시간들을 보내는 청소년들도 있을 수 있다. 청소년기는 자의식과 현실 적응의 사이에서 혼돈, 갈등, 외로움 등의 감정을 경험하고 이로 인해 긴장과 혼란이 지속되는 시기인 것이다. 청소년 초기에는 부모를 멀리하고 어른들과 권위자들의 충고에 반항하는 등의 태도를 보이지만, 청소년 후기로 갈수록 자신이 속한 사회의 불일치에 대한 수용성도 높아지고 인지발달로 인해 차츰 생활태도적인 면에서도 규범을 준수하며 공동체의식을 갖게 된다. 그리고 일부 청소년은 자신의 장래와 직업에 대한 관심이 높아지기도 한다. 또한 또래친구들과의 학교생활 속에서 사회적응기술과 행동을 배우고, 정서적 유대감을 갖기도 한다.

(6) 성인 전기

20세부터 40세까지를 성인 전기(early adulthood)라고 한다. 이 시기에는 신체적 건강 상태가 최고 수준에 도달했다가 정점을 이룬 다음, 그 뒤로 서서히 감퇴하기 시작한다. 대부분의 사람들은 성인 전기에 직업을 가지게 된다. 이 시기에는 결혼을 통해 부모를 떠나 독립가정을 이루게 되고, 이어 자녀 출산과 양육 등을 경험하게 된다. 평균수명이 길어지고 의학적 기술도 급격하게 발달하면서 오늘날에는 성인기에 진입했다는 기준이 과거에 비해 모호하기도 하다. 성인기에 진입했다는 표시의 예로 부모의 집에서 떠나는 것, 정해진 교육과정을 따라 정규교육을 마치는 것, 취업을 통해 경제적으로 독립하는 것, 성적으로 그리고 정서적으로 한 사람과 장기간 친밀한 관계를 형성하고 자신의 가정을 가지는 것 등을 들 수 있다. 그러나 오늘날 젊은이들은 부모의 감독에서는 벗어나지만 아직 성인의 역할을 하지는 않고 유보시키는 성인기 진입(emerging adulthood) 단계라는 새로운 발달 단계를 경험한다고 한다. 이 시기에는 청소년 후기의 발달과업을 스스로 잘 달성하였는지에 대한 자기점검과 곧 진입해야 할 성인기에 대한 다양한 탐색과 준비가 필요하다.

평균수명이 연장되면서 결혼의 시기도 늦어졌다. 결혼도 더 이상 보편적으로 나이가 되면 하는 것이 아니라 개인의 선택적 의향이 더 많이 반영되고 있다. 경제적 독립 지연이 결혼 시기의 변화를 가져오고 연령과 무관하게 가정이 새롭게 형성되면서 가족생활주기도 그 보편성이 희미해지고 있다. 이 시기에는 친밀한 관계 욕구가 증가하며, 적성과 관심 분야가 일치하는 영역으로의 사회진출과 직업수행을 갈망하며 준비한다.

(7) 성인 중기

40세부터 65세까지를 성인 중기(middle adulthood)라 부른다. 흔히 이 시기를 중년기라 지칭하기도 한다. 생물학적 특성이나 생활환경, 사회적·경제적 지위에 따라 중년의 신체적, 인지적, 사회적 관계능력이 많이 다르다. 이 시기는 현저한 개인 차를 보이는 시기이기도 하다. 최근 중년기에 접어든 사람들은 의학적 발전에 힘입어 대부분 양호한 상태의 건강과 인지적 능력을 유지하고 있어서 자신의 삶의 질을 만족스럽게 잘 영위하고 있다. 과거의 중년기에 비해 현재의 중년기는 이제 쇠퇴와 상실의 시기가 아니라 완성과 성숙의 시기라고 할 수 있다. 자신의 인생 목표를 재평가하고 남아 있는 인생 후반전의 시간을 어떻게 보낼지 탐색하고 선택해야 한다. 그리고 그간 누적된 직업적 경험으로 자신의 직업 분야에서 역량 있는 리더 역할을 하고 경제적 안정을 경험하는 절정의 시간이 되도록 노력하는 시기이기도 하다. 또한 자신의 삶을 돌아보면서 죽을 때까지 남은 생을 어떻게 살아갈지 반성해 보고 새로운 전환을 모색하는 시기이다. 오늘날에는 길어진 중년을 어떻게 영위하는지가 의미 있는 삶을 살아가는 데 중요한 요인이 되고 있다.

(8) 노년기

65세 이후를 노년기(late adulthood)라고 한다. 이 시기 또한 청년기와 비슷하게 그 범위가 매우 넓어서 좀 더 세부적인 구분이 필요하다. 노년기를 생활연령 기준인 65세로 구분하는 것보다 동일 연령대의 신체적 · 사회적 환경과 비교하여 얼마나 잘 기능하고 있는지에 따라 분류하는 것이 바람직하다는 것이 최근의 견해이다(신명희 외, 2017). 건강한 90세 노인은 건강하지 못한 65세 노인보다 기능적으로 더 젊다고 볼 수 있기 때문이다. 일반적으로 노년기는 은퇴로 인한 경제적 어려움과 육체적 · 정신적 쇠약으로 노인우울증에 자주 노출되며, 인지적 능력과 신체적 기능이 현저하게 쇠퇴하여 일상생활에 불편을 느끼게 된다. 사물과 현상에 대한 반응이 느리고 대처능력도 현저히 저하되어 신체적인 손상이 있을 수 있다. 또한 주변 친구들과 죽음으로 이별하는 사건들을 겪게 되며, 이로 인한 심리적 회복탄력성이 저하될 수도 있다. 자신의 삶에 대한 깊이 있는 통찰과 현재 시점을 기준으로 한 삶의 목표 재설정을 통해 존재의 의미를 찾아야 할 필요가 있는 시기이다.

표 1-1 인간발달 단계의 주요 발달 내용

발달 단계	연령	주요 발달 내용
태내기	수정~출생	• 기본적인 신체구조와 기관이 형성됨 • 신체의 성장이 일생 중 가장 빠른 속도로 이루어짐 • 태내 환경으로부터 크게 영향을 받음
영아기	0~2세	• 신생아는 의존적이나 나름대로 다양한 능력을 가지고 있음 • 출생 시에 모든 감각기관이 작용함 • 신체의 성장과 발달의 속도가 매우 빠름 • 학습능력과 기억력이 신생아기에도 형성됨 • 생후 2년째가 되면 자아에 눈뜨기 시작함 • 첫돌 무렵에 부모에 대한 애착이 형성됨 • 다른 아동에 대한 관심이 증가함
유아기	2~6세	• 체력과 운동기능이 신장됨 • 자기중심적이고, 인지적 미성숙으로 인해 세상을 보는 눈이 비논리적임 • 놀이 활발, 창의력, 상상력이 풍부함 • 자율성, 자기통제력이 증가함 • 친구의 중요성이 증가하나, 가족이 여전히 생활의 중심이 됨
아동기	6~12세	• 신체의 성장이 느려짐 • 체력과 운동기능이 더욱더 신장됨 • 유아기의 자기중심성이 사라짐 • 기억력과 언어기능이 증가함 • 자아개념이 발달함 • 친구가 생활의 중심이 됨
청소년기	12~20세	• 신장과 체중이 급격히 성장하고 체형이 변화됨 • 성적 성숙이 이루어짐 • 추상적 사고가 가능함 • 청년기의 자기중심성이 나타남 • 자아정체성의 확립이 중요한 문제로 인식됨 • 또래집단이 형성되고 그 영향력이 커짐
성인 전기	20~40세	• 신체적 건강이 최고조에 달하다가 서서히 감퇴하기 시작함 • 자아정체성이 계속해서 발달함 • 지적 능력이 더 복잡해짐 • 직업을 갖게 됨 • 친밀한 관계가 이루어짐 • 대부분의 사람들이 결혼하여 부모가 됨

성인 중기	40~65세	• 신체적 건강과 기능이 감퇴하기 시작함 • 지혜와 실제적 문제해결력은 증가하나, 새로운 것에 대한 문제해결력은 저하됨 • 자녀와 부모를 동시에 돌보는 이중의 책임감으로 인해 스트레스가 발생함 • 자녀들이 집을 떠나고 빈 둥지 증후군이 나타남 • 삶의 의미를 찾는 것이 매우 중요한 일로 생각됨 • 중년기의 위기가 닥쳐올 수 있음
노년기	65세 이후	• 신체적 능력이 다소 감퇴하나, 대부분의 노인들은 건강하고 여전히 활동적임 • 반응시간이 둔화되어 여러 가지 기능이 약화됨 • 지적 능력과 기억력이 감퇴함 • 은퇴로 인해 수입은 감소하고 여가시간은 증가함 • 다가오는 죽음에 대비하여 삶의 목적을 찾을 필요가 있음

출처: 신명희 외(2017); Papalia, Olds, & Feldman (2009).

2. 다양한 발달의 세계

인간의 발달은 겉으로 보기에는 무질서하게 일어나는 것처럼 보이지만, 모든 인간의 발달에는 분명하게 보편적으로 적용되는 원리들이 있다. 대표적인 발달 원리로는 인간의 능력이 어느 정도 예측 가능한 순서에 따라 발달한다는 순서성, 발달의 속도나 비율이 개인에 따라 차이가 있다고 가정하는 개인차, 타고난 유전이 어떤 환경을 만나 상호작용하는가에 따라 그 발달의 질적 수준과 양적 수준이 달라진다는 상관성이 있다(최병태 외, 2006). 인간의 발달은 생물학적, 인지적, 정의적 영역으로 구분하여 그 발달 양상을 확인할 수 있다. 전생애적 관점에서 생물학적인 발달 이외에 인지적 영역과 정의적 영역에 어떠한 발달이 일어나는지 살펴보기로 한다.

1) 인지적 영역의 발달

인지발달에 관한 이론에서는 개인이 지식을 구성하는 방법에 관심을 두는데, 이는 사전 경험과 정신구조, 사물과 사건을 해석할 때 사용하는 개인의 신념 등에 의해 구성된다고 가정한다. 이러한 관점은 인식론의 하나로서 구성주의라 부르기도 한다. 인지발달이론에서 가장 널리 알려지고 교육 현장에 다수 적용된 이론으로 Piaget의 인지발달이론과 Vygotsky의 사회문화적 인지이론에 대해 살펴보기로 한다.

(1) Piaget의 인지발달이론

Piaget(1983)는 '인간의 지식은 어떻게 생기는가?' 하는 문제를 경험적으로 검증한 인식론자이다. 인간은 환경적 자극을 수동적으로 받아들이는 존재가 아니라, 세상에 대해 끊임없는 호기심을 갖고 세상을 이해하기 위한 정보를 능동적으로 찾는 존재라고 본다. 그는 인간의 인지발달이론을 크게 구조적 측면과 기능적 측면으로 구분한다. 인지발달 과정에서 '무엇이 변하는가?'라고 했을 때, 구조적 측면에서는 도식(scheme)이 계속적으로 확장된다고 할 수 있다. 도식이란 특정한 인지구조 또는 경험을 이해하는 조직화된 방식이다. 이것은 자율적으로 작동되므로 인간은 반복해서 사용하려는 경향이 있다. 특정 도식의 반복적 사용으로 새로운 정보와 접촉을 하게 되고, 인간은 기존의 도식과 외부 환경과의 차이를 줄이기 위해 새로운 도식을 형성하게 된다. 이 도식의 확장이라는 구조적 측면의 변화 양상은 그 자체로 인지발달의 기능적 측면으로 이해될 수 있다. 기능은 모든 연령에서 나타나는 지적 활동의 특징을 의미한다. 이러한 지적 활동은 적응과 조직화를 포함한다.

Piaget는 인지발달에 있어 도식의 개념과 함께 적응, 동화, 조절, 평형화를 중요한 개념으로 내세운다. 적응(adaptation)이란 환경과의 직접적인 상호작용을 통해 도식을 형성하는 과정으로 외부적 변화에 초점을 맞추고 있다. 적응은 동화와 조절의 두 활동으로 이루어져 있다. 동화(assimilation)란 기존의 도식을 통해 외부세계를 해석하는 것을 말하며, 조절(accommodation)은 현재의 사고방식이 완전하게 환경을 파악하지 못할 때 기존의 도식을 적응시키거나 새로운 도식을 형성하는 것을 말한다. 이때 동화와 조절의 결과로 인지적 부조화가 사라지는 평형화(equilibration) 현상이 일어나게 된다. 한편, 환경과의 직접적인 접촉과 상관없이 이루어지는 개체 내의 내부적 변화를 조직화(organization)라고 한다. 조직화는 새로운 인지구조의 형성이 다른 도식과의 조정을 통해 상호 연관된 인지체계의 일부가 되는 과정이다. 이처럼 인지발달은 환경과의 상호작용을 통해서 이루어진다.

Piaget에 의하면 인간의 인지발달은 일생 동안 4단계를 거쳐 점차적으로 구성되고 확장된다고 한다. 이 단계는 생략되거나 역전 현상 없이 항상 일관성 있게 순서대로 나타나며 어느 누구에게든 보편적으로 일어난다고 한다. 발달의 순서가 유전적으로 결정되어 있기는 하지만 성숙과 경험이 인간의 단계 습득 속도에 영향을 미치고, 이에 따라 개인차가 발생하게 되는 것이다. 이로 인해 외부세계와의 다양한 접촉 과정에서 도식을 실행할 기회가 없으면 단계가 진전될 수 없기 때문이다. Piaget(1954)의 인지발달 단계는 감각운동기, 전조작기, 구체적 조작기, 형식적 조작기로 나누어진다. 질적으로 서로 다른 이 단계들은 정해진 순서대로 진행되고, 단계가 높아질수록 복잡성이 증가한다. 각 단계별로 특징을 살펴보면 다음과 같다.

① 감각운동기(출생~2세)

영아의 행동은 자극에 대한 반응으로 나타나는 것이지만, 이때의 자극은 감각이고 반응은 운동이다. 언어가 나타나기 이전의 영아는 단지 감각 자극에 대한 신체적인 반응으로서의 동작, 즉 사고활동이 개입되지 않은 동작만을 수행할 수 있다. 감각운동기(sensorimotor stage)에 일어나는 가장 중요한 인지발달의 변화는 대상영속성(object permanence)의 습득이다. 감각운동기의 후기에 인간은 하나의 물체가 잠시 사라졌다가 다시 출현할 수 있다는 이른바 대상영속성을 습득하게 되는데, 이것은 사고의 발생을 나타내는 지표가 되기도 한다. 즉, 없어진 물건을 찾는 행동은 그것을 머릿속에 표상하고 있음을 나타내는 것으로 표상 과정, 다시 말해 사고가 발생했다고 간주하는 것이다. 감각운동기는 다시 6개의 하위 단계로 나뉘는데, 그 단계들은 반사운동기, 1차 순환반응기, 2차 순환반응기, 2차 순환반응의 협응기, 3차 순환반응기, 정신적 표상이다.

② 전조작기(2~7세)

전조작기(preoperational stage)는 상징적 도식이 활발하게 발달하는 시기이다. 유아기로 넘어오면서 이들은 상징(symbol)을 사용하기 시작한다. '사탕'이라는 단어를 들으면 사탕을 떠올리며 침을 꿀꺽 삼킬 수 있다. 이러한 표상적 사고능력이 생기면서 유아의 사고는 이전과는 질적으로 다른 도약을 하게 된다. 상징적 표상능력에 의해 유아는 자신의 지능이 작용하는 영역을 시간적·공간적으로 확장시킬 수 있다. 이때부터 다양한 가상놀이를 할 수 있게 되고, 유아들의 그림에는 내면의 심리가 반영된다. 그러나 이 단계의 유아는 아주 단순한 수준의 정신적인 조작 활동만 할 수 있으며, 논리적인 추리보다는 비논리적인 추리를 한다. '조작'이란 과거에 일어났던 사건들을 내면화시켜 서로 관련지을 수 있는 능력을 뜻하는데, 이 단계에서는 논리적인 조작이 가능하지 않기 때문에 전조작기라 부른다. 전조작기는 유아의 자아중심성이 주요 특성이다. 이는 중심화의 한 형태로서 이기적인 사고를 의미하는 것이 아니라 타인이 자신과 동일하게 생각하고 느끼고 지각한다고 여기고 타인의 관점에서 조망하지 못함을 의미한다. 또한 의미전달은 되지 않으면서 자아중심적으로 이야기하는 집단적 독백 행동을 보인다. 이 시기에는 논리적으로 원인과 결과를 연결 짓지 못하는 사고 행동과 모든 것에 생명이 있다고 인식하는 물활론적 사고가 자주 나타난다. 직접 보지 않고도 표상할 수는 있으나 성인의 인지 양식과 같은 방식으로는 추론을 하지 못하는 단계이다.

③ 구체적 조작기(7~11세)

아동은 구체적 조작기(concrete operational stage)에 들어서면서 좀 더 세련된 방법으로 상징을 사용하고, 논리적으로 생각하며, 어떠한 사물의 한 가지 측면에만 집착하지 않고 여러 측면을 고려하여 사고한다. 나아가 다른 사람이 나와 다르게 생각할 수 있다는 점을 이해한다. 전조작기의 자아중심성 경향이 감소된 탈중심화 현상이 나타나는 것이다. 이는 다른 사람이 자신과 다르게 생각할 수도 있다는 생각을 차츰 하게 됨을 의미한다. 이 시기에는 아동이 논리적 사고의 조작을 할 수 있다. 이 점은 그 이전 단계와 확연하게 구별되는 질적인 수준 차이라 할 수 있다. Piaget는 아동의 논리적 조작에서 특별히 가역성을 강조하였고, 전조작기 아동이 보존 개념을 획득하지 못한 것은 가역성을 획득하지 못했기 때문이라고 보았다. '수 보존 개념'에서 구체적 조작기에 해당되는 아동은 블록의 수는 같으나 그 간격을 넓히거나 좁게 한 경우 간격과 상관없이 블록의 수가 동일하다고 인지한다. 이것은 구체적 조작기의 아동이 단지 '늘려 놓은 것'을 자신의 머릿속에서 역으로 좁혀 놓을 수 있는 가역성을 획득하였기 때문이다. 즉, 구체적 조작기에 도달한 아동은 본래의 상태로 전환시킬 수 있는 가역성을 획득함으로써 눈에 지각되는 상황과 관계없이 두 블록의 수가 같다는 것을 머릿속으로 생각할 수 있게 된다. 그러므로 구체적 조작기의 아동은 어떠한 상황을 거꾸로 상상할 수 있으며, 그 상황을 본래의 상황으로 재변환시킬 수 있다. 이러한 논리적 조작은 분류나 보존 개념, 서열화 기능에서 잘 나타난다.

④ 형식적 조작기(11세 이후)

Piaget가 제시한 인지발달이론의 최종 단계로, 형식적 조작이란 정신세계 내에서 그 내용을 자신이 원하는 형태로 이리저리 변형시켜 재결합하는 과정을 의미한다. 형식적 조작은 말 그대로 정신적 조작의 내용에 형식적, 즉 추상적인 관념이나 개념이 포함됨을 의미한다. 그러므로 문제해결에 있어 시간을 초월하여 과거, 현재, 미래의 경험을 모두 이용할 수 있고, 상대적이고 다차원적인 사고능력으로 논리적인 사고가 가능하게 된다. '나는 누구인가?'와 같은 추상적인 질문을 하기 시작하는 시기이기도 하다. 청소년 시기인 형식적 조작기(formal operational stage)에는 기존의 관념에 대해 비판적이 되기도 하며, 평소에 자신을 지배하고 있던 생각에 의심을 품기 시작하여 미래에 대해 깊이 고민하며 이상적인 것을 추구하기 시작한다. 형식적 조작기의 가장 중요한 특징은 추상적 사고가 가능하다는 사실이다. 추상적 사고란 융통성 있는 사고, 효율적인 사고, 복잡한 추리, 가설을 세우고 체계적으로 검증하는 일, 직면한 문제에서 해결 가능한 모든 방안을 종합적으로 고려해 보는 일 등과 같은 것을 말한다. 청소년들은 이때 도덕적 · 정치적 · 철학적 생각과 가치 문제 등을 이해하기 시작한다. 그리고 다른 사람들의 사고 과정을 이해하고, 다른 사람들은 문제를 어떻게 보고 어떻게 생각할까 등에도 관심을 갖게 된다.

이상에서 살펴본 바와 같이, Piaget 이론의 핵심은 인간의 인지능력은 타고나는 선천적인 것이고, 이 능력은 연령이 증가함에 따라 자연적으로 성숙해지며, 인간은 이 능력을 자신이 직면하는 문제해결에 적용한다는 점이다. 성숙된 능력이 연령에 따라 달라지기 때문에 문제해결방법도 달라진다는 전제라 할 수 있다.

(2) Vygotsky의 사회문화적 인지이론

Vygotsky(1979)의 사회문화적 인지이론은 아동의 인지능력들 중 대부분이 부모, 교사, 기타 보다 유능한 다른 협력자와의 상호작용을 통해 향상된다는 입장이다. 인간은 다른 사람과의 상호작용을 관찰하고, 다른 사람과 직접 상호작용하고, 이러한 상호작용을 통하여 자신의 인지능력을 발달시켜 나간다고 한다. 유능한 협력자와의 대화를 통해 자기 문화의 가치, 신념, 문제해결 방식을 습득한다고 본 것이다. 그는 인지발달에 관하여 중요한 개념으로 내면화, 근접발달영역, 비계 등을 제시한다. 내면화(internalization)란 사회문화 맥락 속에서 관찰된 지식을 받아들이는 것을 뜻한다. 물론 이 지식은 이후에 자신의 문제해결을 위해 활용할 수 있는 인지적 자원이 된다.

근접발달영역(Zone of Proximal Development: ZPD)은 아동이 인지할 수 있는 현재의 인지수준과 근접하는 바로 위의 발달수준으로, 실제적인 발달수준과 잠재적 발달수준 사이의 영역을 뜻한다. 이것은 아동이 과제를 독립적으로 해결할 수 있는 실제적 발달수준과 교사, 성인 혹은 유능한 또래의 도움을 받아 해결할 수 있는 수준인 잠재적 발달수준 간의 영역인 것이다. 근접발달영역은 성숙하지는 않았지만 성숙 과정에 있는 기능들, 미래에 성숙할 것이지만 현재는 미숙한 상태에 있는 기능들이다. 이러한 기능들은 발달의 신호이며, 실제적 발달수준은 이미 이루어진 정신발달을 기술하는 반면, 근접발달영역은 기대되는 정신발달을 기술한다. 근접발달영역은 독립적으로 해결할 수 없지만 도움을 받으면 풀 수 있는 문제들에 의해 결정된다. 따라서 근접발달영역이 좁다는 것은 학습을 할 준비가 조금밖에 되지 않았다는 것을 의미하며, 반대로 근접발달영역이 넓다는 것은 학습을 할 수 있는 준비도가 높은 것으로 이해할 수 있다.

비계(scaffolding)는 아동이 근접발달영역에서 어떻게 발달할 수 있는가를 계속적으로 연구하는 과정에서 발견한 개념이다. 비계설정은 근접발달영역에서 제공되는 더 뛰어난 또래학습자나 성인의 도움을 뜻한다. 문제해결을 위한 교사의 힌트 또는 친구들과의 협동학습은 학습자의 인지발달을 촉진할 수 있다. 교사와 부모는 도움을 줄 수 있을 뿐, 실제로 학습하는 주체는 학습자 자신이어야 한다. 학습에서의 비계설정은 초기 단계에는 많은 도움을 제공하다가 점점 지원을 줄여서 스스로 할 수 있는 단계까지 이끌어 나가야 한다.

그 외에도 Vygotsky는 언어가 인지발달에 중요한 역할을 한다고 하였다. 비계설정을 포함한 대부분의 상호작용이 언어를 통해 이루어진다. 그리고 언어는 스스로 문제를 해결할 수 있도록 돕는다. 이때 언어는 혼잣말의 형태로 나타나는데, Vygotsky는 사적 언어(private speech)라고 하였다. 사적 언어는 공유된 지식을 개인적 지식으로 변환시키는 기제이며, 자기 자신의 생각을 조절하고 반영하는 수단이다. 아동들은 어려운 과제에 직면했을 때 사적 언어를 더 많이 사용하며, 사적 언어를 열심히 사용한 아동이 그렇지 않은 아동보다 복잡한 과제를 더 효과적으로 학습하는 것으로 나타났다(Emerson & Miyake, 2003; Schneider, 2002).

2) 정의적 영역의 발달

한 인간이 전 인격적으로 발달하는 것은 인지적 영역만 깨우쳐 간다고 해서 가능한 것이 아니다. 인지적 영역의 발달과 더불어 스스로의 타고난 가능성을 실현하기 위한 방향으로 성장하기 위해서는 심리사회적인 부분의 발달도 중요하다. 이 장에서는 정의적 영역을 성격 발달, 사회성 발달, 정체성 발달, 도덕성 발달로 구분하여 살펴보고자 한다.

(1) Freud의 심리성적 발달

Freud는 정신분석이론에서 성격에 대한 발달이론을 최초로 연구하였고, 성격이 생물학적 성숙요인에 의해 형성된다고 보았다. 모든 행동에는 원인이 있다고 보는 결정론의 입장과 더불어 성격의 발달 또한 5~6세 이전에 모든 성숙을 이룰 수 있는 범위와 한계가 결정된다는 결정적 시기를 제시하였다. 어떤 행동을 추진하게 하는 동기를 의미하는 본능적 욕구 개념을 제안하였다.

Freud는 성격의 구조를 원초아(id), 자아(ego), 초자아(super-ego)로 나누는데, 이세 구조는 각기 고유한 기능과 특성, 기제 및 역동성을 가지고 있지만 서로 밀접하게 관련되어 있다. 인간의 행동은 세 구조 간의 상호작용으로 나타나며, 이들의 균형이 깨질 때 문제가 생긴다. Freud가 제시한 성격 발달 단계는 구강기, 항문기, 남근기, 잠복기, 생식기로 나뉜다. 구강기(oral stage)는 출생부터 18개월까지의 시기를 말한다. 영아는 성적 에너지인 리비도가 입으로 집중되어 입, 혀, 입술을 통해 젖을 먹는 데서 쾌감을 느끼며 유아의 욕구를 충족해 나간다. 유아는 자아중심적이고 욕구중심적이다. 다른 대상에 대한 개념이 없어서 자기애와 자아도취가 특징적이다. 유아는 욕구를 충분히 만족하지 못하거나 과잉충족을 하게 되면 성격적 결함을 나타내는데, 구강기적 성격 결함은 손가락 빨기, 손가락 깨물기, 과식과 과음, 지나친 음주, 흡연, 약물 남용 등의 특성을 나타낸다. 구강기 욕구가 적절히 충족되면 낙천적이고 먹는 것을 즐기는 성격이 된다.

항문기(anal stage)는 18개월부터 3세까지를 말한다. 이 시기에는 욕구 충족의 부위가 구강에서 항문 주위로 옮겨 간다. 강렬한 쾌감을 얻기 위해 배설을 미루는 보유와 배설을 통해 안도와 쾌감을 경험하는 방출을 통해 만족을 얻는다. 이 시기에 중요한 발달과업은 배변훈련을 잘하는 것이다. 부모가 배변훈련을 너무 엄격하게 하는 경우 고착현상을 보이게 되어 성인이 되었을 때 항문기적 성격 특성을 나타낼수 있다. 항문기적 성격은 정리정돈이 잘 안 되고 물건을 낭비하는 특성을 나타내거나 지나치게 깨끗한 것과 완전한 것을 추구하는 결벽성 또는 완벽주의자의 특성을 나타낸다.

남근기(phallic stage)는 3세 이후부터 5세까지 해당된다. 이 시기에는 에너지가 항문에서 생식기로 옮겨 가게 된다. 그리고 남아는 오이디푸스 콤플렉스를, 여아는 엘렉트라 콤플렉스를 경험한다. 여아에게서는 남근선망현상이 나타나고, 남아에게서는 거세불안현상이 일어나기도 한다. 남근기적 성격은 남성다움을 과시하거나 과장하고 야심적·공격적이며 경쟁적 관계를 조절하는 데 있어서 무능한 특성을 보인다.

잠복기(latency stage)는 6세부터 12세까지에 해당한다. 이 시기는 다른 단계에 비해 평온한 시기로 성적 욕구가 억압되어서 이전의 세 단계에서 가졌던 충동이나 상상, 욕구 등이 잠재되어 있다. 사회적인 관계를 확장하는 시기로, 이성에 대한 관심은 줄어들고 동성의 친구들과 어울리게 된다. 이 시기에 고착될 경우에는 과도한 성욕의 억압에서 오는 수치감, 혐오감 등을 나타낼 수 있다.

생식기(genital stage)는 12세 이후부터 19세까지에 해당된다. 사회성이 발달하는 사춘기에 접어들면서 잠복해 있던 성적 욕구가 활발해지기 시작한다. 이때는 진정한 사랑의 대상을 찾아 만족을 얻기 원하므로 이성과 친밀한 관계를 형성하고자 한다. 생식기에 고착될 경우 이성에 대한 적응 곤란 및 일반적인 권위에 대한 반항심이 생긴다. 원만한 발달을 이루어 온 경우에는 외부에 대한 객관적인 시각과 이타성을 가진 성숙한 성격을 갖게 된다. Freud는 성격구조의 균형이 깨질 경우 자신을 지키기 위한 심리적 수단으로 자아방어기제를 제시하였는데, 억압, 반동형성, 퇴행, 투사, 합리화, 승화, 전치, 동일시 등이 이에 속한다. 한편, Freud는 성적 에너지를 지나치게 강조한 것과 청년기 이후의 발달 단계에 대해서는 관심을 갖지 않았다는 이론의 한계점으로 비판을 받고 있지만, 성격발달에 관한 중요한 기초 가설을 제공했다는 점과 건강한 성격을 지닌 존재로 성장하도록 생리적 본능의 충족을 적절한 시기에 잘 얻게 도와야 함을 시사했다는 점에서 그의 이론은 의미를 갖는다.

(2) Erikson의 심리사회적 발달

Erikson의 이론을 심리사회적 발달이론(psycho-social development theory)이라 일컫는다. 심리사회적 발달이론에서는 일반적이고 포괄적인 발달이 먼저 이루어지고 점차 세부적으로 발달이 진행되는 점진적 분화의 원리를 따른다고 하였다. 그러므로 자아의 중요성과 인간발달에 있어서 사회적인 측면을 강조한 바 있다.

Erik Erikson(1968)은 생애주기를 8단계로 나누었으며, 각 단계를 통하여 나타나는 자아의 특성에 초점을 맞추고 이러한 인간발달은 모든 인간에게 공통적이라는 가정을 세웠다. 생애주기의 각 단계에는 그 단계가 우세하게 출현되는 최적의 시간이 있고, 또 모든 단계가 계획대로 전개될 때 완전한 기능을 하는 성격이 형성된다고 하였다. 각 단계에는 심리사회적 위기가 있으며, 각 단계의 위기를 성공적으로 해결했을 때 성격발달이 제대로 이루어진다고 보았다. 모든 사람이 심리사회적 위기를 같은 시기에 같은 정도로 경험하는 것은 아니며, 제시된 시기는 위기를 해결하기에 가장 적절한 시기일 뿐 그 시점에만 해결이 가능한 것은 아니다. 그리고 어느 한 단계를 성공적으로 해결하지 못한다 하더라도 다음 발달 단계를 겪게 된다고 보았다. 각 단계마다 해결해야 하는 발달적 위기를 잘 해결하지 못한 사람은 이후에도 계속 그 문제에 부딪히게 된다. 또한 인간관계를 가족, 사회, 문화와의 역동 속에서 더욱 폭넓고 깊이 있게 설명한 바 있다(신명희 외, 2010).

심리사회적 발달 단계는 신뢰 대 불신, 자율성 대 수치 및 의심, 주도성 대 죄의식, 근면성 대 열등감, 정체성 대 역할혼미, 친밀성 대 고립, 생산성 대 침체, 통합성 대 절망 등 8단계로 나뉘며, 출생부터 노년기까지 시기별로 구분되어 있다. 또한 각 단계에는 개인이 그 단계의 건강한 발달과업을 이루면 나타나는 요소들이 있는데, 그것은 신뢰, 희망, 의지, 목적, 의도, 유능감, 성실, 충성, 사랑, 배려, 지혜의 덕목들이다.

(3) Marcia의 정체성 발달

Marcia(1980)는 정체성 지위(identity status)에 대해 제시하였다. 정체성 지위 이론은 개인이 독립적으로 정체성을 형성해 나갈 때 이 과정에서 일어나는 미세한 변화와 개인별 수준차를 파악하기에 적합한 이론이라 할 수 있다. 정체성 지위는 무엇인가에 전념하고 있는지를 알 수 있는 과업에 대한 전념, 정체성을 확립하기 위한 과정에서의 위기경험 여부 등 두 가지 요소를 기준으로 하여 이차원적으로 분류한 것이다. 이러한 방법으로 분류된 Marcia의 정체성 지위는 정체성 혼미(identity diffusion), 정체성 상실(identity foreclosure), 정체성 유예(identity moratorium), 정체성 성취(identity achievement) 등 네 가지이다. 일반적으로 정체성 성취와 유예 상태가 정체성 확립이 발달과제인 청소년기에 좀 더 바람직한 것으로 볼 수 있다. 개인이 정체성과 관련하여 성공적인 목표를 달성하면 삶의 목표, 가치, 직업, 인간관계 등에서 위기를 경험할 때에도 대안을 탐색하며 확실하고 변함없는 안정감을 보인다고 한다. 더불어 타인의 이해나 가치 등을 고려하고 반영하지만 스스로 많은 고민과 성찰을 통해 합리적인 의사결정을 하게 되고, 대인관계의 안정, 적절한 현실감, 높은 자아존중감을 보이며, 상황에 대한 적응력도 뛰어나다고 한다.

(4) Kohlberg의 도덕성 발달

Kohlberg(1975)는 도덕적 딜레마(moral dilemmas)나 어려운 결정을 해야 하는 가설적 갈등 상황을 제시하고 어떻게 할 것인지와 왜 그렇게 해야 하는지에 대해 질문을 던졌다. 개인이 왜 그렇게 생각하는지의 이유를 분석한 후에 옳고 그름에 대한 도덕적 판단, 도덕적 추론의 발달 순서를 세 가지 수준 및 각 수준의 하위 단계로 나누어 설명하였다. 인습 이전 수준은 1단계인 처벌 회피와 복종, 2단계인 개인적 쾌락주의로 나뉜다. 인습 수준은 3단계인 착한 소년 소녀 지향, 4단계인 사회질서와 권위 지향으로 나뉜다. 인습 이후 수준은 5단계인 사회적 계약 지향, 6단계인 보편적 윤리 지향으로 구분된다.

인습 이전 수준에서의 좋은 행동은 자신에게 보상을 안겨 주는 것이고, 나쁜 행동은 처벌을 가져오는 것이다. 인습 수준에서는 좋거나 나쁜 행동은 개인적·사회적 권위의 모습과 일치하는 정도에 달려 있고, 인습 이후의 수준에서는 사회계약과 보편적인 윤리라고 볼 수 있는 보다 높은 수준의 원칙에 근거한다고 보았다.

3. 청년 발달의 이해

청년기의 발달 단계는 학자들마다 분류하는 연령이 다른 발달 단계에 비해 그 범위가 넓은 편에 속한다. 청년기의 발달 단계에 대한 의견이 다양한 것은 연령의 범주가 비교적 넓고 시작하는 시점은 분명하나, 성인 전기로의 전환점에 있어서 개인차가 크고 그 시기 구분이 명확하지 않은 이유에서이다. 우리나라 「민법」에는 만 19세가 되면 성인으로 인정하도록 되어 있으며, 이때 관례적으로 성년식을 진행하기도 한다. 이 장에서는 청년기의 연령 범주를 대학생이 되거나, 고등학교를 졸업하고 사회진출을 하는 20세부터 30대 초반까지의 연령으로 그 범위를 제한하였다.

1) 청년 발달의 특성

청년기에는 신체적 영역, 인지적 영역, 심리사회적 영역 등 다양한 영역에서 발달의 질적인 성숙이 이루어진다. 이 영역들의 특성들을 살펴보면 다음과 같다. 청년기의 신체적 상태는 아동기, 청소년기를 거쳐 급격한 성장에 도달한 후 이제부터는 완만하게 유지하는 단계라 볼 수 있다. 그리고 연령상으로 20대 초반이므로 전반적인 체력, 지구력, 감각체계의 민감성, 면역체계에 반응하는 능력, 많은 종류의 운동기술 등이 최고의 지점에 이른다고 한다. 이 시기는 비만, 영양, 운동, 약물 남용, 성, 심리적 스트레스 등에 취약해지지 않도록 스스로 규칙적인 습관과 건강한 자기관리능력이 필요한 시점이다. 청년의 경우 인생에서 가장 건강한 생활을 할 수 있는 시기이기 때문에 대부분 건강에 관심과 노력을 들이지 않는다. 불규칙적인 식사, 패스트푸드 또는 인스턴트 음식의 지나친 섭취, 수면 부족, 오염된 자연 및 생활환경, 미디어 중독 증상과 같은 것에 크게 노출되어 있다고 할 수 있다. 이 시기의 체력이 성인 중기로 이어진다고 할 때, 건강을 유지하는 것에 대한 좋은 습관을 이때부터 연습할 필요가 있는 것으로 보인다.

청년기의 인지발달은 성인기에 계속적으로 발달하는 부가적인 사고수준이며, 이 시기는 새로운 유형의 사고에 대한 기초적 틀을 마련하는 시기라고 할 수 있다. 상대적 사고(relative thinking), 실용적 사고(pragmatic thinking), 변증법적 사고(dialectical thinking) 등 고급 수준의 인지능력이 서서히 발달하기 시작한다. Schaie(1977)는 청년기의 인지발달에 대해 성취 단계로 구분하였으며, 이 시기의 지능과 인지에 있어서 양적 증가나 감소보다는 성인들이 사고하는 방식의 질적 변화가 더 중요하다고 보았다. 미래의 지식 사용을 목표로 하기보다는 지금—여기로 초점이 옮겨지고, 지식을 획득하는 데 관심을 갖기보다는 그것을 매일의 생활에 적용하는 데 더 많은 관심을 가지며, 직업이나 가족, 사회적 기여와 관련하여 스스로 설정한 인생의 목표를 이루기 위해 그들의 지적 능력을 사용한다고 하였다. 또한 Labouvie-Vief(1986)는 청년기에 변증법적 지혜가 생기는데, 이는 삶의 영역에서 불일치성을 인생의 한 부분으로 수용하게 하고, 불완전성과 타협이 많은 사고방식을 발달시키게 한다고 하였다. 자신의 생각을 되돌아보면서 숙고하는 능력은 정서적 삶의 역동을 경험하는 과정에서 계속적으로 향상된다고 보았다. 즉, 정서와 인지를 통합하는 데 익숙해지며, 그 과정에서 인지와 정서의 모순을 잘 이해한다는 것이다. 이 시기에는 인지적 복잡성이 더해져 직면하게 되는 일상적 사건과 타인을 열린 마음으로 볼 수 있게 되며, 자신과 타인의 조망과 행동 동기를 더욱 잘 알게 되어 수용성이 높아진다고 하였다. 자신의 딜레마적인 정서를 잘 조절하고 합리적으로 이해할 수 있는 여러 문제해결지능 또한 높아진다고 하였다.

청년기의 심리사회적 발달은 Erikson의 자아정체성 발달과 Kohlberg의 도덕성 발달 단계를 살펴보고자 한다. Erikson의 자아정체성 발달 단계 분류에서는 6단계에 위치한다. 심리사회적 위기와 성취해야 할 과제는 친밀성 대 고립의 문제를 해결하는 것이라고 보았다. 이 시기에는 친밀감에 대한 욕구가 높아진다. 청소년기부터 관계를 맺어 온 친구들 중에서도 소수를 선택하여 더욱더 의미 있고 깊이 있는 관계로 발전하고자 노력하게 된다. 자신에 대한 충분한 이해를 바탕으로 다른 존재를 수용하고 품을 수 있는 능력이 친밀감임을 인정하고 이를 발달시키려 관심을 기울이게 된다. 건강한 친밀감을 형성하기 위해서는 좀 더 성숙한 방향으로 타인을 공감하고 관심과 배려를 표현할 수 있어야 하는데, 이 시기에 자아정체성이 주목을 받는 이유는 자신을 온전히 수용하고 존중하며 자아실현적으로 잘 기능하는 사람이 타인에게도 동일한 시각을 갖고 친사회적이고 우호적인 인간관계를 맺을 가능성이 높기 때문이다. 그러므로 청년의 시기에는 건강한 자아상이 형성되고 자기 자신에 대한 존중과 신뢰가 있어야, 친밀감 형성을 통해 또래그룹이나 이성교제의 영역에서도 고립되지 않고 행복을 경험할 수 있게 된다.

Kohlberg에 의하면 청년기는 도덕성 발달 단계의 5단계인 사회적 계약 지향 단계에 해당된다. 이 도덕성 발달은 개인차를 가장 크게 보이며 성인들 중 소수만이 가장 최고의 단계인 인습 이후 수준의 도덕성 발달을 나타낸다고 한다. 문화권에 따라서 도덕성 발달은 다른 양상을 보이는데, 개인주의를 선호하는 서구 문화권에서는 정의에 기초한 판단이 많고, 집단주의 성향을 보이는 동양 문화권에서는 화합과 조화를 중시하는 경향을 보인다고 한다.

2) 청년기의 발달과업

인생을 사계절에 비추어 보았을 때 시기적으로 청년기는 에너지와 풍요로움, 모순과 스트레스가 최고인 시점이라 할 수 있다. 부모를 떠나 대학에 가고, 취업을 하거나 군 복무를 위해 집을 떠나기도 한다. 그리고 정서적으로 독립을 시도하고 재정적으로도 독립하고자 직업 영역에 진입하려 노력하는 단계이다. 차츰 안정이 되면 이성과의 교제를 통해 배우자를 선택한다. 대부분의 사람은 이 시기에 자신이 성취하고 싶은 꿈을 만들어 낸다. 꿈은 대개 직업세계에서 성취하는 것과 깊은 연관을 지니며, 청년들은 꿈을 성취하기 위해 자신의 삶을 현실적이고 긍정적인 방식으로 구성하기 시작한다. 인생의 기초 공사를 견고히 하는 시기라 할 수 있는데, 이 시기에 무엇보다 성실하게 최선을 다할 필요가 있다. 자신이 원하는 영역으로의 진입을 위한 지식의 깊이와 수준을 더하는 훈련, 혹은 이미 선택한 것들에 대한 개입을 강화시킬 기회를 가지도록 노력해야 한다. 이렇게 함으로써 차차 가족과 직업 그리고 지역사회 내에서 자신의 삶을 안정적으로 정착시켜 나갈 수 있게 된다(신명희 외, 2017).

심리적 성숙과 건강한 자아정체성 확립을 공고히 하는 것도 이 시기의 중요한 발달과업이다. 부모에게서 진정한 심리적 독립을 하고 건강한 애착관계를 잘 유지하는 것, 교육과정을 잘 수행하고 완성하는 것, 직업을 수행하는 것, 경제적으로 독립하는 것 등이 순조롭게 잘 달성될 필요가 있다. 오늘날의 경우 취업을 준비하는 기간 자체가 지나치게 길어지면서 사춘기 이후에 다시 제2의 주변인 시기를 겪는다고 한다. 교육도 마쳤고 심리적 독립은 이루었으나 제대로 된 경제적 독립이 지연되면서, 성인의 영역에 진입했으나 독자적인 인생을 영위할 수 없는 청년들이 늘어 가는 실정이다. 이들은 부모 가까이에서 부모의 도움을 받으며 성인으로서의 책임과 역할은 유보하는 상태에 머물러 있게 된다. 이 영역에 의도한 기간보다 오래 머물러 있다 할지라도 개인적으로 열정을 품고 사랑과 취업 등 자신의 꿈을 향한 다양한 시도를 긍정적으로 해 나갈 필요가 있다.

끝으로, 청년기의 발달과업에 직업발달도 포함된다. 직업 영역에 성공적으로 진출하여 자신의 전문적인 능력으로 사회에 기여하며, 대인관계의 확장도 해 나가야 한다. 전문가들은 흔히 20대에 자신의 가치를 높이는 데 시간과 노력을 기울여야 한다고 말한다. 원하는 진로 영역에 진입하기 위해서는 전공 분야의 핵심역량, 대인관계 능력, 다양한 직업수행 기술, 직업윤리 등에 대한 개선과 노력이 필요하다. 그리고 청년기에 맺은 인간관계를 통해 상호적 친구관계와 연합적 친구관계를 적절히 잘 유지하는 것도 중요하다.

연습문제

1. 기존의 인간발달에 대한 관점과 전생애 인간발달의 관점에 대하여 자신의 의견이 어떠한지 나누어 봅시다. 자신의 인생을 전생애 발달 관점으로 바라본다면 건강한 성인으로의 발전을 위해 지금 준비해 나가야 할 것들에 대해 나누어 봅시다.

2. 전생애 발달의 관점에서 인간발달을 인지적 영역과 정의적 영역으로 구분하여 봅시다. 자신의 발달적 측면을 관찰하여 어떤 영역을 더 주목하여 노력해 나갈 것인지 탐색해 봅시다.

3. 청년기에 나타나는 여러 발달의 특성을 살펴보고, 이 단계의 또 다른 특징은 어떤 것들이 있는지 토의해 봅시다. 청년기에 당면하게 되는 삶의 과제들에 대해 자유롭게 생각을 나누어 봅시다.

제2장

학습하는 인간

✏️ 개요

이 장에서는 학습의 원리를 설명하는 대표적인 학습이론인 행동주의 이론에 대해서 다루고, 학습동기, 평생교육과 성인학습에 대한 내용을 학습하고자 한다. 이 장을 통해 주요 학습이론들에서 설명하는 학습의 원리를 설명할 수 있으며, 더 나아가 학습의 원리를 생활에 적용하여 생활 속에서 경험하는 문제들이나 행동의 변화를 가져오는 방법들을 탐색해 볼 수 있다. 학습동기를 통해서는 우리가 학습을 하고자 하는 다양한 이유를 이해하고, 학습동기에 따라서 어떤 유형의 학습자들이 있는지를 이해할 수 있다. 마지막으로, 평생교육의 관점에서 성인학습자들의 특성과 적절한 학습방법 등을 생각해 보고자 한다.

📖 학습목표

- 학습의 개념을 설명할 수 있다.
- 고전적 조건형성과 조작적 조건형성, 사회인지이론을 통해 학습원리를 설명할 수 있다.
- 학습동기의 개념과 유형을 안다.
- 성인학습의 필요성, 적절한 학습방법, 성인학습자들이 가지고 있는 다양한 동기를 안다.

이 장에서는 '학습하는 인간'이라는 주제로 대표적인 학습이론 및 학습동기, 평생교육과 성인학습에 대해서 다루고자 한다. 먼저, '진로심리학을 배우면서 왜 학습에 관한 내용을 다루어야 하는가?'라는 의문을 품는 사람들이 있을 것이다. 합리적인 진로선택의 절차는 '자기이해-직업선택-전공선택-상급학교(고등학교 또는 대학교) 진학 결정'의 순서로 이루어진다. 한편, 진로상담을 하다 보면 진로와 학습은 동전의 양면처럼 함께 다루어지는 경우가 많다. 예를 들어, 다음의 사례처럼 진로선택 시 자기이해, 직업정보 탐색, 진로의사결정까지 잘 이루어져도 성적이나 진학에 대한 장벽이 너무 높아 이야기가 다시 원점으로 돌아가거나 진로탐색의 의미가 퇴색되는 경우도 많다.

저는 대학교 2학년으로 전문상담교사가 되고 싶습니다. 전문상담교사가 되려면 상담 관련 학과를 나와서 교육대학원에 가야 되는 걸로 알고 있습니다. 서울에 있는 심리학과나 상담 관련 대학으로 편입을 하고 싶은데 학과도 많이 없을뿐더러. 가고 싶은 학교는 학교 성적이나 영어 성적도 높아야 하더라고요. 공부시간을 늘려 가며 열심히 영어공부를 해 보았지만 도대체 성적이 오르지 않습니다. 편입시험에서 영어가 차지하는 비중이 크다던데. 영어 때문에 이대로 저의 꿈을 포기해야 하는 게 맞을까요? 어떻게 하면 영어 성적을 올려서 제 꿈을 이룰 수 있을까요?

이처럼 우리는 진로를 고민하면서 언제나 학습의 문제를 함께 고민할 수밖에 없다. 학습이론들을 통해 학습의 원리와 자신의 학습동기 등을 살펴볼 수 있는 기회를 가진다면, 자신에게 맞는 효과적인 학습방법 등을 찾을 수 있는 기회가 될 것이다. 특히 진로라는 것이 1~2년 사이에 결정되는 것이 아니며 평생직장의 개념도 사라지고 있기 때문에, 여러분이 정말 하고 싶은 것들이 있다면 5년 후, 10년 후, 15년 후까지 고려하여 장기적인 관점에서 목표를 세우고, 가능한 자원들과 교육기회들을 찾아보는 것이 필요할 것이다.

1. 학습의 개념과 주요 학습이론

1) 학습의 개념

인간은 태어나서부터 죽을 때까지 환경에 적응하기 위해 많은 것을 배우게 된다. 학습(learning)이라는 용어는 여러 장면에서 빈번히 사용되지만, 학습에 대한 정의를 내리기는 쉽지 않다. 국어사전에서는 학습을 '배워서 익힘'이라고 정의하며, 심리학에서는 학습을 '훈련이나 경험으로 야기되는 비교적 영구적인 행동 또는 정신 과정상의 변화'로 정의한다. 초기 학습이론들에서는 학습을 행동상의 변화로 정하였지만, 모든 학습이 행동으로 이어지는 않기 때문에 행동의 잠재력의 변화까지 학습에 포함시킬 수 있다. 즉, 훈련이나 경험을 통해 즉시 행동의 변화가 일어나지 않더라도 변화에 대한 잠재적 가능성을 획득하고 추후 특정 조건하에서 새로운 행동이 나올 수 있다는 것이다.

그러나 행동의 변화를 가져오는 요인 중에는 약물이나 마약 등 화학물질에 의한 변화, 우울이나 불안 등 일시적인 감정의 변화에 따르는 행동의 변화, 언어나 운동 발달과 같이 인간의 성숙에 의한 변화도 있을 수 있다. 모든 행동상의 변화를 학습으로 볼 수 있을까? 약물, 질병, 성숙 등에 의한 변화는 훈련 또는 경험 때문에 생겨나는 행동의 변화로는 포함시키지 않는다. 또한 학습은 어느 정도 영구적으로 이어지는 것이기 때문에, 우리가 시험공부를 위해 단어를 외우고 시험이 끝나면 바로 잊어버리는 것 같은 일시적인 변화는 학습에 포함시키지 않는다. 이상의 요소들을 정리해 학습의 특징을 살펴보면, 학습은 경험을 통해서 일어나는, 행동이나 행동 잠재력의 비교적 영구적인 변화로 정의할 수 있다.

다음 중 학습에 해당되지 않는 것은 무엇인가? 그 이유도 함께 이야기해 보자.

- 다섯 살 예준이는 아버지에게 자전거를 타는 법을 배워 자전거를 혼자 탈 수 있게 되었다.
- 신입생이 된 지술이는 낯선 환경에 적응하느라 스트레스를 받아 밤마다 습관적으로 폭식을 하게 되었다.

- 열 살 지혜는 최근 수학에 흥미가 생겼다. 수학공부를 열심히 해 중간고사에서 좋은 성적을 받았다.
- 갓 돌이 된 서현이는 가구를 잡지 않고 혼자 일어서 걸을 수 있게 되었다.

2) 학습이론

학습의 원리와 구성요소 등을 설명하는 학습이론은 크게 행동주의(behaviorism), 인지주의(cognitivism), 구성주의(constructivism), 인본주의(humanism)로 나누어 설명할 수 있다. 이 장에서는 대표적인 행동주의 원리인 고전적 조건형성, 조작적 조건형성, 사회인지이론에 대해서 학습하고자 한다.

(1) 행동주의

① 고전적 조건형성

㉠ 고전적 조건형성의 개념

행동주의적 학습이론은 고전적 조건형성, 조작적 조건형성, 사회인지이론으로 나누어 볼 수 있다. 고전적 조건형성(classical conditioning)을 설명한 이론은 모든 행동이 자극(Stimulus: S)과 반응(Response: R)의 연합에 의해서 형성된다고 보았다. 구체적으로, 고전적 조건형성이론에서는 선천적으로 유발되는 반사(무조건자극)를 중립자극과 연합시킴으로써 조건화된 자극으로 변화시키는 과정을 연합(association)이라 언급하였으며, 연합이 학습의 기본이 된다고 설명하였다. 고전적 조건형성이론을 주장한 대표적인 학자인 I. P. Pavlov(1849~1936)는 1904년에 소화생리학과 관련된 연구로 노벨상을 수상하였다. Pavlov는 개의 침샘 일부를 적출하여 먹이를 먹을 때마다 분비되는 침의 양을 측정하는 실험을 하던 중 실험 대상이었던 개가 하얀 가운을 입은 자신의 조교를 보고 침을 흘리는 모습을 보고 조건반사 실험에 대한 아이디어를 얻었다. 그는 개가 조교의 발소리와 먹이가 함께 나타난다는 일종의 연합을 학습했을 것이라는 가설을 세웠고, 이후 실험을 통해 이를 검증하였다. Pavlov는 먹이(무조건자극)를 주기 전에 소리(중립자극)를 들려주고, 소리(중립자극)와 먹이

(무조건자극)를 연달아 제시했을 때 추후 소리(조건자극)만 듣고도 침(조건반응)을 흘리는지를 살펴보았고, 그의 가설은 증명되었다. 다음은 고전적 조건형성과 관련된 요소들과 연합을 통해 새로운 반응을 이끌어 내는 과정이다.

◉ 고전적 조건형성의 요소
- 무조건자극(Unconditional Stimulus: US): 자동적/생득적 반응을 유발하는 자극
- 무조건반응(Unconditional Response: UR): 학습되지 않은 자동적/생득적 반응
- 조건자극(Conditional Stimulus: CS): 무조건자극과 짝지어져 무조건반응을 유발하는 자극
- 조건반응(Conditional Response: CR): 조건자극에 의해 새로이 형성된 반응
- 중립자극(Neutral Stimulus: NS): 아무런 반응이나 의미가 없는 자극

◉ 조건형성 절차
- 조건형성 전

  중립자극(소리) → 무반응

  무조건자극(먹이) → 무조건반응(침 분비)
- 조건형성 중

  중립자극(소리) + 무조건자극(먹이) → 무조건반응(침 분비)
- 조건형성 후

  조건자극(소리) → 조건반응(침 분비)

ⓒ 조건의 습득과 상실

고전적 조건형성에서 조건의 습득(acquisition)이란 새로운 조건반응이 형성되었다는 것을 의미한다. Pavlov는 조건반응의 습득은 조건자극과 무조건자극을 어느 정도의 시간 간격으로 제시하는가에 따라 달라지며, 시간에 따른 조건화는 다음과 같이 4가지로 나눌 수 있다고 주장하였다.

- 동시조건형성(simultaneous conditioning): 조건자극과 무조건자극이 동시에 제시
- 지연조건형성(delayed conditioning): 조건자극이 무조건자극보다 먼저 제시

- 역행조건형성(backward conditioning): 조건자극이 무조건자극보다 나중에 제시
- 흔적조건형성(trace conditioning): 무조건자극이 제시되기 전에 조건자극이 제시되어 종료

이 중 조건자극이 무조건자극을 예측하게 하는 혹은 기대하게 하는 신호 역할을 할 수 있어서 다른 조건형성의 과정보다 조건자극이 먼저 제시되는 지연조건형성과 흔적조건형성에서 학습이 더 잘 이루어질 수 있다. 예를 들어, 어머니가 집에서 맛있는 음식을 하는 날이면 항상 예쁜 그릇(중립자극)을 꺼내서 가지런히 음식들(무조건자극)을 담는 모습을 본 아이는, 예쁜 그릇(조건자극)만 보면 어머니의 맛있는 음식들(무조건자극)을 자연스럽게 기대하게 될 것이다. 그러나 맛있는 음식들(무조건자극)이 먼저 제시되고 디저트가 예쁜 그릇(중립자극)에 담겨 나왔다면, 후에 예쁜 그릇을 볼 때마다 맛있는 음식을 떠올리게 되는 비율이 더 낮을 것이다.

소거(extinction)는 조건반응이 사라지는 것을 말한다. 예를 들어, 개에게 소리를 들려준 후 먹이를 주는 행위를 반복하다가 이제 소리만 들려주고 먹이를 주지 않는 것을 반복하게 된다면, 결국 소리에 대한 침의 분비 반응은 점차 감소하다가 중단될 것이다. 개는 이 경우 소리가 더는 먹이의 선행자극이 아님을 학습하게 된다. 그러

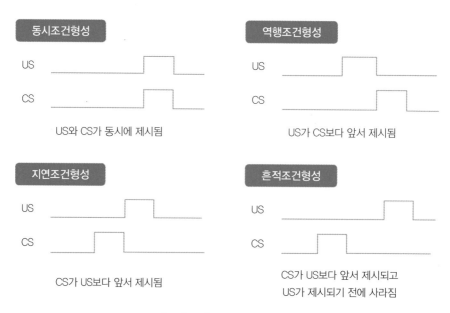

[그림 2-1] 조건형성의 유형

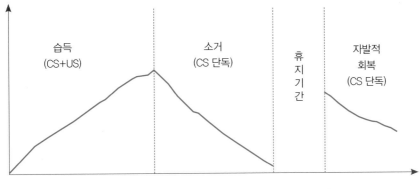

[그림 2-2] 습득, 소거, 자발적 회복 곡선

나 소거 이후에도 다시 조건자극을 제시하게 되면 조건반응이 다시 나타날 수도 있는데, 이를 자발적 회복(spontaneous recovery)이라고 한다. 자발적 회복은 소거된 반응이 완전히 없어진 것이 아니라 잠깐 억압되어 있음을 시사하는 것이다.

ⓒ 자극일반화와 자극변별

Pavlov의 개 실험에서 조건자극과 유사한 자극(소리)을 주면, 개는 자극에 같은 반응을 할까? 여러분은 좋은 추억이 담긴 장소와 비슷한 장소에 가게 된다면 어떤 기분을 느끼는가? 좋은 추억이 있는 장소에 간 것처럼 설레고 들뜨지 않는가?

조건자극이 아닌 자극이라도 조건자극과 비슷한 자극에 대해서 조건반응이 나타나는데, 이러한 현상을 자극일반화(stimulus generalization)라고 한다. 자극일반화를 사회적 상황에 적용하면 사람들은 낯선 사람들을 신뢰하거나 협력할 시기를 결정하는 상황에서 선행 경험을 바탕으로 낯선 사람들에게 긍정적 혹은 부정적 가치를 부여할 수 있다. 예를 들어, 자신이 이전에 좋은 경험을 했던 사람과 유사한 외모, 말투, 배경 등을 가진 새로운 사람이 있다면 이전 경험을 바탕으로 새로운 사람에게 좀 더 호감을 느낄 수 있다. 한편, 자극일반화와는 반대되는 현상으로 원래의 조건자극과 비슷한 자극에 노출되더라도 다른 자극으로 받아들이는 것을 자극변별(stimulus discrimination)이라고 한다. 옛 속담에 "자라 보고 놀란 가슴 솥뚜껑 보고 놀란다."라는 말이 있듯이, 우리는 한번 안 좋은 경험을 한 대상이 있다면 그와 유사한 대상까지 일반화하여 피하게 된다.

고전적 조건형성에서 자극일반화와 자극변별 현상을 잘 관찰할 수 있는 실험이

Watson의 어린 앨버트(little Albert) 실험이다.

Watson과 Rayner(1920)는 생후 9개월 된 Albert를 대상으로 실험을 진행하였다. Watson은 Albert를 몇 가지 다른 자극에 노출시켰다. 자극 중에는 흰쥐, 원숭이, 털이 많은 마스크, 개, 물개, 가죽코트가 포함되었다. Watson이 Albert를 처음 관찰했을 때, 그는 흰쥐를 포함한 어떤 자극도 두려워하지 않았다. Watson의 목표는 Albert가 고전적 조건형성을 통해 흰쥐를 두려워하는 법을 배우도록 하는 것이었다. Watson은 조건형성을 시작하였다. 그는 흰쥐를 Albert에게 다시 소개하고, Albert가 쥐를 만질 때마다 Watson의 머리 뒤에 있는 쇠막대기에 망치를 부딪치곤 했다. 당연히 Albert는 이 자극에 놀랐고 울기 시작했다. Pavlov가 진행했던 실험의 개처럼 Albert도 조건화되었다. Albert는 쥐를 볼 때마다 울면서 쥐에게서 멀어지려고 했다. 그는 '털'이 달린 '흰색'의 대상(예: 다람쥐, 개, 모피, 외투, 산타클로스의 수염)을 볼 때마다 같은 반응을 보였다. 이 과정을 그는 자극일반화라고 명명하였다.

Watson의 실험을 고전적 조건형성의 원리에 연결해 생각해 보면, 쇠막대기 소리는 무조건자극이며, 이 자극은 공포라는 무조건반응을 유발한다. Albert는 처음에는 쥐를 무서워하지 않았지만, 중립자극인 쥐와 공포를 일으키는 무조건자극인 쇠막대기 소리가 연합됨으로써 쥐는 공포를 일으키는 조건자극이 되었다. 실험의 마지막 부분에서 Albert는 흰쥐뿐만 아니라 흰쥐와 유사한 다람쥐, 개, 모피, 외투, 산타클로스의 수염을 볼 때도 공포반응을 보였다. 그러나 이러한 자극일반화는 원래의 조건자극과 새로운 자극의 유사성에 영향을 받는다. 원래의 조건자극이 새로운 자극과 유사할수록 일반화의 가능성이 커지며, 유사성이 감소할수록 일반화 정도가 감소한다. 예를 들어, 실험에서 Albert는 흰쥐와 전혀 닮지 않은 나무토막에 대해서는 공포를 나타내지 않았다. 이처럼 조건자극과 다른 자극을 구별하는 것을 자극변별이라고 한다.

② 조작적 조건형성

㉠ 조건적 조건형성의 개념

B. F. Skinner(1904~1990)는 학습의 과정을 조작적 조건형성(operant conditioning)으로 설명하였다. 조작적 조건형성이론에서는 행동의 결과에 따라 학습이 이루어진다고 가정하였다. 예를 들어, 어떤 행동을 했을 때 강화(예: 칭찬, 보상)를 받으면 그 행동을 더 하게 되고, 행동을 했을 때 처벌(예: 꾸중, 용돈이 깎임)을 받으면 이후 그 행동이 일어날 확률이 줄어들게 된다는 것이다. 여기서 조작이라는 용어는 환경을 조작하여 유기체의 행동을 변화시킬 수 있음을 의미한다. Skinner는 유기체가 어떤 행동을 한 이후에 보상이 주어지느냐 주어지지 않느냐에 따라서 조작 행동이 강해지거나 약해질 수 있다고 가정하고 Skinner 상자를 고안하였다. Skinner 상자는 쥐가 지렛대를 누르면 먹이가 나오도록 설계되었고, 먹이가 나오면 쥐가 지렛대를 누르는 횟수가 증가하게 된다. 이 실험은 유기체가 스스로 어떤 반응을 하고 그 반응이 긍정적인 보상으로 연결되면, 그 후에도 같은 반응을 할 확률이 높아짐을 보여 주는 것이다.

㉡ 강화와 처벌

Skinner는 행동의 결과로 긍정적인 보상이 뒤따름으로써 행동이 증가하는 것을 강화(reinforcement)라고 언급하였으며, 강화의 과정 중 행동의 빈도를 증가시키는 역할을 하는 것을 강화물(reinforcer; 혹은 강화인, 강화자)이라 하였다. 강화와는 다르게 행동을 약화시키는 절차는 처벌(punishment)이라고 하였으며, 처벌을 일으키는 자극을 처벌물(또는 처벌인, 처벌자)이라 불렀다. 강화물은 일차 강화물, 이차 강화물, 사회적 강화물 등 크게 세 종류로 나눌 수 있으며, 일차 강화물은 음식, 물, 고통의 감소 등 유기체의 생물학적인 요구를 충족시켜 주는 것을 포함한다. 이차 강화물은 당장은 욕구를 충족시키지는 않지만 일차 강화물과 짝지어짐으로써 강화력을 획득하게 되는 것을 말한다. 이차 강화물의 예로는 돈, 칭찬스티커 등이 대표적이다. 사회적 강화물은 사회적 상황에서 받는 긍정적인 자극으로 타인의 인정이나 칭찬, 관심을 받는 것을 의미한다.

강화와 처벌의 원리는 학교와 치료 장면에서 아직 많이 활용되고 있는 행동조성의 원리로, 다음과 같이 각각 두 가지 종류의 강화와 처벌로 나눌 수 있다. 먼저, 행동의 감도(증가/감소)와 행동의 결과(자극이 제시됨/자극이 제거됨)를 기준으로 4개의 매트릭스를 만들 수 있다. 행동의 감도 중 증가를 보면 어떤 행동의 결과 이후에 행동이 증가하는 것이기 때문에 이를 강화로 볼 수 있으며, 감소는 행동이 줄어드는 것이기 때문에 처벌로 볼 수 있다. 증가 중에서 행동의 결과로 자극이 제시되는 것을 정적 강화, 자극이 제거되는 것을 부적 강화라 명명하며, 여기서 정적과 부적은 긍정과 부정을 의미하는 것이 아니라 제시와 제거를 의미하는 것이다. 정적 강화는 대표적으로 칭찬과 같이 어떤 행동을 했을 때 긍정적인 자극이 제시되어 행동이 증가되는 것이며, 부적 강화는 어떤 행동을 했을 때 불편한 혹은 부정적인 자극에서 벗어나게 되어 그 행동을 반복할 확률이 높아지는 것이다. 부적 강화의 대표적인 예로는 옆집에서 나는 소음을 참을 수 없어 이어폰을 끼고 공부를 했더니 소음이 줄어드는 것이나, 초콜릿을 먹음으로써 현재의 배고픔이나 배에서 나는 민망한 소리를 조금이라도 줄일 수 있게 되는 것 등이 될 수 있다. 다음으로, 행동의 감도를 기준으로 행동이 감소되는 것을 정적 처벌과 부적 처벌로 나눌 수 있으며, 어떤 행동을 함으로써 잔소리를 듣거나 매를 맞거나 하는 식으로 부정적인 자극이 제시되는 것을 정적 처벌이라고 한다. 반대로 부적 처벌은 자신이 좋아하는 어떤 것들이 없어지는 것을 의미하며, 게임을 많이 했을 때 핸드폰을 빼앗기거나 통금시간을 지키지 않았을 때 용돈이 줄어드는 것처럼 어떤 행위 뒤에 좋아하는 것들을 빼앗기고, 그다음부터 행동의 빈도가 줄어드는 것을 의미한다.

[그림 2-3] 강화와 처벌의 종류

③ Bandura의 사회인지이론

㉠ 사회인지이론의 개념

Bandura(1965)의 사회인지이론(social cognitive theory)에서는 유기체가 직접 경험을 하지 않더라도 다른 개체들의 반응을 보고 관찰학습(observational learning) 또는 대리학습(vicarious learning)이 가능하다고 주장하였다. Bandura는 3요인 상호결정론을 이야기하면서 인간의 행동을 결정하는 것은 환경이 아니라 개인(인지), 환경, 행동의 상호작용이라고 언급하였으며, 개인(인지)에 해당하는 대표적인 특성으로 자기효능감(self-efficacy)을 소개하였다.

사회인지이론의 대표적인 실험으로는 보보인형 실험이 있다. Bandura(1961)는 보보인형 실험에서 아이들이 직접 경험하지 않고 관찰한 것만을 통해서 사회적인 행동(예: 공격행동)을 할 수 있는지를 살펴보고자 하였다. Bandura, Ross, Ross(1961)는 3~6세의 남자아이와 여자아이 각각 36명씩을 대상으로 실험을 진행하였으며, 아이들은 세 그룹(공격적인 역할모델, 공격적 행동이 배제된 역할모델, 통제그룹)으로 나뉘어 모델의 공격적 행동을 관찰한 후 실험 상황에서 어떤 식으로 행동하는지를 관찰하였다. 실험 상황은 아이들이 중간 수준의 공격성을 느낄 수 있는 상황으로 조작되었으며, 아이들이 좋아하는 매력적인 장난감들이 있는 방에 들어가 놀기 시작할 때 "이 방은 다른 아이를 위해 예약되어 있다."라고 이야기하며 아이들을 다른 실험실로 안내하였다. 다른 실험실에는 아이들이 공격성을 표출할 수 있는 장난감과 역할놀이를 할 수 있는 장난감들이 있었으며, 20분 동안 일방경을 통해 아이들의 행동을 관찰하였다. 연구 결과, 공격적인 모델에 노출된 아이들은 공격적 행동이 배제된 모델 그룹이나 통제그룹과 비교해 공격적 행동을 할 가능성이 커지는 것으로 나타

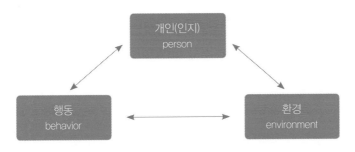

[그림 2-4] 개인, 환경, 행동 간의 상호결정론

났다. Bandura(1977b)의 보보인형 실험은 아이들이 직접 경험하지 않고 다른 사람의 행동을 관찰하는 것만으로 공격적 행동의 모방이 가능하다는 것을 보여 주는 사회인지이론의 대표적인 실험이다.

ⓒ 자기효능감

자기효능감은 특정 과제를 수행할 수 있는 믿음을 의미하며, 자기효능감은 개인의 행동을 촉진한다.

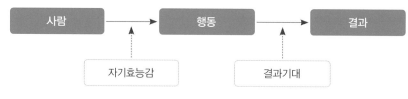

[그림 2-5] Bandura의 자기효능감 이론

출처: Bandura (1977b), p. 193.

그러면 이러한 자기효능감은 어떻게 형성되는 것일까? 우리는 살면서 가끔 자신감이 넘치는 사람을 만날 때마다 '저 사람은 어디서 저런 자신감들을 얻을까?'라는 궁금증을 가졌던 적이 있을 것이다. 혹은 자신감이 지나치게 없는 사람들이라면 '어떻게 하면 자신감을 높일 수 있을까?'라는 고민을 했을 수도 있다. 사회인지이론에서는 자기효능감의 근원을 다음과 같이 설명하고 있다.

⊙ 성공경험

성공경험(enactive mastery experience)은 적절한 목표를 세워 성취해 나가는 과정과 결과물을 통해서 얻을 수 있는 경험들이다. 성공경험에 대한 지각은 사람들마다 다를 수 있으며, 성공경험을 구성하는 데는 기존에 가지고 있었던 자아개념, 과제난이도와 맥락적 요소들, 능력추론에 영향을 미치는 노력의 정도에 대한 정보, 장기간 누적된 성취수준 등이 영향을 미치게 된다. 예를 들어, 친구들보다 수행의 정도가 월등히 뛰어난 학생이더라도 개인적인 기준이 높으면 자신의 수행을 성공경험으로 지각하지 않을 가능성이 크며, 우수한 학생들이 모여 있을 때 상대적으로 자신의 성취가 낮게 보일 수도 있다. 성공경험을 만들어 가기 위해서는 현실에 기반을 둔 자기평가와 적절한 목표설정이 필요하며, 장기목표와 단기목표로 나누어 성공경험들을 늘려 가는 과정을 통해 자기효능감을 높여 갈 필요가 있다.

◉ 대리적 경험

대리적 경험(vicarious experience)은 자신과 비슷한 주변 사람들 혹은 역할모델의 수행을 관찰하는 것을 통해 자신도 할 수 있을 것이라는 믿음을 형성하는 것을 의미하는 것이다. 자신의 현재 수행능력과 모델의 수행능력이 유사하다고 지각될 때, 모델과 개인적으로 유사한 특성을 지니고 있을 때, 다양한 모델에 의해 다양한 과제에서 반복적으로 성공경험들을 관찰할 수 있을 때, 대리적 경험이 효과적으로 이루어지고 자기효능감을 형성하기 수월해진다.

◉ 언어적 설득

부모, 교사, 친구 또는 상담자와 같은 우리 삶의 영향력 있는 사람들은 성공하기 위해 필요한 것을 가지고 있다는 우리의 믿음을 강화시킬 수 있다. 특정 활동을 숙달할 수 있는 능력을 가지고 있다고 설득하는 것은 문제가 발생했을 때 노력을 기울이고 그것을 유지할 가능성을 높인다. 그러나 언어적 설득(verbal persuasion)은 설득을 하는 사람이 당사자에게 얼마나 신뢰감을 줄 수 있는지 등에 영향을 많이 받는다.

◉ 생리적 상태와 정서적 상태

당신의 생리적 상태(physiological states)나 정서적 상태(emotional states)는 자기효능감을 어떻게 판단하느냐에 영향을 미칠 것이다. 예를 들어, 우울증은 우리의 능력에 대한 자신감을 떨어뜨릴 수 있다. 스트레스 반응이나 긴장은 부진한 성과에 취약한 징후로 해석되는 반면, 긍정적인 감정은 능력에 대한 자신감을 높일 수 있다. 따라서 중요한 시험을 준비하거나 취업을 위한 면접을 봐야 하는 상황에서는 현재 경험하고 있는 불안이나 스트레스 등을 잘 다룰 수 있어야 한다.

교사와 상담자들은 학생들을 상담할 때 이와 같은 4가지 자기효능감의 근원을 잘 알고 개입할 필요가 있다. 스스로 자기효능감이 낮다는 생각이 든다면 그 이유들을 4가지 요소에 근거하여 생각해 보자. 현실적인 능력을 고려하지 않고 지나치게 높은 목표를 세우거나 시간이 오래 걸리는 목표를 세워 매번 실패를 경험하고 있을 수도 있고, 우울감으로 자신이 가진 능력을 훨씬 낮추어 생각할 수도 있다. 또한 주변에 당신의 강점을 발견하고 긍정적인 힘을 줄 수 있는 친구들이나 지인들이 없어 학습에 대한 동기가 낮아져 있을 수도 있고, 혼자 학습동력을 만들기 위해 고군분투하고 있을 수 있다.

2. 학습의 동기

우리는 살면서 다양한 경험을 통해 새로운 지식, 문제해결방법, 삶의 지혜 등을 배운다. 새로운 지식들을 배우기도 하며, 기존에 알고 있었던 지식을 새로운 지식으로 대체하기도 하고, 기존 지식에 새로운 지식을 접목시켜 더 정교하고 적용 가능한 지식으로 전환시키기도 한다. 사람들은 보통 학습이라는 단어를 들으면 교육기관에서 이루어지는 공부를 생각할 것이다. 그러나 학습심리학에서 정의하는 학습은 객관적 지식을 습득하는 것뿐만 아니라 가정, 학교, 지역사회, 대인관계 경험을 통해 배우는 새로운 지식들까지 매우 방대한 내용을 포함하고 있다. 예를 들어, 취업을 하기 전까지 주로 학교에서 이루어지는 주입식 공부에만 익숙해져 있던 A 학생과 아르바이트, 여행, 대인관계 경험 등을 통해서 다양한 경험을 한 B 학생이 가지고 있는 지식의 유형과 폭, 문제를 해결하는 방식 등은 다를 수 있다. 가끔 우리 주변에도 공부에는 취미가 없어 일찍 공부를 포기했다는 사람들이 실제로 일을 하면서 보이는 업무 유연성이나 협업능력, 일처리 방식, 대인관계 능력 등에서 기대 이상의 수행을 보이는 경우가 있다. 일을 하면서 학습의 필요성을 느끼고 대학이나 대학원을 다니거나 직업교육기관 등을 찾는 경우도 있으며, 혼자서 꾸준히 책을 읽으면서 학습을 해 나가는 경우도 있다. 따라서 이 책을 읽는 독자들은 학습을 국어, 영어, 수학이나 전공 공부에 국한시켜 생각하지 말고 좀 더 넓은 의미로 학습의 개념을 생각했으면 한다. 우리는 아무것도 안 하는 것처럼 보일 때도 다양한 학습을 하고 있을 수 있다.

인간은 왜 끊임없이 배우는 것일까? 좀 더 좁혀서 이야기하자면, 우리는 왜 초등학교, 중학교, 고등학교, 대학까지 10년 이상의 기간 동안 학교를 다니며 공부를 하고 있는 것일까? 이러한 질문들은 학습의 동기와 관련된 질문들일 수 있다. 다음의 이론들을 보면서 이러한 질문들에 대한 답을 찾아보자.

　Maslow의 욕구위계이론을 통해 학습의 동기를 생각해 볼 수 있다. Maslow는 인간은 [그림 2-6]과 같이 5가지 욕구를 가지고 있다고 가정하였으며, 생리적 욕구, 안전 욕구, 소속과 인정의 욕구, 자존감의 욕구는 부족할 경우 채워 넣기를 원하는 결핍욕구, 자아실현의 욕구는 좀 더 나아지고 싶고 성장하고 싶은 성장욕구라고 설명했다. 생리적 욕구와 같은 기본적인 욕구가 충족되지 않으면 다음 단계에 존재하는 욕구 충족이 어려우며, 생리적·심리적 기능에 역기능이나 혼란이 일어난다. 즉, 하위 단계에 존재하는 기본적인 욕구들이 충족되지 않으면 다음 단계의 욕구 충족을 미루거나 희생하게 되는 것이다. 우리가 배가 고플 때 공부가 잘 안 되고 먹는 생각만 하거나, 춥거나 너무 더울 때 혹은 몸이 지칠 때 사람을 만나기보다는 집에 들어가 쉬고 싶은 욕구가 드는 것과 비슷하다. Maslow의 욕구위계이론에서는 심리적 성장과 건강에 대한 잠재력은 모든 인간이 태어날 때부터 가지고 태어나는 욕구라고 하였으며, 인간은 누구나 자아실현 경향을 가지고 태어난다고 가정하였다. Maslow의 욕구위계이론에서는 자아실현을 이룬 사람들의 특성을 소개하면서 자아실현자들은 최대한 많은 것을 배우고 경험하려는 특성을 가지고 있으며, 새로운 것들을 창조하고 학습하는 과정에 몰입하게 된다고 설명하였다. 이렇듯 학습에 대한 동기는 인간이 가지고 태어난 자아실현의 욕구와 매우 밀접하게 연결되어 있으며, 인간이 태

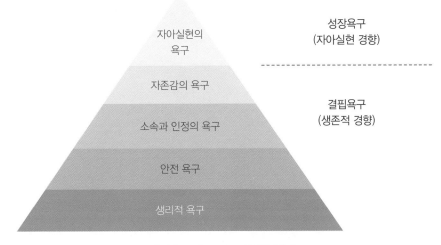

[그림 2-6] Maslow의 욕구위계

표 2-1 Maslow의 욕구위계의 단계와 예

욕구 단계	욕구의 예
생리적 욕구	음식, 물, 공기, 휴식과 수면, 운동, 건강, 성, 추위나 더위로부터의 보호, 감각적 자극에 대한 욕구 등
안전 욕구	신체적 안정, 안정감, 의존, 질서, 공포나 불안, 위험으로부터의 자기보호 등
소속과 인정의 욕구	사랑, 애정, 가족이나 집단에 대한 소속감, 우정, 사람들과 시간을 보내는 것 등
자존감의 욕구	자존감, 성취감, 확신, 능력, 지위와 영예 등
자아실현의 욕구	자신의 잠재력을 살리는 것, 자신의 장점과 제한점의 수용, 창조성, 독립성, 타인에 대한 수용성 등

어나서부터 죽을 때까지 배움에 대한 욕구를 놓지 않는 것은 배움을 통해 자신이 가지고 태어난 잠재력을 발견하고 발휘하기를 원하기 때문이라고 이해할 수 있다. 즉, 학습은 자아실현이라는 목적을 달성하기 위한 중요한 수단이 되는 것이다.

학습이론들에서는 학습의 동기를 좀 더 세분화하여 구분하고 있다. Ryan과 Deci(2000)의 자기결정성 이론(self-determination theory)은 인간은 누구나 외부의 압력과 요구 없이 환경을 탐색, 이해, 동화하려는 욕구를 가지고 태어난다고 가정하였다. 여기서 자기결정성은 어떤 일을 스스로 결정했다는 믿음을 의미한다. 자기결정성 이론에서는 욕구를 하위유형으로 분류하였는데, 아무런 의지가 없는 상태인 무동기(amotivation)에서부터 반대극에는 내재적 동기(intrinsic motivation)가 있고, 스펙트

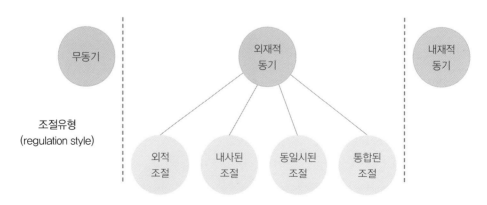

[그림 2-7] 자기결정성 이론의 동기유형

럼의 가운데에는 4가지 유형의 외재적 동기가 존재한다고 가정하였다. 외재적 동기는 외적 조절(external regulation), 내사된 조절(introjected regulation), 동일시된 조절(identified regulation), 통합된 조절(integrated regulation)으로 구분된다. 자기결정성 이론에서는 다른 사람의 지시나 의견에 따라 행동을 했다고 해서 자율성을 경험할 수 없는 것이 아니라고 가정하고, 외재적 동기도 자율성의 정도에 따라 이와 같이 4가지 유형으로 분류하였다(Ryan, Rigby, & King, 1993).

내재적 동기는 '하고 싶어서 하는 것' 혹은 '활동 자체가 주는 내적인 만족을 얻기 위한 것'으로 이해할 수 있다. Ryan과 Deci(2000)는 국어, 영어, 수학과 같은 특정 과목 및 과제에 대한 내재적 동기가 높은 사람들이 있는 반면에, 그것보다 좀 더 넓은 배움과 학습에 대한 내재적 동기가 높은 사람들도 있다고 가정하였다. 예를 들어, 국어 과목을 좋아하는 학생들 중에는 국어를 포함해 새로운 것을 배우는 활동 자체를 모두 선호하는 학생들도 있을 수 있다.

외재적 동기의 유형 중 자기결정성 수준이 가장 낮은 외적 조절은 규칙을 따르거나 처벌을 피하기 위해 혹은 외적인 요구나 보상 때문에 행동을 하는 것을 의미한다. 다음으로, 내사된 조절이 강한 사람들은 자기 자신과 다른 사람의 인정을 받거나 비판을 회피하기 위해 행동한다. 외부에 의해 요구되는 것만을 전적으로 받아들이지 않고 자신의 결정이 미약하게나마 반영되는 수준이다. 예를 들어, '선생님이 나를 좋은 학생으로 생각해 주기를 원하니까' '내가 하지 않으면 내 자신이 부끄럽게 느껴질 것이니까' '내가 하지 않으면 스스로 괴로우니까' 등이 그 예가 될 수 있다. 동일시된 조절은 개인적인 중요성이나 목표 달성을 위해 상당 부분 스스로 행동을 선택하는 높은 수준의 자기결정성을 지닌다. 공부를 하는 이유에 대해서 '공부가 중요하고 열심히 하면 좋은 성적을 얻을 수 있으니까' '내가 그 내용을 이해하는 것을 목표로 삼았으니까' 등으로 생각하는 것이 그 예가 될 수 있다. 마지막으로, 통합된 조절은 자아의 가치가 외부의 가치 혹은 요구와 완전히 일치되고 내면화된 상태로서 자기결정에 의거하여 행동을 하는 단계이다. 예를 들어, '공부를 하는 것이 나에게 가치가 있어서 공부를 한다.'고 생각하는 것이 여기에 해당한다.

학습자들은 학습에 참여하는 다양한 이유 혹은 동기를 가지고 학습에 참여하거나 학습을 지속하게 된다. 성인학습자의 학습참여 동기를 살펴본 Houle(1988)은 학습의 동기에 따라 성인학습자의 유형을 학습을 목표 달성의 수단으로 인식하는 목표지향형(goal-oriented type), 활동 그 자체를 위해 학습에 참여하는 활동지향형(activity-oriented type), 지식 그 자체를 추구하는 학습지향형(learning-oriented type)으로 구분하였다. 목표지향형의 경우 자격증을 취득하거나 학위를 마치는 등 교육을 통해 경력을 관리하거나 더 나은 직장으로 이동하는 것을 목표로 하는 유형이 될 수 있으며, 활동지향형은 특별한 목적 없이 활동 그 자체를 통해 사람들을 사귀는 것을 즐기는 사교형의 사람들과 현 직장에 대한 불만 등으로 새로운 활동에 참여하고자 하는 유형으로 이해할 수 있다. 학습지향형의 사람들의 경우 학습을 통해 학위나 자격증 등 외적인 보상을 습득하기보다는 학습 그 자체에 대한 즐거움이나 학습을 통한 자아실현, 만족 등에 더 가치를 두는 유형이다. 학습의 동기는 학습몰입, 지속시간, 학습결과 등에 영향을 미칠 수 있으며, 학습에 대한 개인적인 만족감도 달라진다. 다음의 예를 함께 생각해 보자.

주형이는 대학교 1학년 학생으로, 대학에 들어와 스스로 공부를 해야 하는 것이 힘들고, 자신이 잘하고 있는지 확신이 안 들어 상담센터를 찾았다. 고등학교 때까지는 정해진 공부를 하고, 부모님이 결정해 주신 학원에 다니면서 친구들과 비슷한 수준에서 공부를 하면 되었는데, 대학에 오니 공부를 하는 시간, 분량 등을 모두 자율적으로 정하고 평가 기준도 수업마다 제각각이라 당황스러울 때가 많다.

• 사례에서 주형이는 어떤 동기를 가지고 있는가?
• 주형이가 내재적 동기를 가지기 위해서는 어떤 노력들이 필요할까?

3. 평생교육과 성인학습 이해

1) 평생교육

42세인 중소기업 부장 영호 씨는 올해 방송통신대학에 진학한 새내기이다. 그의 삶은 어떨까? 그의 일상은 오전 7시에 출근하는 것으로 시작된다. 평일 중 3일은 오후 6시쯤 퇴근해 학교에서 오후 7시부터 밤 10시까지 수업을 듣고, 토요일에는 오전 9시부터 오후 4시까지 강의를 듣는다. 그는 틈틈이 과제를 하고 시험을 치르기 때문에 따로 시간을 내서 공부를 한다. 몸이 열 개라도 부족할 지경이지만. 영호 씨는 1학기에 좋은 성적을 받았다. 일과 학습을 병행한 첫 학기치고는 괜찮은 성과였다. 영호 씨는 "실제로 일을 하다 보니까 행정에 대한 관심이 생겼고, 행정학을 좀 더 체계적으로 배울 수 있어서 공부하는 것이 재미있다."라는 평생학습 동기를 내비쳤다.

이처럼 평생학습사회에서는 학습을 강요하는 사람도 없고, 학습을 잘한다고 해서 딱히 칭찬해 주거나 보상을 해 주는 일도 드물다. 학습의 과정은 전적으로 개인의 자율성에 맡겨진다. 영호 씨처럼 자신의 경력과 연계하거나 관심 분야를 자기주도적으로 학습해 나가는 경우가 대표적인 예이다. 학습은 삶이 끝나는 순간까지 지속될 수 있으며, 개인이 개발하고 싶은 분야가 어떤 분야이든지 자신의 의지와 노력만 있다면 평생학습사회를 잘 누릴 수 있다.

인간의 수명이 연장되고 산업의 변화가 빨라지면서 은퇴할 때까지 평생 한 직업만 가졌던 과거와는 달리, 이제는 한평생 최소 3~4개의 직업을 가지게 된다. 대학을 졸업하고 평범한 회사원으로 회계 일을 하다가 관련 직무에 대한 수요가 낮아지게 되면 본인이 가지고 있었던 지식을 활용할 수 있는 회계 쪽의 새로운 직업 혹은 직무를 찾기도 하고, 새로운 직업을 가지기 위해서 직장을 그만두고 대학이나 전문교육기관을 다시 찾기도 한다. 은퇴할 때가 되면 자영업을 새로 시작할 수도 있고, 자신이 가지고 있는 지식을 활용해 관련 기관에 취업을 할 수도 있다. 중요한 것은 모든 직업전환의 순간과 적응의 과정에 '학습'이 필요하다는 것이다. 평생학습이라는 개념이 소개되기 이전에는 성인 대상 학습은 회사 내에서 이루어지는 기업교육이 주를 이루었다. 그러나 시대 변화에 따라 성인학습의 대상자들의 폭이 더 넓어졌으며, 교육의 주체 역시 회사가 아닌 지역사회, 국가 등으로 확대되고 있다.

평생학습자는 지식정보사회의 도래와 함께 새롭게 등장한 인간의 독특한 생활양식과 생활패턴을 반영한 용어이다. 평생학습자는 생애주기에 따라 아동 평생학습자, 청소년 평생학습자, 중·장년 평생학습자, 노인 평생학습자로 구분할 수 있다(신다은, 김진화, 2016). 안드라고지(Andragogy) 이론에서는 성인학습자의 특성을 다음과 같이 가정한다(Knowles, 1980).

- 성인에게는 학습의 동기가 필요하다. 성인들은 외재적 요인보다 내재적 요인에 의해 동기화가 더 잘된다.
- 성인은 자기결정과 삶에 대한 책임을 지니는 자아개념을 지니고 있다. 인간은 성숙함에 따라 의존적인 성격에서 자기주도적인 성격으로 변해 간다.
- 아동들과는 다른 양적/질적 경험을 가지고 교육에 참여한다.
- 성인은 자신의 삶의 상황에 더 효과적으로 적응하기 위해 자신이 할 수 있는 혹은 알아야 할 필요가 있는 것을 학습할 준비가 되어 있다.
- 성인은 교과 중심으로 이루어지는 학습보다는 생활 중심, 과업 중심, 문제 중심의 학습을 선호한다.

학습과 진로선택은 매우 밀접하게 연결되어 있기 때문에, 특정 직업을 선택하기 위해서는 직업에서 요구하는 직업기초능력과 전문능력을 습득해야 한다. 따라서 '어떤 것을 배울까?'를 고민하기 이전에 '앞으로 어떤 삶을 살고 싶은가?' '어떤 일을 하고 싶은가?' '어떤 것을 학습해야 하는가?'를 고민해야 한다. 그러나 입시 중심의 공교육 과정을 거치면서 우리는 학업능력과 시험성적 등을 중심으로 진학할 대학과 학과를 결정하고, 이후에 진로를 결정하는 것에 더 익숙해져 있을 수 있다. 자신의 삶의 가치부터 탑다운(top-down) 방식으로 평생학습 계획을 세워 보자.

성인학습이론을 바탕으로 성인학습자들의 특성을 이해하는 것은 교육의 동기, 내용, 방법 등을 결정하기 위한 중요한 기초가 된다. 예를 들어, 성인들의 경우 교수자에 의한 일방적 강의보다 자신들의 삶의 경험을 꺼내 놓고 수용받는 경험을 통해서 학습에 대한 동기가 높아질 수 있으며, 교과서 중심의 이론적인 학습보다는 이론과 실제적인 적용이 균형을 맞춘 내용의 정보들을 선호할 것이다. 성인학습자들은 어떤 방식으로 학습해 나가야 효율적으로 새로운 지식을 습득할 수 있을까? 구성주의 이론가들은 성인학습에 있어서 경험과 성찰을 강조한다.

Dewey(1933)와 Kolb(1984)는 학습에 있어서 경험을 강조한 학자들로, 학습과정에 있어서 개인적 성찰의 중요성을 언급하였다. 여기서 개인적 성찰은 경험의 재해석을 통한 새로운 지식의 이해와 지식 획득의 과정을 의미한다. 즉, 자신의 경험과 타인의 경험 및 생각을 바탕으로 새로운 지식과 기존 지식의 연관성 등을 이해함으로써 지식의 의미를 구성하는 개인내적인 과정이다. 또한 성찰은 관찰되는 현상과

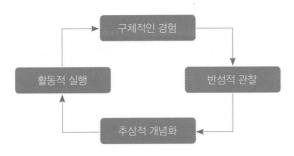

[그림 2-8] 자기주도학습의 과정

자신의 경험에 대한 과학적 탐구를 바탕으로 하는 체계적이고, 엄격하고, 숙련된 사고방식이며, 타인과의 상호작용 안에서 이루어져야 한다. 타인의 생각을 통해 자신의 생각의 합리성을 다시 한번 검증할 수 있는 기회를 가지고 명료화하는 과정이 필요하다. 마지막으로, 성찰은 자신과 타인의 개인적·지적 성장에 가치를 두는 태도를 필요로 한다.

성인학습자의 교수방법을 언급하면서 자기주도학습의 과정이 자주 언급된다. Garrison(1997)은 효과적인 자기주도학습을 결정하는 3가지 요소로 자기관리(self-management), 자기관찰(self-monitoring), 동기(motivation)가 필요하다고 이야기하면서, 학습의 과정으로 구체적인 경험, 반성적 관찰, 추상적 개념화, 활동적 실행의 순환적 과정을 소개하였다([그림 2-8] 참조).

앞으로 평생교육과 성인학습에 대한 관심이 더욱 증가할 것이다. 빠르게 변화하는 세상에 적응하기 위해서 새로운 것들을 배우고 적용하는 능력은 인간이 갖추어야 할 중요한 덕목 중 하나로 자리 잡을 것이다. 따라서 입시나 취업을 목적으로 한 교육을 넘어서 개개인이 가지고 있는 목표에 맞게 학습에 대한 동기를 찾고 계획을 세워 나가는 것을 돕기 위한 교육이 더욱 활성화될 필요가 있다. 그러기 위해서는 학습을 좀 더 넓은 관점에서 생각하고, 우리 삶을 행복하고 풍성하게 해 주는 수단으로서의 학습의 가치에 공감할 필요가 있다.

표 2-2 | 자기주도학습의 과정에 대한 설명

	순환적 경험의 요소와 예	적용
구체적인 경험	구체적인 경험은 인식을 하는 단계로, 현상에 대한 판단보다는 자신에게 어떤 일이 일어나고 있는지를 관찰하는 데 초점을 둔다. 예: '어떤 경험을 하고 있는가?' '무슨 일이 일어났는가?'	여러분이 수업시간에 '애착'에 대한 영상을 본다고 가정을 하자. 이 단계는 영상을 있는 그대로 관찰하는 단계이다. 여기서는 '왜(why)'라는 질문보다 '무엇(what)'이 일어나고 있는지를 탐색하는 것이 중요하다.
반성적 관찰	반성적 관찰은 구체적인 경험을 추상적인 개념으로 이해하기 위한 내적인 이해를 의미한다. 예: '그 일이 왜 일어났는가?' '어떤 요인들이 그 일에 영향을 주었는가?' '그 일에 대해 어떤 느낌이 드는가?'	이제 영상을 보면서 '왜'라는 질문을 던져 보자. 예를 들어, '애착을 잘 형성한 아이들이 또래관계가 좋은 이유가 무엇일까?' '영상에서 다른 아이들에게 먼저 다가가고 대화를 거는 행동을 보이는 것은 애착이랑 어떤 관련이 있을까?'라는 질문들을 던져 보다가 나름대로 가설들을 설정해 보자.
추상적 개념화	반성적 관찰의 과정을 통해 얻은 새로운 생각과 관점을 실제 자신의 환경에 적용하고, 분석적·추론적 방법을 통해 적용 가능성에 대한 가설을 검증하는 과정을 의미한다. 예: '그 경험을 통해 나는 나와 다른 사람에 대해서 무엇을 배우게 되었는가?' '그 경험은 어떤 의미가 있는가?' '그 경험을 통해서 무엇을 배우게 되었는가?'	개념화 단계에서는 나름대로 다양한 책과 자료들을 통해 자신의 가설을 검증해 보자. 또한 수업시간에 교수자로부터 배운 애착이론들을 적용시켜 좀 더 어려운 용어로 그 경험들을 명명해 보자. 예를 들어, 애착을 잘 형성한 아이들은 타인에 대한 긍정적인 기대와 타인으로부터 수용될 것이라는 믿음이 있어 관계 안에서 안정적으로 행동할 수 있다.
활동적 실행	정신적 능력을 활용하여 축적된 경험과 그 경험에 대한 성찰을 외부의 경험으로 전환시키는 과정이다. 예: '배운 것을 어떻게 적용할 것인가?'	바로 지식의 전환이 이루어지지 않더라도 아이들을 가르칠 때, 자녀를 키울 때 지식이 적용될 수 있을 것이다.

연습문제

1. 강화와 처벌의 종류에 대한 설명을 바탕으로 여러분의 주변에서 찾아볼 수 있는 예를 적어 봅시다.

		행동의 감도	
		증가	감소
행동의 결과	자극이 제시됨	정적 강화 예: 청소를 해서 칭찬을 받아 청소를 더 자주 함	정적 처벌 예: 게임을 해서 혼이 난 후 게임을 덜 하게 됨
	자극이 제거됨	부적 강화 예: 약을 먹었더니 머리가 덜 아파 머리가 아플 때마다 약을 먹게 됨	부적 처벌 예: 핸드폰을 너무 오래 해서 용돈을 뺏긴 후 핸드폰을 덜 하게 됨

2. 여러분 자신의 평생학습 계획을 설계해 봅시다.

   1) 나의 평생학습 설계하기

   여러분의 인생은 여러분에게 주어진 제한된 삶이며, 무엇을 하며 어떤 삶을 사느냐는 전적으로 여러분 자신의 책임입니다. 지금부터 장래에 자신이 하고 싶고, 이루고 싶고, 얻고 싶은 것을 시간에 따라 계획하여 봅시다.

   2) 미래 설계에 따른 평생학습 계획하기

   여러분은 어떤 직업을 선택하여 그 직업에서 계속적인 발전과 성공을 꾀할 것인가요? 여러분이 어떤 직장에 들어갔다고 가정하고, 그 이후의 학습 계획을 세워 봅시다. 또한 여러 가지 직업을 가지고 있다는 가정하에 각각의 경우 어떤 내용과 형태의 평생학습을 할 것인지에 대해 계획을 세워 봅시다.

   3) 여러분 자신이 원하는 진로와 학업 계획을 연결시켜 커리어패스를 작성해 봅시다. 다음의 예시는 직업능력개발원에서 제작한 『50개 직업의 커리어패스 정보』(2015)에 실린 사례입니다. 누구나 한 번쯤 직업을 생각할 때 '그 직업이 나한테 잘 맞는가?' '내가 그 일을 좋아하는가?'라는 질문을 던지고 이후에 '내가 그 직업을 가지기 위해 대학에 들어갈 수 있을까? 아니야…… 간호사가 되기 위해서는 간호학과를 가야 하는데 나는 공부를 못하잖아……. 이미 다른 전공을 선택했잖아.'라고 생각해 포기한 적이 있을 것입니다. 커리어패스를 그리면서 다음의 사항들을 생각하며 작성해 봅시다.

- 여러분에게 능력과 상관없이 자유롭게 직업을 선택할 수 있는 기적 같은 일이 생겼습니다. 여러분은 어떤 직업을 선택할 것인가요? 그 직업에 맞는 커리어패스를 작성해 봅시다.

- 이제 좀 더 현실적인 상황을 생각해 커리어패스에 다양한 대안을 적어 봅시다. 그 직업을 가지기 위해 여러분이 아는 가장 대표적인 교육경로를 적었을 것입니다. 혹시 여러분이 모르는 교육경로가 있을 수 있는지 찾아봅시다. 정보를 찾기 위해서는 커리어패스 사례집이나 커리어넷 교육 자료실에 탑재되어 있는 학과직업 매트릭스를 찾아보면 도움이 될 것입니다. 혹은 커리어넷이나 워크넷에 탑재되어 있는 직업소개나 동영상을 본 후 해당 직업을 가진 사람들이 어떤 교육을 받았는지도 찾아볼 수 있습니다.

- 정보를 찾아본 이후에도 현실적으로 해당 직업을 가지기 위해서 필요한 조건을 채우기 어렵다고 느낄 수 있습니다. 그렇다면 여러분이 하고 싶은 일을 동사로 표현해 봅시다. '간호사'가 되고 싶었다면, 간호사라는 직업이 가지고 있는 특징을 동사로 표현해 '아픈 사람들을 돌보는 일'이라고 바꾸어 써 봅시다. 동사와 관련된 직업을 5가지 정도 찾고, 각 직업을 갖기 위해 필요한 교육을 조사해 봅시다.

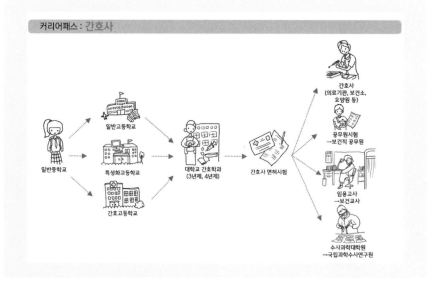

3. 질문지를 통해 여러분의 자기주도학습 준비도를 평가해 봅시다. 다음의 문항은 Guglielmino (1997)의 자기주도학습 준비도를 한국어로 번안한 척도 중 일부 문항을 제시한 것입니다. 다음의 15개 문항 중에서 몇 개 정도가 여러분의 상황 혹은 특성에 해당합니까?

1. 다른 의견을 가진 사람들과 토론하는 것을 좋아한다. ☐

2. 배우면 배울수록 세상은 더욱 흥미진진하다. ☐

3. 시험에서 좋은 성적을 얻을 수 있다는 자신이 있어도 공부를 계속 한다. ☐

4. 문제를 내 방식대로 해결하는 것을 좋아한다. ☐

5. 지금 배우고 있는 것을 내 장기 목표와 연관시키고자 노력한다. ☐

6. 꼭 배워야겠다고 생각하는 것은 무엇이든지 배우려고 한다. ☐

7. 배우는 것이 좋다. ☐

8. 배우는 것은 내 책임이지, 다른 사람에게 책임이 있는 것은 아니다. ☐

9. 계속 배운다는 것은 따분한 일이 아니다. ☐

10. 배우는 것은 생활의 한 방편이다. ☐

11. 새로운 것을 배우기에 나이가 많다고 생각하지 않는다. ☐

12. 새로운 것을 배움으로써 내 삶이 달라질 것이라 생각한다. ☐

13. 나는 그 결과가 어떨지는 모르지만 새로운 일을 벌이기를 좋아한다. ☐

14. 알고 싶은 것을 찾아내는 것을 다른 누구보다도 잘한다. ☐

15. 수업을 들으며 적어 놓은 것들을 잘 이해할 수 있다. ☐

※ 체크리스트를 만들기 위해 원문에서 일부 문항 수정함

제3장

적응하는 인간

✎ 개요

인생에서 역경을 만날 때 무엇이 사람을 버티게 할까? 우리의 인생에는 즐겁고 행복한 순간도 있고, 실패와 좌절로 인해 절망적이고 충격적인 순간도 있다. 좋은 순간과 안 좋은 순간이 씨실과 날실로 엮여 이루어지는 것이 바로 현실이다. 급속한 변화와 예측 불가능한 불확실성이 만연한 이 세대에서 어떤 역경을 만나든지 유연하게 대처하고 불확실한 상황에 적응하는 역량이 특히 요구된다. 이 장에서는 역경과 고난에 적응하고 잘 극복하면서 생기는 적응유연성이라는 개념을 살펴보고, 스트레스와 스트레스에 대처하는 방법과 진로적응성 측면에서 적극적으로 적응을 실천하는 사람의 특성에 대해서 살펴보고자 한다.

📖 학습목표

- 적응심리의 기본적인 개념에 대해서 이해한다.
- 적응유연성과 보호/위험 요인을 이해한다.
- 진로적응성의 개념과 조절 전략에 대해서 이해한다.
- 스트레스와 대처 전략에 대해서 이해한다.

1. 적응심리

1) 개관

급속도로 변하는 현대사회는 어떻게 변화될지 모르는 예측 불가능한 불확실성을 띠고 있다. 갑자기 원하던 대학이나 전공으로 못 가게 될 수도 있고, 생각하던 직업이 없어질 수도 있고, 평생직장을 구하고자 하지만 계속 파트타임이나 계약직으로 있어야 하는 상황도 있을 수 있다. 심지어 잘 맞을 것으로 생각했던 직업이 힘든 입사 관문을 뚫고 취업을 해서 실제로 일해 보니 자신한테 안 맞는다는 것을 발견할수도 있다. 언제 불청객처럼 찾아올지 모르는 어려운 상황에 적응하기 위해서는 삶에 유연하게 대처하고 구부러지되 꺾이지 않는, 다시 힘차게 일어서게 하는 개인의 적응유연성이 더더욱 중요하다. 적응유연성을 가진 사람은 스스로를 돕고 다른 사람들도 도울 수 있다.

(1) 적응유연성

적응유연성이란 회복탄력성으로도 불리며, 자신에게 닥치는 온갖 역경과 어려움을 극복하고 오히려 도약의 발판으로 삼는 힘으로, 스트레스에 노출된 이후에도 회복할 수 있는 속도와 정도에 기여하는 요인이 된다. 세계적인 해양지질학자인 서울대학교 이상묵 교수가 "전신마비 환자가 된 후 하나를 잃고 열을 얻었다."라고 하며 연구자로서 더욱 성장할 수 있었다는 것을 이야기한 적이 있다. 노숙자에서 두부집 사장으로 성공한 김동남 사장 역시 노숙자 시절의 고통과 절망이 자신을 키웠다고 이야기한다. 회복탄력성은 사람들이 겪는 위험, 역경, 부정적 생활 사건이 개인의 적응을 위협하고 심각한 고통을 받는 상황에도 잘 적응하고 이를 극복할 수 있도록 해 준다.

적응유연성을 지닌 사람의 특성은 다음과 같다(신우열, 김민규, 김주환, 2009).

• 스트레스를 받는 상황에서 효과적으로 헤쳐 나갈 수 있다.

- 일상생활에서 받는 도전과 힘든 문제에 대처할 수 있다.
- 절망, 좌절, 역경과 트라우마에서 회복할 수 있다.
- 명백하고 현실적인 목표를 설정할 수 있다.
- 문제를 해결할 수 있으며, 다른 사람과 원만한 관계를 맺을 수 있다.
- 자신과 타인을 존중할 수 있다.

적응유연성은 거주민들의 폭력, 마약, 범죄율이 매우 높았던 하와이 카우아이섬의 신생아 833명을 대상으로 40년간 진행된 종단연구에서 우연히 발견되었다. 카우아이섬 주민들은 집단의 30%에 해당하는 사람이 만성적 빈곤, 출생과정 중 문제, 부모의 정신병리, 가족 갈등의 문제 모두를 보이거나 그 이상의 문제를 보였는데, 이 사람들을 대상으로 출생 후~1세, 2세, 10세, 18세, 32세, 40세 자료를 수집하였다. 40년간의 종단연구 결과, 전체 833명 중 고위험군이 201명으로 상당수가 성인이 되어서도 문제를 보이는 것으로 발견되었으나, 이 중 72명이 오히려 학업성적이 상위 10% 안에 드는 것이 발견되었고, 이 사람들의 속성을 분석하는 과정에서 적응유연성이라는 개념이 등장하게 되었다(Graham, 2014).

(2) 적응유연성의 요소

적응유연성은 기질, 인지능력 등의 개인적 특성과 부모의 양육태도, 학교 등의 환경적 영향이 복합적으로 상호작용하여 발달하게 된다(Goldstein & Brooks, 2009). 개인의 기질이 외향적이거나 사교성이 높은 경우 다른 사람과 상호작용을 추구하고 새로운 경험을 즐기기 때문에 스트레스원에 대해 주변 사람들의 배려와 보호를 받을 수 있어 역경에 잘 적응할 수 있다. 또한 행복감, 흥분, 흥미와 같은 긍정적 정서를 자주 경험할 경우에도 잘 적응할 가능성이 높다. 이에 반하여 슬픔, 분노, 불편감, 화가 느껴질 때 마음을 다스리기 어렵고 부정적 정서성이 높은 개인은 어렵고 힘든 상황에서 부적응을 보일 가능성이 높아 정서도 적응유연성의 발달에 중요한 요인이 되는 것으로 나타났다. 또한 개인적 특성 중 문제해결을 위한 정보와 전략을 잘 사용하는 정도인 인지능력이 적응유연성을 일관적으로 예언하는 변인에 해당한다. 특히 인지능력 중 하나인 자기효능감은 자신의 안전을 위협하는 것에 대해 통제하고 좌절감이 들 때에도 목표를 성취하고 예상되는 결과에 대해 낙관적으로 생각하게 할 수 있다. 환경적 영향으로 가족 갈등 수준이 높을 때 부정적 정서성과 사회적으로 위축될 가능성이 높아질 수 있다. 또한 청소년에게 있어서 또래의 지지는 품행문제와 반사회적 행동을 감소시키거나 증가시킬 수 있는 것으로 나타났는데, 또래집단이 반사회적이고 개인도 반사회적이고 폭력적인 경우는 또래와 어울리지 않는 청소년의 행동이 가장 향상되고, 규칙을 어기고 다른 사람을 괴롭히는 데 대한 관심을 친구들끼리 공유할 경우 폭력성이 강화되는 것으로 나타났다.

적응유연성의 하위 요인은 3가지로, 자기조절능력, 대인관계능력, 긍정성이 해당된다(신우열, 김민규, 김주환, 2009).

첫째, 자기조절능력은 스스로의 감정을 인식하고 조절하는 능력으로, 스스로의 부정적 감정을 조절하여 긍정적 감정과 건강한 도전의식을 갖는 정서조절력, 정서에 압도되는 충동적 반응을 억제하는 충동통제력, 위기 상황에서 정확한 대처 방안을 찾아낼 수 있는 원인분석력을 포함한다.

둘째, 대인관계능력은 타인의 정서를 이해하고 공감함으로써 원만한 인간관계를 유지하는 능력으로, 인간관계를 진지하게 맺고 오래도록 유지하는 소통능력, 다른 사람의 심리나 감정 상태를 잘 읽을 수 있는 공감능력, 자기 자신이 다른 사람과 연결되어 있다고 믿으며 타인과의 관계 속에서 자신을 이해하는 자아확장력을 포함한다.

셋째, 긍정성은 자기조절능력과 대인관계능력을 향상시키기 위하여 긍정적인 상태로 변화시키는 힘으로, 지금의 상황을 내가 원하는 방향으로 이끌 수 있다는 자아낙관성, 평소에 자신의 강점에 집중하고 꾸준히 수행하여 긍정적으로 만족하는 삶의 만족, 긍정적 정서 향상을 위해 매사에 감사하기를 포함한다.

(3) 적응유연성 보호요인

카우아이섬 대규모 종단연구에서 고위험에 처해 있는 상황에서도 성공적인 모습을 보이는 개인적 속성은 낮은 정신적 고통, 낮은 정서성, 활동적이고 활기찬 성격, 사교적임, 따뜻하고 상냥한 기질, 자율성, 평균-평균 이상의 지능, 높은 성취 동기, 특수 재능, 긍정적 자아개념, 내적 통제 소재, 충동조절, 계획성, 신뢰 및 주변에 도움을 구하는 성향 등인 것으로 나타났다. 이들의 가족 및 사회적 자원으로는 핵가족, 유능한 어머니, 주 양육자와의 친밀한 유대관계, 조부모의 지지, 형제자매의 지지, 유능하고 성실한 또래친구, 교사의 지지, 성공적 학교경험, 멘토, 친사회적 단체에 속함 등이 있다(Werner & Smith, 2001).

① 개인의 기질적 특성

온순한 성격, 책임감, 내적 통제, 계획성, 자기효능감, 대인관계 기술, 긍정적인 자아감, 높은 인지능력 등이 해당된다.

② 가족 관련 보호요인

1명 이상의 양육자와의 안정적인 유대관계, 가족의 지지, 민주적인 양육태도, 높은 사회경제적 지위, 가족응집력, 개방적이고 지지적인 의사소통 등이 해당된다. 특히 가족 간의 개방적이고 지지적인 의사소통을 통해 이야기를 함께 나누고 회상하는 것은 적응유연성의 발달에 긍정적인 역할을 한다. Laucht, Esser, Schmidt(2002)는 9~12세 청소년을 양육하고 있는 24개 중산층 가정을 2년 동안 추적조사를 하였는데, 부모가 자녀와 부정적 가족 사건에 대해 서로 나누고 함께 대화한 경우와 부정적 가족 사건에 대한 언급 없이 긍정적 가족 사건에 대한 대화만 나눈 경우로 구분하여 살펴본 결과, 부정적 가족 사건에 대해 함께 대화했던 가정의 자녀들이 더 높은 수준의 자아존중감과 적응유연성을 가지고 있는 것으로 나타났다.

③ 사회 및 환경적 보호요인

또래의 지지, 교사의 지지, 학교 적응, 단체 가입 및 활동 등이 해당된다. 특히 사회적 지지를 지각하는 수준이 높을수록 적응유연성이 높고 긍정적인 사고를 하며 문제해결력이 높다. 교사와 또래의 애착관계가 적응유연성의 발달에 직접적인 영향을 주는 요인으로, 어려움을 극복할 수 있는 잠재적인 요인이 된다(이하리, 이영선, 2015).

(4) 적응유연성 위험요인

① 개인의 기질적 특성

까다로운 기질, 충동 및 공격 성향, 우울 성향, 발달적 장애, 낮은 자존감, 낮은 지능 등이 해당된다.

② 가족 관련 위험요인

가족갈등, 왜곡된 부모-자녀 상호작용, 잘못된 양육방식, 부부갈등 및 이혼, 경제적 어려움 등이 포함된다. 특히 아동학대, 가족 폭력과 부모가 정신병리가 있을 때 자녀의 적응 문제에 심각한 위협이 되는 것으로 나타났다.

③ 사회 및 환경적 위험요인

경제적 위기, 열악한 주거환경, 지역사회 지원 부족 등이 해당된다.

(5) 적응유연성의 향상

적응유연성을 향상시키기 위해서는 자기조절능력, 대인관계능력, 긍정성이라는 3가지 하위 요인에 맞는 전략이 필요하다. 자기조절능력의 향상을 위해서는 스트레스 관리기술 훈련, 자기훈육과 자기통제, 인내심 갖기 등이 필요하고, 대인관계능력의 향상을 위해서는 안전한 관계 만들기, 공감능력 증진 훈련, 모델링과 강화를 통한 의사소통 훈련, 타인을 돕는 역할을 하도록 하는 인간관계 촉진이 필요하다. 긍정성 향상을 위해서는 부정적 각본 다시 쓰기, 자기수용, 실패를 부적절함의 신호보다 이해하고 극복해야 할 도전으로 생각하기, 성공경험 및 강점 개발 등이 필요하다 (Goldstein & Brooks, 2009).

2. 진로적응

최근 들어 세계적 산업의 구조조정, 이른 나이의 실직 및 전직, 잦은 이직 등 과거에는 경험해 보지 못했던 노동시장의 급격한 변화로 인한 불안정성이 만연하게 되었다. 불안정한 노동시장으로의 변화는 조직의 노력보다 개인이 일생 동안 자기주도적으로 불안정한 변화에 대처하기 위한 방법을 시도하고 적극적으로 적응하는 것이 필요하게 만들었다. 이에 예측 가능한 일뿐만 아니라 예측 불가능한 상황에도 대처할 수 있는 진로적응력을 갖는 것이 중요하다.

1) 진로적응

진로적응은 진로성숙의 개념을 성인에게 적용하기 위해서 만들어진 개념이다 (Super & Knasel, 1981). 진로적응력(career adaptability)은 직업적 과업, 직업의 전환, 일에 있어서의 트라우마 등 익숙하지 않고 복잡하며 체계적으로 정의되지 않은 문제들을 해결해야 하는 상황에 직면했을 때 적응을 위해 요구되는 개인의 능력으로, 현재 또는 미래를 위해 일을 준비하고 경험해 나가는 과정에서의 크고 작은 과업, 전환, 트라우마에 대처할 수 있는 능력을 의미한다. 진로적응력은 자신의 진로를 구성해 가는 과정에서 만날 수 있는 여러 가지 어려움을 극복하면서 만들어지고 능력을 발휘하게 된다. 이에 진로적응력은 다양한 생애역할과 직업환경의 변화에 대처할 수 있는 준비도로서 아직 발생하지 않은 미래의 상황을 고려하여 현재 상황을 적극적으로 대처하는 미래지향적 관점에 해당된다. 또한 진로적응력은 과거에 힘들었던 사건을 극복하는 과정에서 생기는 적응유연성(회복탄력성)을 포함하면서 미래에 대한 성공적인 적응 가능성을 예측할 수 있는 더 광범위한 개념에 해당한다(장계영, 김봉환, 2011).

Savickas(2002)는 진로적응력이 '적응(adaptation)'이나 '적응성(adaptiveness)'과 구별되는 개념이라는 것을 강조하였다. 적응성이 변화에 대한 유연성 또는 의지와 관련되는 개인 성향의 특성(trait)을 의미하는 것으로 비교적 안정적이고 지속적인 속성을 가지고 있는 데 비해서, 진로적응력은 개인과 환경의 상호작용에 의해 변화 가능하고 개발될 수 있는 속성을 지닌다(Savickas & Porfeli, 2012). 또한 진로적응력은 학교에서 직장으로, 직업에서 직업으로, 직장에서 직장으로의 전환에 있어서 성공, 만족, 개발을 의미하는 결과로서의 '적응' 이전의 의미를 지닌다고 볼 수 있다 (Savickas, 2002). Super와 Knasel(1981)에 의해 처음으로 진로적응력이라는 개념이 제안되었고, 이를 Savickas(2002)가 현재 또는 미래를 위해 일을 준비하고 경험해 나가는 과정에서의 크고 작은 과업, 전환, 트라우마에 대처할 수 있는 능력으로 정의하였다. 즉, 진로적응력은 개인에 따라 다양한 환경과 변화를 경험하는 것을 의미한다. 이는 적응하기 위한 전략적 역할을 수행하여 적극적으로 행동의 방향을 결정하고 사회적 환경에 적합하도록 자아확대(self-extension) 수준을 이끌어 가는 역할을 한다고 보았다(Savickas, 2005).

진로적응력은 대학생의 진로결정 자율성, 진로결정 자기효능감, 진로정체성, 진로 소명, 진로 장벽과 연관이 있고, 성공적인 직업전환을 설명해 주는 요인이다(김지연, 장은영, 2019; 장계영, 김봉환, 2009).

2) 진로적응 전략

진로적응력은 진로관심(career concern), 진로통제(career control), 진로호기심(career curiosity), 진로자신감(career confidence)의 4가지 자기조절 전략으로 구성되어 있다(〈표 3-1〉 참조). 적응적인 개인은 자신의 진로에 대한 미래지향적인 시각을 갖고 미래를 계획하며(concern), 직업적 미래를 실현하기 위한 선택과 실행에 있어서 통제력(control)을 갖고 있다. 또한 계획하는 미래에 대한 대안을 도출하기 위하여 탐구하고 도전하며(curiosity), 자신의 포부를 달성하기 위한 강한 열정과 자신감(confidence)을 갖고 있는 사람이다. 진로호기심은 자신을 둘러싼 환경에 대한 탐구능력으로, 진로를 선택하고 결정하는 과정에서 직면하는 과제를 해결하기 위해 다양한 방안을 도출해 낼 수 있는 능력을 말한다. 진로호기심이 높은 개인은 새로운 문제해결 과정에서 수반되는 다양한 학습활동과 실험적 상황에 대해 개방적인 특성을 가지며, 새로운 상황을 회피하기보다는 기회로 바라보아 위험을 감수하고 도전하는 특성을 보인다. 진로호기심이 부족할 경우, 세상에 대한 현실감이 부족해지고 자신에 대한 부정확한 인식을 할 수 있고, 이는 자신과 직업에 대한 정보 수집, 다양한 직업 경험 및 참여활동에 대한 개입이 요청된다. 진로통제는 개인 스스로가 자신의 진로를 구성하는 데에 책임이 있다고 믿는 개인의 내적 과정을 의미한다. 이는 미래를 위해 무엇을 해야 하고 어떻게 해야 하는지 등 의사결정에 있어서의 독립성과 자율성으로 확인된다. 진로통제력이 높은 개인은 의사결정 및 발달과업에 몰입해 있고, 스스로 미래를 결정할 수 있다는 믿음을 갖고 있기 때문에 자신의 행동에 스스로 의미를 부여하며, 계획을 실행하는 데에 있어서도 통제력을 갖고 있다. 그러나 진로통제가 부족할 경우 진로미결정이 야기될 수 있으므로, 단호한 의사결정 훈련, 책임감 향상 훈련, 시간관리, 자기관리 등의 훈련이 개입되어야 한다(Savickas, 2005).

질문	하위 요소	개념	대응행동	개입
나에게 어떠한 미래가 있는가?	진로관심	미래에 대한 관심과 계획	의식하는 관여하는 준비하는	목표 설정 훈련
누가 나의 미래를 결정하는가?	진로통제	진로의 선택 및 준비에 대한 적극성과 책임감	적극적인 절제력 있는 의지가 있는	의사결정 훈련
나의 미래를 위해 무엇을 해야 하는가?	진로호기심	미래를 위한 방안을 모색하는 탐구력과 도전성	실험적인 위험감수 탐구적인	정보탐색 활동
내가 할 수 있을까?	진로자신감	문제해결에 대한 열정과 몰입, 신념	끈질긴 열정적인 부지런한	자아존중감 향상

표 3-1   진로적응 전략

3. 스트레스와 대처

1) 스트레스

직장인 10명 중 7명은 직무스트레스를 호소할 정도로 스트레스는 일하는 사람들을 더욱 힘들게 만드는 요인이 된다. 잡코리아 설문조사 결과에 따르면, 번아웃증후군까지 유발시키는 스트레스의 원인 1위는 일이 너무 많고 힘들어서, 2위는 매일 반복되는 업무에 지쳐서, 3위는 인간관계에 지쳐서, 그다음은 직무가 적성에 안 맞아서, 상황이 나아질 것 같지 않아서였다.

스트레스란 라틴어의 'Stringere'에서 유래한 말로 '팽팽하게 조이다'라는 의미이며, 캐나다 의사였던 Hans Seyle가 1954년에 처음 사용한 용어이다. 스트레스를 받으면 정신적 압박감, 신체적 긴장, 정서적 불안, 불안정한 행동 등을 보이고 장기간 지속될 경우 건강에 미치는 영향이 치명적이므로 '만병의 근원' '조용한 살인자'로 불린다. 사람은 이전부터 안전에 대한 위협을 받을 때 스트레스를 경험해 왔다. 두뇌가 위험 상황을 감지하면, 우리 몸은 그 신호를 처리하도록 돕는다. 예를 들어, 뇌는 아드레날린을 방출하기 위해 우리 몸에 신호를 보낸다. 이 신호는 감각을 예민하게 하고, 호흡을 빠르게 하고, 혈관 확장과 심장박동 증가로 근육을 긴장하게 만든다. 이것은 우리가 위험에 직면했을 때 위험으로부터 신속하게 피할 수 있도록 준비하는 것이다. 그런데 우리가 사회에서 받는 스트레스는 실제적으로 위험한 상황이 아닐 수도 있다. 스트레스는 화가 난 친구와의 대화, 직장에서의 촉박한 마감기한, 중간고사 및 기말고사, 너무 많은 일을 한꺼번에 해야 하는 것 등의 문제를 직면할 때도 발생한다.

스트레스를 받을 때 몸에서는 카테콜아민의 영향으로 혈관이 수축하고 혈압이 상승하여 영양분의 빠른 공급이 일어나고 코르티솔의 영향으로 포도당이 생성되어 많은 에너지가 생성된다. 과도한 스트레스를 받을 때 소화가 억제되고 호흡이 빨라져 땀 배출이 증가하고 사지에 피의 공급이 줄어들어서 혈액순환이 안 되는 부작용이 발생하며, 더 심해질 경우 집중력 저하, 과제 수행능력 손상, 심한 불안과 분노 촉발, 우울 및 무감각, 건강 이상 신호 발생 등의 여러 가지 문제가 발생한다.

적절한 스트레스는 우리 삶에 도움이 된다. 우리 몸의 스트레스 반응은 스포츠나 게임에서 경쟁하는 데 도움이 되는 에너지를 내게 하고, 시험에 최선을 다해 임하고 어려운 일을 처리할 수 있게 한다. 그래서 활력을 느끼고, 주의를 기울이고, 삶에서 다양한 도전을 하기 위해서는 어느 정도의 스트레스가 필요하다(Graham, 2014).

2) 직무스트레스

직무스트레스는 직장에서나 특정한 일이나 업무를 할 때 받는 스트레스를 의미한다. 직무스트레스의 원인으로는 역할 과부하, 역할 부적절성, 역할 모호성, 역할 경계, 책임감, 물리적 환경 등을 들 수 있다(장세진 외, 2005).

첫째, 역할 과부하로 인한 스트레스는 직무가 개인의 능력과 환경적 조건을 초과하여 직무 수행에 어려움을 겪는 상태이다. 일의 부담이 증가하고, 일이 지나치게 많으며, 사용 가능한 자원에 비해 일이 많고, 마감시간에 쫓기며 일을 하고 있다고 느낄 수 있다. 당장 해야 할 일을 제대로 수행하기 위해서는 훈련을 받아야 한다고 느끼거나 능력이 부족하다고 느끼고 있어서 많은 도움이 필요한 상태이다.

둘째, 역할 부적절성으로 인한 스트레스이다. 수행해야 할 업무와 자신의 기술/능력

간의 차이가 크다고 느끼는 상태로, 자신의 능력에 비해 직무에서 요구되는 역할이 단순하거나 요구되는 능력의 수준이 낮을 경우에 발생할 수 있다. 이러한 상태에서는 자신의 직업에서 인정받고 성공하고자 하는 욕구가 충족되지 못하고, 자신의 능력이 충분히 발휘되지 못하는 느낌을 받을 수 있다.

셋째, 역할 모호성 문제이다. 자신의 업무가 어떤 방식으로 평가될지, 자신의 시간을 어떻게 관리하고 정확히 어떤 일을 요구받고 있는지에 관한 인식이 명료하지 못한 상태이다. 직무의 목표, 책임한계, 우선순위 등 자신의 직무에 대한 정보가 명확하지 않을 때 발생한다.

넷째, 역할 경계 문제로 인해 자신이 하는 일이 그리 자랑스럽지 않고 자신의 직무에 대해 크게 기대를 갖지 않는 상태를 말한다. 두 가지 이상의 역할이 서로 상반되게 요구되는 상황에서 발생할 수 있는데, 실제 업무에서의 역할과 직무 역할이 불일치할 때 직무스트레스가 발생할 수 있다. 조직 내 여러 명의 상사로부터 서로 다른 지시를 받거나 조직의 공식적인 역할 요구와 개인이 해야 하는 역할이 명확히 구분되지 않을 때에도 발생한다.

다섯째, 과도한 책임의식을 가지고 있을 때 직무스트레스를 크게 받을 수 있다. 특히 팀워크가 필요한 업무의 경우 다른 팀원들이 일을 잘 못하지는 않는지 걱정을 자주 하고, 자주 타인의 문제에 관여하게 되어 타인도 덩달아 스트레스를 받게 된다.

여섯째, 물리적 환경으로 인한 스트레스이다. 직무환경이 심한 소음, 높은 습도, 미세먼지, 부적절한 온도나 빛, 독성 물질이나 불쾌한 냄새에 노출되어 있는 등의 물리적 환경에서 일하는 것도 직무스트레스를 높이는 원인이 된다. 또한 작업 일정이 변덕스럽고 소외감을 느끼는 환경도 개인의 스트레스를 높일 수 있다.

직무스트레스에 대한 반응은 직무상 긴장뿐만 아니라 심리적 긴장, 대인관계상의 긴장, 신체적 긴장으로 나타난다.

첫째, 직무스트레스로 인해 직무상 긴장을 보일 수 있다. 일에 대한 흥미 부족, 두려움, 지루함 등을 포함하여 일에 대한 부정적인 태도를 가지고 있고, 직무상의 실수나 사고가 빈번하게 일어난다. 일에 대한 주의집중이 어렵고 자신의 업무 수행에 대한 자신감도 떨어진다.

둘째, 심리적 긴장을 보인다. 우울감이나 불안, 불행함, 짜증스러운 감정 상태에 처해 있고, 사소한 일에 대한 불평이나 일상적인 상황에서 적절한 반응을 하지 못하고, 하고 있는 일이 계획대로 잘 진행되지 않을 수 있다.

셋째, 대인관계상의 긴장을 보일 수 있다. 대인관계에서 느끼는 갈등과 어려움의 정도가 크고, 혼자 지내고 싶은 마음이 충족되고 있지 않음을 나타내거나 다른 사람들과 함께 지낼 시간이 부족함을 보일 수 있다.

넷째, 신체적 긴장으로 감기, 심계항진, 통증, 위의 통증, 불규칙한 식사습관 등이 나타나 건강에 대해 끊임없이 걱정하게 된다. 신체적 질병이나 건강에 나쁜 자기관리 습관이 있고, 계획에 없는 체중 변화나 지나친 음주, 수면상의 어려움 등을 보일수 있으며, 생활에 무력감도 보인다.

3) 스트레스 안전 대처

보통 우리는 과도한 스트레스 상황에서 포기하기, 공격행동, 쾌락추구, 자기비난혹은 타인비난, 회피, 방어적인 방법을 취하기 쉽다(양난미, 이은경, 송미경, 이동훈, 2015). 스트레스를 받을 때 비안전 대처와 안전 대처 중 주로 사용하는 대처방법은무엇인가?(〈표 3-2〉 참조)

표 3-2 스트레스 대처방법

비안전 대처	안전 대처
• 중독물질(술, 담배) 사용하기	• 도움을 요청하기
• 중독행동(인터넷, 쇼핑)에 빠지기	• 당신의 몸을 잘 돌보기
• 다른 사람에게 화내기	• 관계에서 경계를 설정하기
• 내 잘못이 아니더라도 무조건 사과하기	• 상황을 다시 생각해 보기
• 갈등이 싫어 최대한 상대방에게 맞추기	• 운동, 음악으로 스트레스 해소하기
• 충동적으로 행동하기	• 가까운 사람과 대화하기
• 아무 말 하지 않고 참기	• 일기 쓰기
	• 즐거운 활동에 참여하기
	• 충분한 휴식 취하기(잠자기, 쉬기 등)

스트레스 안전 대처에 대해서 좀 더 자세히 알아보면 다음과 같다.

(1) 안전감 확보

스트레스 상황에서 스트레스로부터 자신을 지켜 줄 수 있는 안전지대를 만드는 것이 중요하다. 스트레스를 받을 때 안전지대를 찾고, '나는 지금 안전하다.'라고 스스로에게 말해 줄 수 있다.

> 안전하다고 느끼는 사람
>
> 안전하다고 느끼는 물건
>
> 안전하다고 느끼는 활동
>
> 안전하다고 느끼는 장소
>
> 안전하다고 느끼는 말이나 문구

(2) 그라운딩

스트레스를 가진 사람들은 압도적인 감정과 기억 또는 너무 적은 마비와 해리 감정 때문에 고통을 받는다. 그라운딩은 감정적 고통(예: 화, 슬픔)으로부터 분리하기 위한 간단한 전략으로, 자신과 외부세계 둘 사이의 균형을 찾게 해 준다. 자기 안이 아니라 외부세계에 초점을 둠으로써 관심의 초점이 옮겨지고 머리가 맑아질 수 있다. 그라운딩을 하는 동안에는 비안전 행동을 할 수 없도록 해 준다. 스트레스를 받는 상황에서 감정적 고통이 10점 만점을 기준으로 6점이 넘을 때 그라운딩을 사용하여 부정적인 감정 사이에 적절한 거리를 두게 할 수 있다. 그라운딩에는 감각에 초점을 맞추는 신체적 그라운딩, 마음에 집중하는 정신적 그라운딩, 자기 자신에게 해 주는 진정형 그라운딩이 있다(이은아, 2018).

첫째, 신체적 그라운딩은 차갑거나 따뜻한 물에 손을 담그기, 내가 앉은 의자를 최대한 세게 잡기, 그라운딩 물건을 늘 지니고 다니기, 발뒤꿈치를 바닥에 단단히 붙여 땅과 연결되어 있음을 느끼기, 손가락의 움직임을 느끼기, 스트레칭 및 심호흡 하기[들숨마다 좋은 말(예: '안전하다') 해 주기] 등이 해당된다. 고통스러운 순간에 이 중에서 자신에게 적합한 그라운딩 동작을 하면서 고통에 압도되는 것을 막을 수 있다.

둘째, 정신적 그라운딩은 마음에 집중하도록 해 주는 방법으로 모든 감각을 사용해서 주변을 자세하게 관찰하여 말하기, 스스로 카테고리 게임하기, 나이 세어 보기,

표 3-3 │ 정신적 그라운딩 방법

모든 감각을 사용해서 주변을 자세하게 말하기	사물, 소리, 감촉, 색깔, 냄새, 모양, 개수, 온도에 대해서 말하기 예: "내 방의 벽은 흰색이고, 3개의 의자가 있고, 벽에 선반이 걸려 있어."
스스로 카테고리 게임하기	A로 시작하는 나라, 자동차 종류, TV쇼, 작가 이름, 스포츠 종류, 도시 등을 열거하기
나이 세어 보기	어린 나이(예: 여섯 살)로 퇴행된 것 같은 느낌이 든다면, 자신의 현재 나이로 돌아올 때까지 천천히 나이를 말하기 예: "나는 지금 여섯 살이야, 나는 지금 일곱 살이야, 나는 지금 여덟 살이야……"
매일 활동을 자세하게 서술하기	자신이 요리한 음식의 조리방법을 순서대로 말해 보기 예: "먼저, 감자 껍질을 벗기고 깍둑썰기한다. 물을 끓이고 차돌박이, 다진 마늘, 된장, 파를 넣고 차돌박이 된장찌개를 만들었다."
상상하기	이미지 사용하여 상상하기 예: 고통으로부터 스케이트 타듯이 미끄러져 나가기, 나와 나의 스트레스 사이에 완충제로서 벽이 있다고 상상해 보기
안전문장 말하기	"내 이름은 _____이다." "나는 지금 안전하다. 나는 과거가 아니라 현재에 있다." "나는 _____에 있다. 오늘 날짜는 _____이다."
글자 자체에 집중하기	단어의 의미가 아니라 각 글자 자체에 집중하도록 글자 읽기 예: 봄여름가을겨울의 경우 울, 겨, 을, 가, 름, 여, 봄
유머 사용하기	힘든 기분에서 벗어나게 해 줄 재미있는 유머 생각해 보기
10까지 세거나 가나다라 열거하기	아주 천천히 열거하기

매일 활동을 자세하게 서술하기, 상상하기, 안전문장 말하기, 글자 자체에 집중하기, 유머 사용하기, 10까지 세거나 가나다라 열거하기 등이 있다(〈표 3-3〉 참조).

셋째, 진정형 그라운딩은 가장 좋아하는 것을 생각하기, 나를 지지해 주고 좋아하는 사람 떠올려 보기, 안전장소 떠올리기, 자기위로(self-talk)하기, 나를 위한 선물 계획하기 등에 해당된다. 자신의 가장 좋은 친구는 바로 자기 자신이다.

자신에게 편안함과 만족감을 주는 활동에 참여하고 여가 시간을 잘 활용하고 있다면 충분히 스트레스를 이완시킬 수 있다. 특히 자기위로의 사용이 중요하다. 자신을 어떻게 생각하느냐에 따라서 스트레스를 더욱 받기도 하고 스트레스를 견딜 수 있는 힘이 생기기도 한다. 잘되지 않거나 힘든 상황에서 스트레스 생각만을 계속

표 3-4	스트레스 생각과 회복적 생각	
스트레스 생각	회복적 생각
• 나는 쓸모없는 사람이다. • 나는 별 볼일 없는 사람이다. • 아무런 의미가 없다. • 이 일을 그만두고 싶다. • 나는 늘 혼자다. • 나는 늘 피해를 받는다. • 아무것도 바뀔 수 있는 게 없다. • 나는 나쁘다. • 나는 못해.	• 나는 역시 잘했다. • 이 문제를 정말 해결하고 싶다. • 삶의 의미는 내가 만들어 가는 거다. • 나는 성장할 수 있다. • 나는 좋은 사람이다. • 나는 괜찮은 사람이다. • 나는 할 수 있다. • 삶에는 고통과 즐거움이 같이 존재한다. • 상황이 더 나빠졌을 수도 있는데 이만한 게 다행이야. • 오늘에 집중하자. • 이 또한 지나갈 거야.

하다 보면 그 상황을 대처할 수 있는 에너지도 생기지 않고 대처할 수 있는 방법도 생각하기 어렵게 된다. 이에 반하여 스트레스를 심하게 받는 상황에서 회복적 생각은 스트레스 상황에서의 적응을 도와줄 수 있다. 하루 중에 잠자기 전 3분만 투자하여 '오늘도 수고했어. 많이 힘들었지?' '결과가 어떻든지 간에 오늘 최선을 다했다.' '나는 언제나 내 편이야. 좀 더 힘내자.' 등의 이야기를 스스로에게 해 주는 것을 제안한다(〈표 3-4〉 참조).

(3) 정서조절

인생의 모든 스트레스는 결국 감정의 문제이다. 긍정적인 정서는 두뇌능력과 문제해결력을 촉진시킬 수 있는데, 그 이유는 기분이 좋을 때 시냅스에서의 신경전달물질이 원활히 작용하여 문제처리를 위해 개인이 보유한 모든 처리능력이 동원되기 때문이다. 이에 반하여 기분이 나쁠 때는 시냅스에서의 전도가 더디게 일어나서 불안, 분노, 우울 등의 부정적인 기분을 극복하는 데 처리능력이 쓰이기 때문에 그만큼 해결능력이 떨어져 업무수행능력도 떨어지게 된다. 정서는 상황에 필요한 행동을 유발하고 생존과 적응을 돕는 역할을 한다. 두려움과 공포는 위험에 대한 경고 신호를 우리 몸에 보내어 위험으로부터 피할 수 있도록 하고, 불안은 미래를 준비하도록 노력하게 하고, 분노는 위험에 대하여 공격적인 자세를 취하여 자신을 보호하는 역할을 하며, 수치심은 부끄러운 자신을 숨기거나 피하게 하고 잘못된 점을 일깨워 주는 역할을 한다. 그러나 부정적인 정서를 과도하게 느끼면 이를 조절하는 데 많은 에너지가 쓰여 적응력을 감소시키고 수행능력이 떨어지게 된다. 부정적인 정서를 지나치게 억제하거나 너무 쉽게 폭발시키면 자신과 타인에게 상처를 주고 상황을 악화시킨다.

부정적인 감정이 쌓여 과도한 스트레스를 받기 전에 정서조절이 필요하다. 정서조절은 자신의 감정을 알아차리고 감정에 대한 조절력을 가지고 감정을 느끼는 경험을 있는 그대로 표현함으로써 감정에 압도되지 않게 한다. 특히 매우 힘든 상황이 일어나는 순간, 그 순간에 자신의 마음이 어떠한지를 알아차리는 것을 마음챙김이라 한다. 마음챙김을 하면 속상하고 좌절한 상황이나 짜증 나는 상황에서도 자신 안에 다양한 감정이 살고 있는 것을 자연스럽게 느끼게 된다. 화, 짜증, 두려움 등의 불편감을 느끼더라도 이를 없애거나 밀어내야 하는 것이 아니라 자신 안에 있는 자연스러운 것으로 받아들이게 된다(Graham, 2014).

마음챙김은 다음과 같은 과정으로 이루어진다.

1단계는 지금 이 순간에 머무르는 단계이다. 자신의 마음에 주의를 기울여 감정을 알아차리는 단계이다. 감정에 이름을 붙이고 알아차리게 되면 그 감정이 힘을 잃고 조절이 된다. 예를 들어, 취업을 하기는 해야 하는데 자신한테 맞는 직장이 어디인지 모르겠고 준비해 놓은 것도 없다는 생각이 들 때, 막막함, 불안, 두려움 등의 불편함이 올라올 수 있다.

2단계는 비판단적으로 경험하는 단계이다. 편견 없이 자신의 감정을 받아들이고, 있는 그대로 허용하는 것이다. 앞의 상황에서 막막함, 불안, 두려움 등 올라온 불편감을 없애거나 회피하지 않고 그대로 들여다보면, 자신에게 맞는 직장이 어디인지 모르기 때문에 막막한 마음이 들고, 준비해 놓은 것이 없으니 취업이 어려울 수 있다는 불안한 마음이 든다. 또한 주변에서 차근차근 취업을 잘 준비해 나가는 것 같으면 나만 뒤처지는 것 같은 불안을 더 많이 느끼고, 취업이 안 될까 봐 두려운 마음이 들게 된다.

3단계는 감정의 강도가 약해질 때까지 기다리는 단계이다. 자신을 매우 힘들게 하는 상황이 일어나는 순간, 그 순간에 자신의 마음이 어떠한지를 알아차리면서 천천히 그 감정이 잦아들 때까지 기다린다. 여러 가지로 드는 불편한 마음을 알아차리면 더 이상 불안, 두려움에 압도되지 않고, 조금 시간이 지나면 정서가 조절되면서 처음에 들었던 강도보다 낮아지게 된다.

4단계는 마음이 주는 정보를 생각해 보는 단계이다. 자신이 어떤 것을 원했기에 불편감을 느꼈을지 생각한다. 이 단계에서 정서가 조절되어 불편감을 느꼈던 상황에서 자신이 원했던 것은 무엇이고 어떻게 대처하면 되는지에 대해 합리적으로 생각하게 된다.

(4) 합리적/인지적 대처

합리적/인지적 대처는 스트레스에 대해 합리적이고 인지적인 대처 기술을 사용하는 것이다. 직면한 상황과 문제에서 중요한 부분이 무엇인지를 파악하고, 수행결과에 대해 숙고하고, 해결방안을 재검토하고 조정할 수 있게 된다.

(5) 안전한 관계 만들기

사회적 지지는 개인이 어떤 어려움에 처했을 때 타인이 제공해 주는 물질적 · 정신적 도움을 의미하는데, 개인이 스트레스 상황에서 주변 사람들로부터 사회적 지지를 받음으로써 사랑, 인정, 소속의 욕구와 같은 기본적 욕구를 충족시키고 스트레스를 경감시킬 수 있다. 집이나 직장에서 업무 중에 생긴 문제를 이야기할 수 있고 의지할 수 있고 자신의 가치를 인정해 주는 사람이 적어도 한 사람 이상 있다면, 스트레스의 부정적 효과를 감소시키는 완충 역할을 하게 된다. 특히 직장에 친한 사람이 있는 사람은 업무에 몰입할 가능성이 7배가 높아지는 것으로 나타나, 심하게 스트레스를 받는 상황에서 주변 사람들의 지지와 격려, 위로가 스트레스를 잘 견디고 극복하게 해 줄 수 있다는 것을 알 수 있다.

또한 안전한 관계를 만드는 것이 필요하다. 안전한 관계란 나를 존중하고 돌볼 수 있는 관계로, 상황에 따라 안전한 경계를 지킬 수 있는 거절하기와 타인과 연결하는 행동을 시도할 수 있다(이은아, 2018).

첫째, 거절할 줄 알아야 한다. 원하지 않는 일을 계속해야 하거나 원하는 것보다 더 많이 일을 하라는 압박 상황, 계속 주기만 해야 하는 상황, 지킬 수 없는 약속을 강요당하는 상황에서 '아니요'라는 말이 필요하다. '아니요'라고 말할 수 있는 것은 자신을 보호하는 행동이자 자기존중행동의 일종으로, 상대방이 여러분을 더욱 가치 있게 보도록 돕고 상대방에게 착취당하지 않고 보호받을 수 있게 한다. 건강한 관계에서 적절한 '아니요'는 친밀감을 증진시키는 비결이다.

안전한 경계를 설정할 수 있는 방법으로, 다음의 예시와 같이 부당한 요구를 거절해야 할 때 왜 그 요구를 들어주기 어려운지 분명히 말하는 것이 좋다.

- 거절의 이유 덧붙이기: "미안한데 주말 근무는 좀 어려울 것 같습니다. 주중에 일을 하기 때문에 주말에는 시험 준비를 해야 합니다." "어제 다 처리하지 못한 일이 있어서 그 일을 더 할 수 없습니다."
- 계속 주장하기: "그 일은 제가 하기 어려운 일 같습니다. 한 번도 비슷한 일을 해 본 적이 없습니다."
- 결과 언급하기: "지금 주신 일은 할 분량이 많아 오늘 다 정리하기 어려울 것 같습니다. 3분의 2 정도 오늘 마칠 수 있고, 내일까지는 마칠 수 있을 것 같은데 괜찮으실지요?"
- 핑계적 거절: "오늘 정말 모임에 참여하고 싶은데, 가족행사가 있어서 참여하기 어려울 것 같습니다. 정말 아쉽네요."
- 배려적 거절: "오래 기다리셔서 결과가 궁금하고 많이 답답하실 것 같습니다. 하지만 아직 위에서 정확한 결과가 안 와서 저희도 뭐라 말씀드릴 수 없습니다. 죄송하지만 조금만 기다려 주실 수 있으실지요? 결과가 나오는 대로 바로 연락드리겠습니다."

둘째, 타인과의 연결을 위한 행동을 해야 한다. '예'라는 말하기는 사람들과 연결하여 행동을 공유하고 사회적 접촉을 가져오는 행동이다. '예'라고 말할 수 있는 상황은 누군가에게 커피 마시러 나가자고 말할 때, 타인이 도움을 요청할 때, 동아리나 조직에 참여하기를 추천받을 때, 사람들과 만날 때 등에 필요하다. 또한 반갑게 인사하기(소리 내서 인사하기, 미소 지으며 인사하기), 상대방과의 유사성 찾기, 활동을 공유하기 위해 제안하기(예: "커피 한잔 하실래요?"), 자신이 어떤 느낌인지 말하기(예: "이번 주까지 일을 다 마쳐야 하는데 시간이 촉박하니 걱정이야."), 주기적인 모임 만들기 등을 시도할 수 있다.

연습문제

1. 여러분이 지금까지 살아오면서 매우 힘들고 어려웠던 상황을 떠올려 보고, 어떻게 그 상황을 극복할 수 있었는지 성찰해 봅시다.

매우 힘들고 어려웠던 상황	
그 상황을 어떻게 극복할 수 있었나요?	

2. 진로적응력을 높일 수 있는 방법에 대해 토의해 봅시다.

3. 스트레스를 심하게 받는 상황에 대한 안전 계획을 세워 봅시다.

   1) 여러분이 스트레스를 심하게 받는 상황은 어떤 상황인가요?
   2) 스트레스로부터 여러분을 지키기 위한 안전 계획을 작성해 봅시다.

예시	
저위험(스트레스로 인한 고통이 나타나기 시작할 때) • 냉소적이고 부정적으로 됨 • 자주 배가 아픔	안전 유지를 위해 내가 할 일 • 친구 ○○에게 전화를 걸어 이야기하기 • 규칙적인 식사와 산책하기

고통에 대한 적신호		안전 계획(안전을 위해 내가 할 일)
저위험 (고통이 시작됨)		
중위험 (심각해짐–조심하기)		
고위험(비상사태)		

제2부

직업의 이해

제4장

일과 직업

개요

사람은 누구나 일을 하며 살아간다. 여기서 '일'이 지칭하는 맥락과 범위는 각기 다를 수 있지만, 우리는 개인이 수행하는 일을 통해 그 사람과 그 사람이 속한 사회를 이해할 수 있다. 또한 일이 포괄하는 내용 중에서 '직업'이란 유사한 직무의 집합이라 설명할 수 있다. 직업으로 명명하기 위해서는 보다 구체적인 조건을 필요로 하는데, 이와 같은 직업의 성립 조건을 이해하는 과정을 통해 자신이 하고자 하는 일과 직업에 대해 스스로 점검하는 기회를 가질 수 있다. 이 장에서는 일과 직업의 정의, 직업이 성립되기 위한 조건을 알아보고, 직업을 분류하는 틀을 살펴봄으로써 직업학의 기초 지식을 살펴볼 것이다. 또한 직업에 대한 보다 자세한 논의를 위해 직업을 설명하는 형식적인 구조와 직업의 선택 및 직업의 유지 등에 연관되는 심리적 구조로서 주요한 역할을 하는 직업의식을 살펴볼 것이다. 마지막으로, 직업적응에 대한 논의를 통해 직업이 이루어지는 개인과 환경의 조화에 대해 생각하는 시간을 갖고자 한다.

학습목표

• 일과 직업의 정의를 알고 설명할 수 있다.

• 직업의 조건과 직업의 구조를 이해하고 설명할 수 있다.

• 직업적응에 대한 이론을 이해하고 설명할 수 있다.

• 자신의 직업가치와 직업에 대한 태도를 점검해 보고, 자신에게 적용할 점을 떠올릴 수 있다.

1. 일의 세계

사람은 누구나 일을 하며 산다. 그렇지만 '일'이라는 말에서 무엇을 떠올릴 수 있는가 생각해 보면 각자가 서로 다른 생각을 할 것이다. 일에 대한 정의, 일의 범위, 일의 종류, 일의 강도 등에 대한 인식이 저마다 다를 것이기 때문이다. 하지만 우리는 이러한 구분에 상관없이 모든 것을 통틀어 '일을 한다'고 표현한다. 이 절에서는 '일'에 대한 구체적인 정의 내용을 확인하고 일과 유사한 맥락에서 활용되는 단어들의 의미를 구분해 보고자 한다. 또한 직업의 의미를 정리해 보고 직업의 조건에 대해 생각해 보고자 한다. 마지막으로, 직업분류기준을 살펴봄으로써 일의 세계에 대한 기초 지식을 정리하는 기회를 가질 것이다.

1) 일과 직업의 정의

사전적인 의미에서의 일(work)은 "무엇을 이루거나 적절한 대가를 받기 위하여 어떤 장소에서 일정한 시간 동안 몸을 움직이거나 머리를 쓰는 활동. 또는 그 활동의 대상"(표준국어대사전)이라 정의되어 있다. 또한 직업심리학에서는 일이 "단순한 놀이와도 다르며 우연적 행동이나 자연스러운 반응과도 다르다. 일이란 노력의 소비로서, 경제학자들은 일을 재정적 보수를 위한 활동"이라고 정의한다. 따라서 많은 사람은 일을 금전과 교환될 수 있는 고용으로 이해한다. 하지만 우리가 일상적으로 사용하는 '일'이라는 단어에는 더 폭넓은 의미들이 반영되어 있다. 여러분 각자 '일'이라는 단어를 듣고 떠오르는 것을 정리해 보자. 그리고 '일'이라는 단어를 활용하여 평소에 사용하는 문장을 떠올려 보자.

• 여러분이 생각하는 일이란 무엇인가?
_____

• '일'을 포함한 문장의 예를 적어 보자.
_____

"요즘 일이 많아서……" "별일 없어." "새 일을 찾아야 해." "일이 생겼어."라는 다양한 표현을 할 수 있다. 실제로 우리가 사용하는 실제적인 맥락에서는 일을 일컫는 범위가 매우 다양하다. 예를 들어, 매우 전문적이고 특수한 행위를 가리키기도 하며, 구체적인 직업의 영역에서의 일상적이고 반복적인 업무를 가리키기도 한다. 또한 '일'이라는 용어는 직업적인 영역을 벗어나 일과 중에 식사를 하거나 친구를 만나거나 쇼핑을 하는 등 생활 속의 행동을 일컫는 경우도 있다. 그리고 우리는 가끔 우리가 마주한 어려움, 문제 상황에 대해 일이라는 용어를 사용하기도 한다. 이러한 다양한 맥락은 일을 설명하는 영어 표현을 통해서도 몇 가지로 구분될 수 있다. 다음의 내용을 살펴보자.

> **일**
>
> 1. (인간의 신체적·정신적 활동) work, (힘든 일) labor, (임무) duty, task, (직업) job, employment
> 2. (용무) business
> 3. (문제) matter, affair, concern

살펴본 바와 같이 일을 영어 단어로 표현하는 경우, 여러 가지 서로 다른 표현이 가능하다. 즉, '일'은 직업을 포함하여 매우 일반적이고 포괄적으로 사용되는 개념이라 정리할 수 있다.

한편, '직업'은 더 구체적인 맥락을 반영하고 있다. 국제표준직업분류(ISCO-08) 및 한국표준직업분류(KSCO-2017)에서는 '직업'이란 '유사한 직무의 집합'이라고 정의하고 있다. 여기서 '유사한 직무'란 '주어진 업무와 과업이 매우 높은 유사성을 갖는 것'(고용노동부, 2018)이다. 즉, 직업을 정의하기 위해서는 직무의 단위를 이해해야 하고, 이러한 직무의 모임을 직업이라 표현할 수 있다. 직업을 영어로 표현하면 occupation, job, work, vocation(천직), profession(전문직), trade(손재주를 필요로 하는) 등 다양한 용어로 나타낼 수 있다. 그중에서 대표적인 몇 가지 용어를 살펴보면 〈표 4-1〉과 같다.

표 4-1   직업을 표현하는 용어(옥스퍼드 영한사전, HRD 용어사전)

구분	개념
occupation	1. 직업
job	1. (정기적으로 보수를 받고 하는) 일, 직장, 일자리 2. (해야 하는 특정한) 일 3. 책임, 책무
work	1. (생계벌이를 위한) 일, 직장, 직업(employment) 2. 업무, 직무(piecework, social work)
career	1. 어떤 분야에서 겪어 온 일이나 쌓아 온 경험 2. 경력(經歷; 지날 경, 지날 력). 개인의 평생을 걸친 직업 혹은 직무 관련 경험으로서 개인의 직업발달과 그 과정을 가리키는 포괄적인 용어
vocation	1. 천직, 소명 2. (어떤 일에 대한) 소명의식 3. (성직자가 되어야 한다는) 소명의식
duty	1. 직무, 임무 2. 업무
profession	1. (특히 많은 교육이 필요한 전문적인) 직업 2. (특정 직종) 종사자들 3. (의사, 변호사 같은 전통적인) 전문직

　　이러한 다양한 용어 중에서 일반적으로 occupation이라는 용어가 직업을 지칭하는 대표적인 단어로 활용되고 있다. 그리고 vocation, profession 등은 특정한 맥락을 강조하고 싶은 경우 상황에 따라 사용되는 단어이다. 또한 직업을 구성하는 기본 단위는 직무(duty)라고 표현하며, 직업(occupation)의 모음을 직종(occupations)으로, 시간적인 의미에서 연속성의 개념을 담아 경력(career)이라는 단어를 함께 활용하기도 한다. 즉, 우리가 사용하는 직업이라는 용어 역시 그 사용하는 맥락에 따라 구체적인 의미를 달리 해석할 수 있다.

2) 직업의 조건

　　일이라는 용어가 보다 포괄적인 맥락을 반영하고 있다면, 직업은 보다 구체적인 맥락을 반영하고 있다. 이를 그림으로 표현하면 [그림 4-1]과 같이 표현할 수 있다.

이 그림에 의하면 직업은 모두 일이라 표현할 수 있지만, 일이라고 해서 모두 직업이 될 수는 없을 것이다. 수학에서 배운 개념을 적용하면 직업은 일이 되기 위한 충분조건이고, 일은 직업이 되기 위한 필요조건이다. 즉, 모든 일을 직업이라고 할 수 없다는 기준에는 직업에 일정한 조건이 전제되어야 함이 내재되어 있음을 알 수 있다. 어떤 조건이 있을지 예상할 수 있겠는가? 일이라고 할 수 있지만 직업이라 할 수 없는 일을 잠시 생각해 보자.

[그림 4-1] 일과 직업의 관계

이제 다음의 각 사례를 살펴보고 사례에서 나타난 주인공이 하는 일은 직업이라 할 수 있을지 생각해 보자. 직업이라 할 수 있다면 그 이유는 무엇인가? 직업이라 할 수 없다면 그 이유는 무엇인가?

• 사례 1: 대학 신입생인 지수는 어릴 때부터 할아버지께 물려받은 자산으로 인해 아무런 노동 없이도 매월 일정 금액의 용돈을 받고 있다. 친구들은 대학에 들어오면서 부모님께 경제적인 부담을 주고 싶지 않다는 이유로 아르바이트를 찾아서 하고 있지만, 지수는 친구들 대부분이 아르바이트를 가는 시간이 지루하여 무엇을 하면서 지내야 할지 고민하며 일상을 보내고 있다.

• 사례 2: 영민이는 최근에 알게 된 동아리 선배로부터 조금 위험한 심부름을 소개받았다. 해야 하는 일은 그냥 전화로 설명을 들은 장소에 가서 종이가방, 우편봉투, 택배상자 등 물건을 찾아서 또 다른 장소에 옮기는 일이다. 다만, 그 내용물을 살펴보지 말 것, 왜 이 일을 하는지 궁금해하지 않을 것, 아르바이트를 하는 것을 다른 사람에게 알리지 말 것 등의 몇 가지 조건만 맞으면 최저시급보다 3배 이상의 돈을 벌 수 있다고 해서 일을 시작했다. 그런데 최근 뉴스에 보도되는 보이스피싱을 설명하는 수법이 자신이 하는 일의 어떤 부분과 너무 흡

사하여 고민을 하고 있다. 그래도 '난 아무것도 모르니까 괜찮겠지?'라는 생각
으로 6개월의 시간을 보냈다.

- 사례 3: 은미는 대학을 졸업한 후에 프리랜서 디자이너로 일을 하겠다고 결심
했다. 일하고 싶을 때만 일하면 된다. 굳이 매일 출근하고 일할 필요가 있을까?
학교에 다닐 때 하고 싶을 때만 공부를 했던 것처럼, 나중에 직장인이 되어도
하고 싶은 때에만 일해도 괜찮다는 생각이다. 그리고 돈은 있으면 쓰고, 없으
면 안 쓰면 된다. 만약 평생 일을 하고 싶은 마음이 안 생긴다면? 그럼 그냥 이
렇게 행복하게 지내면 되지 않을까? 지금 하고 있는 취업 준비도 언제든지 그
만둘 수 있는 자유가 있다고 생각하니 취업에 대한 스트레스도 전혀 없고 나날
이 행복하다. 이번에 맡은 프로젝트 역시 힘들면 중간에 그만두는 거라고 생각
한다. 나로 인해 다른 사람들이 좀 힘들어질 수 있겠지만 그래도 나의 행복이
우선이니까.

사례 1의 경우를 생각해 보자. 일정한 기간마다 계속적으로 돈을 받고 있다. 최
근 이러한 종류의 일이 선망의 대상이 되고 있다. 힘들게 일하지 않아도 수입이 계
속 들어온다면 이 얼마나 멋진 일인가? 하지만 이 사례의 주인공이 하는 일은 직업
이라고 할 수 없다. 워크넷의 직업정보에서 제시하는 직업명 중에서 '부동산·임대
업 관리자'[1]라는 직업이 유사성이 있는 직업명이라 하겠다. 하지만 사례 1과의 차
이는 일정한 노동력의 제공 여부에 있다. 즉, 노동력의 제공이 전제되지 않는 사례
1은 '일정한 노동의 제공과 그에 대한 대가가 상호 교환되어야 한다.'는 직업의 조건
에 위배된다.

사례 2의 경우는 어떠한가? 자신이 하고 있는 일에 의문을 품지 않고 심부름만 열
심히 했다면 아무런 문제가 없었을까? 사례 2의 주인공이 어떠한 의식을 갖고 일을
수행했느냐에 따라 직업의 조건에 위배되는지의 여부가 달라질 수 있는 것인가? 결
론적으로 이 일은 직업이 아니다. 직업의 특성, 직무의 범위, 과정의 명확성 등이 담
보되지 않은 상태에서 노동에 비해 너무 많은 대가를 받는 일에 대해 윤리적인 문제

---

1 하는 일: 각종 부동산의 용지 개발, 분양·임대, 시설물관리 등의 업무에 관련된 계획을 수립하고, 종사원들
의 활동을 지휘·감독하는 업무를 수행한다(워크넷, 2020. 5. 15., 직업정보 찾기 검색 결과).

를 의심하지 않았다면 이 주인공 역시 윤리적이지 않다. 직업에는 직업윤리가 존재하기 때문이다.

사례 3의 경우를 생각해 보자. 사람들이 사회적 영향력을 고려하지 않고 자신이 원하는 바에 따라 살 수 있다면 많은 사람이 행복한 삶을 누릴 수 있을 것인가? 만약 이렇게 살 수 있다면 스트레스라는 단어는 필요하지 않을 것이다. 이 사례에서 심리적 건강을 지키기 어려운 시대에 나를 세상의 중심에 놓고 행복을 느끼는 것의 가치는 인정할 수 있다. 하지만 나의 자유로움을 위해 사회 구성원으로서의 역할을 소홀히 한다면 이 역시 적절한 직업으로 간주하기 어렵다. 직업은 사회공동체의 이익, 사회의 발전에 기여해야 한다는 보다 적극적인 조건도 지니고 있다. 물론 이 조건은 직업의 조건에서 언급되는 다른 조건에 비해 적용의 기준이 모호할 수 있다.

각 사례에서 살펴본 바와 같이 직업은 조건을 가지고 있다. 고용노동부(2018)에 의해 제시된 직업의 조건은 다음과 같다.

> 직업으로 판단하기 위해서는 계속성, 경제성, 윤리성과 사회성을 충족해야 하며, 속박된 상태에서의 제반활동은 경제성이나 계속성의 여부와 상관없이 직업으로 보지 않는다(고용노동부, 2018).

(1) 계속성

직업은 계속성이 있어야 한다. 따라서 자신이 하고 있는 일에 노동력을 지속적으로 제공하는 것, 매일·매주·매월·매 계절 등과 같은 주기가 있거나 명확한 주기는 없으나 계속적으로 행하고 있는 것, 그리고 향후에도 계속적으로 행할 가능성이 있는가라는 시간적 지속성의 관점에 따라 판단할 수 있다. 또한 여기서 개인이 현재 직업을 계속할 의사가 있는지가 중요하다는 측면에서 계속성의 결정 기준은 결국 개인에게 있다.

(2) 경제성

직업은 경제성이 있어야 한다. 여기서 경제성이란 자신이 일정한 노동력을 제공하고 그 대가로 수입을 얻는 것과 같이 상호 교환적인 의미를 담고 있다. 따라서 일정한 거래관계가 없이 우연하게 얻은 수입원은 이 조건에 위배된다. 내가 받는 대가가 있다면 그 대가의 원인을 설명할 수 있으며 명확한 인과관계를 밝힐 수 있는 일, 그 것이 직업이다.

(3) 윤리성

직업은 윤리성이 있어야 한다. '윤리적'이라는 말은 사전적 의미로 '윤리에 관련되거나 윤리를 따르는' 것을 일컫는다. 윤리는 사회의 도덕, 법률이 규정하는 틀과 자신의 내적 도덕 원리까지를 함께 생각하는 개념이다(원불교대사전). 따라서 윤리 기준에 어긋나거나 사회 규범에서 벗어나는 활동은 직업의 조건에 부합하지 않는다. 그리고 이러한 윤리성은 명백하게 제시할 수 있는 규칙이나 법을 넘어 타인에 의해 평가되기 어려운 자신의 양심, 내적인 도덕 원리에 따르는 이상적인 지향점까지 고려해 볼 수 있는 조건이다.

(4) 사회성

직업은 사회성을 추구한다. 인간은 자신이 속한 사회의 한 구성원으로서 일정한 역할을 수행하며 자신 역시 성장해 나간다. 직업의 조건에서 사회성은 앞의 3가지 조건과 달리 직업으로 인정받기 위해 조금 더 적극적으로 추구해 나가야 하는 방향성을 반영하고 있다. 즉, 직업은 사회의 발전에 기여해야 한다.

〈표 4-2〉는 직업의 4가지 조건을 반영한 내용들이다. 자신이 현재 하고 있거나

표 4-2 **직업의 조건 점검 목록**

번호	직업의 조건	예	아니요
1	내가 하는 일은 일정한 주기에 따라 반복적으로 수행하는 일이다.		
2	나는 앞으로도 이 일을 지속할 의사가 있다.		
3	지금의 보수를 받게 된 이유를 설명할 수 있다.		
4	내가 일한 만큼 대가를 받는다.		
5	내가 하는 일은 윤리에 어긋나지 않는다.		
6	내가 하는 일은 법, 규칙에 어긋나지 않는다.		
7	내가 하는 일은 사회의 구성원으로서 일정한 역할을 수행하는 것이다.		
8	내가 하는 일을 통해 내가 속한 사회가 조금 더 발전할 수 있다.		

주: 계속성-1, 2/ 경제성-3, 4/ 윤리성-5, 6/ 사회성-7, 8

과거에 했던 일 중에 어느 한 가지를 떠올려 보고 각 조건에 부합하는지 평가해 보자. 만약 이러한 8가지 내용 중 어느 한 가지라도 '아니요'라는 답을 하게 된다면, 자신이 떠올린 그 일이 직업의 조건에 부합하는지의 관점에서 점검할 필요가 있다.

이제, 앞서 제시되었던 3가지 사례가 직업의 조건에 부합되는지의 관점에서 명확한 답을 확인해 보자. 사례 1은 경제성에 위배된다. 사례 2는 윤리성에 위배된다. 그리고 사례 3은 사회성을 충족하지 못한다.

3) 직업분류

Quiz
• 이 세상에 직업이 몇 종류나 있다고 생각하는가?　　　　＿＿＿＿＿＿＿개
• 직업의 종류는 각 나라마다 같을까, 다를까?　　　　같다 vs. 다르다
• 내가 알고 있는 직업은 몇 가지 정도 되는가?　　　　＿＿＿＿＿＿＿가지

이 세상에는 많은 수의 직업이 있다. 그리고 이러한 직업의 수는 시대의 변화에 따라 그 수를 달리하고 있다. 한국고용정보원에서 발간한 『2020 한국직업사전 통합본』(제5판, 김중진, 권윤섭, 2019)에는 12,823개의 직업, 16,891개의 직업명이 정리되어 있다. 그런데 이러한 직업의 수가 변화한 흐름을 살펴보면, 1969년에 우리나라에서 발간된 직업사전에는 3,260개의 직업명이 있었고, 2003년만 하더라도 9,426개의 직업명이 있었다. 즉, 시간적 흐름에 따라 직업명 수가 달라지는데, 그 수가 점차 증가하고 있는 것을 알 수 있다. 직업의 수는 공간적 특징, 대표적으로 국가에 따라서도 달라진다. 일본의 경우 17,209개의 직업, 미국의 경우 30,654개의 직업이 존재한다(김동규, 김중진, 장재호, 2013). 즉, 직업은 각 사회를 반영하고 있고, 각 시대의 변화상을 반영하고 있는 것이다. 그렇다면 앞으로 10년 후 우리나라의 직업 수가 어떠할 것이라고 예상할 수 있는지 생각해 보자.

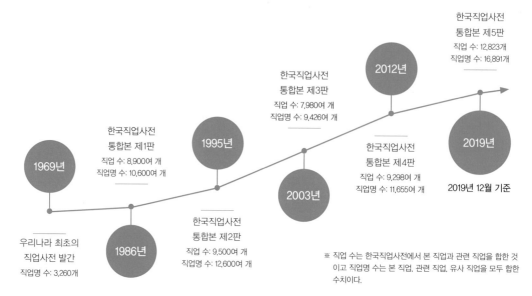

한국직업사전
통합본 제5판
직업 수: 12,823개
직업명 수: 16,891개

2012년

한국직업사전
통합본 제3판
직업 수: 7,980여 개
직업명 수: 9,426여 개

1995년

한국직업사전
통합본 제1판
직업 수: 8,900여 개
직업명 수: 10,600여 개

2019년

한국직업사전
통합본 제4판
직업 수: 9,298여 개
직업명 수: 11,655여 개

1969년

2019년 12월 기준

2003년

우리나라 최초의
직업사전 발간
직업명 수: 3,260개

1986년

한국직업사전
통합본 제2판
직업 수: 9,500여 개
직업명 수: 12,600여 개

※ 직업 수는 한국직업사전에서 본 직업과 관련 직업을 합한 것
이고 직업명 수는 본 직업, 관련 직업, 유사 직업을 모두 합한
수치이다.

[그림 4-2] 한국직업사전으로 본 우리나라 직업 수의 변화

출처: 워크넷(www.work.go.kr).

지금까지의 추세에 따른다면 사회의 발전이 가속화되면서 직업의 수는 더 증가
할 것이다. 그런데 만약 우리가 세상의 모든 직업을 낱개의 직업 단위로 파악하거나
개개의 직업에 따른 통계를 확인하고 일자리 정보를 파악해야 한다면, 우리가 처리
해야 할 정보의 양이 너무 많을 것이다. 따라서 우리는 직업 목록을 기초로 각 직업
에 대한 정보를 수집하고 가공하고 해석하며 활용하기 위해서 '직업분류'를 활용한
다. 직업분류에는 여러 기준이 적용될 수 있으며, 크게 다음과 같이 분류할 수 있다.

(1) 심리적 특성에 기초한 직업분류

심리적 특성에 기초한 직업분류에는 Roe의 욕구이론에 따른 직업분류, Holland
의 직업 성격에 따른 분류 등의 분류체계가 대표적이다. 이러한 분류는 직업에 종사
하는 사람들의 성격특성, 욕구와 같은 심리적 특성, 각 직업의 성격특성 등에 기초
하고 있다.

① Roe의 욕구이론에 기초한 직업분류

Roe(1956)는 개인의 욕구가 직업의 선택에 큰 영향을 미친다고 강조하였다. 이러

한 관점에 따라 Roe의 이론은 욕구이론이라고 불린다. Roe는 부모의 유형에 따라 부모와 자녀의 관계 경험이 달라질 수 있고 개인의 욕구위계에도 영향을 미친다고 설명하였다. 예를 들어, 부모의 유형을 정서적 집중, 회피, 수용 등의 개념에 따라 구분할 수 있다. 그중에서 정서적으로 따뜻하면서 자녀의 요구를 잘 충족시켜 주는 부모에게서 자란 자녀는 결국 인간지향적인 성격을 형성하게 되며, 직업선택에서도 인간지향적인 직업을 선택하게 된다는 것이다. 하지만 이와 반대로 따뜻하지 않고 관계를 회피하는 특성을 지닌 부모에게서 자란 자녀는 직업을 선택할 때 사람을 지향하기보다는 자료, 사물, 숫자와 같은 비인간지향적인 특성이 반영된 직업을 선택한다는 것이다. 이 이론에 따른다면, 한 개인이 일상생활 그리고 진로의 맥락에서 선호하는 생활양식이나 관계 특성은 결국 어린 시기의 욕구 충족 경험과 연결되어 있고, 이러한 특성이 한 개인의 진로의사결정에도 영향을 미친다고 할 수 있다.

욕구이론에 기초한 직업분류에서는 개인의 흥미를 기초로 8개의 집단(groups)을 구분하고, 각 집단에 대해 책임, 능력의 심화 정도에 따라 6가지의 단계를 상정하였다. 우선 8개의 직업 집단 구분은 〈표 4-3〉과 같다.

표 4-3 Roe의 직업분류

집단 구분	특성
서비스직 (service)	기본적으로 다른 사람의 취향, 욕구, 복지에 관심을 갖고 봉사하는 것과 관련된 직업군으로, 다른 사람을 돕고 지원하는 일에 관심을 둠. 만나는 사람들과 직접적인 관계를 맺는다는 특징이 있음
비즈니스직 (business contact)	다른 사람과의 만남을 통해 자신이 갖고 있는/판매하고 있는 상품의 효용성을 전달하고 판매하는 일 등 사업상의 관계와 관련된 직업군으로, 대인관계가 중요한 직업군이지만 타인을 도와주기보다 어떤 행동을 하도록 상대방을 설득하는 데 초점을 둔 관계를 맺음
행정직 (organization)	사업, 산업체, 정부기관 등에서 일하는 관리직군에 해당하거나 기업의 조직관리, 효율적으로 기능할 수 있도록 조력하는 직무를 맡은 직업군으로, 형식적인 인간관계를 맺는 경향이 높음
기술직 (technology)	상품과 재화의 생산, 유지, 운송과 관련된 직업을 포함하는 것으로, 과학기술에 근거한 기능, 기계조작, 공학, 무역 등과 관련된 직업을 포함함. 대인관계의 중요성은 상대적으로 낮은 편이며, 사물을 다루는 데에 관심도가 높음

옥외활동직 (outdoor)	농산물, 수산자원, 지하자원, 임산물, 다른 천연자원 개간ㆍ보존ㆍ수확, 축산업 관계 직업을 포함함. 기계화로 인해 여러 직업이 네 번째 집단인 기술직으로 이동함. 대인관계와 관련성 낮음
과학직 (science)	과학이론과 그 이론을 특정한 환경에 적용하는 것과 관련된 직업군으로 학문의 깊이 있는 이론을 실제 사회에 적용하는 일이 주요함. 심리학, 인류학, 물리학, 의학직 등을 포함함
보편적 문화직 (general culture)	보편적인 문화유산의 보존 및 전수와 관련된 일들을 하며, 개인보다는 인류 전체에 대한 관심도가 높음. 교육, 언론, 법률, 성직, 언어학, 인문학 전공 관련 직업과 일선 학교의 교사, 교수 집단을 포함함. 다만, 고등교육기관(대학)의 교수자들은 교과목에 따라 다른 직업군으로 분류될 수 있음
예능직 (arts and entertainment)	창조적이고 예술적인 관점에서 특별한 재능을 사용하는 직업군으로, 각 직업의 예술 영역을 통해 대중과 소통하는 특징이 있음. 인간관계의 중요도가 있지만 서비스직처럼 직접적인 관계를 맺지 않음

출처: 김영빈 외(2017).

그리고 이러한 직업 집단에 대해 전문적ㆍ관리적 단계 1, 전문적ㆍ관리적 단계 2, 준전문적ㆍ소규모 사업 단계, 숙련직 단계, 반숙련직 단계, 비숙련직 단계의 6가지 단계를 설명하였다. 여기서 6단계 구분의 중요한 기준은 한 개인이 가진 책무성이다. 예를 들어, '보편적 문화직'에서 '전문적ㆍ관리적 단계 1'에 속한 직업의 예로 들 수 있는 판사와 '보편적 문화직'에서 '숙련직'에 속한 예시 직업인 법률서기의 경우에는 각 직업인이 책임지거나 의사결정을 해야 하는 횟수, 자신이 맡은 일에서의 어려움/곤란함의 정도에서 분명한 차이가 있다.

살펴본 바와 같이, Roe의 직업분류는 현재 자신이 꿈꾸고 있는 직업이 자신의 욕구와 어떤 관련성이 있는지 파악하는 단서가 되며, 같은 직업 집단에 속하는 직업이라도 그 책임감, 능력의 위계에 따라 더 세부적인 역할 범위를 가진다는 보다 입체적인 직업분류의 틀을 생각할 수 있는 관점을 제시하고 있다는 면에서 의의가 있다.

② Holland 성격이론에 기초한 직업분류

Holland는 직업적 흥미가 일반적으로 성격이라 불리는 것의 일부분이라 하였다. 이에 따라 Holland의 이론은 성격이론이라 불린다. Holland의 성격이론에 따른 직업분류는 진로상담에서 가장 많이 사용되는 직업분류로, 개인의 성격과 직업의 성

| 표 4-4 | Holland의 직업분류 |

구분	현실형(R)	탐구형(I)	예술형(A)	사회형(S)	진취형(E)	관습형(C)
흥미 특성	분명하고 질서 정연하고 체계적인 것을 좋아하고, 연장이나 기계를 조작하는 활동 내지 기술에 흥미가 있음	관찰적·상징적·체계적이며 물리적·생물학적·문화적 현상의 창조적인 탐구를 수반하는 활동에 흥미가 있음	예술적 창조와 표현, 변화와 다양성을 선호하고, 틀에 박힌 것을 싫어하며, 모호하고, 자유롭고, 상징적인 활동에 흥미가 있음	타인의 문제를 듣고, 이해하고, 도와주고, 치료해 주고, 봉사하는 활동에 흥미가 있음	조직의 목적과 경제적인 이익을 얻기 위해 타인을 지도, 계획, 통제, 관리하는 일과 그 결과로 얻어지는 명예, 인정, 권위에 흥미가 있음	정해진 원칙과 계획에 따라 자료를 기록, 정리, 조직하는 일을 좋아하고, 체계적인 작업 환경에서 사무적·계산적 능력을 발휘하는 활동에 흥미가 있음
자기 평가	사교적 재능보다는 손재능 및 기계적 소질이 있다고 평가	대인관계능력보다는 학술적 재능이 있다고 평가	사무적 재능보다는 혁신적이고 지적인 재능이 있다고 평가	기계적 능력보다는 대인관계적 소질이 있다고 평가	과학적 능력보다는 설득력 및 영업능력이 있다고 평가	예술적 재능보다는 비즈니스 실무능력이 있다고 평가
타인 평가	겸손하고 솔직하지만 독단적이고 고집이 센 사람	지적이고 현학적이며 독립적이지만 내성적인 사람	유별나고 혼란스러워 보이며 예민하지만 창조적인 사람	이해심 많고 사교적이고 동정적이며 이타적인 사람	열정적이고 외향적이며 모험적이지만 야심이 있는 사람	안정을 추구하고 규율적이지만 유능한 사람
선호 활동	기계나 도구 등의 조작	자연 및 사회현상의 탐구, 이해, 예측 및 통제	문학, 음악, 미술 활동	상담, 교육, 봉사 활동	설득, 지시, 지도 활동	규칙을 만들거나 따르는 활동

출처: 워크넷(www.work.go.kr) 직업선호도검사 결과지에서 발췌.

격을 현실형(realistic), 탐구형(investigative), 예술형(artistic), 사회형(social), 진취형/기업형(enterprising), 관습형(conventional)의 6가지로 나누어 설명하고 있다(〈표 4-4〉 참조).[2]

　이와 같은 Holland의 분류는 국내의 진로교육 및 진로상담 현장에서 매우 다양하게 활용되고 있고, 특히 진로심리검사의 이론적 틀로 적용되어 있는 경우가 많다. 따라서 6가지 각각의 유형이 어떤 것을 의미하는지를 알고 자신의 결과 유형을 대

2　이 책에서는 Holland 이론에 따른 흥미 분류에서 'enterprising'의 유형명을 '기업형'으로 기재하였으나, 해당 부분은 워크넷에서 제공하는 직업선호도검사 결과에서 설명하는 유형명에 맞추어 제시하기 위해 검사에서 사용한 '진취형'으로 기록하였다.

응시켜 본다면 여러 진로정보에 대한 이해도를 높일 수 있다. Holland의 성격이론
에 대한 내용은 이후에 제시되는 진로이론에서 보다 자세하게 설명될 것이다.

이와 같은 이론적 직업분류의 틀을 확인하기 위해서는 우선적으로 각 개인이 자
신의 욕구, 성격특성, 흥미 등을 이해하는 과정이 선행되어야 한다. 자신의 욕구와 흥
미를 잘 이해하고 그러한 특성과 부합하는 직업을 선택하면 각 직업에서의 성공 가
능성이 높을 뿐 아니라 개인의 삶의 만족도 역시 높아질 수 있다.

(2) 수행 직무의 특성에 기초한 직업분류

직업에서 수행하는 직무의 특성을 기준으로 직업을 분류한 대표적인 사례는 한
국표준직업분류(Korean Standard Classification of Occupation: KSCO)와 한국고용직업
분류(Korean Employment Classification of Occupation: KECO)이다. 이러한 분류는 직
업 통계의 활용, 일자리 정보 제공 등을 위한 실용적인 목적에 따라 활용하는 분류
기준으로 여러 장면에서 활용도가 높은 편이다. 또한 직무 수행 특성에 따른 직업분
류는 많은 수의 개별 직업을 효과적으로 나누어 소통하며 활용하기 위해 '포괄성의
원칙'과 '배타성의 원칙'을 일반원칙으로 적용하여(고용노동부, 2018) 직업분류의 표

표 4-5 **한국고용직업분류, 한국표준직업분류, 국제표준직업분류의 대분류 기준**

한국고용직업분류(2018)	한국표준직업분류(2017)	국제표준직업분류(2008)
0. 경영 · 사무 · 금융 · 보험직	1. 관리자	1. 관리자, 고위임원 및 의회의원
1. 연구직 및 공학기술직	2. 전문가 및 관련 종사자	2. 전문가
2. 교육 · 법률 · 사회복지 · 경찰 · 소방직 및 군인	3. 사무 종사자	3. 기술공 및 준전문가
3. 보건 · 의료직	4. 서비스 종사자	4. 사무 종사자
4. 예술 · 디자인 · 방송 · 스포츠직	5. 판매 종사자	5. 서비스 및 판매 종사자
5. 미용 · 여행 · 숙박 · 음식 · 경비 · 청소직	6. 농림어업 숙련 종사자	6. 숙련 농어업 종사자
6. 영업 · 판매 · 운전 · 운송직	7. 기능원 및 관련 기능 종사자	7. 기능원 및 관련 기능 종사자
7. 건설 · 채굴직	8. 장치 · 기계 조작 및 조립 종사자	8. 장치 · 기계 조작 및 조립 종사자
8. 설치 · 정비 · 생산직	9. 단순노무 종사자	9. 단순노무 종사자
9. 농림어업직	A. 군인	0. 군인

준적인 기준이 되기도 한다. 여기서 포괄성 원칙은 우리나라에 존재하는 모든 직무는 어떤 수준에서도 분류에 포괄되어야 한다는 것을 의미하며, 배타성 원칙은 동일하거나 유사한 직무는 어느 경우에도 같은 단위직업으로 분류되어야 한다는 의미이다. 〈표 4-5〉는 한국고용직업분류(2018), 한국표준직업분류(2017), 국제표준직업분류(2008)의 대분류 목록이다.

한국표준직업분류와 한국고용직업분류 등의 직업분류는 지속적으로 개정이 이루어진다. 이는 주기적인 개정을 통하여 최신의 직업 변화 흐름을 분류기준에 적용하려는 노력이라 할 수 있다. 이러한 직업분류 개정 내용을 살펴보는 것은 직업세계의 변화 흐름을 파악하는 주요한 지침이 될 수 있다. 여기에서는 직무의 특성을 중심으로 한 분류체계와 각 분류체계에 관련된 최근 이슈에 대해 살펴보고자 한다.

① 한국표준직업분류

한국표준직업분류(KSCO)는 직업정보에 대한 국내 통계를 위하여 활용하는 분류로 통계청에서 발간하는 분류 기준이다. 통계자료를 통해 파악한 직업정보를 분류하기 위한 목적으로 활용되고 있다. 이 분류는 국제노동기구(ILO)의 국제표준직업분류(International Standard Classification of Occupations: ISCO)를 근거로 설정되어 있어 KSCO와 ISCO의 대분류 틀이 유사하다.

KSCO는 대분류, 중분류, 소분류, 세분류, 세세분류의 5개 구성체계를 갖추고 있으며, 2018년 1월 1일부터 시행된 7차 개정에는 대분류 10개, 중분류 52개, 소분류 156개, 세분류 450개, 세세분류 1,231개가 포함되어 있다(통계청, 2018). 7차 개정의 주요 내용을 요약한 통계청(2018)의 자료에는 다음과 같은 5가지의 주요 개정 특징이 설명되어 있다.

- 4차 산업혁명 등 ICTs 기반의 기술 융·복합 및 신성장 직종 반영: 전문 기술직의 직무 영역 확장 등 지식 정보화 사회 변화상 반영
- 문화·미디어 콘텐츠 분야 신성장 직종 신설 및 세분: 미디어 콘텐츠와 채널의 생산 및 유통 구조 다변화 추세 반영
- 사회 서비스 일자리 직종 세분 및 신설: 저출산·고령화에 따른 돌봄·복지 수요 증가를 반영하여 관련 직종 세분, 여가 및 생활서비스 수요 증가를 반영하여

관련 직종 신설

- 자동화 · 기계화 진전에 따른 기능직 및 기계직 직종 통합: 복합 · 다기능 기계의 발전에 따른 세분 직종 통합
- 고용규모 대비 분류항목이 적은 사무 및 판매 · 서비스직 세분: 포괄적 직무로 분류되어 온 사무직군 직업 세분, 여성 · 청년 · 고령층 진출이 많은 서비스 · 판매직군 직업 세분

이와 같은 개정 흐름을 살펴보면 결국 사회의 변화 흐름이 반영되어 있음을 알 수 있다. 또한 이러한 흐름은 결국 사회에서 고용이 확대 또는 축소되는 분야라는 일자리 정보와도 연결된다.

② 한국고용직업분류

한국고용직업분류(KECO)는 노동시장 효율성 제고를 목적으로 하여 우리나라의 직업을 직능수준과 직능유형에 따라 나누어 놓은 것으로, 한국고용정보원에서 발간하는 분류 기준이다. 이는 직업정보의 제공을 통해 노동시장의 효율성을 높이려는 목적으로 사용하는 분류이다. 노동부의 취업알선직업분류, 국가직무능력표준(NCS), 직업훈련, 국가기술자격, 직업정보 제공, 진로지도 등 고용 실무 전반에서 기본 분류 틀로 활용되고 있다. 직업분류는 대분류, 중분류, 소분류, 세분류, 세세분류의 5개 구성체계로 되어 있으며, 세분류 단위에서 한국표준직업분류와 연계된다. 2018년 1월 1일부터 시행된 4차 개정은 '한국고용직업분류 2018'로 불리며, 대분류 10개, 중분류 35개, 소분류 136개, 세분류 450개로 구성되었다(고용노동부, 2018). '한국고용직업분류 2018'에서는 다음과 같은 주요 개정 특징을 설명하고 있다.

- 직능유형 구분 기준의 변경: 직능유형의 구분 기준을 기존 '직무 수행의 결과물[3]'에서 '직무활동의 내용'으로 변경하고, 이에 따라 대분류에 '연구직 및 공학기술직' '건설 · 채굴직' '설치 · 정비 · 생산직' 등을 신설

---

3 기존에는 중분류 항목을 건설 관련직, 기계 관련직, 재료 관련직, 화학 관련직, 섬유 · 의복 관련직, 전기 · 전자 관련직, 정보통신 관련직, 식품가공 관련직 등으로 분류하였다.

- '연구직 및 공학 기술직' '건설 · 채굴직' '설치 · 정비 · 생산직' 대분류 항목 신설: '연구직 및 공학 기술직' 항목은 신기술 연구개발과 기획을 담당할 연구 · 기술 인력의 중요성을 고려하여 신설, '건설 · 채굴직'과 '설치 · 정비 · 생산직' 항목은 고유한 직무적 특성, 고용규모, 외국의 분류 사례 등을 고려하여 건설 및 제조 현장의 생산 직무를 수행하는 직업을 묶어 신설
- '관리직'과 '군인'은 대분류에서 이동하여 중분류로 배치: '관리직'은 국제표준직업분류, 한국표준직업분류와 대부분 국가에서 대분류 항목으로 분류하고 있으나, 국내 노동시장의 고용 규모나 구인 · 구직 현장에서 해당 분류 항목의 활용도, 통계조사 및 사용자 활용 시 잘못 분류하는 사항 등을 고려하여 중분류 항목으로 분류하여 대분류 '경영 · 사회 · 금융 · 보험직' 하위에 배치, '군인'은 국방을 책임지는 특수한 분야로서 대부분 국가에서 대분류 항목으로 분류하고 있지만, 구인 · 구직 현장에서 거의 활용이 되지 않아 대분류에서 제외, 공공 서비스 영역인 경찰관, 소방관, 교도관은 대분류 '교육 · 법률 · 사회복지 · 경찰 · 소방직 및 군인'의 하위 중분류로 배치
- '돌봄 서비스직(간병 · 육아)' 중분류 항목 신설: 간병인과 육아도우미 직업은 구인 · 구직 현장의 알선 규모가 지속적으로 증가하고 있음을 고려하고 개인 서비스로서의 성격이 강하여 대분류 '미용 · 여행 · 숙박 · 음식 · 경비 · 청소직' 하위에 '돌봄 서비스직' 중분류 항목으로 신설
- 간명성을 위한 항목명의 간략화

(3) 기타 직업분류

직업분류에서 참고할 수 있는 분류 기준 중에서 국가직무능력표준에 따른 분류는 최근 그 활용도가 높아지고 있는 분류이다. 국가직무능력표준(National Competency Standards: NCS)이란 산업현장에서 직무를 수행하기 위하여 요구되는 지식 · 기술 · 소양 등의 내용을 국가가 산업부문별 · 수준별로 체계화한 것을 말한다(「자격기본법」 제2조 제2항). 이러한 NCS에서는 직업을 24개 분야로 나누고, 이를 다시 중분류, 소분류, 세분류로 나누어 각 직업별 능력단위를 안내하고 있다. 특히 NCS 직업분류는 기업체, 직업교육훈련기관, 자격시험기관에서의 적극적인 활용을 목표로 적극적인 국가 정책과 연동되어 마련된 기준이다.

[그림 4-3] 국가직무능력표준의 24가지 직업분류

출처: 국가직무능력표준(www.ncs.go.kr).

이러한 NCS의 도입은 능력중심사회 구현을 위한 노력의 일환으로 이루어졌다. 여기서 능력중심사회란 학벌이나 스펙이 아닌 개인의 능력에 따라 성공하고 대우받는 사회를 일컫는다(김영빈 외, 2017). 따라서 이러한 NCS 추진의 방향성이 교육·훈련과 일의 연결, 자격 개편, 실제 채용의 과정에도 영향을 미치는 등 점차적으로 활용 범위가 확대되고 있다. 자신의 진로를 설계하는 학습자의 입장에서 NCS 분류에 따라 마련된 학습모듈을 통해 자신의 직무 역량을 강화하고, 직업정보를 탐색하며, 자신이 원하는 특정 진로의 준비를 위한 경력개발의 경로를 파악하는 데 도움을 받을 수 있다.

2. 직업심리와 직업적응

한 개인이 직업을 선택하고 적응해 나가는 과정은 여러 가지 요인의 상호작용에 따른 것이다. 이를 크게 두 가지 관점으로 살펴보면 직업 자체의 고유한 맥락과 개인의 맥락으로 구분할 수 있다. 즉, 직업이 어떤 특성을 갖고 있는가, 각 개인은 어떠한 특성을 갖고 있는가에 따라 직업을 선택하고 입직하며 적응해 나가는 일련의 과정이 이루어진다. 이 절에서는 직업의 고유한 특성을 파악하고 직업을 선택하는 각 개인의 내적인 맥락을 이해해 보고자 한다. 먼저, 직업을 보다 자세하게 이해하기 위한 구조를 직업카드, 워크넷에서 제공하는 직업정보, 직업사전을 통해 살펴보겠다. 그리고 직업을 갖는 사람/조직이 갖고 있거나 특정 직업을 지향하는 사람들의 특성, 직업의식과 직업적응이론을 통해 직업의 심리적 특성을 살펴보고자 한다.

1) 직업의 형식적 구조

직업의 형식적 구조에서는 직업카드와 워크넷의 직업정보 검색 결과, 직업사전을 통해 직업을 설명하는 요소를 살펴보고자 한다. 먼저, 직업에 대한 핵심적인 정보를 담은 자료 중에 직업카드에 대해 생각해 보자. 직업카드란 직업에 대한 정보를

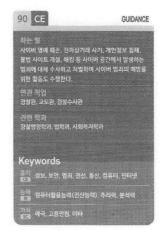

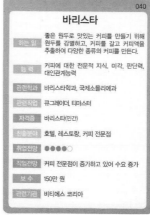

[그림 4-4] 직업카드 예시

출처: (상) 황매향, 이동혁(2017); (하) 전도근, 윤소영(2015).

담은 카드 형식의 매체로, 직업카드에는 직업인들이 하는 주요 직무, 연관된 직업, 직업인이 되기 위한 학업 및 자격 과정, 흥미, 능력, 가치 등의 정보가 제시되어 있다. 또한 일부 직업카드는 전망과 급여에 대한 내용까지 포함하고 있어, 직업에 대한 기초적이면서 다양한 지식을 제공한다. 교육적·상담적 목적으로 활용되는 직업카드에 이렇게 여러 가지 요소가 담겨 있다는 것은 곧 특정한 직업에 그 일의 고유한 직무가 있고, 그 직업인이 되기 위해 일정한 교육 및 훈련과정이 요구되며, 입

나노공학기술자

| 요약하기 | 하는 일 | 교육/자격/훈련 | 임금/직업만족도/전망 | 능력/지식/환경 | 성격/흥미/가치관 | 업무활동 |

하는 일	나노기술을 전자(소자), 바이오, 소재, 등에 적용한다. 전기, 전자, 바이오, 공장장비 및 측정기기, 생산장비, 분석장비 등의 개발연구에 적용활용한다.		
교육/자격/훈련	**관련학과**	**관련자격**	**훈련정보**
	물리·과학과 반도체·세라믹공학과 생명과학과 섬유공학과 신소재공학과	기계조립기능사, 산업기사(국가기술) 생산자동화기능사, 산업기사(국가기술) 전기기능사(국가기술) 정밀측정기능사, 산업기사(국가기술)	금속·재료공학 기술자 및 연구원
임금/직업만족도/전망	**임금**	**직업만족도**	**전망**
	하위(25%) 3,454만원 중위값 4,116만원 상위(25%) 5,331만원	71.8%	감소(6%) 현상유지(49%) 증가(43%)
능력/지식/환경	**업무수행능력**	**지식**	**환경**
	시간 관리(99) 장비의 유지(99) 문제 해결(98) 기술 분석(98) 기술 설계(98)	물리(100) 화학(100) 생물(98) 공학과 기술(98) 영어(97)	
성격/흥미/가치관	**성격**	**흥미**	**가치관**
	분석적 사고(90) 혁신(90) 성취/노력(73) 책임과 진취성(66) 리더십(63)		애국(91) 타인에 대한 영향(87) 고용안정(81) 심신의 안녕(72) 다양성(67)
업무활동	**중요도**		**수준**
	새로운 지식의 습득, 활용(98) 전자장비 유지 보수(97) 정보 처리(96) 정보, 자료 분석(96) 사물, 행동, 사건 파악(96)		정보 처리(97) 새로운 지식의 습득, 활용(96) 장치, 부품, 장비의 도면 작성, 배치, 지정(95) 정보, 자료 분석(93) 창조적 생각(92)
일자리 현황	금속·재료공학 기술자 및 연구원		
관련직업	재료(금속)공학기술자	금속공학기술자	금속·재료공학 시험원

[그림 4-5] 워크넷 직업정보검색 자료

출처: 워크넷(www.work.go.kr).

직 이전에 각 개인이 자신의 흥미, 능력, 가치와 견주어 보는 진지한 의사결정의 과정이 요구된다는 것을 반영하는 것이다.

　다음으로, 고용노동부 산하 한국고용정보원에서 운영하는 워크넷 사이트의 직업정보를 검색해 보자. 사이트의 직업정보 검색란에 특정 직업명을 넣어 보면, 각 직업에 대해 하는 일, 교육/자격/훈련, 임금/직업만족도/전망, 능력/지식/환경, 성격/흥미/가치관, 업무활동, 일자리 현황, 관련 직업의 정보가 일목요연하게 나타난다. 이러한 기초 정보에 대해 미리 파악하고 자신의 특성과 견주어 보는 것은 직업선택 이전에 반드시 이루어져야 하는 필수적인 과정이다. 또한 현재 공고문을 기준으로 가장 매력적이라고 생각하는 취업처를 함께 검색해 본다면 최신의 현실적인 직업정보를 파악하고 미래의 진로결정을 준비할 수 있다.

　마지막으로, 직업에 대한 정보를 표준화하여 제공하는 자료 중에 직업사전을 활용할 수 있다. 『한국직업사전』은 한국고용정보원에서 발간하는 자료로 1986년에 처음 발간되었다. 직업사전을 통해 전체 직업의 이름을 표준화하고 각 직업에서 수행하는 직무 내용이 무엇인지 설명하는 체계를 마련한 것이다. 『한국직업사전』은 일정한 주기에 따라 통합본을 발간하는데, 2020년 7월을 기준으로 하면 2019년 12월에 발간된 제5차 통합본이 가장 최신의 자료이다. 이러한 통합본을 발간하는 사이에는 직종별 직업사전을 통해 변화의 추이를 반영하고 있다. 직업사전은 고용정보원에서 제공하는 직업정보와 함께 직업에 대한 특성을 파악하는 가장 기초적인 자료로 활용된다. 직업사전의 설명체계는 [그림 4-6]을 참고하여 파악할 수 있다(김중진, 권윤섭, 2019).

〈직업사전의 설명구조 중 A. 본 직업정보〉

> 본 직업명

0711 사회복지사

직업코드:
한국고용직업분류의
세분류 4자리

현대사회에서 발생하고 있는 청소년, 노인, 여성, 가족, 장애인 등 다양한 사회적 · 개인적 문제를 겪는 사람들에게 사회복지학 및 사회과학의 전문지식을 이용하여 문제를 진단 · 평가함으로써 문제해결을 돕고 지원하는 업무를 담당한다.

0711 사회복지사(일반)

✚ 직무개요 | 학교, 병원, 수용시설, 비수용시설, 국가기관 등에서 아동, 청소년, 장애인, 노인, 여성 등을 대상으로 그들의 재활과 사회복귀를 돕기 위해 사정, 진단, 상담, 프로그램 개발, 기획, 실시, 평가, 지원, 교육 등의 업무를 수행한다.

✚ 수행직무 | 상담을 통해 사회복지 대상자의 욕구, 개선점, 보유 자원과 대상자 가족의 지원, 재정적인 문제 등에 대해 사정한다. 행정적, 재정적, 심리적, 사회적으로 지원해야 할 점을 파악하고 우선순위를 정한다. 심리 안정, 교육 및 훈련, 정서순화, 대인관계기술 습득, 건강 유지 등 다양한 프로그램을 개발 · 기획하고 실시한다. 후원자나 자원봉사자를 모집하고 사회복지 대상자에 대한 사회적 편견을 제거하기 위한 활동을 한다. 프로그램이나 기관에 대해 지역사회 사업장을 중심으로 홍보한다. 프로그램 및 각종 사회복지 활동 이후 그 결과에 대해 평가하고 개선책을 모색한다. 직업재활이나 취업을 위해 사업장을 개발하고 고용지원을 한다. 사회복지 대상자 가족을 대상으로 스트레스 감소, 환자 이해, 가정 내 지원 등에 대해 상담하고 프로그램을 운영한다. 수행업무에 대한 보고서를 작성하고 관련 행정업무를 수행한다.

〈직업사전의 설명구조 중 B. 부가 직업정보〉

정규교육	12년 초과 14년 이하 (전문대졸 정도)	관련 직업	아동사회복지사, 장애인사회복지사, 노인사회복지사, 여성사회복지사, 교화사회복지사, 활동하는 장소에 따라 학교사회복지사, 정신보건사회복지사, 일반의료사회복지사, 사회복지전담공무원, 재활자활사회복지사
숙련기간	1년 초과 2년 이하		
직무기능	자료(조정)/사람(자문)/ 사물(관련 없음)	자격 · 면허	사회복지사, 정신보건사회복지사, 직업상담사
작업강도	가벼운 작업	표준산업 분류	O842 사회 및 산업정책 행정/Q871 거주 복지시설 운영업/Q872 비거주 복지시설 운영업
육체활동	–		
작업장소	실내 · 외		
작업환경	–	표준직업 분류	2471 사회복지사
유사명칭	–	조사연도	2017년

A. 본 직업정보	B. 부가 직업정보
• 직업코드: 한국고용직업분류의 세분류 4자리 • 본 직업명: 산업현장에서 일반적으로 해당 직업으로 알려진 명칭, 통상적으로 호칭되는 것 • 직무개요: 직무담당자의 활동, 활동의 대상 및 목적, 직무담당자가 사용하는 기계, 설비 및 작업보조물, 사용된 자재, 만들어진 생산품 또는 제공된 용역 • 수행직무: 직무담당자가 직무의 목적을 완수하기 위하여 수행하는 구체적인 작업(task) 내용을 작업순서에 따라 서술한 것	• 정규교육: 해당 직업의 직무를 수행하는 데 필요한 일반적인 정규교육수준 • 숙련기간: 정규교육과정을 이수한 후 해당 직업의 직무를 평균적인 수준으로 스스로 수행하기 위하여 필요한 각종 교육기간, 훈련기간 등 • 직무기능: 해당 직업 종사자가 직무를 수행하는 과정에서 '자료(data)' '사람(people)' '사물(thing)'과 맺는 관련된 특성을 나타냄 • 작업강도: 해당 직업의 직무를 수행하는 데 필요한 육체적 힘의 강도(아주 가벼운 작업, 가벼운 작업, 보통 작업, 힘든 작업, 아주 힘든 작업) • 육체활동: 해당 직업의 직무를 수행하기 위해 필요한 신체적 능력(균형감각, 웅크림, 손 사용, 언어력, 청각, 시각 등) • 작업장소: 해당 직업의 직무가 주로 수행되는 장소(실내, 실외, 실내 · 외) • 작업환경: 해당 직업의 직무를 수행하는 작업자에게 직접적으로 물리적 · 신체적 영향을 미치는 작업장의 환경요인(저온, 고온, 다습, 소음 · 진동, 위험 내재, 대기환경 미흡) • 유사명칭: 현장에서 본 직업명을 다르게 부르는 것. 본 직업명과 사실상 동일함 • 관련 직업: 본 직업명과 기본적인 직무에 있어서 공통점이 있으나 직무의 범위, 대상 등에 따라 나누어지는 직업 • 자격 · 면허: 해당 직업에 취업 시 소지할 경우 유리한 자격증 또는 면허를 나타내는 것으로 현행 「국가기술자격법」 및 개별 법령에 의해 정부 주관으로 운영하고 있는 국가자격 및 면허 • 한국표준산업분류 코드: 해당 직업을 조사한 산업을 나타내는 것 • 한국표준직업분류 코드: 한국고용직업분류 세분류 코드에 해당하는 한국표준직업분류의 세분류 코드 • 조사연도: 해당 직업의 직무조사가 실시된 연도

[그림 4-6] **직업사전 예시**

출처: 김중진, 장재호, 김진관(2018).

2) 직업의식

우리가 살아가면서 만나게 되는 직업인들에 대해 내가 어떤 생각을 가지고 있는지 생각해 본 경험이 있는가? 구체적으로 다음 내용에 답해 보자.

경찰관은 _____해야 한다.

중학교 선생님은 _____ 태도를 지녀야 한다.

대기업에 종사하려면 _____ 자세를 갖는 것이 중요하다.

공무원은 _____을/를 중요하게 생각하는 편이다.

다른 사람들은 A _____라는 직업에 대해 B _____라고 평가할 것이다.

(A: 자신이 원하는 직업. B: 내가 떠올린 A라는 직업에 대한 타인의 생각을 한마디로 작성)

어떠한 내용으로 답하였는가? 내가 답한 내용은 어떤 장소, 어떤 사람, 어떤 경험에서 비롯되었는가? 개인이 작성한 내용을 종합해 보면, 우리가 특정 직업에 대해 갖고 있는 어떤 가치/생각/의견들을 도출할 수 있을 것이다. 그리고 나와 내 주변의 동료들의 의견을 종합해 보면, 특정 직업에 대한 어느 정도 반복되는 핵심어/주제어를 찾을 수 있을 것이다. 즉, 우리는 특정 직업에 대해 그 직업을 갖고 있는 사람이 어떠한 일정한 가치/생각/의견을 갖고 있을 것이라고 기대한다. 또한 자신이 갖고 있는 어떠한 가치/생각/의견 등으로 인해 특정 직업을 선택하기도 할 것이다. 이와 같이 어떠한 직업에 종사하는 사람들이 갖고 있는 내적인 특성을 일컬어 직업의식이라 한다. 사전적인 의미에서 직업의식은 "각 직업에 종사하는 사람들의 특유한 태도나 도덕관, 가치관 따위를 통틀어 이르는 말"(표준국어대사전)이다.

종합하면, 직업의식이란 직업생활을 영위하는 각 개인이 가지고 있는 태도, 자신의 관점(의견), 가치관을 모두 지칭한다. 이러한 직업의식은 한 개인의 삶의 총체를 반영하고 있으며, 사회 · 문화 · 시대의 변화 등에 따라 변화할 수 있다. 즉, 시대에 따라 어떤 한 가지 직업에 대한 사람들의 생각은 달라질 수 있고 서로 다른 나라, 민족, 인종에 따라서 어떤 직업에 대한 생각 역시 다를 것이다. 또한 이러한 인식의 변화는 장기적이고 다양한 요인에 영향받기도 하지만, 급격하고 제한적인 사건에 영향받는 경우도 있다. 국내에서 직업의식에 대한 본격적인 논의는 한국직업능력개발원에서 1998년부터 4년마다 연구하고 있는 '직업의식과 직업윤리 연구'에 기초하고 있다. 다음 내용에서는 직업의식을 직업가치, 직업에 대한 태도의 측면으로 나누어 살펴보고자 한다.

(1) 직업가치

우리가 어떤 행동을 하는 데에는 각각의 이유가 있다. 그렇다면 직업을 선택하고 직업에 입직하고 직업을 수행하는 데에도 어떤 이유들이 있을 것이다. 그중에서 우리의 행동을 선택하는 큰 틀은 바로 우리의 가치(value)이다. 다르게 설명하면, 가치는 우리가 하는 모든 행동의 내비게이션이다.

직업가치란 개인이 직업을 선택할 때 중요하게 생각하는 가치를 일컫는다. 직업가치는 개인이 직업을 통하여 충족하고 싶어 하는 욕구 또는 직업을 통하여 실현하고자 하는 목표이며(임언, 박보경, 현진실, 2012), 개인의 직업가치는 생애목표, 각 개인의 특성 등 다양한 요인에 의해 형성된다. 즉, 직업을 통해 어떤 것을 얻고 싶은지, 무엇을 실현하고 싶은지, 직업에 어떤 가치를 부여하고 있는지 등 직업활동에 대한 결과기대와 연결되어 있다. 이러한 직업가치는 우리가 직업을 선택하고 준비하며 입직하는 이유와 현재 직업에서 이직하거나 전직하려는 이유를 설명할 수 있는 중요한 동인(動人)이 된다. 이러한 가치를 이해하는 여러 방법 중에 직업가치관검사는 일정한 항목에 대한 주관적 평가를 통해 자신이 가진 가치의 우선순위를 점검하는 방법이다.

워크넷의 직업가치관검사에 나타난 가치의 목록은 〈표 4-6〉과 같다. 이 장의 마지막에 제시된 연습문제를 확인하고 직업가치관검사를 실시해 보자. 또는 〈표 4-6〉에 제시된 직업가치의 목록 중에서 자신에게 가장 중요도가 높은 가치와 가장 중요도가 낮은 가치를 선택할 수 있는가? 그렇다면 한 가지씩 선택해 보고, 해당 가치를 높거나 낮은 우선순위로 선택한 이유에 대해 이야기 나누어 보자. 내가 중요하게 생각하는 가치, 내가 중요하다고 생각하지 않는 가치가 형성된 과정을 떠올려 보면, 이는 자신의 삶의 중요한 사람과의 관계, 살아온 환경, 중요한 의사결정의 상황 등과 관련이 깊은 것을 알 수 있다.

- 나에게 우선순위가 높은 가치: _____
- 해당 가치의 우선순위가 높은 이유: _____
- 나에게 우선순위가 낮은 가치: _____
- 해당 가치의 우선순위가 낮은 이유: _____

표 4-6 **직업가치관검사의 가치 목록(워크넷 직업가치관검사 결과)**

가치 요인	가치 설명	관련 직업	우선순위 (상-중-하)
1. 성취	스스로 달성하기 어려운 목표를 세우고 이를 달성하여 성취감을 맛보는 것을 중시하는 가치	대학교수, 연구원, 프로운동선수, 연구가, 관리자 등	
2. 봉사	자신의 이익보다는 사회의 이익을 고려하며, 어려운 사람을 돕고, 남을 위해 봉사하는 것을 중시하는 가치	판사, 소방관, 성직자, 경찰관, 사회복지사 등	
3. 개별활동	여러 사람과 어울려 일하기보다 자신만의 시간과 공간을 가지고 혼자 일하는 것을 중시하는 가치	디자이너, 화가, 운전사, 교수, 연주가 등	
4. 직업안정	해고나 조기퇴직의 걱정 없이 오랫동안 안정적으로 일하며 안정적인 수입을 중시하는 가치	교사, 약사, 변호사, 기술자 등	
5. 변화지향	일이 반복적이거나 정형화되어 있지 않으며 다양하고 새로운 것을 경험할 수 있는지를 중시하는 가치	연구원, 컨설턴트, 소프트웨어 개발자, 광고 및 홍보 전문가, 메이크업 아티스트 등	
6. 몸과 마음의 여유	건강을 유지할 수 있으며 스트레스를 적게 받고 마음과 몸의 여유를 가질 수 있는 업무나 직업을 중시하는 가치	레크리에이션 진행자, 교사, 대학교수, 화가, 조경기술자 등	
7. 영향력 발휘	타인에게 영향력을 행사하고 일을 자신의 뜻대로 진행할 수 있는지를 중시하는 가치	감독 또는 코치, 관리자, 성직자, 변호사 등	
8. 지식추구	일에서 새로운 지식과 기술을 얻을 수 있고 새로운 지식을 발견할 수 있는지를 중시하는 가치	판사, 연구원, 경영컨설턴트, 소프트웨어 개발자, 디자이너 등	
9. 애국	국가의 장래나 발전을 위하여 기여하는 것을 중시하는 가치	군인, 경찰관, 검사, 소방관, 사회단체활동가 등	
10. 자율	다른 사람들에게 지시나 통제를 받지 않고 자율적으로 업무를 해 나가는 것을 중시하는 가치	연구원, 자동차영업원, 레크리에이션 진행자, 광고 전문가, 예술가 등	
11. 금전적 보상	생활하는 데 경제적인 어려움이 없고 돈을 많이 벌 수 있는지를 중시하는 가치	프로운동선수, 증권 및 투자중개인, 공인회계사, 금융자산운용가, 기업고위임원 등	

12. 인정	자신의 일이 다른 사람들로부터 인정받고 존경받을 수 있는지를 중시하는 가치	항공기조종사, 판사, 교수, 프로운동선수, 연주가 등	
13. 실내활동	주로 사무실에서 일할 수 있으며 신체활동을 적게 요구하는 업무나 직업을 중시하는 가치	번역사, 관리자, 상담원, 연구원, 법무사 등	

　가치의 우선순위 및 가치 형성 이유에 대한 논의 과정을 통해 자신에 대해 새롭게 알게 된 부분이 있는지 생각해 보자. 자신의 가치를 이해하는 것은 곧 자신의 삶의 주제(life theme)를 알아 가는 과정이며, 이는 평생에 걸쳐 지속되어야 하는 과정이다.

(2) 직업에 대한 태도

　특정 직업인으로 일하는 자신의 모습을 상상해 보자. 다른 사람이 내가 일하는 모습을 본다면 어떤 모습을 보게 될 것인가? 미소를 지으며 콧노래를 흥얼거리며 다른 사람과 소통하는 모습인가? 또는 상사의 눈치를 보며 어긋난 관계 회복을 위해 고심하고 있는가? 월급을 받은 만큼 할 일을 머리로 계산하는 내 모습이 상상되는가? 퇴근 전부터 가방을 쌀 준비를 하는가? 퇴근 시간을 넘어서까지 내가 맡은 일을 해결하기 위해 고군분투하고 있는가? 김병숙(2007)에 의하면, 사람들이 갖고 있는 직업에 대한 태도는 일 지향, 여가 지향, 사회활동 지향, 가정 지향으로 구분할 수 있다. 이러한 항목들은 한국인의 직업의식조사의 기초 항목이기도 하다. 〈표 4-7〉에 제시된 목록을 살펴보고 자신의 태도가 어떠한지 점검해 보자. 나의 직업에 대한 의식에도 이러한 내용들이 반영되어 있을 것이다.

번호	직업에 대한 태도	그렇지 않다 (1)	보통이다 (2)	그렇다 (3)
표 4-7	**직업에 대한 태도**			
1	직장의 일과 가정의 일이 겹친다면 나는 가정 일을 선택한다.			
2	정해진 근무 시간 이외에 스스로 더 일한다.			
3	열심히 일해서 해외여행을 가고 싶다.			
4	이 일은 사회의 구성원이 되는 통로이다. (일을 통해 사회의 구성원이 된 것 같다.)			
5	업무에 개인적인 비용을 지불한다.			
6	내 일을 통해 다른 사람을 도울 수 있다.			
7	일하는 중에 여가를 기다리곤 한다.			
8	가족이 내 삶의 이유이다. 따라서 일보다 가족이 먼저이다.			
	• 표 아래에 제시된 영역별 문항 번호를 확인하고, 각 영역의 점수를 합산해 보시오. • 점수가 높은 영역/낮은 영역은 무엇인지 평가해 보고, 직업에 대한 나의 생각을 학습자들과 공유해 보시오.			

주: 일 지향-2, 5/ 여가 지향-3, 7/ 사회활동 지향-4, 6/ 가정 지향-1, 8
출처: 김병숙(2007)에서 재구성.

3) 직업적응

직업인으로서 잘 적응한다는 것은 어떤 것일까? 직업에 잘 적응하는 사람들을 변별하는 지표가 있다면 무엇일까? 다음 내용에서는 직업적응의 의미를 살펴보고, 직업적응을 가늠하는 방법과 직업적응을 예견하기 위해 미리 고려해야 할 사항들을 살펴보고자 한다.

직업적응(work adjustment)이란 개인이 자신의 요구와 직업환경의 요구조건을 일치시키기 위하여 적절한 행동을 하는 것(김춘경, 이수연, 이윤주, 정종진, 최웅용, 2016)이다. 즉, 직업에 적응한 상태에 이르기 위해서는 다음과 같은 전제조건이 필요하다. 첫째, 자신의 욕구/가치를 이해한다. 자신이 원하는 바가 무엇인지, 직업을 통해 구현하고자 하는 것이 무엇인지 이해하는 과정이 필요하다. 둘째, 내가 원하는 구체적인 직업이 있다는 전제하에, 해당 직업의 직업환경과 요구조건을 이해해야 한다. 각 직업의 고

유한 직업환경을 이해하기 위해서는 각 직업에 대한 심도 있는 정보를 찾는 과정이
필요하다. 이러한 심도 있는 정보는 인터넷 검색이나 다른 사람의 간접 경험을 듣는
것을 넘어, 직접 그 일을 경험한 사람들과의 면담, 직업장 방문과 관찰, 다양한 방식
의 인턴, 아르바이트 경험 등을 통해서 획득될 수 있다. 또한 각 직업에서 요구하는
구체적인 요구사항을 알아야 한다. 이는 구체적인 직무의 내용으로 서술되기도 하
지만, 태도나 인성의 문제와 같이 측정하기 어려운 영역일 수 있다. 셋째, 자신의 욕
구와 직업환경의 요구를 파악한 이후에 이들의 일치에 대해 가늠하고 불일치 정도를
줄여 나가는 노력을 기울이는 단계이다. 직업환경에서 요구하는 구체적인 능력이
부족하다면 자신의 역량을 향상시켜 나가야 하고, 자신이 추구하는 본질적인 가치
와 맞지 않는다면 또 다른 직업을 찾는 적극적인 노력이 필요할 수도 있다. 이러한
일련의 과정을 설명한 이론이 Dawis와 Lofquist의 직업적응이론(work adjustment
theory)이다. 직업적응이론은 성격이론과 직업환경이론을 기초로 개인과 직업환경

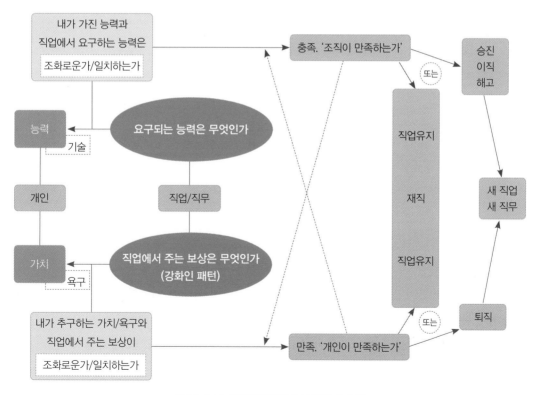

[그림 4-7] 직업적응이론에서 만족과 충족

출처: Dawis와 Lofquist(1984)의 내용을 기초로 학습자의 이해를 돕기 위해 재진술함.

의 상호적응 과정을 기술한 이론이다.

직업적응과 관련된 두 가지 중요한 개념으로 만족(satisfaction)과 충족(satisfactoriness)을 살펴보면 다음과 같다. 먼저, 만족은 조화 상태를 이루기 위한 내적인 지표로 직업환경이 자신의 욕구를 얼마나 채워 주고 있는지에 대한 개인의 평가를 의미한다. 즉, 개인의 욕구에 대해 적절한 강화(reinforcement)가 이루어지면 직업인으로서 만족감을 느낀다. 다음으로 충족은 조화 상태를 이루기 위한 외적인 지표이다. 이는 직업에서 요구되는 능력에 대비하여 각 개인이 어떠한 능력을 가지고 있는가와 관련된 것이다. 개인이 가진 능력이 한 직업에서 요구하는 것과 부합하여 좋은 평가를 받게 되면 충족이 이루어진다. 자신이 경험해 본 어떤 일(직업/인턴/아르바이트/일정한 대가를 받았던 일)을 떠올려 보고, 자신의 만족도, 나에 대한 상사의 만족도(충족)의 관점에서 평가해 보자.

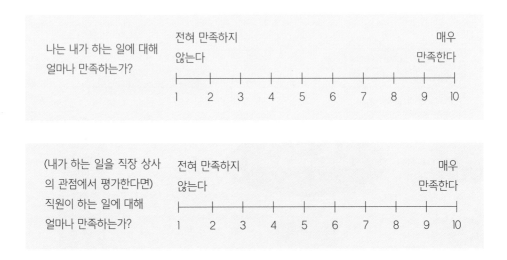

정리하자면, 직업에 적응을 한다는 것은 이러한 만족과 충족의 관점에서 어느 정도의 균형이 이루어져야 함을 의미한다. 따라서 특정한 직업에서 잘 적응해 나간다는 어떠한 상태를 이루어 가기 위해서는 앞서 설명한 여러 내용을 바탕으로 나를 알아 가고 직업을 알아 가는 과정이 선행되어야 하며, 이에 대한 철저한 준비가 필요하다.

연습문제

1. 같은 조의 학습자들끼리 모여서 다음의 내용에 대해 이야기 나누어 봅시다.

   * 준비물: A4용지
   • 내가 경험했던/수행했던 일의 목록을 적어 봅시다.
   • 내가 경험했던/수행했던 직업의 목록을 적어 봅시다.
   • 그중에서 일이라는 말에 포함될 수 있다고 생각하는 목록과 포함될 수 없다고 생각하는 목록을 구분하여 봅시다.
   • 직업이라는 말에 포함될 수 있다고 생각하는 목록과 포함될 수 없다고 생각하는 목록을 구분하여 봅시다.
   • 일, 직업 각각에 포함 여부를 결정할 때 머릿속으로 생각했던 기준이 무엇인지 이야기 나누어 봅시다.

2. 같은 조의 학습자들끼리 모여서 다음의 내용에 대해 이야기 나누어 봅시다.

   * 준비물: 개인별 포스트잇 30장 내외
   * 소요예상시간: 30분(시간을 고려하여 짝 활동으로 운영 가능)
   • 자신이 알고 있는 직업명을 포스트잇에 적어 봅시다(제한시간 5분).
   • 각자 작성한 직업 목록을 조별로 합하여 이를 일정한 기준에 따라 분류하여 봅시다.
   • 분류한 결과를 설명하고 분류할 때 적용했던 기준이 무엇인지 이야기 나누어 봅시다.

3. 워크넷(http://www.work.go.kr)에 안내된 직업가치관검사를 실시해 보고, 자신에게 우선순위가 높은 가치와 우선순위가 낮은 가치를 확인해 봅시다.

   * 찾아가기: [직업·진로]-[직업심리검사]-[성인용 심리검사 실시]-[직업가치관검사]

제5장

직업세계의 변화와 진로

✏️ 개요

사회 변화의 속도가 가속화되고 있다. 이러한 변화의 흐름을 반영하여 직업의 세계도 변화하고 있다. 직업세계의 변화를 이해하는 것은 지금 현재를 충실하게 살아가기 위한 방안일 뿐 아니라 미래에 대한 대응력을 높여 자아실현적 삶을 준비하는 중요한 역량이 될 수 있다. 이 장에서는 직업세계의 변화를 설명하는 여러 자료를 통해 사회 및 직업의 변화 흐름을 파악하고자 한다. 또한 유망직업의 선정 조건과 현재 시점에서 유망하다고 평가되는 직업들을 살펴봄으로써 자신의 진로설계에 적용할 시사점을 도출해 보고자 한다. 마지막으로, 이러한 직업세계의 변화에서 추구하는 인재상과 인재가 갖추어야 할 핵심역량에 대한 논의를 통해 자신의 미래를 주도적으로 준비하려는 노력과 연결시켜 볼 것이다.

📔 학습목표

- 직업세계의 변화를 이해하고 특징을 말할 수 있다.
- 자신의 관심 분야에서의 주요 변화 이슈를 이해하고 설명할 수 있다.
- 미래 유망직업을 알고 나의 관심 분야에서의 변화 흐름과 연결 지어 설명할 수 있다.
- 사회의 여러 조직에서 추구하는 인재상의 특징을 알고 자신의 강점과 연결시킬 수 있다.

1. 직업세계의 변화

직업은 변화한다. 즉, 사라지고 새로 만들어진다. 그리고 더 자세한 방향으로 세분화되거나 단순하게 통합되어 가기도 한다. 이러한 직업의 변화 과정은 사회의 변화를 반영하고 있다. 직업은 그 사회를 비추는 거울이기 때문이다. 이 절에서는 시대에 따른 직업의 변화를 생각해 보고, 이러한 변화를 이끌어 가는 동인(動人)이 무엇인지 살펴보고자 한다.

1) 시대에 따른 사회와 직업의 변화

오래전에 존재했는데 지금은 사라진 직업을 알고 있는가? 또는 예전에는 없었지만 새로 만들어진 직업을 가진 사람을 만난 경험이 있는가? 직업은 시대에 따라 변화한다. 시기별 특징과 관련 직업을 생각해 보자(〈표 5-1〉 참조). 그렇다면 2020년은 어떠한가? 또한 2040년에는 어떠할 것이라 예상하는가? 각 시기별로 새로 등장한 직업과 각 시기의 관심 직업을 살펴보면, 해당 시기가 어떤 모습인지 파악할 수

표 5-1 과학기술 발전의 영향을 중심으로 살펴본 시기별 직업의 변화

시기	직업세계 변화 이슈	시기별 특징과 관련된 직업
1950~ 1969년	• 전기, 기계 산업 태동으로 섬유, 인쇄, 기계 등 기술자 및 기능공이 주도한 시대 • 공업화 • 교통수단의 진화	• 전차운전기사 • 버스안내양 • 인쇄원, 타자원 • 화부※, 마부, 나룻배 조립원, 항법사
1970~ 1989년	• 반도체, 로봇 등 신산업 태동 • 반도체와 관련된 40여 개의 직업이 직업사전에 등재됨 • 환경과 에너지 산업 태동	• 엔지니어, 건설 관련 기술자, 자동차 및 전자산업 관련 종사자 • 반도체 관련 기술자와 반도체 생산직 • 환경공학기술자 • 석탄 이외의 석유, 가스, 원자력, 핵융합 등 대체에너지 개발 관련직

| 1990~ 2010년 | • 산업구조가 선진국형으로 변화함
• 인터넷의 등장을 통한 기술혁명
• 정보통신 및 디지털 혁명
• 산업에 정보통신기술의 접목 확산
• 에너지산업의 진화 | • 도매 및 소매업, 운수업, 관광업, 의료업, 금융업, 광고업, 영화산업, 방송통신 산업 관련 직종
• 반도체 연구원, 반도체 기술자, 반도체 가공원, 웨이퍼 제조원 등 반도체 관련 직종 세분
• 사무 종사자
• 쇼핑호스트, 쇼핑몰마스터, 전자상거래사
• 웹마스터, 웹디자이너, 인터넷방송 기획자, 검색전문가
• 앱개발자, 모바일디자이너, 멀티미디어연구원, 위성방송상품개발원, 무선인터넷서비스기획원
• 프로게이머, 게임프로그래머, 게임시나리오작가, 게임해설가, 게임상담사, 게임지도사, 게임치료전문가, 게임중독예방강사
• 웹툰작가
• e-learning 전문가
• 대체에너지 연구 |

* 기관(汽罐)이나 난로 따위에 불을 때거나 조절하는 일을 맡은 사람(표준국어대사전)
출처: 김중진(2017).

있다. 즉, 직업을 통해 해당 시대의 기술 발전 정도와 문화적 특징, 경제적 상태 등을 가늠할 수 있는 것이다.

그렇다면 현재의 시점과 2040년대에는 어떠한 직업군이 자리를 차지할 것인가? 현재 시점에 대한 분석자료는 일정한 시간이 지나야 정리·분석될 수 있기 때문에 지금 바로 답을 찾을 수는 없을 것이다. 다만, 이후 제시되는 일자리 특성, 유망직업에 대한 정보를 통해 그 답을 예상해 볼 수 있을 것이다.

한국과학기술기획평가원(2019)에서 발간한 「미래이슈보고서」에서는 2015년에 발간되었던 「미래이슈보고서」의 주요 이슈에 대해 중요도를 평가하고 새로운 시점의 어젠다를 분석하였다. 〈표 5-2〉의 내용은 조사 시점을 기준으로 '10년 후의 이슈를 예측해 본다면 중요한 이슈가 무엇인가?'에 대한 자료 분석 결과이다. 2015년과 2019년의 결과에서 공통적으로 부각된 주제는 저출산과 초고령화, 저성장과 성장전략 전환, 고용불안, 기후변화, 불평등·양극화 등이다. 바로 지금 우리가 마주하고 있는 주제들이라 할 수 있다. 이러한 의견에 동의하는가? 자신이 생각하는 중요한 이슈는 무엇인가? 다음으로, 두 조사 시점에서 차이가 나는 요인 또는 시간이 지남에

| 표 5-2 | 10년 후 중요한 10대 이슈 비교 |

2015년에 조사된 10년 후 중요한 이슈	2019년에 조사된 10년 후 중요한 이슈
1. 저출산과 초고령화 사회	1. 저출산·초고령화
2. 불평등 문제	2. 격차 심화로 인한 사회 불안정
3. 미래세대 삶의 불안정성	3. 저성장과 성장 전략 전환
4. 고용불안	4. 남북관계 변화
5. 국가 간 환경 영향 증대	5. 고용불안
6. 사이버범죄	6. 기후변화 적응 실패
7. 에너지 및 자원 고갈	7. 제조혁명
8. 북한과 안보/통일 문제	8. 건강수명 증대
9. 기후변화 및 자연재해	9. 자연재난
10. 저성장과 성장 전략 전환	10. 산업구조의 양극화

출처: 한국과학기술기획평가원(2019).

따라 2019년에 더 부각된 내용을 살펴보면 격차 심화, 양극화라는 키워드로 사회 구성원이 양적·질적으로 서로 다름을 경험하는 흐름, 불안정, 적응실패, 재난과 같은 핵심어를 발견할 수 있다. 즉, 기술의 변화로 사람들의 생활이 더 편리해지고 속도가 빨라지지만 또 다른 한편으로 불일치와 양극화, 재난과 같은 어려움이 공존하는 시대의 변화를 반영하고 있다. 만약 이러한 이슈에 대응하기 위해 특정 직업인들이 필요하다는 관점을 고려한다면, 미래에 필요한 전문인력의 수요도 어느 정도 예측 가능할 것이다.

2) 사회 변화의 동인

새롭게 생겨나는 직업, 미래이슈의 흐름, 사회 변화를 이끄는 주요한 변화의 동인은 무엇인지 생각해 보자. 변화의 주제를 파악하는 것과 함께 변화를 이끌어 가는 주요한 원인을 파악하는 것은 사회 변화의 큰 틀을 이해하는 핵심적인 논의가 될 것이다. 변화, 즉 움직임의 원인인 동인(動人)에 대한 논의 중 STEEP(Society, Technology, Economics, Environment, Politics)의 틀에 대해 생각해 보자.

표 5-3 사회 변화의 동인

핵심 동인(STEEP)	예시
사회적 동인 (Social)	인구 증가, 고령화, 도시화, 여성의 경제참여 증가, 가치관의 변화
기술적 동인 (Technical)	사물인터넷, 인공지능, 빅데이터, 가상현실, 3D 프린팅, 드론, 생명과학, 정보 보안, 응용SW, 로봇공학 등의 기술 발달
경제적 동인 (Economic)	글로벌 GDP, 저축률, 국가 간 삶의 질 격차, 정보기술과 통신의 발달 및 공유경제의 성장
생태·환경적 동인 (Ecological)	기후변화 시나리오 개발, 환경변화에 대한 부문별 적응 대책 마련, 국제 협력 및 홍보 등의 대책 수립 지원
정치적 동인 (Political)	중국과 인도의 성장, 불안정한 동북아 정세, 국내 정치구조의 변화

출처: 김영빈 외(2017)에서 재정리.

(1) 사회적 변화 요인

사회적 변화 요인은 인구구조의 변화, 도시화, 사회활동을 하는 인구 비율의 변화, 사람들의 인식 변화 등의 요인들과 관련되어 있다. 예를 들어, 출산율의 감소와 고령화의 상황 그 자체 그리고 그로 인한 생산가능인구의 감소와 고령층을 대상으로 한 신산업의 필요성을 생각할 수 있다. 또한 여성의 경제활동 증가와 사람들의 소비패턴의 변화 역시 사회적 변화를 촉진하고 이로 인한 직업세계의 변화를 야기하는 요인이다.

(2) 기술적 변화 요인

기술의 변화는 사회를 극적으로 변화시킬 수 있다. 특히 4차 산업혁명의 대표 키워드로 언급되는 AI, 빅데이터, 사물인터넷 등의 내용은 실제 사회 및 직업의 구조를 변화시키는 데 큰 영향을 미친다. 한국고용정보원에서 발간한 『4차 산업혁명 시대 내 직업 찾기』(김동규, 이은수, 2019)에서는 다음과 같은 8개의 변화 흐름을 설명하고 있다.

- 기계와 인간이 더 비슷해진다.
- 정형화된 업무는 기계와 로봇으로 빠르게 대체된다.
- 직업의 등장과 소멸이 더욱 빨라진다.
- 로봇과 협력. 디지털 지식의 활용이 중요해진다.
- 디지털 기술을 잘 활용하는 사람이 성공한다.
- 아이디어가 더욱 쉽게 사업화된다.
- 사람 한 명 한 명의 가치와 역할이 더욱 커진다.
- 평생직장. 평생직업의 시대에서 평생학습의 시대로 변화해 간다.

(3) 경제적 변화 요인

세계경제의 변화 흐름이 직업세계의 변화를 야기하는 동인이 된다는 것은 자명한 사실이다. 대외경제정책연구원(KIEP)에서는 주기적으로 세계 경제의 흐름에 대한 보고서를 발간하고 있는데, 그중 2019년 11월 11일에 발간한 『2020년 세계경제 전망』에서는 다음과 같은 주요 분석 내용을 제시한 바 있다.

- 2020년 세계경제는 신흥국을 중심으로 완만한 회복세를 보이면서 2019년 전망치 대비 0.3%p 높은 3.2%의 성장률(PPP환율 기준) 전망
- 주요 선진국은 2019년에 이어서 성장률 둔화 추세를 이어 갈 전망
- 중국은 2019년 대비 성장세가 다소 둔화되는 반면. 대부분의 주요 신흥국들은 2019년 대비 비슷하거나 높은 성장세를 기록할 전망
- 경기둔화에 대응하여 각국은 완화적 통화정책과 확장적 재정정책을 통한 경기부양을 추진하고 있으나. 대내외 갈등으로 인해 확장적 거시정책의 지속적 이행 여부는 불확실하며 효과도 제한적일 가능성이 있음

출처: 대외경제정책연구원(2019).

이와 같은 경제적 이슈는 앞서 살펴본 기술적 변화에 비해 변화의 흐름을 안정적으로 예견하기 어려울 수 있다. 따라서 지속적인 관심을 두고 흐름을 살펴보아야 한다.

(4) 생태환경적 변화 요인

사람이 살아가는 환경은 인간의 생존을 좌우한다는 면에서 중요한 요인이다. 최근 들어 더욱 자주 논의되는 미세먼지, 지구온난화, 해수면 상승, 자연재해, 기상이변의 문제들은 인간에게 큰 위험요인이 된다. 세계 각국이 기후변화에 대한 협의체를 만들고 주요 의제로 기후의 문제를 언급하는 것은 이러한 중요성에 따른 것이다. IPCC(Intergovernmental Panel on Climate Change)의 기후변화에 관한 정부 간 협의체에서 제시한 5차 평가 보고서의 주요 내용은 〈표 5-4〉와 같다.

표 5-4 IPCC 기후변화에 관한 정부 간 협의체 5차 평가 보고서

이슈	내용
관측된 기후변화 및 원인	최근 온실가스의 인위적 방출은 역사상 최고 수준이며, 인간과 자연체계에 광범위한 영향을 미치고 있음
미래 기후변화의 위험 및 영향	온실가스의 계속된 배출로 가중된 온난화는 기후체계의 모든 요소와 사람 및 생태체계에 되돌릴 수 없는 혹독한 영향을 증가시킴
적응 및 완화	다가오는 수십 년 동안의 실제적인 배출 감소는 21세기 전후 기후 위험 요인을 감소시킬 수 있음
수준 높은 적응 및 완화 방안	효과적인 실행은 모든 수준의 정책 및 협력에 달려 있으며, 다른 사회목표와 적응 및 완화를 연계하는 통합된 반응을 통해서 고양됨

출처: 김영빈 외(2017)에서 재구성.

이러한 환경 변화의 이슈는 여러분에게 어느 정도로 체감되는가? 생태환경적 변화 요인은 자신의 직업세계뿐 아니라 개인의 삶에도 중대한 영향을 미치는 것임을 인식한다면 이산화탄소 및 온실가스 배출을 줄이려는 개인의 작은 노력을 지금 바로 시작할 수 있을 것이다.

(5) 정치적 변화 요인

국제사회의 정치적 변화는 우리 사회에 큰 영향을 미치고 있다. 북한과 미국, 중국과 미국의 관계뿐만 아니라 우리나라와 주변국 사이의 관계 특성이 직업세계에 변화를 야기하고 있다. 특히 국내에서 주요한 정치적 요인이 되는 남북관계와 관련하여 최현규(2019)의 연구에서 제안된 남북교류협력에 대한 내용은 〈표 5-5〉와 같다.

표 5-5 **남북교류협력 진입 단계 구분**

구분	단기	중기	장기
정의	남북교류협력 활성화 이전 현상 유지 단계	남북교류협력 활성화 및 심화 단계	남북교류협력 고도화 및 통합 직전 단계
설명	• 대북제재조치 해제 단계 • 5 · 24조치 해제 • 북한의 국제사회와의 신뢰 재구축	• 북한의 국제사회와의 교류 협력 활성화 단계 • 경제적 제약 조건 다수 제거 단계	• 대규모 투자 및 남북한 산업과학기술의 분업구조 구축 단계

출처: 최현규(2019).

전 세계에서 유일하게 남아 있는 분단국가로서 남한과 북한의 관계 정립, 그리고 북한과 세계 여러 나라의 관계 맥락에 영향을 받을 수밖에 없는 국내의 정치적 특징을 이해하고, 이러한 정치적 이슈를 나의 삶과 연결시켜 생각해 보려는 노력 또한 미래사회의 주요 구성원이 될 청년들에게 꼭 필요한 과제이다.

2. 미래의 직업과 진로

유망하다는 것은 '성공할 가능성이 높은 또는 희망이 넘치는'이라는 뜻이다. 이 절에서는 유망직업의 선정 기준, 미래이슈, 유망직업으로 논의되는 구체적인 직업명을 확인하는 과정을 통해 미래의 직업세계에 한 걸음 더 다가서고자 한다.

1) 유망직업의 기준

사람들은 다가올 미래에 유망한 직업에 대해 관심이 있다. 하지만 유망직업을 생각하는 기준은 사람마다 다르다. 〈표 5-6〉에 제시되는 내용처럼 각 연구자에 따라 유망함의 기준을 이야기하기도 하며, 각 직업인 개인의 관점에서도 다른 기준이 적용될 수 있기 때문이다. 그럼에도 불구하고 일반적으로 논의되는 유망직업의 조건을 살펴보면 사람들의 일반적인 평가 기준을 가늠해 볼 수 있다. 〈표 5-6〉에서 여러 사례를 정리하는 기준으로 사용한 '임금(소득)' '고용'이 대표적이다. 즉, 유망성에 대한 평가가 개인마다 다를 수 있지만, 미래의 직업가치를 객관적으로 평가하여

구분 기준	임금(소득)	고용	기타
이정표, 권혁규(1999)	고소득 보장	• 취업기회 • 직업안정성	• 전문지식과 기술 활용 • 개인적 만족 충족
오은진 외(2006)	임금	• 고용규모	• 숙련 수요 • 직업의 사회적 위상
한상근 외(2006)	보상	• 고용전망 • 고용안정 • 고용평등	• 발전 가능성 • 근무여건 • 직업 전문성

표 5-6 유망직업의 기준

출처: 한지영(2012).

비교 · 분석할 수 있는 기준으로서 많은 사람에게 쉽게 이해될 수 있는 수치를 사용하고 있다. 『4차 산업혁명 시대 내 직업 찾기』(김동규, 이은수, 2019)에 제시된 유망직업의 선정 기준은 8가지로, 고용전망, 고용안정, 고용평등, 보상, 근무여건, 직업 전문성과 발전 가능성, 사회기여, 적성과 흥미이다. 또한 한지영(2012)은 유망직업을 대체로 향후 성장 가능성이 높은 직업, 소득이 많은 직업, 수요가 많은 직업이라고 제시하기도 하였다. 이러한 다양한 기준 중에서 공통적으로 언급되는 몇 가지 기준에 대해 살펴보고자 한다.

(1) 고용전망

고용전망은 실제적인 취업의 기회와 관련된 것으로, 향후 일자리 수요가 많은 일인가에 관한 기준이다. 한국고용정보원에서 발간하는 한국직업전망은 국내 일자리 정보를 고려한 전망을 제시하고 있다.

[그림 5-1]에서 나타난 바와 같이 직업전망에서 유망함의 평가는 일자리를 고려한 것이다. 즉, 직업에 대한 수요와 공급을 고려할 때 앞으로 수요가 증가할 것이라 예상되는 일을 유망하다고 평가한다. [그림 5-1]에서 살펴본 직업상담사 및 취업알선원의 경우 출산율, 고령화 비율, 인구구조의 다양성 증가, 진로상담 중요성 증가와 연관되어 '다소 증가'라고 예견되었다.

직업상담사 및 취업알선원

직업상담사는 구직자나 미취업자에게 적절한 직업정보를 제공하고, 경력 설계, 직업 선택, 구직활동 등에 대한 전문적인 도움을 준다. 또 직업 전환, 직업 적응, 실업 및 은퇴 등의 과정에서 발생하는 다양한 문제에 대해 적절히 대처할 수 있도록 정보를 제공하고, 전문적인 상담을 수행한다. 취업알선원은 구직자에게 알맞은 일자리 정보를 제공하고, 구인을 희망하는 업체에는 적절한 인력을 공급해 준다.

일자리 전망

[향후 10년간 취업자 수 전망]   (연평균 증감률 %)

감소	다소 감소	현 상태 유지	다소 증가	증가
-2% 미만	-2% 이상 -1% 이하	-1% 초과 + 1% 미만	1% 이상 2% 이하	2% 초과

향후 10년간 직업상담사 및 취업알선원의 고용은 다소 증가할 것으로 전망된다.

「2016-2026 중장기 인력수급전망」, (한국고용정보원, 2017)에 따르면, 직업상담사 및 취업알선원은 2016년 약 30.8천 명에서 2026년 약 37.5천 명으로 향후 10년간 6.6천 명(연평균 2.0%)정도 증가할 것으로 전망된다.

전망요인	증가요인	감소요인
인구구조 및 노동인구 변화	• 베이비부머, 외국이민여성 등 다양성 증가	
가치관과 라이프스타일 변화	• 진로상담 중요성 인식	
국내외 경기	• 산업구조조정, 산업구조 변화 등에 따른 이·전직 수요 증가	
과학기술 발전		• 인공지능 기반 취업알선 시스템 개발
기업의 경영전략 변화	• 채용문화 변경	
법·제도 및 정부정책	• 공공고용서비스 확대	

종합하면, 인구구조의 다양성 증가, 진로상담 중요성 인식 등의 영향에 따라 향후 10년간 직업상담사 및 취업알선원 취업자 수는 다소 증가할 것으로 전망된다.

[그림 5-1] 2019 한국직업전망 중 직업상담사 및 취업알선원

출처: 박가열 외(2018).

(2) 임금

유망한 직업의 기준 중 두 번째로 임금(소득)을 들 수 있다. 자신이 하고 있는 일의 가치가 임금으로 환원되는 자본주의 사회에서 자신이 받는 임금을 통해 그 직업의 가치와 전망을 평가하는 것은 당연한 일이다.

(3) 전문성

유망성의 기준 중에서 전문성은 해당 영역이 전문적인 기술을 요구하는가, 숙련도의 관점이 중요한가, 지속적으로 발전할 수 있는가 등의 전문적 역량 강화의 문제와 연결되어 있다. 고용의 불안정성이 높아지고 평생직장의 개념이 사라질수록 각 개인의 전문성은 더욱 중요해지고 있다. 또한 한 영역에서 전문가가 되어 가는 과정은 장기적인 노력을 요하는 것으로서, 결국 각 직업이 개인의 흥미, 적성과 적합도가 높아야 스스로 평생 발달해 나갈 수 있다는 면에서 자기이해의 측면과 깊이 연결되어 있다.

2) 미래이슈

미래의 직업에 대해 예견하려면 미래 사회의 주요 이슈들에 대해 파악하는 과정이 필요하다. 한국과학기술기획평가원(KISTEP)은 2015년, 2019년 발간한 「미래이슈 보고서」를 통해 28가지의 미래이슈를 제시하였다. 이러한 미래이슈의 내용에는 앞서 살펴본 STEEP의 동인들이 모두 반영되어 있음을 알 수 있다. 〈표 5-7〉에 제시되는 28가지 이슈를 살펴보며 자신이 생각하는 중요도를 상-중-하로 평가해 보자.

표 5-7　**미래이슈 28가지**

연번	이슈	주요 내용	중요도 (상-중-하)
1	저성장과 성장 전략 전환	고질적인 불황, 성장 둔화, 국가의 경제성장을 국가발전의 최우선 가치라고 생각하는 가치 약화, 환경 및 사회적 가치를 동시에 고려한 성장, 포용성장 등	
2	초연결사회의 디지털 경제	사람, 프로세스, 데이터, 사물 등이 네트워크로 연결되며, 국경을 초월하는 플랫폼이 형성되어 기술기반 유통 시스템이 구축됨(플랫폼 경제, 공유경제 등)	

연번	이슈	주요 내용	중요도 (상-중-하)
3	산업구조의 양극화	대·중소기업 격차 확대와 이와 관련된 사회적 갈등, 이권의 고착화와 신생기업의 성장저해 등	
4	제조혁명 (인더스트리 4.0)	디지털 신기술에 의한 제조방식의 변화, 4차 산업혁명, 제조업의 서비스화, 3D 프린팅 등을 활용한 개인화된 제조업 등	
5	고용불안	양질의 정규직 일자리 부족, 영세 자영업 과잉, 낮은 고용안전성, 청년실업 악화 등	
6	에너지 가격 쇼크	에너지 가격의 극단적인 상승이나 하락으로 에너지 의존이 심한 산업 및 소비자에게 경제적 압력을 가함	
7	관리 불가능한 인플레이션	경제를 구성하는 주요 상품 및 서비스의 원가상승을 통제하기 어려워, 산업경쟁력은 하락하고 물가는 불안정해짐	
8	저출산· 초고령화	1인 가구의 증가, 결혼관의 변화, 부양-양육 부담 증가와 개념의 변화, 독거노인 증가, 인구구조 변화에 따른 생산인구 감소, 복지지출 증가, 건강에 대한 관심 증대, 경제성장 둔화, 도시 축소 등 사회의 지속 가능성에 대한 도전	
9	삶의 질을 중시하는 라이프스타일	일-삶 균형, 작지만 확실한 행복 추구, 웰빙문화 확산, 소비의 다양성 증가 등	
10	격차 심화로 인한 사회 불안정	소득양극화 심화, 정치적 불평등 고착, 계층 간 이동성 저하, 사회적 불공정성 및 갈등구조의 확대, 청년세대의 부담(경쟁적 교육, 일자리나 주거 등 경제적 문제) 가중, 노년빈곤층 증가 등	
11	젠더이슈 심화	남녀의 사회적 조건·지위·권리·의무가 동일하지 않아 발생하는 문제, 미투운동, 여성혐오, 남성혐오 등	
12	사이버 범죄	지능화된 피싱·스미싱, 디지털 저작권 침해, 개인정보 유출, 사이버 명예훼손, 전자상거래 사기, 불법사이트 개설, 암호화폐 거래소를 활용한 사기 등	
13	건강수명 증대	개인맞춤형 예방의료 구현, 난치병 치료제 개발, 인공장기 이식, 유전자 조작 등 기술의 발전, 개선된 미래의료시스템 등으로 젊고 건강한 상태로 살 수 있는 시간이 획기적으로 증대	
14	식품안전성	살충제계란 파동, 유전자변형식품(GMO), 유해 미생물 및 환경물질 오염, 광우병의 원인인 프리온, 조류독감 등 질병 전염 공포, 수입 농축산물 증대 등으로 인한 먹거리 안전성 이슈의 증가 등	
15	주변국과 지정학적 갈등	일본의 우경화(평화헌법 개정, 위안부 등 과거사 문제, 독도 영유권 주장), 세계 패권국으로 중국의 부상(중국몽, 동북공정, 일대일로, 대중 경제의존 심화, 사드 갈등) 등	

연번	이슈	주요 내용	중요도 (상-중-하)
16	남북관계 변화	남북 간 긴장완화를 위한 노력, 비핵화 등 대량살상무기 감축, 판문점 선언과 북미회담 등 변화무쌍한 남북관계로 야기되는 영향들	
17	글로벌/지역 거버넌스 불확실성 증가	경제블록화 등 국제질서의 다극화, 환경이슈에서의 상호의존성 증대로 글로벌 거버넌스/파트너십 확대, 브렉시트/미·중 간 무역전쟁 등 자국 중심주의, 민족주의, 자결주의 확산 등	
18	디지털 민주주의	촛불혁명과 재스민 혁명과 같은 시민참여에 의한 거버넌스 변화, 디지털 기술의 도움을 받은 직접 민주주의, 전자정부 구현에 의한 행정 서비스 개선 등	
19	다문화 확산에 의한 갈등	국내 이민자 증가, 다문화 가정 증가, 난민수용(예멘 난민 등)으로 인한 갈등, 외국인 차별, 이민족-이문화 갈등, 종교 갈등(이슬람 혐오) 등	
20	테러로 인한 피해 발생	정치적/종교적/사상적 목표를 갖는 개인 혹은 단체가 인적/물적 피해를 입히는 행위, 사이버 테러, 묻지마 테러(여성혐오에 의한 강남역 살인사건, 숭례문 방화 등), 특정인 암살, 국제적인 테러 단체의 국내활동 등	
21	대량살상무기	전쟁이나 테러의 목적으로 핵무기나 화생방 무기의 파괴력을 강화시키는 것, 화생방 무기, 미사일 등	
22	사회재난	감염병 대규모 유행(신종플루, 메르스 등), 각종 사고(원유유출 사고, 화학사고, 화재, 폭발, 건물 붕괴 등), 기반시설(원전, 에너지, 정보통신, 교통수송, 보건의료 등) 파괴, 자연재난을 제외하고 인위적인 원인에 의해 발생하는 다양한 피해	
23	기후변화 적응 실패	이상기후 현상의 지속, 태풍, 홍수, 가뭄 등의 이상 기상현상 증가, 온실가스 감축을 위한 국제 협력 및 압력 강화, 동식물 등 생태적 환경 변화 등	
24	국가 간 환경영향 증대	주변국 산업화 지속에 따른 미세먼지, 황사 등 대기오염 물질의 유입 증가, 중국의 원자력발전소 건설 증가에 따른 환경 우려, 서해의 오염도 심화, 해양 유류유출 사고가 주변국에 미치는 파장 등	
25	자연재난	태풍, 홍수, 가뭄 등의 기상이변에 의한 피해, 경주 지진 등 지진 발생 빈도 및 규모 증가로 발생한 피해 등	
26	자원순환 패러다임 확산	플라스틱 및 비닐 등 세계적인 재활용쓰레기 대란, 중국, 인도 등 개발도상국의 급속한 산업화에 따른 자원 수요 증대로 에너지 자원의 공급 불안정, 환경오염으로 식수 부족, 환경유해물질 배출 증가 등	

연번	이슈	주요 내용	중요도 (상-중-하)
27	도시계획 실패로 인한 슬럼화	인구구조 변화와 도시인프라 등의 노후화로 오염되고 열악한 생활환경이 심화되는 현상	
28	생물다양성의 위기와 생태계 파괴	인간의 개입(생물서식지 개발, 인류의 폐기물 등) 및 기후변화로 인한 동식물 서식환경의 급속한 변화, 이로 인한 멸종 동식물 증가 및 야생동물 급감, 생태계 교란, 종자 다양성 감소 등	

출처: 한국과학기술기획평가원(2019).

〈표 5-7〉에 제시된 이슈들에 대한 우선순위를 평가해 보자. 그리고 자신이 생각하는 주요 이슈 5가지를 선정해 보자. 2019년 「미래이슈보고서」에서의 중요도 분석 결과로 나타난 5가지의 주요 이슈 목록은 다음과 같다. 보고서의 분석 결과로 나타난 목록과 여러분의 생각을 비교해 보자.

2019 「미래이슈보고서」의 주요 이슈 5가지	자신이 생각하는 주요 이슈 5가지
1. 저출산·초고령화	1.
2. 격차 심화로 인한 사회 불안정	2.
3. 저성장과 성장 전략 전환	3.
4. 남북관계 변화	4.
5. 고용불안	5.

3) 유망직업

유망직업의 기준, 미래이슈 등의 내용을 염두에 두고 직업에서의 구체적인 변화를 살펴보고자 한다. 유망직업에 대한 정보는 크게 국내, 해외로 구분하여 살펴보고, 실제 유망직업으로 논의되는 직업 중에서 대표적인 사례를 살펴보겠다.

(1) 국내 직업전망
향후 10년간 일자리 전망이 밝은 직업의 키워드는 다음과 같다.

보건 · 의료 · 생명과학, 법률, 사회복지, 산업안전, 항공, 컴퓨터 네트워크 · 정보보안 직업

출처: 박가열 외(2018).

　우리는 밝은 미래를 원한다. 내가 수행할 직업도 역시 전망이 밝기를 기대한다. 우리가 미래를 알 수 없지만, 몇 가지 연구된 자료를 통해 미래에 대한 아이디어를 찾아볼 수 있다. 먼저, 한국고용정보원에서 발간하는 『한국직업전망』을 살펴보자. 이 자료는 1999년부터 격년으로 발간되고 있는 우리나라 대표 직업정보서로서, 워크넷에서 해당 자료를 열람할 수 있다. 이러한 자료가 완성되기까지 고용정보원의 '2016~2026 중장기 인력수급전망'과 각 전문가의 의견을 수렴하여 종합한 정성적 조사 과정을 거쳤다(박가열 외, 2018). 해당 연구결과로 나타난 직업의 변동 내용은 〈표 5-8〉과 같다.

표 5-8 향후 10년간 취업자 수 증가 직업 및 증가 요인

연번	분야	직업명	증가 요인
1	보건 · 의료 · 생명과학	간병인	개인 중심에서 국가지원 중심으로의 돌봄 환경의 변화, 치매 및 요양시설 증가
2		간호사	건강관리 및 의료비용 지출 투자, 간호사의 활동 분야 확대, 간호 · 간병통합서비스
3		간호조무사	고령인구 증가, 간호조무사의 활동 분야 확대
4		물리 및 직업치료사	고령인구 증가, 보험시장 확대로 인한 의료서비스 증가
5		생명과학 연구원	고령화, 식품 및 보건 연구 활성화, 생명과학 기술 발전 및 사업화 진전, 기업의 생명과학 투자 증가, 바이오에너지 및 생물 다양성 연구 활성화, 법제도 및 정부정책 요인(제3차 생명공학 육성기본계획, 과학기술 기반 바이오경제 연구 활성화)
6		수의사	반려동물 문화 확대, 글로벌화에 따른 검역업무 증가, 생태계 보존 필요성 증가
7		의사	고령인구 증가, 건강에 대한 관심 증가
8		치과의사	고령인구 증가, 건강보험 적용 확대(고령자 임플란트)
9		한의사	고령인구 증가, 한의학 접목 산업 확대 및 의료기술 수출, 건강보험 적용범위 확대

10	법률	변리사	기술발전에 따른 특허 건수 확대, 지적재산권의 중요도 상승
11		변호사	법률서비스 수요 증가세로 인한 고용 증가
12	사회복지	사회복지사	고령인구 증가, 기업의 사회적 책임 강조(사회공헌 및 복지 전담 인력 수요 증가), 복지정책 강화 등
13	산업안전	산업안전 및 위험관리원	근로자 및 국민의 산업안전보건에 대한 인식 증가와 정부의 안전에 대한 규제 강화
14	항공	항공기 조종사	여행 수요 증가, 취항 노선 확대, 화물 수송 증가, 정부의 항공운송사업 신규면허 발급 예정, 선(先) 선발 후(後) 교육제도 도입 등
15		항공기 객실승무원	여가에 대한 관심 증가, 저비용 항공사의 신규노선 취항 증가
16	컴퓨터 네트워크·보안	네트워크 시스템 개발자	IT와 타 산업의 융합, 인공지능 빅데이터에 기반한 초연결사회로의 전환 등으로 신규 직종이 많이 발생
17		컴퓨터 보안 전문가	꾸준한 성장세인 산업계 동향과 인력수급전망 고려
18	건설	한식목공	문화재 보수 예산의 증가, 한옥 신축 증가 등의 영향
19	화학·섬유·환경 및 공예	에너지공학 기술자	미세먼지 등 환경에 대한 관심 증가, 국내외 신재생에너지 강화정책 등에 따른 연구·개발·서비스 증가

출처: 한국고용정보원(2019. 4. 26.).

(2) 해외 직업전망

미국의 직업 현황을 파악할 수 있는 O*NET(https://www.onetonline.org)에서는 수년 내에 빠르게 성장하거나(rapid growth) 일자리가 많아질 급성장 직업들(numerous job openings)을 분류하여 게시하고 있다. 그중에서 급격한 성장이 예견되는 분야의 검색 결과를 살펴보면, 보험계리사[1], 침술사, 응급 돌봄 간호사, 동물 과학자, 동물 트레이너 등을 예로 들 수 있다. 또한 해당 사이트의 검색 기준 중에서 일자리 수가 많아질 직업의 예로는 간호사, 바리스타, 목수, 아이돌보미, 요리사 등을 들 수 있다(2020. 5. 15. 검색 기준).

---

1 보험회사의 전반적인 위험을 분석·평가·진단하며 보험상품 개발에 대한 인·허가 업무와 보험료 및 책임준비금 등을 산출한다.

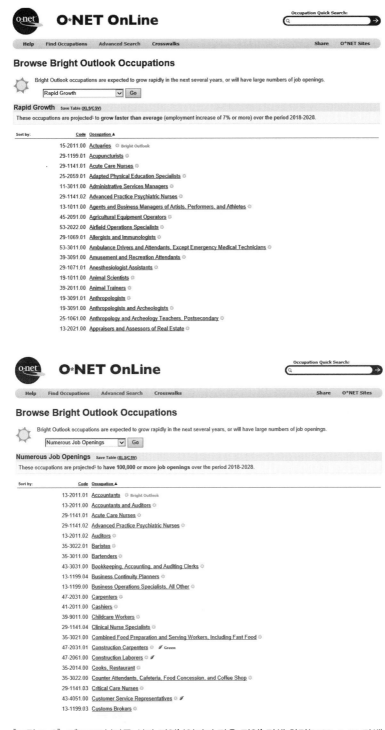

[그림 5-2] O*NET의 '빠른 성장 직업' '일자리 많은 직업' 검색 화면(2020. 5. 15. 검색)

출처: O*NET OnLine(http://www.onetonline.org).

또한 마이크로소프트 연구팀과 영국의 미래연구소가 분석한 2025년에 주목받을 직업 10개의 목록은 다음과 같다(박가열 외, 2018).

> 가상공간 디자이너(virtual habitat designer)
> 기술윤리 변호사(ethical technology advocate)
> 디지털 문화 해설가(digital cultural commentator)
> 프리랜스 바이오해커(freelance biohacker)
> 사물인터넷 데이터 분석가(IoT data creative)
> 우주 투어 가이드(space tour guide)
> 퍼스널 콘텐츠 큐레이터(personal content curator)
> 생태복원 전략가(rewilding strategist)
> 지속가능 에너지 개발자(sustainable power innovator)
> 인체 디자이너(human body designer)

이와 같은 직업의 목록이 먼 미래에 관찰 가능한 것들이라고 생각될 수 있지만, 기술의 발전 속도를 감안한다면 그렇지만은 않다. 이러한 유망직업에 제시된 키워드에 자신의 관심 분야가 있는지 살펴보자. 또는 자신의 전공과 접목할 수 있는 아이디어를 생각해 보자.

(3) 유망직업의 실제/신성장 일자리

유망직업이라 평가받는 구체적인 직업명에 대한 정보는 최근 국내에서 발간된 연구 자료를 통해 파악할 수 있다. 국내 유망직업 중 성장 가능성이 높은 구체적인 일자리 목록을 제시하면 〈표 5-9〉와 같다.

유망직업, 신성장 직업의 목록에는 앞서 살펴본 사회 변화의 흐름, 미래이슈, 유망성에 대한 여러 기준이 적용되어 있다. 물론, 많은 직업이 기술(technology) 측면을 반영하고 있다. 하지만 이러한 기본 지식을 바탕으로 자신과 연결성이 있는 직업명을 확인하고 미래 사회의 이슈를 파악하려는 노력을 해 나간다면 자신의 전공 영역에서 유망직업에 대한 새로운 관점을 만들어 갈 수 있을 것이다.

표 5-9　유망직업/국내 신성장 일자리

구분	직업명	출처
정부 육성ㆍ지원 신직업	유전체 분석가, 의료기기규제 과학전문가, 치매전문인력, 치유농업사, 냉매회수사, 실내 공기질 관리사, 동물보건사, 공인탐정, 개인정보보호 전문관리자	2019 미래를 함께할 새로운 직업(한국고용정보원, 2019)
미래형 신직업	건축/도시재생/주택관리 분야(스마트시티 전문가), 보육/교육 분야(병원 아동생활전문가), 의료/보건 분야(로봇 전문가), 첨단과학기술 분야(드론 전문가), 동물 분야(반려동물행동상담원), 안전/환경 분야(자율주행자동차개발자), 사업 서비스 분야, 개인 서비스 분야(핀테크 전문가), 인터넷/미디어/문화예술 분야(게이미피케이션 전문가), 농업/해양 분야(도시농업관리자)	
4차 산업혁명 시대의 미래 유망직업 15선	사물인터넷 전문가, 인공지능 전문가, 빅데이터 전문가, 가상현실/증강현실 전문가, 생명과학 연구원, 정보보호 전문가, 로봇공학자, 자율주행차 전문가, 스마트팜 전문가, 환경공학자, 스마트 헬스케어 전문가, 3D프린팅 전문가, 드론 전문가, 소프트웨어 개발자, 신ㆍ재생에너지 전문가	4차 산업혁명 시대 내 직업 찾기(김동규, 이은수, 2019)
2020 청년층 혁신성장 직업	스마트팜컨설턴트, 스마트팜구축가, 생명과학연구원, 스마트 헬스케어 전문가, 도시계획가 및 교통 전문가, 컴퓨터보안 전문가, 에너지공학기술자, 신재생에너지 전문가, 드론 전문가, 드론콘텐츠 전문가, 신소재개발 전문가, 무인자동차엔지니어, 컴퓨터시스템 설계 및 분석가, 시스템소프트웨어 개발자, 소프트웨어 개발자, 정보보안 전문가	2020 청년층 혁신성장 직업전망(박가열 외, 2019)

3. 미래의 인재상

인재상(人材像)이란 인재로서 갖추어야 할 모습을 나타내는 말이다. 좋은 인재를 찾아 활용하려는 노력에 따라 고등교육기관, 대기업, 공공기관 등의 각 조직은 조직 특성에 적합한 인재상을 강조하고 있다. 이 절에서는 현대가 요구하는 인재상의 특징을 가늠해 볼 수 있는 자료들을 살펴보고, 인재가 갖추어야 할 핵심역량에 대해 살펴보고자 한다.

1) 인재상

세계 30대 글로벌기업의 인재상을 분석한 박가열 등(2018)의 자료에는 2030년까지 생존·번영할 것으로 예상되는 상위 30대 글로벌 기업이 원하는 인재상이 제시되어 있다. 그중에서 일부 기업은 다음과 같은 인재상을 제시하고 있다.

1위 BP그룹(영국): 에너지 기업답게 기후변화와 환경변화에 관심 있는 인재를 1순위로 제시하고 있다. 인재상의 핵심문구에는 최고라는 자부심, 실험정신, 발명정신이 포함되어 있다.
공동 2위 Barclays(영국): 금융기업이지만 인재상의 핵심문구를 통해 공감력, 호기심, 학습력, 협력, 전체 조망력, 예측력을 갖춘 인재를 원한다는 것을 짐작할 수 있다.
공동 2위 Honeywell International(미국): 미래를 초연결사회로 가정하고 미래에 새로운 사업 아이디어를 상상하고 새로운 산업을 일굴 능력을 갖춘 인재를 찾는다.
4위 Apple(미국): "호기심(the kind of wonder)이 새로운 산업을 일구어 낸다." "우리는 완벽주의자이자 이상가, 발명가"이다. 우리가 원하는 인재상은 "스마트하고 독창적인 생각을 해내며 열심히 일하는 이들"이다.

이러한 기업의 인재상을 살펴보면 해당 기업의 주요 사업 영역에 따라 특정적인 인재상을 설명하기도 하지만, 영역과 상관없이 한 개인이 갖추어야 할 공통적인 역량을 중심으로 인재상을 설명한 것을 볼 수 있다.

이러한 맥락과 동일하게 구인구직 매칭플랫폼의 한 가지 예에 해당하는 '사람인'이 국내 334개 기업을 대상으로 '채용 시에 가장 중요하게 생각하는 인재상' 키워드를 조사한 결과를 살펴보면 책임감, 성실성, 전문성, 협력/팀워크, 정직과 신뢰, 열정, 소통의 7가지가 차례로 높은 순위로 나타났다([그림 5-3] 참조). 이러한 우선순위를 이전의 분석 결과와 비교했을 때, 2019년에는 성실성이 1위였고, 2020년에는 책임감이 1위로 나타난 차이가 있으며 주요 키워드의 구성이 유사하다. 앞서 사회의 변화와 미래이슈, 유망직업에 대한 다양한 논의는 우리에게 이슈에 맞는 전문성과 함께 특수하고 미래지향적인 역량을 가져야 할 것 같은 부담을 줄 수 있다. 하지만 실제 기업 현장에서 논의되는 미래의 인재상은 결국 오래전부터 중요한 덕목으로 평가되었던 내용과 대동소이하다. 즉, 성실성, 책임감을 갖춘 인재는 사회와 직업이 급

[그림 5-3] 채용 시 가장 중요하게 보는 인재상 키워드는…… 책임감 1위
출처: 뉴시스(2020. 2. 10.).

변하는 환경에서도 늘 중요한 우선순위를 차지하고 있다.

2) 핵심역량

역량(力量)이란 어떤 일을 해낼 수 있는 힘이다. 이를 영어로 표현하면 capability, competence, ability, capacity라는 말들로 나타낼 수 있다. 그중에서 핵심역량은 역량 중에서 가장 중요하고 중핵이 되는 역량이다. 여기서는 '능력'이라는 용어를 역량과 유사한 관점이라 간주하고, 미래 사회를 살아갈 개인이 갖추어야 할 역량, 기초적이고 기본적인 역량 등에 대해 생각해 보기로 한다. 먼저, 인재상에 반영되어 있는 구체적인 역량의 관점을 살펴보기 위해 국가직무능력표준(NCS)의 직업기초능력과 미래형 직업기초능력에 대해 살펴보겠다.

NCS에서는 의사소통능력, 수리능력, 문제해결능력, 자기개발능력, 자원관리능력, 대인관계능력, 정보능력, 기술능력, 조직이해능력, 직업윤리의 10가지를 직업기초능력으로 제시하고 있다. NCS가 능력중심의 채용을 위해 국가 수준에서 직무능력을 표준화하는 것을 목표로 했다는 점을 감안한다면, 이러한 10가지의 능력은 각 직업인이 갖추어야 할 가장 기초적이면서 중요한 역량이라 할 수 있다. 또한 이러한 10가지 능력

각각에 대해 하위 능력을 설명하고 하위 능력의 함양을 위한 구체적인 학습모듈을 제시하고 있다. 〈표 5-10〉에 제시된 직업기초능력 목록을 살펴보고 자신의 준비도를 스스로 평가해 보자. 나의 관심 분야에서 중요도가 높은 능력인데 나의 준비도가 낮은 편이라면, 이러한 능력을 향상할 수 있는 구체적 방안을 찾아보자.

표 5-10 **NCS 직업기초능력 목록**

구분	하위 능력	정의	준비도 (상-중-하)
의사소통 능력	문서이해능력	다른 사람이 작성한 글을 읽고 그 내용을 이해하는 능력	
	문서작성능력	자기가 뜻한 바를 글로 나타내는 능력	
	경청능력	다른 사람의 말을 듣고 그 내용을 이해하는 능력	
	의사표현능력	자기가 뜻한 바를 말로 나타내는 능력	
	기초 외국어 능력	외국어로 의사소통할 수 있는 능력	
수리능력	기초연산능력	기초적인 사칙연산과 계산을 하는 능력	
	기초통계능력	기초 수준의 백분율, 평균, 확률과 같은 통계 능력	
	도표분석능력	도표(그림, 표, 그래프 등)가 갖는 의미를 해석하는 능력	
	도표작성능력	자기가 뜻한 바를 말로 나타내는 능력	
문제 해결력	사고력	업무와 관련된 문제를 인식하고 해결함에 있어 창조적, 논리적, 비판적으로 생각하는 능력	
	문제처리능력	업무와 관련된 문제의 특성을 파악하고, 대안을 제시·적용하고 그 결과를 평가하여 피드백하는 능력	
자기개발 능력	자아인식능력	자신의 흥미, 적성, 특성 등을 이해하고, 이를 바탕으로 자신에게 필요한 것을 이해하는 능력	
	자기관리능력	업무에 필요한 자질을 지닐 수 있도록 스스로를 관리하는 능력	
	경력개발능력	끊임없는 자기개발을 위해서 동기를 갖고 학습하는 능력	
자원관리 능력	시간관리능력	업무 수행에 필요한 시간 자원이 얼마나 필요한지를 확인하고, 이용 가능한 시간 자원을 최대한 수집하여 실제 업무에 어떻게 활용할 것인지를 계획하고 할당하는 능력	
	예산관리능력	업무 수행에 필요한 자본 자원이 얼마나 필요한지를 확인하고, 이용 가능한 자본 자원을 최대한 수집하여 실제 업무에 어떻게 활용할 것인지를 계획하고 할당하는 능력	

구분	하위 능력	정의	준비도 (상-중-하)
자원관리 능력	물적자원 관리능력	업무 수행에 필요한 재료 및 시설 자원이 얼마나 필요한지를 확인하고, 이용 가능한 재료 및 시설 자원을 최대한 수집하여 실제 업무에 어떻게 활용할 것인지를 계획하고 할당하는 능력	
	인적자원 관리능력	업무 수행에 필요한 인적 자원이 얼마나 필요한지를 확인하고, 이용 가능한 인적 자원을 최대한 수집하여 실제 업무에 어떻게 활용할 것인지를 계획하고 할당하는 능력	
대인관계 능력	팀워크능력	다양한 배경을 가진 사람들과 함께 업무를 수행하는 능력	
	리더십능력	업무를 수행함에 있어 다른 사람을 이끄는 능력	
	갈등관리능력	업무를 수행함에 있어 관련된 사람들 사이에 갈등이 발생하였을 경우, 이를 원만히 조절하는 능력	
	협상능력	업무를 수행함에 있어 다른 사람과 협상하는 능력	
	고객서비스능력	고객의 요구를 만족시키는 자세로 업무를 수행하는 능력	
정보능력	컴퓨터활용능력	업무와 관련된 정보를 수집, 분석, 조직, 관리, 활용하는 데 있어 컴퓨터를 사용하는 능력	
	정보처리능력	업무와 관련된 정보를 수집하고, 이를 분석하며 의미 있는 정보를 찾아내고, 의미 있는 정보를 업무 수행에 적절하도록 조직하고, 조직된 정보를 관리하며, 업무 수행에 이러한 정보를 활용하는 능력	
기술능력	기술이해능력	업무 수행에 필요한 기술적 원리를 올바르게 이해하는 능력	
	기술선택능력	도구, 장치를 포함하여 업무 수행에 필요한 기술을 선택하는 능력	
	기술적용능력	업무 수행에 필요한 기술을 업무 수행에 실제로 적용하는 능력	
조직이해 능력	국제 감각	주어진 업무에 관한 국제적인 추세를 이해하는 능력	
	조직 체제 이해능력	업무 수행과 관련하여 조직의 체제를 올바르게 이해하는 능력	
	경영이해능력	사업이나 조직의 경영에 대해 이해하는 능력	
	업무이해능력	조직의 업무를 이해하는 능력	
직업윤리	근로 윤리	업무에 대한 존중을 바탕으로 근면하고 성실하며 정직하게 업무에 임하는 자세	
	공동체 윤리	인간 존중을 바탕으로 봉사하며, 책임 있고, 규칙을 준수하며, 예의 바른 태도로 업무에 임하는 자세	

출처: 국가직무능력표준(www.ncs.go.kr).

미래 사회를 살아갈 개인이 갖출 역량에 대한 연구 중 「4차 산업혁명 시대의 미래 직업능력 연구」(박가열, 김은석 외, 2018)에서는 디지털 문해력, 창의력 및 융복합 능력, 창업가정신, 문제해결력, 협업능력, 공감 및 소통 능력, 자기주도적 학습능력 등을 더욱 강조하고 있다.

이러한 역량에 대한 논의를 시대적 관점에 따라 구분하여 전통적으로 강조되어 온 직업기초능력과 미래의 인재가 갖출 것으로 더 기대되는 미래형 직업기초능력에 대해 생각해 보자([그림 5-4] 참조).

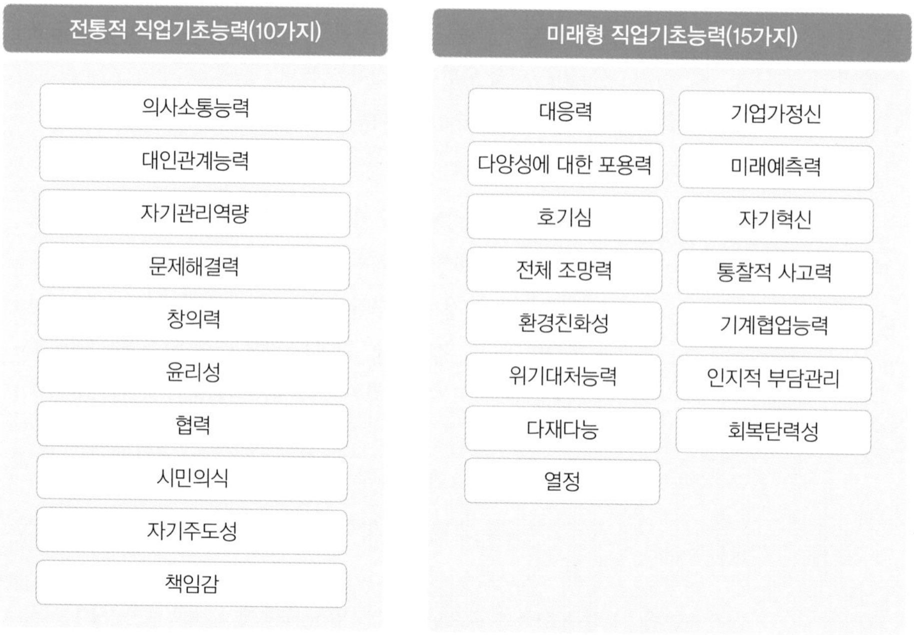

전통적 직업기초능력(10가지)	미래형 직업기초능력(15가지)	
의사소통능력	대응력	기업가정신
대인관계능력	다양성에 대한 포용력	미래예측력
자기관리역량	호기심	자기혁신
문제해결력	전체 조망력	통찰적 사고력
창의력	환경친화성	기계협업능력
윤리성	위기대처능력	인지적 부담관리
협력	다재다능	회복탄력성
시민의식	열정	
자기주도성		
책임감		

[그림 5-4] 전통적 직업기초능력과 미래형 직업기초능력

출처: 박가열, 김은석 외(2018).

미래형 직업기초능력은 글로벌 기업이 요구하는 인재상을 반영하여 작성된 것으로, 다양한 사회 환경의 변화에 대한 대응, 여러 상황을 종합하여 통합적으로 바라보는 역량 등이 중요하게 부각된다. 또한 새로운 분야에 대한 호기심, 열정, 기업가정신과 같은 내적인 특성과 현장 중심 역량의 문제 역시 중요하게 부각되었다(박가열 외, 2019). 미래형 직업기초능력 15가지의 정의를 살펴보면 〈표 5-11〉과 같다.

제6장

진로선택과 준비

✏️ 개요

이 장에서는 진로선택과 준비의 개념을 이해하고, 관련 이론들을 통해 진로선택에 영향을 미치는 요소들을 살펴보고자 한다. 다음으로, 진로준비의 개념과 행동의 하위 유형을 다루고 관련 연구들을 통해 성인들의 진로행동의 과정을 이해하고자 한다.

📖 학습목표

• 진로선택과 준비행동의 개념을 정의할 수 있다.
• 주요 이론들을 바탕으로 진로선택과 준비행동에 영향을 미치는 요인들과 과정을 이해할 수 있다.
• 성인기를 중심으로 실제 진로선택과 준비행동이 어떻게 이루어지는지를 설명할 수 있다.

1. 진로선택

1) 진로선택의 과정

우리는 살면서 지속적으로 진로를 고민하고 선택하는 과정을 거치게 되며, 직업은 개인의 삶의 양식 및 대인관계 등에 중요한 영향을 미치게 된다. 어떤 직업을 가지고 있느냐에 따라 가족 및 대인관계, 여가생활, 건강, 생활패턴, 삶의 만족도 등이 달라진다. 직업은 개인들이 가장 고민하는 생애 주제이기도 하다. 이러한 진로선택의 과정을 설명하는 것이 진로선택이론이다. 사회와 산업의 변화에 따라 진로선택 과정이 달라지고, 진로선택이론은 시대에 따라 변해 왔다. 이 절에서는 주요 진로선택이론들을 통해 진로선택 과정을 설명하고 관련 요인들을 이해하고자 한다. 이를 통해 만족스러운 진로선택을 촉진할 수 있는 변인들과 학교나 상담 현장에서 적용할 수 있는 개입방법들을 탐색할 수 있을 것이다.

2) 진로선택이론

진로이론들에 대한 구체적인 설명에 앞서 우리가 진로이론들을 알고 있어야 하는 이유들은 다음과 같다.

첫째, 이론은 현 상황을 설명하거나 해당 이론이 소개되기 시작한 시대의 상황들을 설명하고 미래를 예측하여 상담에서 적절한 개입을 할 수 있도록 돕는다.

둘째, 이론은 방대한 정보를 요약하고 일반화할 수 있도록 해 주며, 다수의 정보로 서술된 현상에 대한 이해를 돕고 그에 대한 설명을 제공해 준다.

셋째, 상담에서는 내담자들이 가져오는 복잡한 문제들, 개인차, 상담에서의 적절한 개입, 결과에 대한 예측 등을 이해할 수 있는 틀을 제공해 준다.

(1) 특성-요인 이론

진로선택이론을 시대적 흐름에 따라 살펴보면 1900년대 초 Parsons에 의해 특성-요인 이론이 설명되었고, Parsons가 설립한 보스턴 직업국을 중심으로 직업선택을 위한 3단계 접근법 등이 소개되었다. 이 시기의 진로이론은 개인의 특성과 직업의 특성을 합리적으로 매칭(matching)시켜 줄 수 있다면 개인의 직업선택에 대한 만족을 높여 줄 수 있을 것이라 가정하였다. 진로상담은 시대적인 요구와 실제적인 필요성 때문에 활성화되기 시작하였으며, 산업화 시대의 도래, 심리검사도구의 제작 및 적용 등과 맞물려 성장하기 시작하였다. 1910년은 지능검사의 개발 및 보급, 군인들을 대상으로 한 지필검사 등이 실시되었던 시기로, 심리검사를 통해 적재적소에 사람들을 배정하는 것을 목표로 검사가 활용되었다. 1920년대 중반은 경험적 시기로 적성, 능력, 흥미 등에 초점을 둔 심리검사의 개발이 활성화되었고, 1933년에는 미국 고용 서비스 설립으로 국가 차원에서 직업정보를 모으고, 능력 및 적성 측정도구, 직무지침서 등이 작성되기 시작하였다. 제2차 세계대전을 기점으로 1940년에는 검사부를 신설하여 모병들을 다양한 병과에 배치할 때 적성검사를 활용하였다. Parsons의 특성-요인 이론의 영향을 받은 Williams는 1939년에 지시적인 상담을 소개하면서 현장에서 적용 가능한 개입모델로 특성-요인 이론을 발전시켰다. 1950년대 이후에는 근대 이론들이라 할 수 있는 Ginzberg 등(1951)의 직업선택발달이론, Holland(1997)의 직업선택이론, Super(1990)의 전생애 발달이론들이 소개되었다. 1980년대 후반과 1990년대 초에 포스트모던 이론들이 소개되었으며, 포스트모던 이론에서는 진로상담이 내담자들이 처한 문화와 맥락적 상황을 좀 더 반영하고 그에 민감할 필요가 있으며, 질적이고 개인적인 과정을 포함할 필요가 있음을 주장하였다. 대표적인 포스트모더니즘 이론은 사회구성주의 진로이론이다.

이 절에서는 진로선택이론의 시초인 특성-요인 이론을 먼저 설명하고자 한다. 특성-요인 이론은 우리나라 진로상담의 활성화에도 중요한 영향을 미쳤으며, 아직까지 많은 상담자가 진로상담에서 적용하고 있는 모델이기도 하다. 특성-요인 이론을 바탕으로 한 상담에서의 개입 단계는 다음과 같다.

◉ 1단계

초기면담의 단계로, 내담자와 작업동맹을 형성하고, 내담자에 대한 정보를 습득

하는 단계이다. 필요할 경우 내담자의 특성을 이해하기 위한 심리검사를 실시할지
결정하게 된다.

⊙ 2단계

내담자의 특성을 이해하는 단계로, 검사와 내담자를 이해하기 위한 면담을 실시
하는 단계이다. 내담자의 특성은 흥미, 적성, 성격, 장점, 가치관 등 다양할 수 있으
며, 각각의 특성을 신뢰롭고 타당하게 측정할 수 있는 척도들이 개발되었다.

- 흥미: 내담자가 어떤 일을 즐겨 하는지를 의미
  - 흥미검사: Holland 진로탐색검사, Strong 흥미검사(Strong Interest Inventory)
  - 흥미는 어떤 작업이나 직업에 대해서 가지고 있는 관심, 재미, 몰입의 정도와
    관련된다.
  - Holland의 진로탐색검사: R(현실형), I(탐구형), A(예술형), S(사회형), E(기업
    형), C(관습형)
  - 내담자의 흥미 평가: 면접과 검사 결과를 활용한다.
  - 면접과 검사 결과가 불일치할 때 가족, 성장배경, 교육경험 등을 살펴볼 필요
    가 있다.
- 적성과 성취: 일을 얼마나 잘 수행할 수 있는지 혹은 수행하였는지를 의미
  - 과업을 수행할 수 있는 미래의 가능한 능력수준(Osborn & Zunker, 2012)
  - 어떤 일을 잘할 수 있는가, 잘할 수 없는가와 관련된 결정을 하는 데 도움을 줌
  - 미국 노동부의 능력프로파일러(O*NET Ability Profiler: AP)
    예: 언어능력, 산술, 추론, 계산, 공간능력, 형태지각, 사무지각, 운동 협응력,
    손동작, 민첩성, 손재주
- 가치: 내담자가 삶에서 중요하게 생각하는 것이 무엇인지를 의미
  - 개인이 직업으로부터 기대하거나 직업을 통해 실현할 수 있다고 믿는 가치
  - 사람마다 자신에게 더 중요한 가치를 바탕으로 직업을 선택
    예: 47%의 대학생이 자신의 가치와 일관된 진로를 선택하고자 함(Duffy &
    Sedlacek, 2007)
  - Super의 직업가치척도(Work Values Inventory): 성취, 도전, 동료, 창의성, 수입,

독립성, 생활양식, 지적 도전, 명성, 안정성, 지도감독, 다양성, 근무환경 등

- 성격: 내담자의 주요 행동방식이 어떻게 나타나는지를 의미

　- 개인의 특유한 행동과 사고를 결정하는 심리신체적 체계인 개인 내의 역동적 조직(Allport, 1961)

　- 측정: MBTI 성격유형검사, 미네소타 다면적 인성검사-2(Minnesota Multiphasic Personality Inventory-II: MMPI-2), 로르샤흐(Rorschach), 주제통각검사(Thematic Apperception Test: TAT), 캘리포니아 심리검사(California Psychological Inventory: CPI), 16PF 다요인 인성검사(16 Personality Factor: 16PF)

　- 성격 5요인 검사: 신경증, 외향성, 개방성, 우호성, 성실성

　- Holland 이론에서는 개인의 성격이 흥미(선호), 적성 등으로 표현되며, 직업 성격과 개인 성격의 적합도가 높을 때 직업에 대한 만족도가 높다고 가정한다.

◉ 3단계

직업에 대한 정보를 제공하는 단계이다. 상담자가 내담자의 특성에 알맞은 진학과 직업에 대한 정보를 직접 제공하고, 직업전망서, 팸플릿, 직업안내 소책자 등을 제공한다.

- 직업정보의 유형(예: 해당 직종에 대한 기술, 입직을 위해 필요한 교육, 근로조건, 급여, 채용전망 등)
- 직업세계의 변화 파악하기
- 관련 학교 유형 및 학과 정보 획득
- 유사직업 정리하기
- 해당 학과 혹은 직업을 가지는 것이 어려울 경우 어떤 대안들이 있을지 고려

◉ 4단계

개인 특성과 직업 특성을 매칭하고, 내담자의 최종 의사결정을 돕는 단계이다.

- 컴퓨터 기반 직업정보 시스템의 활용: 내담자의 검사 결과를 바탕으로 능력, 가
  치, 흥미에 부합하는 직업정보 제공
- 탐색한 내용들 정리(예)
  - 어떤 직업들이 제안되었는가? 관심 있었던 직업이 있는가?
  - 탐색한 직업에서 요구하는 특성과 나의 특성이 잘 맞는가?
  - 원하는 직업을 가지기 위해서 현재 내가 가지고 있는 자원은 무엇인가?
  - 직업을 가지기 위해서 필요로 하는 교육경험이나 자격은 무엇인가?
  - 주변에 관련 일을 하는 사람이 있는가? 혹은 그런 사람을 소개받을 수 있는
    방법은 무엇인가?

(2) 부모-자녀 관계와 진로선택

개인의 진로선택은 부모와 가족의 영향력을 배제하고 생각하기 어렵다. 선택한 진로는 시간이 지나면서 바뀔 수 있지만, 우리가 가족 안에서 경험한 학습 및 진로와 관련된 직간접적인 경험들은 직업에 대한 태도와 포부 등에 지속해서 영향을 미친다. 실제로 진로상담자들은 내담자들의 진로문제를 이해하면서 부모와의 관계, 가족의 직업, 가족의 경제적 상황, 부모와 가족의 기대에 대한 지각, 주요 발달적 사건 등을 중요하게 탐색하는 것으로 나타났다(김민선, 김민지, 이소연, 2018). 사람들은 주로 주변에서 직업에 대한 정보를 얻으며, 부모나 친인척들이 어떤 일을 하는가는 직업에 대한 선호를 가지는 데 영향을 미치기도 한다. 개인이 진로문제로 고민을 할 때 부모가 경제적으로 혹은 정서적으로 얼마나 지지해 줄 수 있을 것인가는 개인의 진로선택을 위한 자원이 될 수도 있다. 대학생이 되었다고 해서 우리는 부모로부터 완전히 독립한 것은 아니므로 진로를 결정하는 데 있어 자연스럽게 부모의 욕구와 바람을 신경 쓸 수밖에 없으며, 자신의 욕구와 부모의 욕구가 얼마나 일치하는가는 진로를 선택하는 과정을 수월하게 할 수도 있고, 때로는 진로선택을 어렵게 하는 장벽으로도 지각될 수 있다. 특히 원하는 진로 방향이 명료하지 않을 때는 개인이 어떤 일을 하기 원하는가를 이해하는 것도 중요하지만, 개인이 무엇을 염려하고 있고 가족들이 무엇을 기대하고 걱정하는가를 함께 살펴볼 필요가 있다.

대학생 4학년 준영이는 취업을 준비하고 있다. 준영이는 재수를 했으나 원하는 학교와 학과에 진학하지 못해 대학 내내 마음을 못 잡고 방황했다. 졸업반이 될 때까지 취업하고 싶은 분야가 정해지지 않은 준영이는 학기를 한 학기 더 미루고 직업을 생각해 보고 싶다. 그러나 한편으로는 대학에 오면서 재수하는 문제로 부모와 갈등을 겪었고, 성적이 좋지 못해 기대만큼 좋은 대학에 들어오지 못한 것이 마음에 걸린다. 그때처럼 본인의 고집대로 취업을 미뤘을 때 결과가 좋지 않다면 부모님에게 너무 죄송할 것 같고, 추가 학기를 다니고 싶다는 이야기를 할 용기도 나지 않는다. 준영이의 아버지는 은퇴가 얼마 남지 않았고, 최근 집의 경제적인 상황이 좋지 않아 준영이가 빨리 졸업해서 취업하기를 원한다고 말씀하신다.

2남 1녀 중 장녀인 지희는 어려서부터 '누나가 모범을 보여야 한다.' '맏이가 잘돼야 동생들도 잘된다.'라는 이야기를 듣고 자랐다. 지희는 부모의 기대대로 좋은 대학에 입학했고, 대학에 다닐 때부터 동생들에게 공부나 입시와 관련해서 좋은 멘토였다. 진로에 대해서 고민하던 지희는 그동안 자신이 하고 싶은 일이 무엇인지에 대해 진지하게 고민한 적이 없었다는 생각이 들었다. 부모님이나 가족들이 기대하는 역할을 하느라 진짜 자신이 무엇을 하고 싶고, 어떤 것을 좋아하는지를 놓쳤다는 생각에 우울해졌다. 지희는 고민 끝에 대학을 졸업하고 그동안 배우고 싶었던 요리를 배워보겠다고 부모님께 말씀드렸다. 지희의 부모님은 지희의 이야기를 듣고 동생들이 뭘 보고 배우겠냐며 행정고시를 공부해서 안정적인 직장을 가지라고 하신다.

진로선택에 있어서 부모의 영향을 설명한 이론에는 애착과 욕구이론이 있다. Ketterson과 Blustein(1997)은 안정애착 수준이 높은 대학생들의 경우 주변 환경을 좀 더 적극적으로 탐색하고, 진로탐색행동의 수준이 높다고 언급하였다. O'Brein(1996)의 연구에서도 어머니에 대한 안정적인 애착과 정서적 친밀감의 형성은 진로결정 자기효능감, 진로선택의 현실성 등과 유의미한 관련성이 있는 것으로 나타났다. 국내 연구들에서도 부모와의 애착은 진로결정 자기효능감에 영향을 미치고, 이를 통해 진로성숙도나 진로탐색행동 수준이 높아지는 것으로 나타났다(박수길, 2001; 이득연, 2004). 요약하면, 주 양육자와의 안정된 애착관계 형성은 환경에 대한 호기심, 자기효능감 등을 높여 주변 환경을 좀 더 적극적으로 탐색하게 하고, 적극적인 주변환경 탐색은 개인의 도전성, 긍정성 등과 같은 심리적 특성에 영향을 미쳐 진로에 대한

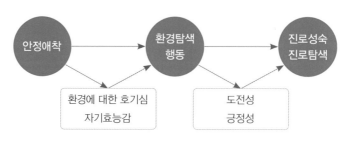

[그림 6-1] 애착과 진로성숙 및 탐색의 관계

확신과 탐색행동을 높이는 것으로 볼 수 있다. [그림 6-1]은 이 과정을 설명한 모형이다.

Roe는 Maslow의 욕구이론을 근간으로 개인의 욕구가 진로선택에 중요한 영향을 미친다고 가정하였다. 12세 이전에 부모가 보여 준 양육방식이 자녀의 진로선택에 영향을 줄 수 있고, 어렸을 때 경험하는 좌절과 만족 때문에 개인의 욕구 구조가 형성되는데, 따뜻한 부모-자녀 관계에서 성장한 사람은 어렸을 때부터 어떠한 요구나 욕구가 있을 때 사람들과의 접촉을 통해서 그것을 만족시키는 방식을 배우게 된다. 한편, 부모와 안정된 관계를 형성하지 못했을 때는 관계를 지향하는 직업보다는 가능한 한 사람들과의 접촉을 피할 수 있는 기술직, 옥외활동직, 과학직 등의 직군을 생각하게 된다고 하였다. Roe는 부모의 양육태도를 자녀에 대한 감정적 집중(과잉보호-과잉요구), 자녀 회피(무시-거부), 자녀 수용(무관심한 분위기-애정적 수용)의 3가지 유형으로 분류한다. 수용적인 가정에서 성장한 사람들은 어떤 필요가 생길 때마다 관계 속에서 이를 충족시키려는 방식을 배우게 되고, 거부적인 양육환경에서 성장한 사람은 대인관계가 아닌 다른 것에 관심을 쏟으면서 충족되지 못한 욕구를 해결하고자 하며, 이에 따라 선택하는 직업군도 달라진다.

부모의 양육태도는 진로선택에 영향을 미칠 수 있는데, 양육태도는 통제와 애정을 기준으로 애정-통제적 태도, 애정-민주적 태도, 통제-권위주의적 태도, 방임형 태도로 나눌 수 있다. 애정-통제적 태도를 보이는 부모는 자녀들의 진로선택에 관심이 많으면서도 진로결정의 과정을 함께하기를 원하며, 자녀가 어떤 진로를 선택할지에 영향을 미치고 싶어 한다. 애정-민주적 태도의 부모는 자녀에 대한 애정은 높지만 통제성이 낮으며 진로선택의 권한을 자녀들에게 전적으로 부여하고자 하는 부모이다. 아이들이 관심 있어 하는 것들은 함께 찾아 주고 적극적으로 도와주지만, 최종적인 의사결정은 아이 스스로 할 수 있도록 권한을 부여하는 부모들이 많다. 통제-권위주의적 태도의 부모는 자녀가 좋아하는 것보다는 부모의 생각이나 뜻에 따라서 의사결정을 하기를 원하는 부모이며, 결과가 잘못되었을 때 "내가 후회한다고 말했지!"라는 방식으로 잘못된 결정을 비난할 수 있다. 방임형 태도의 부모는 "그냥 네가 알아서 해!"('귀찮게 일일이 뭘 물어보니? 엄마는 바쁘단다.')라는 식으로, 겉으로는 허용적인 부모처럼 보이지만 자녀와 진로에 대해서 진지하게 이야기하려고 하지 않거나 관심이 부족한 경우가 많다. 부모의 양육태도와 진로선택에 대한 국내 연구(김희수, 2005; 이현숙, 조한익, 2004)에서는 부모가 수용적이고 자율적이라 지각할수록 학생들의 진로확신이 높은 것으로 나타났다.

표 6-1 진로선택에 대한 부모의 관여방식

명칭	부모의 관여방식 문항	해당하는 유형에 체크
신뢰와 위임	원래 대화가 없거나 사이가 나쁜 것은 아니지만, 진로결정 당시에는 적극적으로 관여하지 않았다.	☐
격려와 지지	우리 부모님은 나의 진로결정을 믿는 편이며, 내가 한 진로결정에 대해서 좋은 생각이니 열심히 해 보라고 격려해 주신다.	☐
정보제공 후 판단 위임	내가 관심 있어 하는 분야(계열, 전공, 학교, 학과 등)에 대해 정보를 제공해 주신다. 그 이후의 결정에 대해서는 나에게 위임해 주신다.	☐
구체적인 정보와 방법 제공	내가 관심 분야(계열, 전공, 학과 등)를 선택한 후, 실제로 입학할 수 있는 기회 및 방법에 관한 정보를 구체적으로 제공하는 등 적극적으로 도와주시는 편이었다.	☐
정보에 기초한 추천	부모님이 알고 있는 나의 특성과 진로정보(계열, 전공, 학교)를 기초로 하여 특정 분야(계열, 전공, 학교, 학과 등)가 나에게 잘 어울리고 좋을 것 같다 혹은 적합하다고 이야기해 주신다.	☐
부모 경험에 기초한 권유	나의 관심 여부보다는 부모님이 경험했거나 잘 알고 있는 특정 분야의 전망, 보수, 사회적 지위, 안정성과 같은 조건들을 알려 주시면서 나에게 그 분야를 선택하도록 권했다.	☐
부적합한 조건에 대한 지적	내가 관심 있어 하는 특정 분야(계열, 전공, 학교, 학과 등)가 나의 성별, 적성, 성적과 같은 조건들에 부적합할 경우 이를 간과하지 않도록 상기시켜서 그 분야에 대해 다시 생각하도록 권하는 편이다.	☐

출처: 선혜연, 김계현(2008)의 연구결과에서 문항 수정.

부모의 양육태도에 따라서 진로에 대한 관여방식은 달라질 수 있다. 우리나라 부모들은 격려와 지지의 방식, 정보에 기초한 추천의 방식, 신뢰와 위임의 방식을 주로 사용하는 반면, 구체적인 정보와 방법 제공의 방식은 가장 적게 사용한다. 이는 부모의 학력과도 연관되어 있었는데, 부모의 학력이 높을수록 정보에 기초한 추천, 부적합한 조건에 대한 지적을 더 많이 사용하며, 상대적으로 학력이 낮은 부모들은 신뢰와 위임, 격려와 지지를 많이 사용하였다(선혜연, 김계현, 2008). 그러나 부모의 관여방식에 대한 선호는 개인의 욕구와 성향에 따라 차이가 있을 수 있다. 부모들은 자신이 살아온 배경과 경험에 따라 자녀들과 다른 방식으로 의사소통할 수 있다. 따라서 '우리 부모는 진로에 대한 관심이 없다.' 혹은 '도움이 안 되는 방식으로 이야기를 한다.'라고 생각하기 이전에, 부모 세대는 어떤 식으로 진학을 했고 직업을 결정했는지 등을 생각해 볼 필요가 있다.

(3) 개인과 사회적 맥락의 상호작용: 사회인지진로이론

대학생이 된 희영이는 요즘 공학 전공을 지속해야 할지 고민이 많다. 희영이는 중·고등학교 때부터 수학과 과학을 좋아하고, 같은 전공을 하시고 대기업에서 연구원으로 근무하시는 아버지를 보고 기계공학과를 선택하였다. 그러나 대학에 들어온 후 상대적으로 적은 여학생들과 남성 중심의 학과 분위기 때문에 공학 공부를 잘할 수 있을지 자신감이 없어졌다. 주변의 여성 교수님들이나 선배들에게 상담을 받아 보고 싶지만, 찾아가 물어볼 사람도 마땅치 않아 고민이 더하다. 대다수의 사람이 여학생은 취업도 어려울 뿐만 아니라 공학을 전공하더라도 대학원까지 나오지 않으면 오래 근무하기가 어려울 것이라고 해 직업에 대한 기대 또한 낮아지고 있다. 학습에 흥미를 잃다 보니 성적도 떨어지고 흥미도 낮아져 상대적으로 여학생 수가 많은 보건계열의 다른 과로 전과하는 게 어떨지 고민을 하고 있다.

사회인지진로이론(social cognitive career theory)은 Bandura의 사회인지이론(social cognitive theory)을 바탕으로 한 이론이다(구체적인 모형은 제9장 참조). Bandura의 사회인지이론은 학습에 있어서 개인, 행동, 환경의 상호작용을 가정한 모형으로, 개인이 가진 인지적 능력, 신체적 특성, 신념과 태도가 개인의 행동과 영향을 주고받음과 동시에 환경에 의해 개인의 특성과 행동적 특성들이 영향을 주고받는다고 가정하였다.

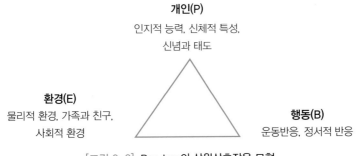

개인(P)
인지적 능력, 신체적 특성,
신념과 태도

환경(E)
물리적 환경, 가족과 친구,
사회적 환경

행동(B)
운동반응, 정서적 반응

[그림 6-2] Bandura의 삼원상호작용 모형

사회인지진로이론은 개인이 유사한 학습경험을 하더라도 서로 다른 진로 발달의 과정을 거치고 서로 다른 진로선택 행동을 하게 되는 이유를 설명하는 개인의 신념 체제를 강조하였으며, 다양한 진로 관련 변인이 서로 영향을 주고받는 이론적 경로를 규명하는 데 관심을 두었다.

Hackett와 Betz(1981)는 사회인지진로이론을 통해 여성의 진로 발달 및 선택을 설명하였다. 연구자들은 높은 연봉과 안정된 일자리가 많은 STEM 분야에서 여성들의 진출이 적으며, 이는 남녀 사이의 연봉과 사회적 지위의 차이를 가져온다는 데 문제의식을 가지고 그 원인을 여성들에게 제공되는 편향적인 학습경험(여성들의 이공계 학습능력에 대한 편견, 학습경험의 부족 등)이 수학 및 과학 학습에 대한 효능감을 낮추고, 이는 다시 직업에 대한 긍정적인 결과기대, 흥미, 지속의지 등과 연결된다고 설명하였다. 즉, 여성들이 성장하면서 경험하게 되는 학습경험 안에서 자기효능감을 발달시킬 수 있는 사회적 자원에 대한 접근이 제한되어 있고, 남녀 간 차별이 존재하며, 결과적으로 자기효능감 발달을 저해한다고 이해할 수 있다.

이처럼 한 개인의 진로선택을 이해하기 위해서는 개인의 특성과 사회적 맥락의 상호작용을 종합적으로 살펴볼 필요가 있다. 사람들은 살면서 직간접적인 학습경험을 통해 자신의 능력과 특정 행동의 결과에 대해 학습하고, 가치 있는 결과를 가져올 것으로 예상하는 행동을 지속하고자 한다. 예를 들어, 자신이 하고자 하는 분야의 역할모델이 될 수 있는 전문가들과의 접촉이나 주변 사람들의 생산적인 피드백들은 진로 관련 효능감과 결과기대를 높일 수 있는 중요한 자원이 된다. 따라서 진로선택 전에는 다양한 현장 경험을 통해 개인의 능력을 검증하고, 직업 환경에 대한 실제적인 정보를 얻을 수 있는 준비가 선행되어야 할 것이다.

사회인지진로이론의 주요 변인들을 살펴보면 다음과 같다.

⊙ 자기효능감

사회인지진로이론에서는 무엇을 할 수 있는가가 바로 행동의 실행으로 이어진다기보다는 무엇을 해낼 수 있다는 자신감이 행동의 실행을 결정한다고 가정하였다. 자기효능감(self-efficacy)은 과업을 완성하기 위해 필요한 행동을 계획하고 수행할 수 있는 자신의 능력에 대한 신념(Bandura, 1986a)을 의미한다. 자기효능감은 특정 영역에 한정되며 다른 영역으로 전이되지 않을 것이라 가정한다. 예를 들어, 수학과 과학에 대한 효능감이 높다고 해서 국어에 대한 효능감이 높은 것은 아니라는 것이다. 자기효능감은 과거 수행 성취, 대리학습, 사회적 설득, 특정 영역에서의 생리적·정서적 경험에 의해 형성되고 변화된다.

⊙ 결과기대

결과기대(outcome expectation)는 특정한 과업을 수행했을 때 자신과 주변에 일어난 일에 대한 평가(Bandura, 1986a)를 의미한다. 결과기대는 물리적 보상, 사회적 평가, 자신에 대한 평가 등의 측면으로 구성되어 있으며, 특정 직업을 가짐으로써 얻을 수 있는 경제적 보상, 임금, 직업에 대한 사회적 인식과 인정 등을 포함한 개념이다. 개인이 중요한 가치를 두고 있는 측면에서의 결과기대는 행동 수행의 중요한 동기가 되며, 과거 자신의 성취에 대한 강화나 만족감, 형제나 자매의 성취에 주어지는 강화에 대한 관찰, 특정 행동을 하면 부모가 기뻐할 것이라는 주변의 설득 등에 의해서 결과기대가 형성된다.

⊙ 목표

목표(goal)는 단순히 환경에 반응하는 개인에서 벗어나 자신의 행동을 주체적으로 이끄는 인지적 주체로서의 개인을 나타내는 개념이다. 인간은 특정 목표를 세우는 결심을 통해 필요한 행동을 실행하고 목표를 추구하게 된다(Bandura, 1986a). 특히 진로 발달은 장기적으로 이루어지는 과정이기 때문에 목표의 설정이 중요하다.

⊙ **개인변인과 환경맥락변인**

사회인지진로이론의 가장 선행하는 변인인 개인변인(personal variables)은 성별, 민족 혹은 인종, 신체적 건강 혹은 장애, 유전적 재능 등을 포함하고 있다. 예를 들어, 개인의 성별, 신체적 건강 등에 따라 제공받을 수 있는 교육경험들이 다를 수 있다. 환경맥락변인(environmental, contextual variables)은 개인이 진로 발달 과정에서 자신이 속한 가족, 사회, 문화에 의해 사회적 기능을 익히고 역할을 내면화할 때 스며들어 자기효능감, 결과기대 등에 영향을 미치고 직업흥미 형성에 영향을 미친다. 근접맥락변인은 사회적 지지(social supports)와 사회적 장벽(social barriers)을 포함하며 비교적 진로선택의 시점에서 직접적으로 작용하는 환경적 요인으로, 특정 진로를 추구할 수 있는 가족의 정서적 및 재정적 지원, 당시의 경제 상황, 해당 시기의 사회 문화적 진로장벽 등이 해당된다.

2. 진로준비

1) 진로준비

Ginzberg는 "직업선택은 하나의 발달 과정이다. 그것은 단 한 번의 결정이 아니라 일련의 결정들이 계속적으로 이루어진다. 각 단계의 결정 및 다음 단계의 결정과 밀접한 관계를 가지고 있다."라고 하였다. 이처럼 직업선택이란 일회적인 행위로 이루어지는 결정이 아니라 장시간에 걸쳐서 이루어지는 일련의 결정으로 이해할 수 있다. 따라서 합리적인 직업결정을 위해서는 직업선택을 위한 장기적인 준비행동이 선행되거나 뒤따를 수밖에 없다.

진로준비행동(career preparation behavior)은 합리적인 진로결정을 위해서 수행해야 하는 행동과 진로결정이 이루어진 이후에 그 결정사항을 실행하기 위한 행위 등을 의미한다(김봉환, 김계현, 1997). 진로준비행동은 진로탐색행동을 포함하는 개념으로도 이해할 수 있는데, Blustein(1990)은 진로탐색행동을 직업선택, 취업, 취업후 적응을 하는 데 있어서 필요한 정보들을 얻기 위하여 실시하는 대외적인 탐색 활동과 진로 발달 촉진을 위하여 자신과 외부 환경에 대한 지식을 확장시키고자 하는

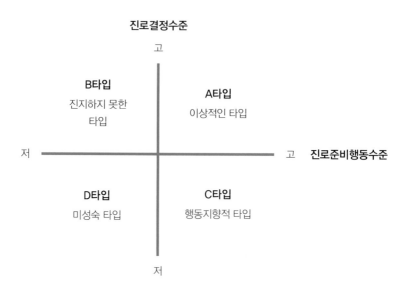

[그림 6-3] 진로결정수준과 진로준비행동에 따른 유형화

출처: 김봉환, 김계현(1997).

노력으로 정의하였다. 진로상담이론들에서는 개인의 통찰적인 측면이나 진로결정과 연결된 정서적인 측면도 강조하고 있지만, 진로목표를 달성하기 위해서는 실제적인 경험과 행동(Krumboltz, 1996)이 필요하다고 본다. 즉, 자신이 하고 싶고 선호하는 진로방향이 결정되었다면 신호를 구체적인 진로목표로 바꾸고 이를 실천할수 있는 계획을 세우는 것이 필요하고, 목표를 이루기 위한 일련의 행동을 진로준비행동으로 볼 수 있다.

김봉환과 김계현(1997)은 모든 사람이 진로를 결정했다고 해서 합리적인 진로준비행동을 함께 하는 것은 아닐 수 있다고 언급하면서, 진로결정수준과 진로준비행동이라는 두 측면의 조합에 따라서 다른 하위 집단들이 도출될 수 있다고 가정하였다.

각 타입의 특성은 다음과 같다.

- A타입: 진로결정수준과 진로준비행동수준이 높다. 자신의 장래 진로에 대해서 매우 명확한 청사진을 가지고 있다.
- B타입: 진로결정수준이 높은 반면, 진로준비행동수준은 낮다. 자신의 장래 진로에 대해서 비교적 명확한 청사진을 가지고 있다.
- C타입: 진로결정에 대해서 확실한 방향감은 없으면서도 행동수준은 높은 활동

지향적인 타입이다. 자신의 진로에 대한 정체성이 낮다.
- D타입: 향후 자신의 진로에 대한 결정수준도 낮고 실제적인 준비행동수준도 낮다.

2) 진로준비행동

진로준비는 진로선택 과정에 필요한 과업들을 준비하고 실천하는 것으로 이해할 수 있다. 여러분은 진로목표 달성을 위해 어떤 준비들을 하고 있는가?

진로준비행동을 설명하는 최신 이론으로 사회인지진로이론의 진로자기관리 모델 (career self-management)이 있다. 기존의 사회인지진로이론에서는 진로 발달을 설명하는 요인에 초점을 맞추어 진로/학업 효능감, 흥미, 선택, 수행 등의 영향력(Lent et al., 1994; Lent et al., 2000)을 살펴본 반면, 최근 소개된 진로자기관리 모델(Lent & Brown, 2013)에서는 진로 발달의 과정에서 사람들이 어떻게 자신의 정서를 관리하고, 환경에 적응하며, 학교와 직장에서 진로목표를 성취하기 위해 행동하는지에 대한 설명에 좀 더 초점을 맞추고 있다. 특히 기존 모델들이 인지적 변인에만 초점을 맞추고 있다면, 진로자기관리 모델에서는 행동을 함께 고려함으로써 상담현장에서

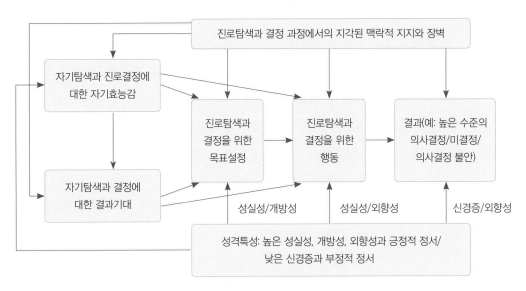

[그림 6-4] 진로자기관리 모델

출처: Lent, Ezeofor, Morrison, Penn, & Ireland (2016).

내담자들의 진로준비행동을 촉진하기 위한 대안들을 도출하는 데 좀 더 유용하게 쓰이고 있다. 진로자기관리 모델(Lent & Brown, 2013)은 교육과 직업환경 등 생애 전반에 걸쳐 사람들이 수행하는 적응적인 진로행동에 초점을 맞추고 있으며, 이러한 행동들은 진로 발달, 적응, 개선을 위한 개인의 주체성에 영향을 받는다고 가정하고 있다. 예를 들어, 진로탐색, 의사결정, 구직, 정체성 확립, 규범적 진로탐색 행동(예: 직업세계로의 진입, 은퇴), 예측할 수 없는 전환(예: 실직) 등의 과정에는 개인들이 취하는 적응적인 진로준비행동들이 포함되어 있다. 진로탐색과 결정을 위한 행동 이전에는 진로탐색과 결정 과정을 위한 자기효능감과 긍정적인 결과기대, 진로목표를 설정하는 과정이 선행하며, 이를 통해 진로탐색과 결정을 위한 행동이 촉진된다. 또한 진로결정 과정을 도와줄 수 있는 주변의 맥락적 자원(예: 가정, 학교, 지역사회의 조력자)과 장벽(예: 어려운 경제 상황, 부족한 일자리, 성별에 따른 차별지각)은 진로탐색과 결정 행동들을 촉진하거나 저해하는 역할을 하며, 개인의 성격특성 중 성실성과 외향성이 높은 사람일수록 진료준비행동을 더 많이 하게 된다. 이처럼 진로자기관리 모델을 통해 진로탐색 및 준비 행동과 관련된 변인들을 종합적으로 이해할 수 있다.

3) 진로준비행동과 관련 요인

특정 진로 혹은 직업을 가지고 싶다는 바람이 있다고 해서 모든 사람이 진로를 준비하기 위해 개인적인 시간과 노력을 투자하는 것은 아니다. 여러 이유가 있을 수 있지만 실제로 직업 관련 정보를 어떻게 알아보아야 하는지 정보원을 찾지 못하는 사람들도 있을 수 있고, 시급한 다른 일들에 우선순위가 밀려 진로탐색을 계속 미루게 될 수도 있으며, 선호하는 직업과 진로가 있지만 자신이 없어 준비를 하지 못하고 망설이거나 보다 쉽게 접근할 수 있는 다른 대안을 찾고자 하는 경우도 있다. 한편, 자신이 세운 진로목표를 이루기 위해 필요한 학습기관을 찾거나 자격증을 취득하거나 자신의 현재 능력에서부터 할 수 있는 일들을 찾아 나서는 사람들도 있다. 그럼 진로준비행동을 많이 하는 사람들과 상대적으로 진로준비행동이 적은 사람들의 차이는 무엇일까? 또한 진로준비행동을 촉진하는 환경적 특성과 저해하는 특성은 무엇이 있을까? 예를 들어, 개인적으로 원하는 진로가 있고 열심히 준비를 하고

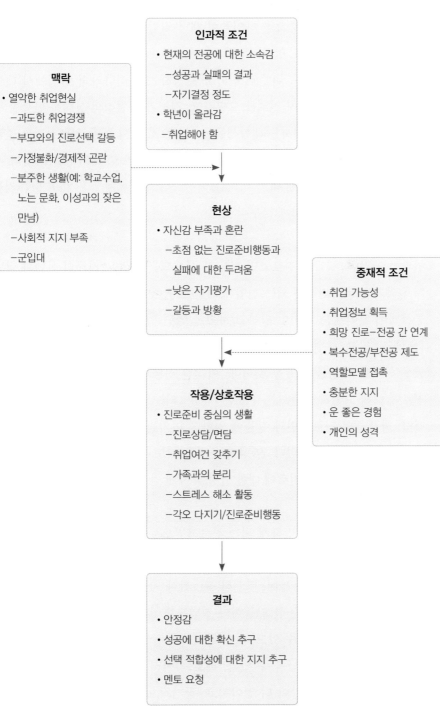

[그림 6-5] 대학생의 진로결정 과정

출처: 임은미(2011), p. 454.

있다고 하더라도 주변에서 중요한 타인들이 해당 직업을 탐탁지 않게 여긴다면 행동을 지속하기가 어려울 수도 있다.

대학의 명성이나 수능점수 위주로 진학을 결정하는 우리나라의 현실에서 대학 입학 이후라 해도 많은 학생이 진로를 고민하고, 결정과 미결정의 상태를 반복할 수 있다. 임은미(2011)의 연구에서는 대학생들을 대상으로 입학 이후 진로결정과 준비과정들을 살펴보았다. [그림 6-5]에 제시된 모형을 바탕으로 대학생들이 입학 후 겪게 되는 진로고민들과 이에 대한 대처로 어떤 진로준비행동들을 하고 있는지를 살펴보고 여러분의 경험을 함께 나누어 보자.

- 인과적 조건: 학생들의 진로고민(현상)에 선행되는 사건은 전공의 선택과 학년이 올라가면서 직면하게 되는 취업에 대한 요구/부담들인 것으로 나타났다. 전공선택에 있어서는 자신이 원하고 하고 싶었던 일과 일치하는 전공을 선택한 학생들도 있고, 주변의 권유에 의해서, 부모의 의견을 따라, 점수에 맞춰서 전공을 선택한 학생들도 있을 것이다. 이러한 전공선택의 계기가 대학 입학 후 진로에 대해 고민하게 만드는 주요한 계기가 되는 것으로 나타났다.
- 맥락: 학생들의 진로고민과 갈등에 영향을 미치는 맥락에는 열악한 취업현실에 대한 지각이 도출되었다. 열심히 준비를 해도 괜찮은 직업을 가질 수 없을 것이라는 낮은 기대가 진로에 대한 갈등을 하게 만드는 맥락 조건이 될 수 있는 것이다.
- 현상: 학생들이 주로 고민하게 되는 진로고민으로는 자신감 부족과 혼란에 관련된 초점 없는 진로준비행동과 실패에 대한 두려움, 낮은 자기평가, 고민과 방황 등이 나타났다. 예를 들어, 막연한 불안감에 자신에게 잘 맞는 직업이나 진로를 찾기보다 당장 가능한 일들이나 진입장벽이 낮은 일들 중심으로 탐색을 하다 보면 확신이 없을 수 있고, 일을 하면서도 갈등과 고민 혹은 해 보지 못한 일들에 대한 아쉬움이 남을 수 있다. 때로는 이러한 혼란이 학업과 업무의 수행수준을 낮추어 자신감이 더 떨어지고, 장기적으로는 무기력의 근원이 되기도 한다.
- 중재적 조건: 중재적 조건은 대학생들의 진로갈등과 고민에도 불구하고 그들이 상황에 잘 대처할 수 있도록 도와주는 촉진적 요소들이 될 수 있다. 대표적

으로 복수전공/부전공 제도 등을 활용해서 자신이 원하는 취업 분야와 전공의 일치성을 높인다든가, 역할모델을 찾고, 주변의 사회적 자원을 활용하는 방법들이 있다.

• 작용/상호작용: 중재적 조건의 영향을 받아 대학생들이 처한 행동들은 진로준비 중심의 생활이었다. 구체적으로, 대학생들은 현 상황에서 스트레스가 되는 요인들을 조절하고 진로상담/면담, 취업에 필요한 여건들을 갖추면서 취업을 위한 준비를 하는 것으로 나타났다.

• 결과: 이러한 진로준비행동의 결과로 안정감을 얻기도 하고 성공에 대한 확신이 높아지기도 하는 것으로 나타났다. 또한 여전히 자신이 선택한 진로에 대한 고민이 생길 때는 주변의 전문가나 멘토들을 찾아 자신이 전공이나 진로를 잘 선택한 것인지에 대한 확인을 받고자 하는 것으로 나타났다.

　이처럼 진로를 결정하고, 원하는 진로나 직업목표를 성취하기 위한 과정은 생각보다 쉽지 않을 수 있다. 진로나 직업 결정은 우리 삶에 중요한 영향을 미치는 결정이며, 시간이 지나면서 언제든 바뀔 수 있다. 따라서 생애 초기에 확고하게 특정 직업을 결정하기보다는 자신이 어떤 일을 하고 싶은지 고민하고 실천하는 과정에서 자기 자신과 세상에 대한 이해의 폭을 넓혀 가는 것이 필요할 것이다.

3. 진로선택과 준비행동의 어려움

　진로선택과 준비행동을 어렵게 하는 심리적인 특성들과 사회맥락적 장벽을 이해하는 것은 진로선택을 어려워하거나 준비행동을 미루고 있는 이유를 이해하는 데 도움을 준다.

1) 개인의 성격 및 정서적 특성들

진로선택과 준비행동을 위해서는 진로와 관련된 정보를 찾고, 분석하고, 행동의 대안들을 고려해 실천하는 능력들이 필요하다. 개인이 가진 심리적 역량과 정서적 건강은 진로선택과 실행에 영향을 미칠 수 있다. Saka, Gati, Kelly(2008)는 진로결정 어려움과 관련된 개인의 정서 및 성격 요인들을 [그림 6-6]과 같이 종합해서 제시하였다. 진로결정을 어렵게 하는 개인의 정서 및 성격 요인으로는 비관적 관점(pessimistic view), 불안(anxiety), 자아개념과 자아정체성(self-concept and identity)이 있으며, 각 요인에 관련 하위 변인들이 포함되어 있다. 비관적 관점은 진로결정과 관련된 개인의 부정적인 인지 편향과 지각을 의미하며, 진로를 결정하는 과정이나 일의 세계, 개인의 통제력에 대해서 부정적으로 지각하는 것을 의미한다. 예를 들어, '진로를 결정하는 과정에서 필요한 정보를 충분히 고려할 수 없을 것이다.' '대부분의 사람들은 자신의 직업을 좋아하지 않는다.' '직업을 선택하는 것은 주로 운에 달려 있다.'와 같은 생각들이 비관적 관점이다. 불안은 진로선택을 하는 데 있어서 실수를 하거나, 원하는 직업이 자신의 선호에 맞지 않거나, 직업을 결정하는 과정에서 자신이 원하지 않는 일을 경험하게 될 것이라는 불안과 관련되어 있다. 자아개념과 자아정체성은 자신의 가치에 대해서 잘 모른다거나 결정을 하는 데 있어서 부모나

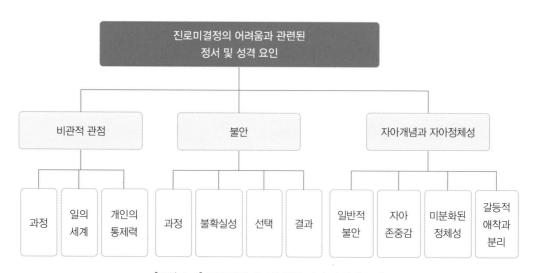

[그림 6-6] 진로결정 어려움 관련 정서 및 성격 요인

출처: Saka, Gati, & Kelly (2008).

표 6-2 ┃ 한국판 진로결정의 어려움 관련 정서 및 성격 척도

	문항	해당하는 문항에 체크
비관적 관점	대부분의 사람은 자신의 직업을 좋아하지 않는다.	☐
	자신에게 잘 맞는 직업을 선택하는 것은 불가능한 일이다.	☐
	좋은 직업을 발견하는 것은 주로 우연히 일어나는 일이다.	☐
불안	나는 한 가지 직업에 전념하는 것이 두려운데, 왜냐하면 나중에 이 선택을 후회하고 실수에 대한 책임을 느낄지 모르기 때문이다.	☐
	나는 이미 특정 직업을 고려하고 있지만, 내 선호에 맞지 않을까 봐 두렵다.	☐
	나는 진로선택뿐만 아니라 뭐든 선택하는 것이 어렵다.	☐
	선택을 하는 순간에 미루게 되거나 남들이 대신 선택해 주었으면 하는 바람을 가지고 있다.	☐
자아개념과 자아정체성	나는 내가 한 일들에 대해서 자주 후회하거나 스트레스를 받는다.	☐
	나는 스스로를 괜찮은 사람이라고 생각하지 않는다.	☐
	나는 아직 내가 뭘 좋아하는지 잘 모르겠다.	☐
	내 인생에서 중요한 사람들은 종종 내가 관심 있는 것들에 대해서 못마땅해한다.	☐

출처: 김민선, 연규진(2014).

중요한 타인과의 갈등을 경험하고 있는 것으로, 특히 부모와 분리 개별화가 이루어지지 않은 사람들이 진로결정에 대한 확신이 낮을 때 나타나는 특성들이 포함되어 있다.

〈표 6-2〉는 김민선과 연규진(2014)의 한국판 진로결정의 어려움 관련 정서 및 성격 척도 축소판에 나와 있는 문항들을 일부 수정한 것이다. 자신에게 해당하는 문항들이 있는지 점검해 보자.

2) 진로장벽

진로선택을 어렵게 하는 지각된 장애요인을 진로장벽(career barrier)이라 할 수 있다. '지각된'이라는 단어에서 나타나 있듯이 진로장벽에는 개인의 주관적인 지각이

포함되어 있다. 예를 들어, 같은 환경과 조건에 있는 사람들이라도 개인의 과거 성취 경험, 자아존중감, 진로결정 효능감, 주변 사람들의 지지에 대한 지각 등에 따라서 진로선택이나 행동을 하는 것이 더 어렵게 느껴지는 사람들이 있을 수 있다. 진로장벽은 문제가 개인 내부에서 비롯된 것인지 외부에서 비롯된 것인지에 따라 내적 요인과 외적 요인들로 나뉘며, 내적 요인은 심리적·인지적 요인들을 포함하고, 외적 요인은 중요한 타인과의 갈등, 가정의 경제적 여건, 사회의 인식, 고용 상황 등을 포함한다.

진로장벽은 어떻게 극복할 수 있을까? 물론, 모든 진로장벽을 극복할 수 있는 것은 아니지만 장애 혹은 장벽의 성격에 따라서 다르게 대처할 수 있는 여지는 있다. 진로장벽에는 편견과 고정관념 등 다소 비합리적 신념으로 이루어진 것들이 있으며, 이러한 장벽은 깨뜨려야 하는 것이다. 다음은 개인의 현재 조건으로는 성취하기 어려운 장벽으로, 이러한 장벽은 시간과 노력을 들여 넘어서야 하며, 진입장벽이 너무 높을 때는 다른 길로 돌아가야 하는 장벽도 있다. 마지막으로, 진로나 직업선택을 위해서 요구하는 조건 중 개인의 노력으로 바꿀 수 없는 신체적인 부분 등이 있을 경우 포기하고 돌아서야 할 수도 있다.

진로장벽 깨뜨리기	진로장벽 넘어서기
진로에 대한 생각이 현실적인지 혹은 비합리적 신념이 아닌지 점검해 보기	상황과 여건을 점검하고 그동안 해 왔던 행동의 평가를 통해 문제를 해결할 수 있는 새로운 행동 시도하기
진로장벽 돌아가기	진로장벽 돌아서기
진로목표를 재점검하고 목표를 성취하기 위한 대안적 방법 찾아보기	진로목표를 가지게 된 동기와 이유를 생각해 보고 유사한 직업과 분야 탐색하기

[그림 6-7] 진로장벽의 유형과 대처

〈표 6-3〉은 대학생들이 주로 지각하는 진로장벽의 내용이다. 여러분이 지각하고 있는 장벽을 적어 보고, 앞선 유형 중 어떤 방법으로 대처해야 하는지 생각해 보자.

표 6-3   진로장벽의 유형

내가 진로를 선택하는 데 있어서 지각하는 장벽은 _____

진로장벽 유형	내용	해당하는 요인에 체크
능력과 역량의 부족	능력과 역량에 대한 자신감이 낮아서 진로를 선택하는 데 두려움을 느낀다.	☐
자아존중감	장점보다는 단점을 먼저 생각하게 되고, 뭘 해도 잘 안 될 것 같다는 부정적인 생각이 든다.	☐
성격과 성향	원하는 직업을 가지기에는 너무 내성적이거나 사회성이 떨어지는 것 같아서 걱정이다.	☐
자기명확성 부족	내가 뭘 원하는지 잘 모르겠고, 선택한 것에 대해 '제대로 선택한 것이 맞는가?'라는 의문들이 들어서 마음이 자주 바뀐다.	☐
학습능력	공부도 못하고, 다른 사람들보다 배우는 속도도 느려서 일한다고 해도 실패할 것 같다.	☐
나이 문제	나이가 너무 많다는 생각이 든다.	☐
신체조건	체력이 떨어져서 직업에서 요구하는 업무 강도를 따라갈 수 있을지 걱정이다.	☐
중요한 타인과의 갈등	내가 원하는 진로를 부모님은 추천하지 않으시며, 보다 안정적인 직업을 가지기를 원하신다.	☐
경제적 어려움	진로준비에 필요한 비용(예: 학원비, 생활비, 교육비 등)이 넉넉하지 않고 부모님도 경제적인 이유로 반대하신다.	☐
직업정보 부족	직업을 선택하기 위한 충분한 정보를 가지고 있지 않으며, 어디서 어떻게 정보를 얻어야 하는지 모르겠다.	☐
성역할 갈등 및 성차별	내가 원하는 직업은 나와 같은 성(性)을 가진 사람들이 거의 없는 직업이다. 직업을 가지고 다른 성으로 인해서 차별을 받지 않을까 걱정된다.	☐
사회구조적 여건으로 인한 미래불안	고용시장이 나빠 신규 일자리 혹은 괜찮은 조건의 일자리가 없을 것 같다.	☐
도움을 받을 사회적 자원의 부족	진로결정을 할 때 도움을 구하거나 물어볼 사람들이 마땅히 없다.	☐

출처: 김은영(2001).

연습문제

1. 다음의 사이트에서 직업흥미검사를 해 보고, 자신의 Holland 유형을 살펴봅시다.

- 커리어넷(https://www.career.go.kr/cnet/front/main/main.do)

중고등학생용 직업흥미검사(H)

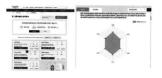
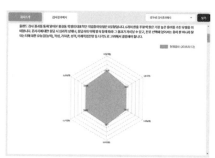

- 워크넷(https://www.work.go.kr/seekWantedMain.do)

직업선호도검사(L형)

2. 다음의 예를 보면서 진로결정수준과 준비행동을 기준으로 타입을 분류할 때 영수는 어떤 타입에 속할지 생각해 봅시다. 더불어, 진로결정수준과 진로준비행동 2가지 기준을 놓고 보았을 때 여러분은 어떤 타입에 속할지에 대해서도 생각해 봅시다.

> 고등학교 2학년인 영수는 요리사가 되고 싶다. 음식 만드는 것을 좋아하고, 가족들로부터 요리를 잘한다는 피드백을 듣기도 한다. 그러나 영수는 주변에 관련 일을 하는 사람들도 없고, 요리사가 되기 위해서는 어떤 준비를 해야 하는지에 대해 잘 모르고 있다. 진학상담을 받아 본 적도 없고, 어떤 준비를 해야 하는지 알아보는 것도 계속 미루고 있다.

지방대학교 4학년인 주영이는 대학에 오기 전에는 하고 싶은 일이 없었으나, 3학년 때 심리학 강의를 들은 후 임상심리를 전공하고 싶어졌다. 영문과인 주영이는 대학원 진학에 대한 정보를 알아보던 중 대학원에 진학하기 위해서 상담 관련 경험이 있으면 좋다는 말을 들었다. 주영이는 당장에 대학원 진학은 어렵지만 학점은행제나 학부 수준에서 취득할 수 있는 상담 관련 자격증을 알아보고 있다.

3. 여러분이 진로를 선택할 수 있는 준비 수준이 어느 정도인지 궁금하다면 다음의 검사를 활용해 봅시다.

- 커리어넷(https://www.career.go.kr/cnet/front/main/main.do)
  [진로심리검사]–[대학생 · 일반용 심리검사]–[진로개발준비도 검사]

제3부

진로이론의 이해

제7장

전통적 진로이론

✏️ **개요**

이 장에서는 다양한 진로상담이론 중 전통적 진로이론에 해당하는 3가지 이론을 다루고자 한다. 첫째, 특성-요인 이론은 진로상담의 초창기 이론으로 개인의 특성, 직업의 특성, 과학적 조언을 통한 매칭을 강조하였다. 둘째, 성격이론은 사람들이 가진 흥미, 특성, 행동을 6가지 유형으로 분류할 수 있으며 직업의 유형도 이와 같이 분류할 수 있기 때문에 이를 고려한 진로선택이 이루어져야 한다고 보았다. 마지막으로, 사회학습이론은 사람들의 직업선택 이유를 유전적 요인, 환경적 요인, 학습경험, 과제접근기술의 4가지 요인으로 설명하고 있으며, 진로의사결정에 있어서 학습의 영향을 강조하였다.

📖 **학습목표**

- 특성-요인 이론의 핵심 개념 및 내용을 설명할 수 있다.
- 성격이론의 핵심 개념 및 내용을 설명할 수 있다.
- 사회학습이론의 핵심 개념 및 내용을 설명할 수 있다.
- 3가지 이론을 바탕으로 자신의 진로를 설계할 수 있다.

1. 특성-요인 이론

한국 대학생들에게 현재 자신의 고민이 무엇인지를 묻는다면 대부분 진로나 취업 문제를 이야기할 것이다. 아마 여러분도 이 수업을 통해 자신의 진로 문제가 해결되기를 원하고 있을 것이다. 이처럼 진로 문제를 해결하고 결정하는 데 도움이 되는 이론 중 가장 고전적이며 기본이 되는 이론이 특성-요인 이론이다.

특성-요인 이론은 Parsons로부터 시작된 이론으로 진로지도와 진로상담의 근간이 된다. 이 이론은 개인분석, 직업분석, 과학적 조언을 통한 매칭으로 개인에게 적합한 직업을 효과적으로 연결시킬 수 있다고 보았다. 진로 문제를 해결하기 위해 무엇부터 해야 할지 몰라 갈팡질팡하고 있다면 특성-요인 이론을 통해 그 길을 찾을 수 있을 것이다.

1) 이론의 주요 개념

특성-요인 이론에서 특성(trait)이란 개인이 가지고 있는 특징을 의미하며, 요인(factor)이란 특정 직무 수행에서 요구되는 조건과 직무 내용의 특징을 뜻한다. 사람들은 저마다 다른 특성을 가지고 있으며, 모든 직업은 저마다 다른 특성을 요구한다. 특성-요인 이론에서는 이 두 요인을 진로선택과 직업 결정을 위한 핵심 정보로 보고 있다.

Klein과 Weiner(1977)는 특성-요인 이론의 기본적인 가정을 다음과 같이 설명하고 있다. 첫째, 사람들은 누구나 신뢰할 수 있고 타당하게 측정될 수 있는 독특한 특성을 가지고 있다. 둘째, 다양한 특성을 지닌 종사자가 맡겨진 직무를 성공적으로 수행할 가능성이 크겠지만, 각각의 직업은 그들에게 성공적인 직업생활에 필요한 매우 구체적인 특성을 요구한다. 셋째, 직업선택은 직접적인 인지 과정이기 때문에 개인의 특성과 직업의 특성을 연결하는 것이 가능하다. 넷째, 개인의 특성과 직업에서의 요구사항이 보다 밀접하게 연결될수록 직업적 성공(예: 높은 생산성과 직무만족도)의 가능성은 높아진다.

　　Parsons(1909)는 현명한 직업선택을 위해서 다음과 같은 정보가 필요하다고 하였다. 첫째, 자기 자신에 대한 명확한 이해로, 자신의 적성, 능력, 흥미, 가치관, 성격, 포부, 자원의 근원과 한계 등에 대해 아는 것이다. 둘째, 직업에 대한 이해와 지식으로, 직업 입문에 필요한 자격요건, 직업의 장단점, 보수, 고용기회, 장래 전망 등에 대한 지식을 아는 것이다. 셋째, 두 정보 간의 정확한 추론을 통한 연관성을 바탕으로 합리적인 의사결정을 하는 것이다.

2) 특성-요인 이론의 두 요소

(1) 자기 자신에 대한 이해

　　특성-요인 이론을 활용한 상담에서는 먼저 개인 특성에 대한 정보가 필요하다. 개인의 특성이란 적성, 능력, 흥미, 가치관, 성격, 포부, 자원의 근원과 한계 등을 의미하는데, 이러한 특성은 면담, 관찰, 다양한 심리검사를 통해 확보할 수 있다. 여러분이 진로를 탐색할 때 학생상담센터나 대학일자리본부를 찾아가 심리검사를 받는 것도 결국 자기 자신에 대한 이해를 높이기 위한 활동인 것이다. 개인의 주요 특성인 적성, 흥미, 가치관, 성격 등에 대해 살펴보면 다음과 같다.

① 적성

　　적성은 미래의 과업에 대한 성공적인 수행 가능성을 뜻한다. 예를 들어, 만약 내가 언어 적성은 낮은 반면에 자연과학 적성이 높다면, 소설가라는 직업을 선택할 때보다 동물학자라는 직업을 선택할 때 높은 성과를 보일 수 있다는 것이다. 현재의 수행능력을 '능력'으로, 미래의 수행능력을 '적성'으로 구분하기도 하지만, 보통 심리학자들은 개인의 능력을 설명하기 위해 적성, 능력, 재능, 역량 등 다양한 용어를 사용하고 있다.

　　최근 진로상담에서는 Gardner의 다중지능 개념이 활발하게 적용되고 있다. 이 이론은 인간에게 서로 독립적인 8가지의 지능이 있으며, 자신의 강점 지능을 잘 발휘할 수 있는 분야나 직업을 선택하는 것이 성공의 확률을 높인다고 한다. 적성은 유전적인 성향이 강하기는 하나, 학습경험이나 훈련에 의해서 개발될 수 있다고 본다(Gardner, 2007). Gardner의 8가지 다중지능은 다음과 같다.

- 언어지능(linguistic intelligence): 말이나 글을 통해 자신의 생각이나 느낌을 잘 표현할 뿐만 아니라 언어를 빠르게 습득하는 능력을 의미한다. 언어지능이 요구되는 직업으로는 소설가, 시인, 연설가, 작가, 정치가, 변호사, 기자, 방송인 등이 있다.

- 논리수학지능(logical-mathematical intelligence): 숫자나 규칙, 명제 등의 상징체계를 잘 익히고 논리적·추상적 방법으로 사고를 조직화하는 능력을 의미한다. 논리수학지능이 요구되는 직업으로는 수학자, 물리학자, 통계학자, 회계사 등이 있다.

- 공간지각지능(spatial intelligence): 선, 도형, 그림, 지도, 삼차원 공간의 체계를 쉽게 파악하고 창조적으로 변형시킬 수 있는 능력을 의미한다. 공간지각지능이 요구되는 직업으로는 건축가, 조종사, 조경사, 조각가, 디자이너, 당구선수 등이 있다.

- 신체운동지능(bodily-kinesthetic intelligence): 동작, 춤, 운동, 연기 등 신체적 움직임을 쉽게 익히고 몸의 균형감각이 발달해 사물을 잘 다룰 수 있는 능력이다. 신체운동지능이 요구되는 직업으로는 운동선수, 무용수, 기술자, 연기자 등이 있다.

- 음악지능(musical intelligence): 가락, 리듬, 소리 등 음악적 형태를 지각하고 변별하고 변형하며 독창적으로 표현할 수 있는 능력을 의미한다. 음악지능이 요구되는 직업으로는 작곡가, 연주가, 성악가, 지휘자, 음악평론가 등이 있다.

- 내적성찰지능(intrapersonal intelligence): 자신의 내면을 세심하게 관찰하고 자기 감정의 범위와 종류를 구별해 내며, 자신과 관련된 문제를 잘 해결할 수 있는 능력이다. 내적성찰지능이 요구되는 직업으로는 심리학자, 철학자, 종교인, 작가 등이 있다.

- 대인관계지능(interpersonal intelligence): 다른 사람의 기분이나 느낌, 욕구, 바람 등을 잘 이해하고 그에 적절하게 반응할 수 있는 능력이다. 대인관계지능이 요구되는 직업으로는 교사, 정치가, 상담전문가, 종교지도자, 영업사원 등이 있다.

- 자연과학지능(naturalist intelligence): 식물이나 동물을 비롯한 자연환경에 관심을 가지고, 그 세계를 관찰하며 분류하고 관리하는 능력이다. 자연과학지능이

요구되는 직업으로는 동물학자, 식물학자, 과학자, 조경사, 탐험가, 동물사육사 등이 있다.

② 흥미

적성이 무엇을 잘할 수 있는지와 관련된 것이라면, 흥미는 무엇에 즐거움과 재미를 느끼는지와 관련되어 있다. 내가 관심을 가지고 있는 분야의 활동을 했을 때 그 결과가 뛰어나지 않더라도 즐거움을 느낄 수 있다. 즉, 어떤 사람은 잘하지 못하는 일을 좋아할 수도 있고, 또 어떤 사람은 잘하는 일을 좋아하지 않을 수도 있다.

그렇다면 직업적인 적성(능력)과 흥미 중 직업선택에 보다 중요한 것은 무엇일까? 흥미는 직업선택에서 가장 중요한 특성으로 알려져 있다(Tracey & Hopking, 2001). 이는 '좋아하는 일'을 찾는 것이 중요하다는 것이다. 물론 직업활동은 취미활동이 아니기 때문에 일정 이상의 능력이 요구된다. 하지만 좋아하는 일을 한다는 것은 자신의 일을 즐긴다는 의미이기 때문에 그 일을 하면서 어려움을 경험하더라도 쉽게 포기하지 않고 더욱 노력하면 그 결과로 유능해진다는 것이다(유현실, 1998; 청소년대화의광장 편, 1997). 또한 일을 하면서 즐거움과 유능감을 동시에 느끼는 몰입도 경험하는 것으로 알려져 있다(김창대, 2002).

직업적 흥미를 탐색하는 대표적인 심리검사로 Holland 적성탐색검사와 스트롱(Strong) 직업흥미검사가 있으며, 이들 모두 육각형 모형인 현실형, 탐구형, 예술형, 사회형, 기업형, 관습형의 6가지로 구분하여 설명하고 있다.

③ 가치관

여러분이 삶에서 가장 중요하다고 여기는 것은 무엇인가? 내가 삶에서 지향하는 것, 삶의 방향의 기준이 되는 신념을 가치라고 한다. 이러한 가치는 삶의 한 부분이며, 진로선택에도 많은 영향을 준다. 20대 대학생인 여러분은 자신의 가치를 고려한 진로선택의 중요성을 아직 깨닫지 못할 수 있지만, 30대 이상의 많은 직장인을 살펴보면 자신의 가치와 종사하고 있는 직업의 가치가 맞지 않아 이직을 고려하는 경우가 많다.

우리가 하는 의사결정 이면에는 가치가 내재되어 있고, 직업선택 역시 이러한 가치에 의해 결정된다(Rosenberg, 1957). 우리는 자신의 가치가 충족될 수 있는 직업이나 직업 환경을 선택할 때 직업만족이 높다. 예를 들어, 남을 도와주는 '봉사'를 중요한 가치로 생각하는 사람이 상담사나 사회복지사라는 직업에 종사한다면 직업 만족이 높을 수 있지만, 채권추심원이라는 직업에 종사한다면 하루도 버티지 못할 수 있다.

연구자마다 조금씩 상이하나, 대표적인 직업가치관의 하위 요인은 다음과 같다(한국고용정보원, 2005).

- 성취: 스스로 달성하기 어려운 목표를 세우고 이를 달성하여 성취감을 맛보는 것을 중시하는 가치
- 봉사: 자신의 이익보다는 사회의 이익을 고려하며, 어려운 사람을 돕고, 남을 위해 봉사하는 것을 중시하는 가치
- 개별활동: 여러 사람과 어울려 일하기보다 자신만의 시간과 공간을 가지고 혼자 일하는 것을 중시하는 가치
- 직업안정: 해고나 조기퇴직의 걱정 없이 오랫동안 안정적으로 일하며 안정적인 수입을 중시하는 가치
- 변화지향: 일이 반복적이거나 정형화되어 있지 않으며 다양하고 새로운 것을 경험할 수 있는지를 중시하는 가치
- 몸과 마음의 여유: 건강을 유지할 수 있으며 스트레스를 적게 받고 마음과 몸의 여유를 가질 수 있는 업무나 직업을 중시하는 가치
- 영향력 발휘: 타인에게 영향력을 행사하고 일을 자신의 뜻대로 진행할 수 있는지를 중시하는 가치
- 지식추구: 일에서 새로운 지식과 기술을 얻을 수 있고 새로운 지식을 발견할 수 있는지를 중시하는 가치
- 애국: 국가의 장래나 발전을 위하여 기여하는 것을 중시하는 가치
- 자율: 다른 사람들에게 지시나 통제를 받지 않고 자율적으로 업무를 해 나가는 것을 중시하는 가치
- 금전적 보상: 생활하는 데 경제적인 어려움이 없고 돈을 많이 벌 수 있는지를 중시하는 가치
- 인정: 자신의 일이 다른 사람들로부터 인정받고 존경받을 수 있는지를 중시하

는 가치
- 실내활동: 주로 사무실에서 일할 수 있으며 신체활동을 적게 요구하는 업무나 직업을 중시하는 가치

④ 성격

성격이란 개인의 독특한 행동과 사고를 결정하는 체계들의 역동적인 조직 (Allport, 1961)으로 정의되며, 나와 타인의 행동의 차이를 설명하는 요소가 된다. 성격을 측정하는 다양한 심리검사가 있지만, 진로결정에 활용되는 검사로는 보통 비진단적인 검사인 MBTI(성격유형검사)와 Holland 적성탐색검사가 사용되고 있다.

성격유형검사는 주의초점(외향형-내향형, E-I), 인식기능(감각형-직관형, S-N), 판단기능(사고형-감정형, T-F), 생활양식(판단형-인식형, J-P)의 4가지 지표에 따라 16가지 성격유형으로 구분한다. 지표에 따른 선호하는 업무 스타일을 살펴보면 다음과 같다(Myers & McCaulley, 1985).

외향형(E)은 사람들과 함께 일하며 다양하고 활동적인 업무를 좋아하고, 선호하는 업무/직업으로는 사업, 판매, 마케팅, 공공기관 업무, 홍보, 판촉 등이 있다. 반면, 내향형(I)은 조용하고 자기만의 공간에서 집중할 수 있는 일을 좋아하며, 선호하는 업무/직업으로는 교사, 교수, 과학, 연구, 공학, 도서 등이 있다.

감각형(S)은 현실적이고 세밀하게 주의를 요구하는 일을 좋아하며, 선호하는 업무/직업으로는 관리, 생산, 건축, 간호, 경찰, 생산 등이 있다. 반면, 직관형(N)은 미래 지향적이며 새로운 방식으로 문제를 해결하는 일을 좋아하고, 선호하는 업무/직업으로는 연구, 예술, 과학, 작가, 상담 등이 있다.

사고형(T)은 논리적이고 객관적인 사고의 활동이 요구되는 일을 좋아하며, 선호하는 업무/직업으로는 경찰, 법률, 컴퓨터, 기술, 과학 등이 있다. 반면, 감정형(F)은 남을 돕고 협력하는 일을 선호하며, 관계와 조화가 업무성과에 영향을 준다. 선호하는 업무/직업으로는 봉사, 상담, 의료, 교육 분야 등이 있다.

판단형(J)은 계획적이고 체계적이고 구조화된 일을 좋아하며, 선호하는 업무/직업으로는 행정, 법률, 감독, 관리책임자 등이 있다. 반면, 인식형(P)은 상황에 따른 융통성과 자발성이 요구되는 환경을 좋아하며, 선호하는 업무/직업으로는 예술, 스포츠, 탐험, 정치, 외교 등이 있다.

Holland 적성탐색검사는 Holland의 직업성격유형을 현실형, 탐구형, 예술형, 사회형, 기업형, 관습형의 6가지로 범주화하여 설명하고 있다. 각 유형에 대한 설명은 다음의 성격이론에 기술하였다.

(2) 직업세계에 대한 이해

특성-요인 이론의 첫 번째 요소인 '특성'에 해당하는 요소가 자기 자신에 대한 이해였다면, 두 번째 요소는 '요인'에 해당하는 직업세계에 대한 이해이다. 이는 직업 입문에 필요한 자격요건, 직업의 장단점, 보수, 고용기회, 장래 전망 등에 대한 지식을 아는 것을 의미한다.

Sharf(2006)는 효과적인 직업정보 수집을 위해 3가지 측면을 고려해야 한다고 했다. 첫째, 직업정보의 유형으로 직무내용, 근로조건, 급여 수준 등의 정보이다. 워크넷(www.work.go.kr), 커리어넷(www.career.go.kr), 한국고용정보원(www.keis.or.kr)의 '직업정보'를 활용하면 직업개요, 취업현황, 직업전망 등의 정보를 검색해 볼 수 있다.

둘째, 직업분류체계이다. 이는 직업의 유사성에 따라 의미 있게 조직화된 직업군들로, 이를 활용하면 직업의 특성을 보다 다양하게 이해할 수 있다는 장점이 있다(이재창 외, 2017). 우리나라에서는 최근 산업인력공단에서 국가직무능력표준(NCS)을 개발하고, 직업인이 공통적으로 갖추어야 할 '직업기초능력'과 특정 분야에서 요구되는 '직무수행능력'을 제시하였다. 직업기초능력은 의사소통능력, 자원관리능력, 문제해결력, 정보능력, 조직이해능력, 수리능력, 대인관계능력, 자기개발능력, 기술능력, 직업윤리의 10가지 영역으로 구성되어 있다. 직무수행능력은 한국고용직업분류에 따라 대분류 24개, 중분류 79개, 소분류 253개, 세분류 1,001개로 분류하고 있다. 직업분류에 대한 보다 자세한 내용은 국가직무능력표준(www.ncs.go.kr)에서 찾아볼 수 있다.

셋째, 현재 고려하고 있는 직업의 입직에 필요한 특성 및 요인 조건에 대한 정보이다. 사람마다 고려하고 있는 직종이나 직업이 다르기 때문에 해당 직업의 채용공고를 확인해서 학력, 학점, 어학 성적, 관련 자격증, 채용 시기 등 필요한 요건을 구체적으로 확인하고 준비할 필요가 있다.

3) 이론의 적용

특성-요인 이론가인 Williamson(1939)은 진로결정 과정에서 발생할 수 있는 문제를 다음과 같이 4가지로 설명하고 있다. 첫째, 진로 무선택으로 현재 진로를 전혀 고려하고 있지 않은 상태를 의미한다. 자신이 무엇을 원하고 어떤 직업에 관심이 있는지를 알지 못하는 상태이다. 둘째, 불확실한 선택으로 자신이 선택한 직업을 언급할 수는 있으나 그 결정에 확신이 낮아 불안감을 갖고 있는 경우이다. 셋째, 현명하지 못한 선택으로 자신의 흥미와 능력 간의 불일치, 혹은 자신의 능력과 직업에서의 요구와의 불일치 등을 의미한다. 넷째, 흥미와 적성 간의 모순으로 흥미를 느끼는 직업은 있지만 그 직업을 가질 능력이 부족한 경우, 능력이 있는 분야의 직업에 흥미가 없거나 흥미가 있는 직업에 능력이 없는 경우 등을 의미한다.

이 이론을 진로선택에 적용해 본다면, 첫째로 '자기이해가 충분히 되어 있는가?', 둘째로 '직업세계에 대한 이해가 충분히 되어 있는가?', 셋째로 '앞의 두 정보를 바탕으로 합리적으로 진로의사결정을 하고 있는가?'를 점검해 볼 필요가 있다. 특성-요인 이론을 살펴보면 비교적 간단한 인지 과정으로 직업선택이 이루어질 수 있는 것처럼 보인다. 하지만 Williamson은 정서 불안이 직업선택을 불확실하게 할 수 있기 때문에 무엇보다 자신의 생각을 명료화하는 작업이 중요하다고 보았다.

2. 성격이론

여러분은 어떤 기준으로 지금 다니는 학과를 선택하였는가? 그리고 입학 후 학과 공부를 하면서 학과 선택에 만족하고 있는가?

성격이론은 직업심리학자인 Holland 박사가 창안한 이론으로, 진로상담에서 가장 널리 활용되고 있다. Holland는 군대, 교육현장, 임상장면 등 다양한 현장에서의 상담 경험을 바탕으로 사람들이 가진 흥미, 특성, 행동을 6가지 유형으로 분류할 수 있으며 직업의 유형도 이와 같이 분류할 수 있다고 보았다. Holland의 이론을 살펴보면 나의 학과 선택과 만족도, 더 나아가 앞으로의 직업선택과 직업만족에 대한 해답을 제공해 줄 것이다(Holland, 1997).

1) 이론의 주요 가정

Holland 이론은 다음의 4가지 원리를 가정하고 있다(Holland, 1994).

첫째, 대부분의 사람들은 현실형, 탐구형, 예술형, 사회형, 기업형, 관습형 중 하나의 유형으로 분류될 수 있다. 각각의 성격유형은 어떠한 환경에 직면했을 때의 태도와 문제해결력은 물론, 직업활동과 여가활동에 대한 선택이나 삶의 목표와 가치 추구 등에서 다른 특징을 보인다. 한 사람이 순수하게 하나의 유형만을 선호하는 경우는 드물다. Holland는 누구나 몇 가지 유형을 동시에 가질 수 있다고 했으며, 그 중 가장 높은 점수의 유형이 자신의 주된 유형이라고 보았다.

둘째, 직업과 학과와 같은 환경 역시 현실형, 탐구형, 예술형, 사회형, 기업형, 관습형으로 분류될 수 있으며, 보통 각 환경에는 그 유형과 일치하는 사람들이 속해 있다. 만약 여러분이 교양 과목을 수강하는 다른 학과 친구들과 함께 Holland 검사를 실시한다면 RIASEC 유형의 분포가 비교적 고르게 나타날 수 있지만, 같은 학과 친구들과 Holland 검사를 실시한다면 일부 유형에 편중되어 분포할 가능성이 크다.

셋째, 사람들은 자신의 능력과 기술을 발휘하고 태도와 가치를 표현하는 등 자신에게 맞는 역할을 할 수 있는 환경을 찾는다. 여러분이 대학 진학을 결심하고, 학과를 선택하고, 대학에서 다양한 경험을 쌓아 가는 것도 자신에게 맞는 환경을 찾기 위한 과정이라고 할 수 있다.

넷째, 개인의 행동은 성격과 환경의 상호작용에 따라 결정된다. 사람의 성격과 그 사람의 직업 환경에 대해 이해하는 것은 진로선택, 이직, 직업성취, 직무만족 등 중요한 결과에 대한 예측을 가능하게 한다. 사람들이 선망하는 직업에 종사한다고 해서 누구나 만족하는 것은 아니며, 우수한 사람이라고 해서 어떤 직업을 선택하더라도 성공하는 것은 아니다.

이러한 Holland의 기본 가정은 개인이 6가지의 직업적 성격유형에 해당하는 특성을 가지고 있고 직업 환경 또한 6가지의 직업 및 직무 특성을 요구하기 때문에 이를 고려한 진로선택이 이루어져야 한다는 것이다. 이러한 기본 가정을 살펴보면, Holland의 성격이론 역시 특성-요인 이론과 동일한 설명틀이 적용된다는 것을 알 수 있다. 6가지의 성격유형은 육각형 모형으로 설명되며, Holland의 육각형 모형은 다음과 같다.

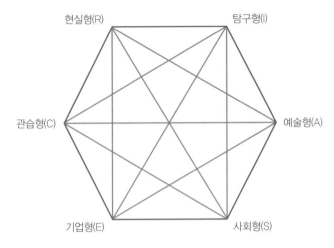

[그림 7-1] Holland의 육각형 모형

2) 6가지 성격유형 특성

Holland의 6가지 유형의 성격특성과 환경특성은 다음과 같다(안창규, 1996; 한국 고용정보원, 2008).

(1) 현실형(Realistic)

- 현실형의 성격특성: 현실형의 사람은 체계적이고 명확하며 질서정연하고 실질 적인 일을 좋아한다. 사물을 잘 다루고 신체활동을 즐기며, 기계나 컴퓨터 등 도구 활용에 흥미가 있다. 또한 남성적이고 솔직하고 성실한 반면, 사교성이나 창의성은 부족한 편이다.
- 현실형의 직업 환경: 현실형의 대표 분야는 기계 분야로 실행/사물 지향의 특 성을 지니고 있다. 기계적이고 기술적인 능력과 뛰어난 운동능력이 필요하며, 현실적이고 신중한 성격이 요구된다. 현실형의 대표적인 직업으로는 엔지니 어, 소방관, 목수, 군인, 운동선수, 원예사 등이 있으며, 대표적인 전공 계열 혹 은 학과로는 공학계열, 이학계열, 농학, 체육학 등이 있다.

(2) 탐구형(Investigative)

- 탐구형의 성격특성: 탐구형의 사람은 자연현상이나 사회현상을 비판적이고 분

석적으로 관찰하고, 체계적이고 창조적으로 탐구하는 일을 좋아한다. 지적 호기심이 강하고 학구적이며, 관심 있는 주제에 대해 관심을 가지고 파고드는 경향이 있다. 개인적이고 독립적인 활동을 선호하며, 리더십 기술은 부족한 편이다.

- 탐구형의 직업 환경: 탐구형의 대표 분야는 연구 분야로 사고/아이디어 지향의 특성을 지니고 있다. 자연현상이나 사회현상에 대한 탐구, 이해, 분석 및 예측하는 능력이 필요하며, 분석적이고 지적인 성격이 요구된다. 탐구형의 대표적인 직업으로는 자연과학 분야 학자, 사회과학 분야 학자, 의사, 대학교수 등이 있으며, 대표적인 전공 계열 혹은 학과로는 의학, 약학, 자연과학계열 등이 있다.

(3) 예술형(Artistic)

- 예술형의 성격특성: 예술형의 사람은 창의적이고 심미적인 활동을 좋아하며 상상력이 풍부하고 독창적이다. 틀에 박힌 일이나 반복적인 일을 싫어해 늘 변화와 다양성을 추구하며 예술적 직감에 의존해 문제를 해결하는 경향이 있다. 자유분방하고 개성이 강하며 감정이 풍부하나, 규범적인 기술은 부족하다.

- 예술형의 직업 환경: 예술형의 대표 분야는 예술 분야로 창조/아이디어 지향의 특성을 지니고 있다. 예술적이고 창의적인 능력과 높은 상상력이 필요하며, 경험에 대해 개방적인 성격이 요구된다. 예술형의 대표적인 직업으로는 음악가, 화가, 디자이너, 작가, 영화/연극 배우, 무용가 등이 있으며, 대표적인 전공 계열 혹은 학과로는 예술대학, 연극영화, 무용, 문학계열 등이 있다.

(4) 사회형(Social)

- 사회형의 성격특성: 사회형의 사람은 타인과 어울리기를 좋아하고, 다른 사람의 문제를 듣고 공감하고 도와주는 것을 선호한다. 사물을 지향하기보다는 사람들 간의 관계에 주목하는 경향이 있으며, 이들의 필요를 채워 주고 돌보는 활동을 좋아한다. 이들은 이타적이며 감정적이고 배려심이 깊은 편이나, 기계적이고 과학적인 능력은 부족하다.

- 사회형의 직업 환경: 사회형의 대표 분야는 교육 · 상담 분야로 자선/사람 지향의 특성을 지니고 있다. 타인에 대한 공감능력과 의사소통능력을 비롯한 대인 지향적 능력이 필요하며, 이해심과 인내력이 요구된다. 사회형의 대표적인 직

업으로는 상담자, 사회복지사, 간호사, 교사, 성직자 등이 있으며, 대표적인 전
공 계열 혹은 학과로는 사범계열, 상담심리학과, 사회복지학과, 간호학과 등이
있다.

(5) 기업형(Enterprising)

- 기업형의 성격특성: 기업형의 사람은 조직의 목표를 이루거나 경제적인 이익
  을 창출하는 활동을 선호하며, 통솔력과 지도력이 있다. 이들은 타인에게 영향
  을 주는 일에 흥미가 있고, 말을 잘하고 외향적이며 적극적인 편이다. 야심에
  차 있고 경쟁적이며 열성적이나, 추상적인 활동을 싫어하고 과학적 능력이 부
  족하다.
- 기업형의 직업 환경: 기업형의 대표 분야는 경영 분야로 관리/과제 지향의 특
  성을 지니고 있다. 적극적인 리더십과 타인을 통제하고 관리하는 능력, 대인
  간 설득력이 필요하며, 대담하고 사교적인 성격이 요구된다. 기업형의 대표적
  인 직업으로는 CEO, 정치인, 영업사원, 변호사, 아나운서, 홍보 담당자 등이 있
  으며, 대표적인 전공 계열 혹은 학과로는 상경계열, 법학계열, 정치외교학과,
  언론학과 등이 있다.

(6) 관습형(Conventional)

- 관습형의 성격특성: 관습형의 사람은 정확하고 조심성이 있고 책임감이 강한
  편이며, 체계적으로 자료를 정리하거나 기록하는 등 구조화된 일을 좋아한다.
  또한 짧은 시간에 많은 일을 할 수 있도록 일을 잘 조직한다. 규칙에 따라 반복
  적인 일을 꾸준히 하는 데 탁월한 능력을 가지고 있으나, 불확실하고 모호한 상
  황을 견디는 힘이나 창의성은 부족한 편이다.
- 관습형의 직업 환경: 관습형의 대표 분야는 회계 분야로 동조/자료 지향의 특
  성을 지니고 있다. 원칙과 계획에 따라 자료를 기록하고 조직화하는 능력과 사
  무적이고 계산적인 능력이 필요하며, 꼼꼼하고 계획성 있는 성격이 요구된다.
  관습형의 대표적인 직업으로는 회계사, 경리사무원, 비서, 사서, 은행원, 컴퓨
  터 프로그래머 등이 있으며, 대표적인 전공 계열 혹은 학과로는 상경계열, 법학
  계열, 회계학과, 행정학과, 문헌정보학과 등이 있다.

3) 이론의 적용

자신을 보다 깊이 이해하기 위해 Holland 검사 결과를 토대로 다음의 몇 가지를 살펴볼 필요가 있다.

첫째, 일관성으로 육각형의 RIASEC 유형은 서로 상관이 높은 유형끼리 인접해 있다. 예를 들어, 예술적이고 사회적인 활동의 유형(AS)은 예술적이고 관습적인(AC) 유형보다 더 일관성이 높다. 여러분의 유형이 서로 인접해 있다면 두 유형은 공통점이 많기 때문에 여러분의 특성들을 충족시켜 줄 직업을 찾기가 보다 쉬울 것이다. 하지만 상반된 유형을 선호한다면 극단적인 특성을 동시에 맞춰 줄 직업을 찾기 어렵기 때문에 진로탐색에 있어서 어려움을 경험할 수 있다. 이때는 다양한 경험을 통해 두 유형 중 하나의 변별도를 높이거나 직업적 준비도가 높은 쪽을 고려해서 진로탐색을 해 나가야 한다.

둘째, 변별성으로 이는 최종 유형의 점수가 다른 유형의 점수보다 확실히 구별되게 높은지 그렇지 않은지를 의미한다. 여러분의 결과에서 하나 혹은 두 개 유형의 점수만 높게 나타났다면 그 유형에 뚜렷한 흥미를 느껴 변별성이 높은 것이지만, 여러 개의 유형이 비슷비슷한 점수 분포를 보이고 있다면 변별성은 낮다고 할 수 있다. 변별성이 낮은 사람들은 진로를 결정하는 데 어려움을 겪을 수 있기 때문에 자신의 흥미, 능력, 가치에 대한 보다 높은 이해를 통해 변별도를 높일 필요가 있다.

셋째, 일치성으로 나의 직업적 흥미가 직업 환경과 얼마나 일치하는가를 의미한다. 사람들은 유형에 따라 서로 다른 직업 환경을 원한다. 자신의 흥미와 일치성이 높은 영역에서 일을 하거나 생활을 할 때 사람들은 편안함을 느끼고 자신의 능력을 보다 잘 발휘할 수 있다. 사회형이라면 사람들과 더불어 일하면서 타인을 도와주는 일에서는 일치성이 높다고 할 수 있지만 혼자 기계를 고치는 일에서는 일치성이 낮다고 할 수 있다. 대학생의 경우 자신의 흥미 유형과 학과 특성의 일치성을 탐색해 본다면 자신의 학과 만족도를 이해할 수 있을 것이다.

넷째, Holland 육각형 모양과 크기에 대한 이해로, [그림 7-2]의 4가지 유형으로 나누어 설명할 수 있다(남미정, 2015).

육각형 크기 ＼ 육각형 모양	한쪽으로 찌그러진 모양	정육각형에 가까운 모양
크다	1. 특정한 분야에 뚜렷한 관심을 갖고 있으며 흥미가 잘 발달되어 있고 변별성이 높은 편이다. 진로결정에 어려움이 적고 안정적이다. 내가 관심을 가지고 있는 분야와 나의 특성(성격, 능력, 경험 등)의 부합성을 살펴볼 필요가 있다.	3. 관심 분야의 폭은 넓지만 내가 정말 좋아하는 분야가 무엇인지 잘 모를 수 있다. 실제로 다양한 분야에 재능이 있을 수도 있으나 자신에 대한 몰이해로 과장되게 자신을 지각하고 있을 수 있다. 객관적인 자기이해를 통해 흥미를 좁혀 보거나, 직업활동이나 여가활동에서의 흥미를 구분해 볼 필요가 있다.
작다	2. 변별성이 높다고는 할 수 있으나 흥미발달이 잘 이루어지지 않은 편이다. 조기에 진로를 결정해 다른 분야에 대해 관심을 가지지 않았을 가능성도 있다. 가능성을 두고 다양한 분야에 대해 관심을 가지는 태도가 필요하다.	4. 특별히 관심 가는 분야도 없고, 내가 무엇을 잘할 수 있는지, 무엇에 관심이 있는지에 대한 자기이해가 부족한 경우이다. 심리적으로 위축되었거나 자존감이 낮을 수도 있다. 혼자서 해결하기 어렵다면 가족이나 친구, 전문가 등 주변의 도움을 받아 보는 것이 필요하다.

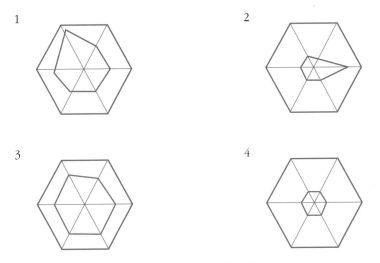

[그림 7-2] 흥미의 육각형 모양

3. 사회학습이론

부모 세대에는 한 직장에서 정년퇴직하는 것이 가능한 경우가 많았다. 하지만 여러분 세대에서는 그 가능성이 매우 희박할 것이다. 앞에 소개한 두 이론을 바탕으로 자신의 진로를 합리적으로 결정하고 몇 년을 노력해 드디어 원하는 직장에 들어가게 되었다고 가정해 보자. 그런데 얼마 지나지 않아 세계 경제 공황으로 회사가 도산하거나 인공지능의 발달로 내가 하고 있는 일이 없어진다면 어떻게 해야 할까?

사회학습이론은 Krumboltz의 초기 이론으로 진로의사결정에 있어서 학습의 영향을 강조하였다. 많은 사람은 어떻게 직업을 선택할지에 대해 관심을 두지만 Krumboltz(1996)는 직업을 선택하는 것뿐만 아니라 그 이후에 발생하는 위기를 잘 다루는 기술을 습득하는 것이 중요하다고 강조한다.

1) 진로결정의 구성요인

Krumboltz는 사람들이 특정한 전공과 직업을 선택하는 이유를 유전적 요인, 환경적 조건, 학습경험, 과제접근기술의 4가지 요인으로 설명했으며, 이 중 학습경험, 과제접근기술의 중요성을 강조하였다. 사회학습이론에서 제안하는 진로결정의 4가지 구성요인은 다음과 같다(Mitchell & Krumboltz, 1996).

(1) 유전적 요인

부모로부터 물려받은 생득적인 특성인 유전적 요인은 개인의 행동이나 진로선택에 영향을 미친다. 특히 음악, 미술, 문학, 운동 분야에서의 능력은 유전적 영향이 크다고 할 수 있다. 일반적으로 개인이 타고난 유전적 요인이 클수록 관련 분야의 학습이나 교육에 더 큰 성과를 보인다. 예를 들어, 음악적 능력을 타고난 사람은 음악활동이나 음악수업에 흥미를 느끼고 또래보다 더 큰 성과를 보일 것이며, 나아가 음악과 관련된 진로를 선택할 가능성이 크다.

반대로 유전적 능력이 부족한 영역에서는 학습이나 교육을 통해 일정 부분 능력이 향상될 수는 있으나 능력 발휘에는 한계가 있을 수 있다. 예를 들어, 타고난 운동

신경이 둔한 사람은 체육활동이나 체육수업에 긍정적인 반응을 보이기 쉽지 않을 것이다. 학습이나 교육을 통해 운동능력이 어느 정도 향상될 수는 있겠지만 운동선수가 되기에는 어려움이 있을 수 있다.

(2) 환경적 조건

환경적 상황과 사건 역시 개인의 진로선택에 영향을 준다. 이는 대부분 개인이 통제할 수 없는 영역으로 사회적, 문화적, 정치적, 경제적 사항을 포함한다. Krumboltz와 Henderson(2002)은 개인의 진로의사결정에 영향을 주는 여러 가지 조건을 다음과 같이 3가지로 분류하여 설명하고 있다.

첫째, 사회적 조건으로 각종 사회정책, 기술의 변화 등이 이에 해당된다. 사회의 변화는 진로선택에 많은 영향을 미친다. 사회정책에 따라 특정 직업에 대한 수요가 증가하기도 하고, 인공지능(AI)의 발달로 많은 직업이 사라지기도 한다. 둘째, 교육적 조건으로 교육제도, 진로교육 프로그램 등이 있다. 대학과 기술학교에서의 교육, 진로교육 프로그램의 참여 등은 진로를 탐색할 수 있는 기회의 다양성을 열어준다. 셋째, 직업적 조건으로 직업에서의 요구 조건, 노동시장의 특성, 노동법 등이 이에 해당한다. 낮은 취업률 때문에 특정 직업에서 요구하는 능력 이상의 것을 준비해야 하기도 하고, 구조조정으로 인해 원하지 않은 실직을 경험하기도 한다.

(3) 학습경험

학습경험은 사회학습이론에서 가장 중요하게 다루어지는 요인이다. 여기서 말하는 학습경험이란 공부를 통해 익히는 지식적인 측면의 학습뿐 아니라 삶에서 경험을 통해 배우는 모든 것을 의미한다. 이러한 학습경험은 개인의 진로선호도에 영향을 줄 수 있다. 개인이 무엇을 경험했는지에 따라 특정 직업에 호감이 생길 수도 있고, 그렇지 않을 수도 있다. 학습경험은 도구적 학습경험과 연합적 학습경험을 포함한다.

도구적 학습경험은 어떤 행동의 결과가 긍정적이라면 그 행동은 증가할 것이라는 가정에 기초하며, 선행사건, 행동, 후속 결과의 과정으로 이루어진다. 예를 들어, 과학경시대회를 앞두고(선행사건) 과학공부를 열심히 했고(행동) 그 결과 상을 받았다면(후속 결과), 결과가 좋지 않은 경우보다 앞으로 과학 공부를 더 열심히 할 가능성이 높으며, 나아가 과학과 관련된 진로를 선택할 가능성이 크다.

연합적 학습경험은 좋지도 싫지도 않은 중립적인 상황이 다른 상황과 결합하여 좋아지거나 싫어지는 경우를 말하는데, 직접 경험이 아닌 관찰, 영상매체 등을 통해 학습이 되기도 한다. 예를 들어, 평소 특별한 느낌이 없던 직업이었는데 미국 드라마를 보고 범죄심리학자에 대해 관심을 가지게 되거나, 특정 직업을 가진 사람의 비리와 관련된 뉴스 기사를 보고 그 직업에 대해 부정적인 인식이 생기는 경우가 그 예이다.

(4) 과제접근기술

우리는 진로를 탐색하는 과정에서 뜻하지 않게 크고 작은 어려움을 만난다. 이때 과제접근기술이 높을수록 상황에 보다 잘 대처하고 문제를 해결하며 진로의사결정을 현명하게 할 수 있다. 과제접근기술이란 개인이 당면한 문제를 해결하기 위해 동원하는 기술을 의미하는데, 이는 유전적 요인, 환경적 조건, 학습경험 간의 상호작용의 결과로 나타난다.

여기 같은 과 동기인 하나와 두리, 두 명의 대학생이 있다. 이들은 대학 입학 시 학과를 결정했을 때와는 달리 막상 전공 공부를 해 보니 자신들과 잘 맞지 않는다는 생각이 들었다. 그래서 3학년이지만 아직까지 진로를 결정하지 못하고 있다. 하나는 수업, 과제, 아르바이트 등 당장 해야 할 일이 너무 많아 진로는 늘 머릿속으로만 고민하고 있다. 반면, 두리는 바쁜 학교생활에서 시간을 내어 학생상담센터에서 자신의 흥미를 알아볼 수 있는 심리검사도 받아 보고, 취업한 선배를 만나 조언도 들었다. 이 둘 중 누가 당면한 문제를 해결하는 과제접근기술이 더 높을까?

Krumboltz와 Baker(1973)는 진로결정에 필요한 과제접근기술을 다음과 같이 설명하였다. 첫째, 결정해야 하는 중요한 사항을 인식하는 능력, 둘째, 결정이나 일을 쉽게 처리하거나 정확하게 할 수 있는 능력, 셋째, 자기관찰 일반화와 세상에 대한 일반화를 검토하고 정확하게 평가하는 능력, 넷째, 다양한 대안을 마련하는 능력, 다섯째, 대안을 실행하기 위해 필요한 정보를 수집하는 능력, 여섯째, 많은 정보 중 정확하고 신뢰할 수 있는 정보를 가려내는 능력 등이다.

2) 진로결정의 구성요인의 상호작용 결과

지금까지 살펴본 유전적 요인, 환경적 조건, 학습경험, 과제접근기술은 서로 영향을 주고받으며 자기 자신에 대한 일반화와 세상에 대한 일반화를 형성한다.

(1) 자기관찰 일반화

사람들은 자신의 능력이나 역량, 흥미, 가치에 대해 지속적으로 관찰함으로써 자기관찰 일반화를 형성한다. 자기관찰 일반화는 자신의 행동을 자신의 기준에 비추어 보거나 타인이 어떻게 평가하는지 살펴봄으로써 얻어진다. 자신의 태도와 기술에 대한 일반화는 학습경험의 결과로 나타난다. 이때 자기관찰 일반화는 겉으로 드러나기도 하고 내면과정에 머물러 있기도 한다. 이러한 일반화는 이전 학습경험의 결과로 형성되며, 또다시 새로운 학습경험의 결과에 영향을 주기도 한다. 예를 들어, 음악 콩쿠르에 나가 입상한(학습경험) 학생은 자신이 음악에 재능이 있다고 생각할 것이다(일반화). 이러한 생각은 음악 연습을 더 열심히 하게 할 것이고, 이러한 경험을 통해 얻은 학습경험은 다시 자신에 대한 일반화에 영향을 줄 것이다.

(2) 세상에 대한 일반화

사람들은 자신을 관찰하는 것과 마찬가지로 주변 사람과 자신을 둘러싼 세상을 관찰한다. 사람들은 다양한 학습경험을 통해 자신만의 세계관을 형성하고, 이러한 일반화를 통해 세상에 대해 이해하고 또 다른 환경에서 일어날 일을 예측한다. 예를 들어, 어려서부터 주변 사람들의 사랑을 받으며 살아온 사람은 '사람들은 참 믿을 만하고, 앞으로도 내가 어려울 때 주변 사람들이 나를 도와줄 거야.'라고 앞으로 자신이 만날 세상을 긍정적으로 예측할 것이다. 하지만 가난 때문에 무시받으며 살아온 사람은 '돈이 없으면 무시받는 거야. 사람답게 살기 위해서는 돈이 많아야 해.'라고 생각해 돈을 많이 벌기 위한 직업을 선택하려 할 것이다.

이처럼 자기관찰 일반화와 세상에 대한 일반화는 개인이 살면서 경험한 것들로부터 온 생각이다. 따라서 이러한 경험은 제한적일 수밖에 없기 때문에 어느 정도의 오류를 포함하고 있을 수 있다. 이러한 생각 중에는 자신의 진로선택을 방해하는 생각도 있기 때문에 자신에 대한 일반화와 세상에 대한 일반화를 객관적으로 검토하고 수정할 필요가 있다. 예를 들어, 미술에 재능이 뛰어난 언니를 둔 예슬이는 상대적으로 자신은 미술을 못하는 것 같고 주변 사람으로부터도 언니만큼 칭찬을 못 받아 '나는 미술에 재능이 없어.'라는 생각을 할 수 있다. 실제로 예슬이가 다른 또래친구들보다 미술을 잘함에도 불구하고 이러한 경험으로 인해 자신을 객관적으로 보지 못한다면 미술과 관련된 직업을 제한해 버릴 수 있을 것이다.

3) 이론의 적용

사회학습이론은 계속해서 변화하는 직업 환경 속에서 만족하는 삶을 살 수 있도록 기술, 흥미, 신념, 가치, 업무 습관, 개인적 자질을 학습하는 것이 중요하다고 하였다(Krumboltz, 1996). 또한 개인과 개인의 환경 내에서의 변화가 중요하다고 보았다(Krumboltz & Henderson, 2002; Krumboltz & Levin, 2004). Krumboltz(1996)는 진로탐색에서 고려해 볼 수 있는 3가지 기준을 다음과 같이 설명하였다.

첫째, 자신의 능력과 흥미를 확장해 나갈 필요가 있으며, 현재의 특성만을 고려해 진로를 결정해서는 안 된다. 자신의 능력, 흥미, 가치에 대한 자기관찰 일반화는 경험에 따라 변화할 수 있기 때문에 새로운 취미와 직업에 대해 탐색하는 것이 중요하다.

둘째, 현재 존재하는 직업이 안정적으로 남아 있을 것이라는 기대를 하지 말아야 하며 직무 변화에 대비할 필요가 있다. 직무 변화에 적응하기 위한 유연성이 요구되는 만큼 새로운 직업을 수행하는 데 필요한 다양한 능력을 향상시킬 필요가 있다.

셋째, 사회학습이론은 '행동의 과정을 결정하고 행동하라.'고 말한다. Krumboltz(1996)는 특성-요인 이론이 사람들이 자신의 흥미에 따라 직업을 결정하는 데에는 도움이 되지만, 구직활동을 하고, 직업을 경험하고, 직업과 관련된 사람을 만나는 것과 같이 변화를 다루는 데에는 도움이 안 된다고 주장한다.

사회학습이론은 무엇보다 학습과 실천을 강조한다. 급변하는 직업 환경에서 앞으로 어떤 상황을 만날지 모르기 때문에 다양한 경험을 통해 계속 새로운 것을 배워 나가라는 것이다. 이를 위해 대학생인 여러분은 무엇을 실천해 볼 수 있을까? 학교에서 진행되고 있는 다양한 비교과 프로그램에 참여해 보기, 동아리에 가입하기,

조별 활동에서 조장 역할 해 보기, 내가 관심 없었던 분야의 교양 수업 도전해 보기, 아르바이트 해 보기 등이 있다. 지금 여러분의 머릿속에 떠오르는 것이 있었다면 망설이지 말고 적극적으로 행동에 옮겨 보기를 바란다. 그 경험들이 훗날 여러분의 진로 설정과 진로적응에 큰 밑거름이 될 것이다.

연습문제

1. 나의 Holland 유형을 알아봅시다. 다음의 설명 중 자신을 잘 설명하거나 자신이 원하는 활동 (일)에 표시해 봅시다.

R	S
방 안에 조용히 있으면 답답하고 잠이 온다.	내가 좀 손해 보더라도 다른 사람에게 좋게 대하려 한다.
이론을 따지고 토론하는 것을 보면 재미가 없다.	내 주위에는 늘 친한 친구들이 있다.
부속품들을 맞춰서 복잡한 기계를 조립한다.	장애가 있는 아이들을 가르치는 선생님이 된다.
운동경기를 한다.	어려운 사람을 돕는 단체에서 일한다.
장난감이 고장 나면 잘 고친다.	아이들을 잘 가르칠 수 있다.
몸으로 하는 일은 무엇이든지 재빠르게 할 수 있다.	어려운 처지에 있는 사람의 마음을 들어 주고 이해할 수 있다.

I	E
조용하고 생각이 많은 성격이다.	다른 사람에 비해 욕심이 많고 야망이 큰 편이다.
다른 아이들보다 아는 것이 많고 상식이 풍부한 편이다.	적극적이고 주장이 강한 성격이다.
동물이나 식물을 꾸준히 관찰하고 연구한다.	많은 사람을 관리하고 책임지는 회사 사장이 된다.
학자가 되어 학문을 깊이 연구한다.	상품을 다른 사람들보다 더 많이 파는 일을 한다.
머리가 좋다.	다른 사람들을 말로 잘 설득한다.
무엇이든 분석하고 원인을 생각해 보는 편이다.	많은 사람 앞에서도 나의 의견발표를 잘할 수 있다.

A	C
상상력이 풍부한 편이다.	세밀하고 꼼꼼한 성격이다.
하고 싶은 일이 있으면 그것을 참기가 어렵다.	변화가 많고 복잡한 것은 별로 좋아하지 않는다.
미술전람회나 음악회에 간다.	용돈을 어디에 사용했는지 일일이 기록한다.
예술가가 되기 위해 다양한 노력을 한다.	은행에서 정확하게 돈을 받고 내주는 일을 한다.
쉽게 울고 웃는 감정이 풍부한 사람이다.	물건이나 돈을 아껴서 사용한다.
예능에 소질이 있다는 말을 듣는다.	나에게 맡겨진 일은 정확히 그리고 빈틈없이 한다.

각 영역별로 답한 내용의 합계 점수를 내고 진로 유형을 기입해 봅시다.

R	I	A	S	E	C	진로 유형	

① 1순위, 2순위의 점수 차가 0~2점인 경우   1차 [1순위][2순위]   2차 [2순위][1순위]

② 1순위, 2순위의 점수 차가 3점 이상인 경우   1차 [1순위][1순위]   예: RR, SS 등

2. Holland 결과를 적용해 봅시다.

- 나의 Holland 유형은 _____이다.
- 나의 유형의 일치성은 (높은 편, 보통, 낮은 편)이다.
- 나의 유형의 변별성은 (높은 편, 보통, 낮은 편)이다.
- 나의 유형과 학과 간의 일치성은 (높은 편, 보통, 낮은 편)이다.
- 나의 희망 직업은 _____이고, 나의 유형과 이 직업 간의 일치성은 (높은 편, 보통, 낮은 편)이다.
- 결과를 통해 현재 나타나고 있는 진로탐색 어려움의 원인을 찾아보고, 앞으로의 진로 계획을 세워 봅시다.

제8장

진로발달이론

✏️ **개요**

진로발달이론은 특성-요인 이론처럼 어느 한 시점의 진로선택에 대해 다루는 것이 아니라 오랜 기간 개인의 진로 발달 과정을 다루는 이론이다. 초기 진로발달이론인 Ginzberg의 직업선택발달이론은 진로의사결정이 단회에 이루어지는 것이 아니라 일련의 과정을 통해 발달하는 것으로 보았다. 이러한 Ginzberg의 이론을 확장시킨 Super의 전생애 발달이론은 진로 발달과 선택을 개인적 요인과 환경적 요인의 상호작용을 통한 적응 과정으로 보았으며, 이를 전생애적 관점으로 설명하였다. 끝으로, Gottfredson의 진로타협이론은 진로포부 수준을 형성하는 데 영향을 주는 발달적 관점에 더해 성 유형과 사회적 지위라는 사회적 관점을 동시에 고려한 이론이다.

📖 **학습목표**

- Ginzberg의 직업선택발달이론의 핵심 개념 및 내용을 설명할 수 있다.
- Super의 전생애 발달이론의 핵심 개념 및 내용을 설명할 수 있다.
- Gottfredson의 진로타협이론의 핵심 개념 및 내용을 설명할 수 있다.
- 3가지 이론을 바탕으로 자신의 진로 발달을 설명할 수 있다.

1. Ginzberg의 직업선택발달이론

Ginzberg를 비롯해 진로를 발달적인 측면에서 바라본 학자들은 직업선택이 한 번의 의사결정으로 끝나는 것이 아니라 지속적으로 이루어지는 발달 과정이라고 보았다(Ginzberg, Ginsburg, Axelrad, & Herma, 1951). 또한 먼저 일어난 진로결정이 이후의 진로결정에 영향을 주며, 진로결정은 4가지 요인인 개인의 가치관, 정서적 요인, 교육의 종류와 수준, 현실적인 상황 간의 상호작용으로 결정된다고 보았는데, 이 이론에서는 직업선택 과정을 개인의 소망과 현실 사이의 타협으로 본다.

Ginzberg 등(1951)은 아동과 청소년을 대상으로 한 진로선택 과정 연구를 통해 진로선택 발달 단계를 다음과 같이 환상기, 잠정기, 현실기의 세 단계로 구분하였다.

1) 환상기(6~11세)

환상기(fantasy period)의 아동은 자신의 욕구나 충동에 따라 일과 직업에 대한 생각을 키워 나간다. 따라서 이 시기의 진로 발달은 객관적이고 현실적이기보다는 자신의 가능성이나 능력과 상관없이 자신이 원하는 것은 무엇이든 될 수 있다고 생각한다.

2) 잠정기(11~17세)

잠정기(tentative period)의 청소년은 환상기의 욕구 중심의 선택에서 벗어나 자신의 흥미, 능력, 가치를 고려해 진로를 선택하기 시작한다. 하지만 현실적인 요인들이 고려되지 않기 때문에 잠정적 선택의 수준에 머물러 있다. 잠정기는 다음과 같이 4개의 하위 단계로 구분된다.

- 흥미 단계(interest stage, 11~12세): 이 시기에는 자신이 좋아하는 것과 재미있어하는 것 등 흥미가 직업선택에 중요하게 작용한다.

- 능력 단계(capacity stage, 13~14세): 이 시기에는 흥미가 있는 직업에 필요한 능력을 고려하면서 자신의 능력을 평가한다. 하지만 자신의 능력에 대한 인식이 아직 불완전하기 때문에 선택은 잠정적일 수 있다.
- 가치 단계(value stage, 15~16세): 이 시기의 청소년들은 추상적인 개념에 대해 사고할 수 있게 되면서 진로를 결정할 때에도 자신이 추구하는 가치나 삶의 우선순위를 고려하게 된다.
- 전환 단계(transition stage, 17세 전후): 이 시기에는 잠정기 때 고려했던 흥미, 능력, 가치 등을 통합적으로 이해해 점차 현실적인 여건들을 중요하게 생각한다. 하지만 진로계획은 여전히 잠정적이다.

3) 현실기(17세~20대 초반)

현실기(realistic period)의 청소년은 잠정기 때보다 현실적으로 다양한 상황을 이해하게 되고, 흥미, 능력, 가치관과 같은 개인적인 요인과 교육기회, 자격요건과 같은 현실적인 요인 간에 타협을 한다. 이 시기에는 대학 진학이나 직업선택 등 실제로 진로선택이 이루어진다. 현실기는 다음과 같이 3개의 하위 단계로 구분된다.

- 탐색 단계(exploration stage): 직업선택에 필요한 기회를 탐색하고 관련 교육이나 경험을 쌓으려고 노력하는 단계이다.
- 결정화 단계(crystallization stage): 탐색 단계에서 경험한 다양한 요소를 종합하여 진로목표를 설정하고 자신의 결정과 관련된 내외적 요소를 종합한다. 이 단계에서는 타협이 중요한 요인이 된다.
- 구체화 단계(specification stage): 자신의 진로결정을 보다 구체화하고 이에 대해 계획하고 실천해 나가는 단계이다.

이상의 내용과 같이 Ginzberg는 개인의 진로결정을 20대 중반까지의 진로 발달로 설명하였다. 하지만 이 같은 초기 이론을 제안한 지 약 20년 후에 직업선택과 발달 과정을 전생애적인 관점으로 수정하였다.

2. Super의 전생애 발달이론

Super는 초기 진로발달이론인 Ginzberg의 이론을 확장시키고 정교화하였다. Super는 20대 중반까지로 한정된 Ginzberg 이론을 발전시켜 아동기부터 노년기까지 전생애적 관점으로 진로 발달을 설명하였으며, 개인변인과 환경변인의 상호작용을 통해 통합적으로 진로 발달이 이루어진다고 하였다. 각 발달 단계마다 수행해야 하는 발달과업이 있으며, 이를 수행할 수 있는 준비도에 따라 진로성숙도를 파악할 수 있다. 이처럼 Super는 자아개념의 발달과 진로성숙도의 변화를 통해 진로 발달이 이루어진다고 보았다.

1) 진로 자아개념

자아개념은 Super 이론의 중심이 되는 핵심 개념이다. Super는 진로선택을 자아개념의 실행 과정으로 보았는데, 사람들은 자신의 이미지와 일치하는 직업을 선택한다고 하였다. 예를 들어, 자신이 남 앞에 서는 것을 좋아하고 설득력 있게 말을 잘한다고 생각하는 사람은 이러한 자신의 이미지와 일치하는 직업을 찾는다는 것이다. 이처럼 Super가 말하는 진로 발달이란 자아개념의 발달이라고 할 수 있다 (Super, 1990).

자아개념은 아동기부터 놀이, 학습, 취미활동 등 직업세계와 관련된 여러 가지 경험을 하면서 형성된다. 아동은 가정, 또래, 학교 등 다양한 사회적 관계 속에서 자아개념 발달의 기초가 되는 정보를 수집한다. 이를 통해 아동은 자신과 타인의 유사점과 차이점을 알게 되고 더 나아가 주변의 중요한 사람을 관찰함으로써 직업의 역할들을 배우게 된다. 이러한 활동을 통해서 아동은 타인과 구별되는 자신의 능력과 흥미에 대해 보다 분명히 이해하게 되며 일에 대한 흥미와 태도를 형성하게 된다(Sharf, 2006). 결국 '나는 누구인가'와 '세상은 무엇인가'라는 자아개념이 발달함에 따라 '나는 무엇을 할 것인가'를 결정하게 되는 것이다.

Super는 진로 발달의 아치모형을 통해 자아개념 형성에 영향을 미치는 요인들을 설명하였다. 아치의 두 기둥인 개인적 요인과 환경적 요인은 전생애 동안 서로 상호작용하여 개인의 자아개념 발달에 영향을 준다. 개인적 요인은 개인이 자신을 어떻게 지각하는지에 관한 것으로 적성, 능력, 흥미, 성격, 욕구, 가치, 지능 등이 있다. 환경적 요인으로는 가족, 학교, 또래집단, 경제, 노동시장 상황 등이 작용한다.

자아개념에 대한 지각은 생애 단계에 따라 변한다. 사람은 아동기, 청소년기, 성

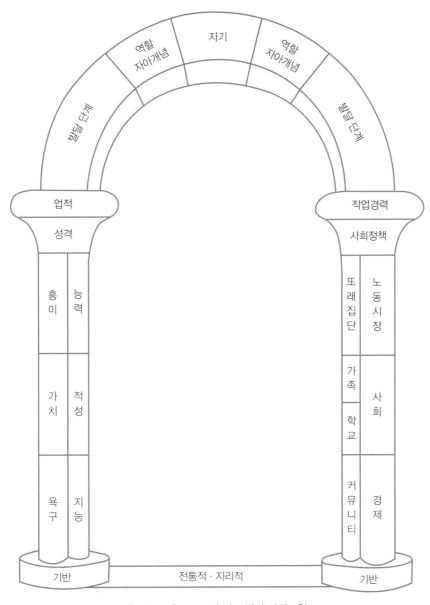

[그림 8-1] Super의 진로 발달 아치모형

출처: Super (1990).

인기, 중년기, 노년기의 생애주기에 따라 여러 가지 역할 변화를 경험하고 그에 따라 자아개념도 변화 과정을 겪는다. 예를 들어, 아동기 때 학생으로서는 '형편없다'라는 자아개념을 가졌더라도 성인기 때 부모로서는 '유능하다'라는 자아개념을 가질 수 있다. 여러분도 대학생활 속에서 경험하는 다양한 역할을 통해 이전보다 더 긍정적인 자아개념을 형성할 수 있다. 이처럼 자아개념은 생애 각 단계에서 중요하게 생각하는 역할과 가치를 평가하는 진로 발달의 중요한 지표가 될 수 있다(이재창 외, 2017).

자아개념의 이러한 변화적 속성은 객관적 특성과 주관적 특성을 모두 포함하고 있다(김봉환 외, 2018). 사람들은 타인과 자신을 비교하거나 과거의 나와 현재의 나를 비교하면서 자아개념을 만들어 간다. 음악학원에서 바이올린을 배운 후 '내가 친구들에 비해 음악적 재능이 있구나.'라고 생각할 수도 있고, 청소년 오케스트라 활동을 하면서 '내 바이올린 실력이 점점 향상되고 있구나.'라고 자아개념을 형성할 수도 있다. 이와 같은 자기이해는 자신의 진로목표를 보다 분명하게 해 줄 것이다.

자아개념은 전생애에 걸쳐 경험을 바탕으로 끊임없이 변화하며, 개인은 자아개념에 기반한 의사결정을 하게 된다. 자신이 리더십이 있다고 생각하는 학생은 학급의 반장이 되려고 할 것이며, 반장이라는 역할을 잘 수행해 리더십에 유능감을 느낀 학생은 학생회장 출마라는 의사결정을 하게 될 것이다. 이처럼 자아개념, 생애역할, 의사결정은 순환적이고 연속적인 과정을 통해 발전한다(김봉환 외, 2018).

2) 전생애 발달이론

Super는 진로 발달을 전생애에 걸친 발달 과정으로 보았다. 진로 발달은 다양한 환경과의 상호작용을 통해 이루어지는 일종의 심리사회적 발달이라고 할 수 있다. 진로 발달은 청년기에 직업을 선택하고 완결되는 것이 아니라 아동기부터 노년기까지 사회적 관계 안에서 다양한 역할을 수행하면서 끊임없이 발달하는 지속적인 과정인 것이다.

Super(1990)는 모든 사람은 전생애 동안 진로와 관련된 발달과업에 직면하며 "진로란 한 개인의 생애 과정으로서, 일생 동안 여러 가지 발달과업에 직면하고 자신이 되고자 하는 모습으로 그 과정을 수행해 나간다."라고 하였다. Super는 생애발달을 성장 단계, 탐색 단계, 확립 단계, 유지 단계, 은퇴 단계로 구분하였다.

(1) 성장 단계(0~14세)

성장 단계(growth stage)는 14세 이전의 아동기에 해당된다. 이 단계의 아동은 '나는 수학을 잘한다.' '나는 남을 도와주는 일을 좋아한다.'와 같이 일과 관련된 기본적인 자기이해가 발달한다. 집이나 학교에서 만나는 중요한 사람들과 자신을 동일시함으로써 자신과 직업세계에 대한 기본적인 이해를 발달시킨다. 이 단계 초기에는 욕구와 환상이 지배적이지만 사회참여에 따른 현실검증이 증가하면서 점차 흥미와 능력을 중요하게 고려하게 된다. 성장 단계는 다음과 같이 환상기, 흥미기, 능력기의 하위 단계로 구분된다.

- 환상기(fantasy, 4~10세): 이 단계는 환상이 직업적인 사고의 기초가 된다. 이때 아동이 관심을 가지는 직업은 현실적인 직업이라기보다는 아동의 환상 속에 존재하는 것이기 때문에 직업의 형태가 아닌 것들도 많다. 이 단계의 아이들에게 커서 무엇이 되고 싶은지 물어보면 '엄마'나 '파워레인저'라고 대답하곤 한다.
- 흥미기(interest, 11~12세): 이 단계의 아동은 자신이 좋아하는 것에 기초해 자신의 목표와 장래희망을 설정한다. 관심 있는 직업에 대해 보다 구체적인 정보를 모으고, 직업세계와 관련된 자기이해가 한층 깊어진다. 이 단계의 아이들에게 장래희망을 물으면 요리하는 것이 즐거워서 요리사가 되고 싶다거나 축구하는 것이 재미있어서 축구 선수가 꿈이라고 대답할 것이다.
- 능력기(capacity, 13~14세): 이 단계의 아동은 직업세계에 대한 흥미와 이해의 폭이 넓어지면서 직업세계를 보다 현실적으로 인식하게 된다. 이전에 비해 관심 있는 직업에 대한 보다 현실적인 정보를 습득하게 되면서 직업적인 성공을 위해서는 능력이 중요하다는 것을 깨닫게 된다. 그래서 이 단계의 아이들은 축구선수가 되려면 축구를 재미있어하기도 해야 하지만 잘하기도 해야 한다고 생각한다.

(2) 탐색 단계(15~24세)

탐색 단계(exploration stage)는 15~24세로 청소년기부터 성인 전기에 해당한다.

이 단계는 아동-청소년-성인으로 이어지는 시기로, 신체적·인지적으로 많은 변화를 경험하는 때이다. 이 단계의 발달과업은 구체적인 진로탐색을 통해 상급학교나 구직을 위한 의사결정을 하는 것이다. 탐색 단계는 다음과 같이 결정화, 구체화, 실행의 하위 단계로 구분된다.

- 결정화(crystallization, 15~17세): 이 단계는 성장기부터 축적된 자신과 직업에 대한 정보를 바탕으로 자신이 하고 싶은 일에 대한 선호가 보다 명확해진다. 보통 고등학생에 해당하는 단계로 자신에게 적합한 기초적 수준의 일을 배우고, 관심 가는 직업에 필요한 능력을 배운다. 이러한 일과 관련된 지식과 경험은 진로선택의 폭을 좁혀 가는 데 도움이 된다.
- 구체화(specification, 18~21세): 이 단계는 결정화 단계에서 관심을 가졌던 직업 중에서 특정한 직업에 대한 선호가 구체화되는 단계이다. 보통 대학생에게 해당하는 단계이지만 고등학교 졸업 후 바로 취업을 하게 되는 경우라면 좀 더 일찍 결정화 단계를 경험할 수 있다. 대학생인 여러분은 진로결정을 더 이상 유예할 수 없다. 특정 직업에 대한 선호도를 구체화하는 과정에서 선택한 직업이 자신에게 적합한지 확인하기 위해 인턴이나 자원봉사 등의 경험을 활용해 볼 수 있다. 졸업이라는 제한된 시간 동안 진로결정을 해야 하기 때문에 이 단계의 중요한 발달과업은 진로선택과 관련된 의사결정능력을 습득하는 것이다.
- 실행(implementation, 22~24세): 이 단계는 선택한 특정 직업에 입직하기 위해 노력을 기울이는 단계이다. 보통 청소년 후기나 성인 전기에 해당하는 단계로, 자신의 진로 목적을 실현하기 위한 계획을 실천해 나간다. 교내·외 취업 관련 기관에서 이력서 및 자기소개서 교정을 받거나 모의 면접에 참여하고, 원하는 회사에 지원하는 등의 활동이 이 단계에서 이루어진다.

(3) 확립 단계(25~44세)

확립 단계(establishment stage)는 직업을 가지고 직장생활을 하면서 자신의 일을 확립해 나가는 단계이다. 이 단계의 성인은 처음으로 직업세계에 입문하고 직장 내에서 중요한 구성원으로 자리 잡기 위해 자신의 능력을 발휘한다. 이 단계의 발달과업은 자신의 일에서 숙련도나 전문성을 향상시키고, 주어진 역할을 보다 충실하게 해 나가는 것이다. 확립 단계는 가치가 매우 중요하게 작용하는 단계로 여러 가지 경험을 통해 가치가 다양화되고, 특정한 가치는 더욱 강화된다. 확립 단계는 다음과 같이 안정화, 공고화, 발전의 하위 단계로 구분된다.

- 안정화(stabilizing): 처음으로 직장생활을 시작하게 되고 일과 직장생활에 적응하기 위한 노력을 기울이는 단계이다. 이 단계에서는 사회 초년생으로서 안정적으로 직업을 유지하기 위해 조직문화에 적응하고 직장에서 요구하는 일들을 잘 수행하기 위해 지속적으로 노력을 기울인다.
- 공고화(consolidating): 직장 내에서 안정적으로 업무를 수행하게 되면서 자신의 입지를 보다 공고히 하기 위해 노력하는 단계이다. 보통 20대 후반이나 30대 초반에 해당하는데, 자신이 하는 일에 보다 안정감을 느끼게 된다. 직장 내에서 중요한 역할을 하며 동료나 상사에게 인정받기 원한다.
- 발전(advancing): 안정화와 공고화 시기를 거치면서 직업에서 자신의 역할과 정체성을 확장해 나가고, 높은 지위로 승진하는 것에 관심을 가지는 시기이다. 일에서 주어지는 역할에 성과를 내고 상사에게 자신의 능력과 가능성을 보여 주는 등 더 많은 급여와 권한이 부여되는 지위로 승진하기 위해 노력을 기울인다.

(4) 유지 단계(45~65세)

유지 단계(maintenance stage)는 중년기에 해당하는 단계로, 확립 단계 이후 직업적 역할을 계속 수행하면서 기존의 상태를 유지하게 되는 때이다. 이 단계에 얼마나 오랫동안 머무를지는 신체적 건강상태, 회사의 정책, 개인의 재정상태 등에 따라 개인차가 있다. 유지 단계는 다음과 같이 보유, 갱신, 혁신의 하위 단계로 구분된다.

- 보유(holding): 자신의 일에서 어느 정도 성공하고 나면 지금까지 성취한 것들을 계속 유지하는 데 관심을 가지게 된다. 일부 직장에서는 해고나 조기 은퇴에 대한 압력이 있을 수도 있다. 이러한 압박은 직장생활을 더 확실하게 유지하고 싶어 하는 동기가 되기도 한다.
- 갱신(updating): 기존에 성취한 지위를 유지하기 위해서는 이전에 알던 지식이나 기술만으로는 충분하지 않다. 현재 자리를 지키기 위해서는 지속적으로 직

업과 관련된 새로운 지식과 기술을 갱신할 필요가 있다. 이를 위해 자기 분야의 최신 동향을 알기 위해 교육을 받거나 콘퍼런스에 참가하는 등의 활동을 한다.

- 혁신(innovating): 이 단계의 발달과업은 전문성을 향상시키고 자신의 분야에 새로운 공헌을 하는 것이다. 이를 위해 직업 환경이나 조직의 변화에 따라 이전과는 다른 방식으로 일을 처리하고 새로운 도전과제를 발견해야 한다. 이 같은 과업을 잘 해내지 못하면 자신의 일에서 뒤처지거나 일자리를 잃을 위험도 있다.

(5) 은퇴 단계(65세 이후)

은퇴 단계(disengagement stage)는 노년기에 해당하는 단계로 신체적 능력이나 기억력이 저하되어 생산성이 떨어지고 직업에서의 수행능력도 감소하는 단계이다. 이때는 직업활동보다 자신의 은퇴와 은퇴 이후의 삶에 관심을 가지고 준비하게 된다. 은퇴 단계는 다음과 같이 감속, 은퇴 계획, 은퇴생활의 하위 단계로 구분된다.

- 감속(decelerating): 이 단계는 자신이 맡은 업무의 양과 책임을 서서히 줄여 나가는 단계이다. 직장에서 어렵고 복잡한 일을 맡고 싶지 않고, 일과 관련된 스트레스를 내려놓고 싶다는 생각이 자주 든다면 감속 단계에 진입했을 수 있다.
- 은퇴 계획(retirement planning): 이 단계에는 은퇴 후 생활을 대비해서 활동이나 재정에 관한 계획을 세우게 된다. 파트타임 일자리를 구하거나 자원봉사를 계획하기도 한다. 최근에는 예전에 비해 은퇴 계획을 일찍 시작하는 경우가 많아졌다.
- 은퇴생활(retirement living): 이 단계에는 오랜 직업활동을 정리하고 가정과 지역사회 등에서 새로운 역할을 재정립하며 생애 역할의 큰 변화를 경험한다. 일에 대한 비중은 줄어들며 여가, 봉사활동, 가족의 비중이 커진다. 은퇴생활은 퇴직으로 인해 생겨난 많은 시간을 어떻게 활용하는지가 중요하다.

Super의 생애 발달은 단계별로 연령을 제시하여 생물학적 연령에 따른 시기가 있는 것처럼 보인다. 하지만 연령에 따라 '성장-탐색-확립-유지-은퇴'의 전형적인 단계를 경험하는 사람도 있고, 특정 단계가 길거나 짧은 사람 혹은 동시에 여러 단계에 속해 있는 사람도 있을 수 있다. Super는 연령에 따른 생애 발달 단계를 대순환 과정이라고 보았으며, 대순환의 각 단계 사이에 나타나는 전환을 소순환 과정으로 설명하였다. 그리고 삶의 여러 시기에 이러한 단계를 거치는 것을 재순환 과정이라고 하였다. 예를 들어, 40대 후반의 중소기업 부장 민경 씨는 회사의 사정으로 명예퇴직을 하는 사람들이 늘어나자 자신의 진로에 대해 고민하기 시작했다. 민경 씨는 연령으로 보면 유지 단계이지만 탐색 단계로 돌아가 자신의 흥미, 능력, 가치 등을 평가하고, 주말을 활용하여 평소 관심 있었던 분야의 교육을 받아 보기로 결정했다. 민경 씨는 탐색, 확립, 유지 단계를 다시 겪으면서 재순환 과정을 경험하게 되는 것이다.

3) 생애역할이론

사람들은 생애 발달 과정에서 특정한 시기나 처한 환경에 따라 다양한 역할을 경험한다. Super(1980)는 개인의 삶에서 경험하게 되는 중요한 역할을 자녀, 학생, 여가활동자, 시민, 직업인, 부모/배우자/주부의 6가지로 설명하였으며, 각각의 역할은 공부, 여가활동, 지역사회 봉사, 가족을 돌보는 일 등을 통해 수행된다.

각 역할의 비중은 개인의 생애에 따라 변화하며, 역할의 중요성은 참여(participation), 전념(commitment), 가치 기대(value expectations) 등을 통해 나타난다(Nevill & Super, 1986). 참여는 어떤 일에 집중하여 활동하는지에 관한 것으로 실제적인 활동 수행과 관련된 것을 의미한다. 전념은 장래계획과 관련해 소속되고 싶거나 활동하고 싶은 바람이나 현재 수행에 대한 확신 등을 의미한다. 가치 기대는 여러 가지 가치나 욕구를 충족시킬 수 있는 역할 수행과 관련이 있는데, 개인이 추구하는 가치로는 능력활용, 성취감, 심미, 이타주의, 자율성, 창의성, 경제적 보상, 생활양식, 신체적 활동, 명성, 모험, 사회적 상호작용, 변화, 근무조건 등이 있다.

Super는 생애진로 무지개 모형을 통해 개인의 생애주기 역할의 다양성을 설명하였다. 개인은 전생애 과정에서 어떤 특정한 시기에 몇 가지 역할이 상대적으로 중요해지고 이에 따라 역할 간의 갈등과 진로 문제가 발생할 수 있다. 예를 들어, 대학생인 여러분은 탐색 단계로 학생, 여가활동자, 시민의 역할이 중요하게 작용할 것이다. 하지만 졸업 후 취업을 하고 결혼을 하는 확립 단계에서는 직장인과 부모/배우

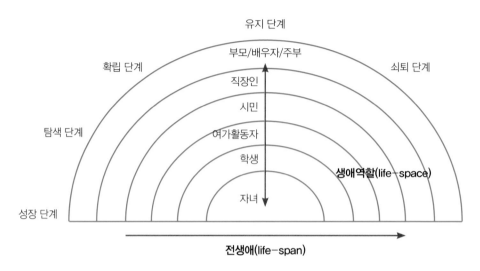

[그림 8-2] Super의 생애진로 무지개 모형

자/주부의 역할이 중요해지고, 상대적으로 학생과 여가활동자의 역할은 덜 중요해질 것이다. 또한 확립 단계에 있는 기혼 직장 여성의 경우 직장인과 부모/배우자/주부 역할 사이에서 갈등이 생길 수 있고 이에 따라 경력단절이나 이직, 전직 등이 발생할 수 있다. 같은 단계에 속한 사람이라도 환경과 상황에 따라 중심이 되는 역할이 다를 수 있다.

각 단계에서 상대적으로 중요한 역할들이 무엇인지 살펴보면 그 단계에서 주요과제가 무엇인지, 역할 간의 갈등은 없을지 등 다양한 부분에 대한 이해와 예측이가능하다. 생애 발달 단계에 따른 생애역할의 개념은 내가 현재 처한 상황을 파악하고 진로 방향을 설정하는 데 유용하게 활용될 수 있다(이재창 외, 2017).

4) 진로성숙과 진로적응

진로 발달 단계에서 요구하는 발달과업을 얼마나 성공적으로 수행할 수 있을지는 진로성숙(career maturity)에 달려 있다. Super(1955)는 비슷한 연령대 사람들과의 진로행동 비교를 통한 개인의 진로 발달 정도를 진로성숙이라고 하였다. 특정한 진로 발달 단계에서 직면한 발달과업을 수행할 수 있는 준비도를 확인함으로써 진로성숙도를 평가할 수 있다.

Super(1965)는 진로성숙을 "진로 발달 연속선상에서 개인이 도달한 위치"로 정의하고, 하위 요인을 진로계획, 직업탐색, 의사결정, 직업세계에 대한 지식, 선호하는 직업군에 대한 지식 등으로 구성하였다. 진로성숙도는 개인 간의 차이가 있기 때문에 비슷한 연령일지라도 진로준비에 대한 정도가 다르다고 하였다.

Super와 그의 동료들은 청소년을 대상으로 한 진로양식연구(career pattern study)를 통해 진로성숙을 다음의 5가지 요인으로 평가하였다(Super et al., 1957; Super & Overstreet, 1960). 첫째, 직업선택에 대한 태도이다. 직업선택에 관심을 가지고 진로 관련 정보를 탐색하며, 진로를 결정하기 위해 자원을 효과적으로 활용하려는 의지를 뜻한다. 둘째, 선호 직업에 대한 정보와 진로계획의 구체성이다. 선호하는 직업에 대해 구체적이고 명확한 정보를 파악했는지, 진로계획을 세우는 데 도움이 되는 훈련이나 교육 등에 대해 어느 정도 알고 있는지를 의미한다. 셋째, 선호 직업의 분야와 수준의 일관성이다. 관심을 가지고 있는 직업의 분야가 어느 정도 일관성이 있는지를 의미하는 것이다. 일관성이 부족할 경우 진로선택을 위한 대안을 좁혀 가기 어려우며 진로선택을 위한 노력과 자원이 분산될 수 있다는 문제점이 있다. 넷째, 개인 특성의 통합 정도이다. 자신의 흥미와 가치 등의 특성이 상충하지 않고 통합되어 있으면 진로선택을 보다 수월하게 할 수 있을 것이다. 마지막으로, 직업 선호의 현실성이다. 자신의 능력과 흥미가 선호하는 직업에서 요구하는 특성과 어느 정도 일치하는지, 실제로 그 직업을 선택하는 것이 얼마나 현실적인지를 평가할 수 있는가를 뜻한다.

이러한 진로성숙은 아동과 청소년의 진로 발달을 설명하는 중요한 개념이라고 할 수 있지만 성인의 진로 발달은 진로성숙의 개념으로 설명되지 않는 특성이 있다. 성인 이전 시기의 아이들은 연령에 따라 서로 비슷한 진로 발달 과정을 경험한다. 입학, 학업, 졸업, 진학 등 연령대별로 요구되는 발달과업이나 수행해야 할 사회적 역할이 비슷하기 때문에 진로성숙의 개념으로 평가할 수 있다. 하지만 성인의 경우에는 사람들마다 개인적 상황이나 사회적 상황이 다르고 그 상황에서 요구되는 역할 또한 다를 수 있기 때문에 진로성숙이라는 일정한 틀로 평가하기 어려운 것이다. 이에 Super와 Knasel(1981)은 성인기 진로 발달을 설명하기 위하여 진로적응(career adaptability)이라는 개념을 사용하였으며, 이를 "끊임없이 변하는 직업세계와 자신을 둘러싼 환경의 요구에 대처하는 준비 정도"라고 정의하였다.

5) C-DAC 모형

Super는 자신의 전생애 발달이론을 진로상담에 적용하기 위해 진로 발달 측정 및 상담(Career-Development, Assessment and Counseling: C-DAC) 모형을 제안하였다. C-DAC 모형의 핵심은 개인의 진로 발달을 측정하여 그 결과에 근거한 상담을 진행하는 것이다. Niles(2001)가 설명한 C-DAC 모형의 5가지 평가 단계는 다음과 같다.

첫째, 현재 수행하고 있는 생애 역할 중에서 상대적으로 중요한 역할들이 무엇인지 파악하는 것이다. 대학생인 여러분이라면 주된 역할은 학생일 것이다. 하지만 각자의 상황에 따라 역할들의 비중이나 중요도는 다를 수 있다. 등록금을 벌기 위해 많은 시간 아르바이트를 하고 있는 학생이라면 직업인의 역할, 아픈 부모님을 위해 병간호를 하고 있는 학생이라면 자녀의 역할의 비중이 또래에 비해 크고 중요할 수 있다.

둘째, 현재 생애 진로 발달 단계 중 어느 시기에 해당하며, 그 단계에서 요구하는 발달과업을 얼마나 잘 이행하고 있는지를 파악하는 것이다. 대학생은 탐색 단계의 구체화 혹은 실행 시기로 진로선택을 위한 대안들이 보다 선명해지고 다양한 경험을 통해 진로의사결정을 해 나가는 시기이다. 또한 구직활동이나 면접 준비 등 취업을 위한 구체적인 활동을 실천해 나가야 한다.

셋째, 현재 활용 가능한 자원은 무엇이고 활용 가능한 범위는 어느 정도인지 평가하는 것이다. 진로목표를 달성하기 위해 활용 가능한 자원을 다양한 경로로 파악하고 활용할 수 있어야 한다. 자격증 취득을 위해 학교에서 무료로 제공하는 강의를 수강할 수도 있고, 내가 염두에 두고 있는 직업 분야에 종사하고 있는 친척을 만나 볼 수도 있다.

넷째, 현재의 직업가치, 흥미, 직업정체성 등을 평가하는 것이다. 이를 위해 직업가치관검사나 진로탐색검사 등 다양한 검사를 활용해 볼 수 있다. 워크넷(www.work.go.kr)의 '직업심리검사', 커리어넷(www.career.go.kr)의 '진로심리검사'를 활용하면 온라인으로 검사를 해 볼 수 있다.

다섯째, 과거부터 현재까지 반복적으로 나타나는 진로와 관련된 패턴을 파악해 보는 것이다. 확립 단계에 있는 직장인이라면 반복되는 전직이나 이직의 이유를 분석해 본다거나, 탐색 단계에 있는 대학생이라면 다양한 분야에 흥미를 느끼지만 그

흥미를 지속시키지 못하는 자신의 모습을 발견하는 것 등이 있을 수 있다.

3. Gottfredson의 진로타협이론

여러분의 어린 시절 꿈은 무엇이었으며, 지금 그 꿈에 얼마나 가까이 와 있다고 생각하는가? 대부분 어린 시절에 품었던 많은 꿈과 바람이 나이가 들면서 조금씩 줄어들게 되었을 것이다. 이처럼 우리의 진로포부에 영향을 준 요인은 과연 무엇일까?

Gottfredson(1996)은 진로포부의 형성 과정을 발달적 관점에서 이해하고자 하였다. 여성 진로학자인 Gottfredson은 사회적 계층이나 인종에 관계없이 나타나는 직업적 포부 수준의 남녀 차이를 이론적으로 정립하고자 하였다. 이러한 점에서 Gottfredson의 이론은 진로에 대한 발달적 관점과 사회적 관점을 동시에 담고 있다.

그녀는 이 이론을 통해 '직업과 관련된 자아개념과 직업 이미지 발달이 어떻게 이루어지는가?' '수용 가능한 직업적 대안을 축소해 나가는 과정에 영향을 주는 요인은 무엇인가?'에 대한 답을 찾고자 하였다. 개인은 진로에 관한 포부를 형성할 때 일련의 과정을 거치면서 포부 수준을 제한하고 타협한다고 하였다. 이때 제한이란 성유형과 사회적 지위에 근거해 수용하기 어려운 진로 대안들을 제거하는 과정을 뜻하며, 타협이란 달성 가능성을 고려하여 자신의 진로선택을 조정하는 것을 의미한다. 이처럼 진로타협이론은 아동기와 청소년기에 우리의 진로포부가 어떻게 축소되고 조정되었는지를 설명해 준다.

1) 제한

제한(circumscription)이란 아동이 자신의 진로 대안 중에서 적합하지 않다고 여기는 것들을 제외시키면서 '수용 가능한 대안'의 범위를 축소해 가는 과정이다. 아동의 추상적인 사고능력이 발달함에 따라 세상을 이해하고 조직화하는 데 영향을 받는다. 또한 자신을 어떻게 바라보는지에 대한 자아개념의 발달은 직업선택에 영향을 주게 되고, 이러한 초기의 직업선택은 다시 자아개념에 영향을 주게 된다.

아동은 성역할이나 사회적 지위에 따라 직업을 분류하고, 수용하지 못하는 직업들을 배제하기 시작한다. 예를 들어, 큰 버스를 운전하는 기사를 대단하게 생각했던 여아는 초등학교에 입학하면서 이 직업은 여자가 하기에 부적절하다고 느껴 자신의 직업적 대안에서 제외할 가능성이 크다. 이렇게 아동은 성 유형과 사회적 지위에 따라 직업적 대안을 좁혀 나가면서도 자신이 이 기준에 따라 직업을 제한하고 있다는 것을 깨닫지 못한다. Gottfredson은 제한과 관련된 아동의 발달 단계를 다음의 네 단계로 제시하였다(Sharf, 2006).

(1) 1단계: 서열 획득 단계(3~5세)

서열 획득(orientation to size and power) 단계의 유아들은 크기와 힘을 중요하게 생각한다. 주변의 사람을 크고 힘이 센 사람과 작고 힘이 약한 사람으로 분류하기 시작하고, 자신도 힘이 센 어른이 되고 싶어 한다. 그래서 이 시기의 유아들은 자신의 흥미와 적성과 상관없이 경찰관, 소방관, 대통령 등 힘이 세 보이는 직업을 동경한다.

이 시기의 유아들은 성인의 역할을 관찰하며 직업을 인식하기 시작하고, 직업은 어른들이 갖는 것임을 알게 된다. 그래서 '나는 아직 작고 어리지만, 큰 어른이 되면 일을 하게 될 거야.'라는 인식을 갖게 된다.

이때 유아들은 사물을 구체적으로 바라보는 경향이 있어 '크다-작다' '새것이다-오래되었다' 등 단순하게 분류하기 시작한다. 또한 청진기, 축구공, 칠판 등 직업에서 사용되는 도구에 따라 직업을 분류하기도 한다.

(2) 2단계: 성역할 획득 단계(6~8세)

성역할 획득(orientation to sex role) 단계의 아동들은 이분법적으로 생각하는 경향이 있어 '좋다-나쁘다' '쉽다-어렵다'와 같이 구분하기를 좋아하며, 관찰 가능하고 구체적인 특징에 근거하여 직업을 단순한 수준에서 이해한다. 이전 시기보다 더 많은 직업에 대해 알기 시작하지만, 이 시기의 아동들이 인지하는 직업들은 주로 선생님처럼 친숙하게 접하는 직업이나 경찰관이나 우편배달부처럼 제복을 입어서 눈에 잘 띄는 직업 등이다.

이 시기의 아동들은 남자와 여자의 성역할이 다르다는 것을 뚜렷하게 인식하게 되며, 자신의 성이 우월하다고 생각한다. 자신의 성별에 따라 어울리는 옷을 입고 행동하면서 성역할 고정관념을 형성한다. 따라서 직업을 볼 때에도 그 직업에 자신의 성별이 적합한지 아닌지를 고려하게 된다.

이 단계에서는 '수용 가능한 성 유형 경계(tolerable-sex type boundary)'를 형성하게 된다. 직업을 볼 때 '이 직업은 여자가 가질 수 있는 직업, 이 직업은 남자가 가질 수 있는 직업'으로 구별하고 자신의 성에 맞는 직업을 가져야 한다고 여긴다. 그러면서 희망 직업 중에서 자신의 성과 반대되는 직업을 배제하기 시작한다. 유아기 때 소방관이 되고 싶었던 여아는 초등학교에 입학하면서 이 직업은 남자들이 하는 직업이기 때문에 나에게 맞지 않다고 생각할 수 있다.

이 시기에 자신의 성에 따라 자아개념을 발달시키는 것은 매우 자연스러운 현상이지만 성별에 따른 직업에 대한 고정관념에서 벗어나 융통성을 가질 수 있도록 돕는 것 또한 중요하다고 할 수 있다. 이때 부모나 교사를 비롯한 주변 어른들의 편향되지 않은 피드백이 중요한 역할을 한다.

(3) 3단계: 사회적 가치 획득 단계(9~13세)

사회적 가치 획득(orientation to social valuation) 단계는 아동기에서 청소년기로 이행되는 시기로서, 이때 사회적 지위에 대한 개념을 형성하게 된다. 사회계층에 대해 의식하게 되면서 친구가 입은 옷은 어떤 브랜드인지, 친구가 사는 동네는 어디이며, 그의 부모님은 어떤 차를 운전하는지 등에 관심을 가지게 된다.

이 시기의 아동 및 청소년은 직업에는 명성이나 지위가 있음을 차츰 이해하게 되는데, 중학교 2학년쯤 되면 대부분 성인과 비슷한 수준으로 명성에 따른 직업을 평가할 수 있게 된다. 또한 부모의 직업, 연봉, 가정의 생활수준이 어느 정도의 위치에 있는지 인식하게 되며, 이는 자신의 직업선택에도 영향을 준다.

이때 자신의 사회경제적 수준에 근거한 자아개념에 못 미치는 직업이나, 가족이나 또래집단에서 수용되지 못하는 직업들을 배제하면서 '수용 가능한 수준의 경계(tolerable-level boundary)', 즉 지위하한선을 설정하게 된다. 명성이 높은 직업만 고수하는 학생은 진로포부가 크다고 볼 수 있지만, 직업의 범위는 좁을 수 있다. 반대로 사회적 명성이 낮은 직업을 배제하지 않는 학생은 직업 포부가 낮다고 볼 수 있지만, 직업의 범위는 넓어지게 된다.

이 단계에서는 직업을 선택할 때 명성뿐 아니라 능력도 함께 고려하게 된다. 모두

가 무조건 명성이 높은 직업만을 선택하지는 않는데, 이는 연령이 증가함에 따라 자신의 능력을 보다 객관적으로 평가할 수 있기 때문이다. 이때 자신의 능력으로 도달 가능한 가장 높은 명성의 수준을 '노력 가능한 수준의 경계(tolerable-effort boundary)', 즉 지위상한선이라고 한다. 따라서 지위상한선과 지위하한선 사이에 존재하는 직업들이 자신이 가질 수 있다고 생각하는 직업 영역으로 이해할 수 있다.

능력은 있지만 진로포부가 낮은 경우 자신의 잠재력을 활용하지 못하게 되는 반면, 자신의 능력수준에서 벗어나는 높은 명성의 직업만을 고수하는 경우 직업을 구하지 못할 수도 있다. 각 직업의 사회적 위치와 명성에 자신의 능력을 대비시켜 보면서 진로포부를 조정해 나가는 것이 중요하다.

(4) 4단계: 내적 자아 확립 단계(14세 이후)

1단계에서 3단계까지가 제한 단계라면, 4단계인 내적 자아 확립(orientation of the internal, unique self) 단계는 타협 단계라고 할 수 있다. 이 시기의 청소년들은 자신이 어떤 사람이고 무엇을 중요하게 생각하는지, 무엇을 잘하고 또 좋아하는지에 대한 고민을 하면서 직업적 자아정체성을 확립하게 된다. 그러면서 자신의 성역할과 사회적 지위에 더해 직업적 자아정체성까지 만족시키는 직업을 찾아가게 된다.

이 시기의 청소년들은 이전에 형성된 직업 영역 범위 안에서, 특히 자신의 흥미를 기준으로 직업을 탐색하게 된다. 이전보다 내적 반성능력이 향상되고 자신에 대한 이해가 증가하면서 삶의 목표와 자아개념에 부합하는 직업을 선택하게 된다. 즉, 이전 단계에서는 수용 불가능한 직업 대안들을 배제해 나갔다면, 이 단계에서는 가장 수용할 수 있는 직업이 무엇인지를 구체화한다.

이 단계의 청소년들은 자신에게 적절한 직업이 무엇인지에 대해 성인과 비슷한 수준의 사고가 가능하다. 이전 단계의 아동 및 청소년은 사회적 지위에서 벗어난 직업을 적절하지 않다고 거부하는 반면, 이 단계의 청소년은 고려하는 직업들이 선호되는 것인지와 달성 가능한 것인지를 탐색하면서 직업을 선택해 나간다.

Gottfredson은 진로포부가 적합성과 접근 가능성에 의해 결정된다고 하였다. 적합성이란 자아개념과 직업의 일치 정도를 의미하며, 접근 가능성이란 능력과 기회 등을 고려한 실현 가능성을 의미한다. 이렇듯 진로포부는 자아개념의 발달과 직업에 대한 인식 확장을 통해 형성되는 것이다.

2) 타협

　진로를 선택할 때 자신이 원하는 최고의 직업을 선택할 수 있다면 더할 나위 없이 행복할 것이다. 하지만 대부분의 사람은 자신이 이상적으로 생각하는 직업과 실제로 가질 수 있는 직업 간의 차이를 경험하게 된다. 이럴 때에는 자신이 원하는 최고의 직업을 포기하고 그 차이가 가장 적은 최선의 직업을 선택하게 된다.

　이처럼 타협(compromise)이란 직업선택을 위해 포기하는 과정을 일컫는다. 제한이 성과 사회적 지위에 근거해서 개인이 수용하기 어려운 직업적 대안을 제거해 나가는 접근 가능성을 의미한다면, 타협은 취업의 가능성과 같은 제한 요인에 근거해서 진로선택을 조정하는 달성 가능성을 의미한다(Gottfredson, 1981).

　사람들은 제한의 과정을 통해 자신의 자아개념과 일치하는 직업의 범주를 가지게 된다. 하지만 그 안에서 직업을 찾지 못하고 수용 가능한 진로의 범위를 벗어난 선택을 해야 할 때가 있다. 이때 어떤 측면을 포기해야 할지 고민하게 되는데, Gottfredson은 흥미, 명성, 성 유형의 순서로 포기해 나간다고 하였다(Gottfredson, 2002). 즉, 이 3가지 중에 어느 하나를 포기할 수밖에 없다면 명성과 성 유형은 유지하고 흥미는 가장 쉽게 포기한다는 것이다. 이렇게 흥미가 다소 낮은 직업을 선택했음에도 불구하고 여전히 타협이 필요하다면, 성 유형은 유지하지만 명성은 다소 낮은 직업을 선택하게 된다는 것이다. 이러한 논리는 발달적으로 먼저 형성된 것일수록 타협하기 어려워진다는 것에 근거하였다. 예를 들어, 한 남자 대학생이 처음에는 자신의 관습형(C) 흥미를 충족시켜 주면서, 명성은 높고, 성 유형에 맞는 회계사라는 직업을 희망할 수 있다. 하지만 현실적으로 이 직업을 가지기 힘들다고 생각되면 관습형(C)의 흥미와 사회적 명성을 어느 정도 유지하면서 성 유형도 충족시켜 주는 손해사정사라는 직업을 선택할 수 있다. 하지만 성 유형의 범주에서 여성성이 강한 직업인 비서를 선택할 확률은 매우 적을 것이다.

　여러분 중에서는 이러한 Gottfredson의 주장에 선뜻 동의를 못하는 사람도 있을 것이다. 타협의 순서에 대한 여러 경험적 연구가 이루어졌으나 일관된 결과를 보여주지는 못했다. 이후 Gottfredson은 타협의 강도에 따라 자아개념을 구성하는 3가지 요소 중 어떤 것을 더 중요하게 고려하게 되는지를 설명하면서 초기 이론을 보다 정교화하였다.

Gottfredson(2002)은 타협의 원칙을 다음의 4가지로 설명하고 있다(임은미 외, 2017).

첫째, '우선순위 정하기'이다. 타협의 강도에 따라 흥미, 명성, 성 유형의 상대적인 중요성이 달라질 수 있다. 타협의 강도가 낮을 때는 흥미를(흥미>명성>성 유형), 타협의 강도가 중간일 때는 명성을(명성>흥미>성 유형), 타협의 강도가 높을 때는 성 유형을(성 유형>명성>흥미) 중요하게 생각한다고 하였다. 이러한 고려에는 성차가 나타나는데, 여성이 남성에 비해 성 유형 측면에서 보다 유연한 것으로 나타났다.

둘째, '최고가 아닌 최선을 선택하기'이다. 대부분의 사람은 직업선택에 있어서 최고가 아닌 최선의 선택을 하게 된다. 이 같은 타협을 하게 되는 이유 중 하나는 최고의 선택을 하기 위해 거쳐야 하는 과정(자기이해와 직업세계의 이해 등)이 너무 버겁거나 해낼 수 있다는 의욕이 없기 때문이다. 최고의 선택을 위한 노력 없이 최선을 선택하는 것은 아닌지 돌아볼 필요가 있다.

셋째, '좋지 않은 대안 버리기'이다. 자신의 자아개념에 일치하는 직업을 선택할 수 없을 때 때로는 타협이 불가능한 경우가 생기기도 한다. 이런 경우 사람들은 지나친 타협을 시도하기보다는 타협을 하지 않고 미루게 된다. 다른 대안을 찾아보거나, 노력을 더 해 보려는 시도를 하거나, 결정을 막연하게 미루는 방식의 행동을 할 수 있다. 이러한 과정이 효과적으로 진행된다면 조금의 타협으로 직업을 구할 수 있겠지만, 비효과적으로 진행된다면 직업을 구하지 못할 수도 있다.

넷째, '타협에 적응하기'이다. 타협을 적게 할수록 진로선택에 대한 만족도가 높아지지만, 타협을 많이 할수록 심리적 고통은 클 수밖에 없다. 그렇기 때문에 최고가 아닌 최선의 선택을 하면서 포기해야 했던 것들을 잘 받아들이는 과정이 필요하다. 타협에 따른 심리적인 적응은 선택한 진로에 대한 만족도와 높은 연관성이 있는데, 적응적인 직업인들은 자신이 선택한 직업에 맞춰 자신의 진로기대를 변화시킨다고 하였다(Gottfredson & Becker, 1981).

3) 진로타협이론의 적용

앞서 설명했던 것처럼 우리는 스스로 알지 못하는 사이에 많은 직업적 대안을 제한해 버린다. 자신의 성 유형이나 사회적 위치를 지나치게 엄격하게 적용한다면 직업적 대안들을 협소하게 설정할 수밖에 없고 진로 대안을 초기에 닫아 버릴 수도 있다. 이 같은 경우 청년기가 되어 실제로 직업을 선택해야 할 때 그동안 고려하지 않았던 직업들을 진로 대안에 포함하게 되면서 갈등과 저항을 경험할 수 있다. 따라서 진로를 설정함에 있어서 성 유형이나 사회적 지위에 따라 배제했던 자신의 진로포부를 다시 점검해 볼 필요가 있다. 다음은 부적절하다고 제한했던 이전의 진로 대안들을 검토할 수 있는 5가지 준거이다(김봉환 외, 2018).

- 나는 하나 이상의 진로선택지를 말할 수 있는가?
- 나의 흥미와 능력은 선택한 직업에 적절한가?
- 나는 구체화한 진로 대안에 만족하는가?
- 나는 나의 진로 대안을 부적절하게 제한하고 있지는 않은가?
- 나는 선택한 진로를 이행하는 과정에서 만날 수 있는 장벽에 대해 현실적으로 인식하고 있는가?

이 같은 기준으로 자신의 진로탐색 과정을 돌아본다면 수용 가능한 진로 대안의 하한선과 노력 가능한 상한선을 깨닫게 되고, 또한 이 과정에서 발생할 수 있는 장벽에 대해 보다 현실적으로 인식하고 대비할 수 있게 될 것이다.

다음은 진로타협이론에서 중요하게 다루고 있는 3가지 요인에 관한 질문이다. 처해진 상황에 따라 다음 질문에 답을 해 본다면 현재 자신의 진로 문제를 극복하는 데 도움을 받을 수 있을 것이다(정의석, 2013).

첫 번째 요인은 고려하고 있는 직업들의 사회적 명성 수준을 확인하고 그 배경을 탐색하는 질문이다.

1-1. 여러분은 어떤 직업들을 고려하고 있는가? 그 직업들의 사회적 위치는 어느 정도인가?

1-2. 그 정도의 사회적 위치에 해당되는 직업을 선택하게 된 이유는 무엇인가?

1-3. 여러분이 고려하고 있는 직업 중에 사회적 위치가 가장 높은 직업은 무엇인가?

1-4. 여러분이 고려하고 있는 직업 중에 사회적 위치가 가장 낮은 직업은 무엇인가?

두 번째 요인은 노력의 상한선을 확인하고, 그 정도의 노력을 하게 된 이유를 탐색하기 위한 질문이다.

2-1. 여러분은 직업을 구하기 위해 어느 정도의 노력을 하고 있는가? 혹은 할 수 있는가?

2-2. 여러분이 희망하지만 고려하지는 않는 직업은 무엇인가? 그러한 계기나 이유는 무엇인가?

세 번째 요인은 타협과 관련된 것으로 타협의 정도와 구체적 이유, 타협할 때 중요하게 고려하는 요인, 타협을 미루고 있는 사람의 문제를 이해하기 위한 질문으로 구성되어 있다.

3-1. 여러분은 현재 어느 정도 타협을 해야 하는 상황인가? 그 이유는 무엇인가?

3-2. 어떤 것을 중요하게 생각하면서 직업을 선택하는가?

3-3. 직업선택을 미루는 이유는 무엇인가?

연습문제

1. 삶의 주제 및 역할 평가에 대한 다음의 내용을 작성해 봅시다.

　① 삶의 주제 및 역할을 역할 순위별로 쓰고, 각 역할의 비중과 수행 정도를 표에 작성해 봅시다.

　② 현재 수행하고 있는 역할을 비중에 따라 원그래프에 표시해 봅시다.

　③ 현재 수행하고 있는 역할의 비중이 만족스럽지 못하면 이상적인 역할 배분을 다시 해 봅시다.

　④ 5년 후의 이상적 역할 배분을 생각해 봅시다.

수행하는 역할	역할 순위	역할	역할 비중(%)	역할 수행 정도 1-2-3-4-5
	1			
	2			
	3			
	4			
	5			

현재의 역할 배분	현재의 이상적인 역할 배분	5년 후의 이상적인 역할 배분

출처: 임은미 외(2017), p. 140.

2. 삶의 역할에 대해 다음의 내용을 조별로 토론해 봅시다.

　① 성별, 연령, 전공 등을 다양하게 해서 3～4명이 한 조를 구성합니다.

　② 앞에서 작성한 자료를 바탕으로 각자 삶의 역할에 대해 만족스러운 부분과 그렇지 않은 부분에 대해 설명합니다.

　③ 조원의 발표를 듣고 만족스러운 부분에서는 긍정적 요소를 확인해 보고, 만족스럽지 못한 부분에서는 부정적 요소를 확인하여 개선점을 논의해 봅시다.

　④ ②와 ③의 과정을 모두 거치고 나서 한 사람씩 활동 소감을 이야기해 봅시다.

출처: 임은미 외(2017), p. 141.

제9장

최신 진로이론

✎ **개요**

최신 진로이론은 합리적인 진로선택을 중시하는 기존의 상담이론과 다른 시각에서 진로선택 과정을 이해하고자 한다. 이 장에서는 최신 진로이론인 사회인지진로이론, 우연이론, 진로구성이론과 기타 이론(인지적 정보처리이론, 진로무질서이론)을 각 이론의 주요 개념과 진로상담에 어떻게 적용할 수 있는지에 대해서 개략적으로 소개하고자 한다. 사회인지진로이론은 종합적인 진로 선택 및 발달 모형으로 진로선택과 준비행동에 이르는 과정에 대한 이론이며, 우연이론은 아무리 개인이 자신의 진로를 잘 계획하여 준비한다고 해도 예상치 못한 우연한 일을 만나게 되고 진로계획이 변화할 수 있음을 다루는 이론이다. 진로구성이론은 사회적으로 구성된 개인의 고통에 대한 스토리를 해체하고 승리 중심의 스토리로 재구성하도록 촉진하여 궁극적으로 사회에 기여하는 사람으로서의 정체성을 발견해 나갈 수 있도록 도와주는 이론이다. 이어서 기타 이론으로서 진로결정 과정에서 정보를 어떻게 이용하는지에 대해 설명해 주는 인지적 정보처리이론, 불확실성에 대한 열린 마음과 실패를 새로운 기회로 통합시키는 것을 강조하는 진로무질서이론에 대해서 소개한다.

📱 **학습목표**

• 최신 진로이론의 주요 개념을 이해한다.
• 최신 진로이론에서 설명하고 있는 진로선택 과정을 이해한다.
• 최신 진로이론을 적용한 진로상담의 방법에 대해서 이해한다.
• 최신 진로이론을 바탕으로 자신의 진로 대안을 생각해 본다.

1. 사회인지진로이론

1) 개관

개인은 진로선택 과정에서 개인의 학습경험과 자기효능감, 결과기대, 목표 등에 영향을 받는다(Lent, Brown, & Hackett, 1996). 사회인지이론은 그동안의 전통적인 진로이론과 달리 진로흥미가 형성되고 진로를 선택하는 과정에서 개인변인과 환경맥락변인의 상호작용을 강조하며, 진로장벽 및 자기효능감의 역할에 주목하였다. 사회인지진로이론은 개인이 자신이 선택한 진로를 이룰 수 있다는 신념(자기효능감)이 만들어지는 과정과 이러한 신념이 진로선택과 준비행동에 미치는 영향을 밝히고 있다. 또한 인지적 학습이론의 결과기대와 목표 개념을 도입하여, 목표가 자기효능감의 발달에 영향을 주고, 자기효능감과 결과기대에 의해 진로흥미가 형성되어 진로목표 선택과 그 목표를 달성하기 위한 행동에 영향을 준다고 제안하였다(김봉환, 2019). 즉, 특정 진로에 흥미가 있다 할지라도 진로장벽을 지각하게 되면 흥미 있는 진로를 선택하지 않을 수 있다.

2) 주요 개념

(1) 자기효능감: '내가 이 일을 할 수 있을까?'

자기효능감은 학습을 통해 얻어지는 자신의 과제 수행에 대한 자신감으로(Bandura, 1992), 진로 발달 과정에서의 과제수행 성공경험, 성취도, 대리학습, 타인의 설득, 정서-생리적 경험에 따라 개인의 자기효능감과 결과기대가 달라질 수 있다(김봉환, 2019). 주어진 과업을 수행할 수 있고 원하는 진로로 갈 수 있다는 자기효능감이 전공선택, 진학 등의 진로행동에 영향을 주며, 특히 성공경험이 자기효능감에 가장 큰 영향을 준다. 예를 들어, 학창 시절에 글짓기 상을 많이 받은 학생은 국문학 전공이나 작가의 진로에 대한 자기효능감이 높아지고, 수학과 과학을 잘했던 학생은 과학 관련 전공이나 공학 전공에 대한 자기효능감이 높아져 결국 해당 진로를 선택하고 몰두하여 성공할 가능성이 높아질 수 있다.

진로선택모형에서 자기효능감은 결과기대, 흥미, 진로목표의 결정과 수행에 영향을 주는데, 학생의 능력에 비해 자기효능감이 낮으면 목표를 설정하고 진로를 선택하는 데 어려움이 있을 수 있다. 이에 학생의 자기효능감을 평가하고 낮은 자기효능감을 높일 수 있는 방법을 통해 능력을 충분히 발휘할 수 있는 진로선택을 할 수 있도록 조력하는 것이 중요하다.

(2) 결과기대: '이 일을 했을 때 어떤 보상을 받을 수 있을까?'

결과기대는 특정 과업을 수행했을 때 얻어지는 결과에 대한 개인적인 예측으로 과업을 잘 성취했을 때 받을 수 있는 내 · 외적 보상에 대한 기대도 포함한다(Lent, Brown, & Hackett, 1996). 자기효능감이 '내가 이 일을 할 수 있을까?'에 해당되는 신념인 데 비해, 결과기대는 과제 수행 결과에 대한 믿음을 의미한다. 결과기대는 개인의 직접 경험, 주변 사람들의 진로성과에 대한 관찰, 사회의 인식 등을 토대로 만들어지고, 개인이 특정 진로를 선택해서 진로행동을 수행하는 데 중요한 역할을 하게 된다(김봉환, 2019).

(3) 흥미: '내가 좋아하는 과업이나 진로는 무엇인가?'

흥미는 어떤 과업이나 진로에 대해 좋아하느냐, 아니면 무관심하거나 싫어하느냐를 의미한다. 특정한 활동, 과업에 대하여 잘할 수 있다는 자기효능감을 느끼고 수행 결과에 대한 좋은 보상을 기대할 수 있을 때 흥미가 증가한다. 특히 타인의 인정이나 칭찬, 물질적 보상 등의 외적 보상보다는 개인의 자기만족과 같은 내적 보상이 흥미의 발달에 더욱 중요한 것으로 알려진다(Bandura, 1986b).

(4) 개인적 목표 선택과 수행: '나는 어떤 진로를 선택하고자 하며, 이를 이루기 위해 필요한 행동은 무엇인가?'

진로목표는 진로와 관련하여 개인이 어떤 결과를 얻고자 하는 의도를 의미한다(Lent, Brown, & Hackett, 1994). 예를 들어, 특정 직업을 갖거나 특정 전공을 하기로 목표를 정하는 것이 해당된다. 목표가 있으면 목표를 이루기 위한 진로행동을 하게 하는 동기가 생기고, 이루는 데 어려움이 있더라도 조절하고 견딜 수 있게 해 준다. 자기효능감, 결과기대가 진로목표에 직접적인 영향을 주며, 흥미가 발달하면서 간접적으로 진로목표에 영향을 주게 된다. 또한 부모의 사회경제적 배경이나 문화적 배경과 같은 배경변인, 또는 사회적 지지나 진로장벽과 같은 근접맥락변인도 진로목표를 선택하고 이루는 데 영향을 준다. 우리나라의 경우에는 부모가 지지하는 진로를 선택할 가능성이 높고, 원하는 진로를 가질 기회가 없다고 느끼는 진로장벽이 있는 경우에 원하는 진로를 선택하지 않을 가능성이 높다. 진로장벽은 진로목표 선택과 수행에 부정적인 영향을 미치는 근접맥락변인으로 가족이나 주변 사람의 부정적 피드백, 경제적 어려움, 성이나 인종 차별 등이 해당된다(Lent, Brown, & Hackett, 2000).

(5) 개인 및 환경맥락 변인: '나의 진로선택에 영향을 주는 변인은 무엇인가?'

사회인지진로이론은 진로선택에 영향을 미치는 변인으로 개인변인과 환경맥락변인을 제안한다. 개인 및 환경맥락 변인에 의한 개인의 학습경험은 자기효능감, 결과기대, 흥미 등의 진로 변인들의 발달에 영향을 주게 되는데, 자기효능감이나 흥미는 개인 및 환경맥락 변인 및 성장 과정에서의 학습경험에 영향을 받아 형성된다. 첫째, 개인변인에는 타고난 성향, 성별, 인종 혹은 민족, 장애 유무 등이 해당되는데, 예를 들어 개인의 성향(외향/내향)에 따라 야외활동이나 실내활동을 선호하거나, 사람들과 어울리는 활동 혹은 혼자 하는 활동을 선호할 수 있다. 또한 성별에 따라 축구, 발레 등 선호하는 활동이 다르며, 장애 유무 역시 개인의 학습경험에 밀접하게 관련된다. 둘째, 환경맥락변인은 개인을 둘러싸고 있는 가족, 사회, 문화에 영향을 받아 자신의 역할에 대해 배우고 내면화하면서 진로흥미를 형성해 나가도록 하는 배경요인과 가족의 정서적 지지 및 재정적 지원, 부모의 진로 추천, 경제 상황, 해당 시기의 사회적 진로장벽 등의 근접맥락변인으로 나누어진다. 특히 개인변인은 상담 개입으로 바꿀 수 없지만, 환경맥락변인은 개입을 통해 극복될 수 있다.

3) 진로선택모형

Lent, Brown, Hackett(1994)은 개인적이고 맥락적인 요소들이 진로 발달에 영향을 주는 진로선택모형을 [그림 9-1]과 같이 제안하였다. 진로선택모형은 흥미발달

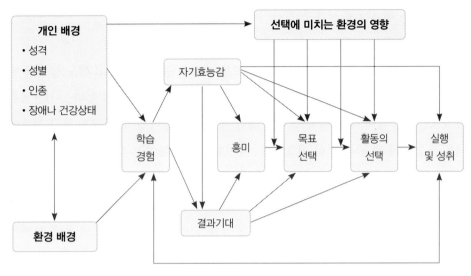

[그림 9-1] 진로선택모형

출처: Lent, Brown, & Hackett (1994).

모형과 수행모형을 포함하며, 자기효능감, 결과기대, 개인적 목표, 개인 및 환경맥락 변인들이 진로흥미, 선택 및 수행 과정에 어떻게 영향을 미치는지가 종합적으로 제시된다(김봉환 외, 2010).

진로선택모형에서 개인 및 환경맥락 변인이 개인의 학습경험에 영향을 주어 특정 진로 영역에 대한 자기효능감과 결과기대를 갖게 되고, 특정 진로에 대한 흥미를 형성하게 된다. 그리고 진로목표를 선택하고 성취에 필요한 활동을 하여 목표를 이루게 된다. 이 과정에서 개인이 특정 진로에 대해 흥미를 갖고 있다고 하더라도 진로장벽을 느낀다면, 이루고자 하는 진로목표를 선택하는 데 부정적으로 영향을 미칠 수 있으므로, 진로장벽에 대처할 수 있도록 하여 진로 대안을 넓히는 것이 중요하다.

4) 진로상담에의 적용

(1) 주요 변인에 대한 평가 및 개입

진로상담 시 개인의 자기효능감, 결과기대, 진로목표 선택 및 수행, 부모의 사회경제적 배경이나 문화적 배경 등의 배경변인, 진로장벽과 같은 근접맥락변인에 대해 확인하여 학생의 호소문제 및 개입방향에 대한 가설을 세울 수 있다. 이러한 변인들에 대한 평가는 학생과의 직접적인 면담뿐만 아니라 심리검사를 활용하여 이루어질 수 있다(임은미 외, 2017).

첫째, 자기효능감의 경우 특정 영역에 보통 이상의 홍미가 있다고 해도 능력에 비해 자기효능감이 낮으면 그 진로 영역을 고려하지 않을 가능성이 높다. 이런 경우 자기효능감을 높여 주어 해당 영역에 대한 홍미가 더 높아질 수 있도록 하고 진로선택도 가능하게 해 주는 것이 필요하다. 자기효능감을 높이는 개입은 성공경험을 확인하고 자신이 할 수 있다는 것을 알게 하는 인지적 재구조화 작업, 주변의 설득, 부정적인 정서 감소 등을 통해 이루어진다. 성공경험을 확인하기 위해서 해당 진로 영역에 대한 시험에서의 좋은 성적, 상 받은 경험, 타인의 긍정적 피드백 등을 살펴볼 수 있다. 또한 성공경험을 외부 요인(운, 과제 수준)에 의한 결과로 간주하거나 수행 결과의 부정적인 측면에만 초점을 두고 있을 경우, 자신의 노력과 능력으로 성공할 수 있음을 알게 해 주는 인지적 재구조화가 필요하다. 성공경험이 부족할 경우에는 성공 가능성이 높은 수행 과제를 수행하면서 성공을 경험할 수 있도록 조력하는 것이 필요하다. 특정 과업을 수행하는 상황에서 불안이나 두려움 등의 부정적인 정서를 경험할 경우 불안 수준을 낮추거나 두려움을 줄이기 위한 개입이 필요하다. 불안이나 두려움을 적게 느끼는 상황에서부터 많이 느끼는 상황까지 예상해 보고 대처 방안을 생각해 봄으로써 점차 불안과 두려움을 줄여 나가도록 할 수 있다.

둘째, 특정한 진로에 대해 자신이 중요하게 생각하는 가치를 충족시켜 줄 수 있다는 결과기대가 낮을 경우, 자기효능감이 높을지라도 해당 진로를 선택하지 않을 가능성이 있다. 특히 구체적이지 않은 정보를 바탕으로 결과기대를 하였거나 부분적으로 부정적인 측면만 보고 판단한 경우를 파악해야 한다. 진로에 대한 구체적이고 종합적인 정보 탐색을 통해 진로 대안을 넓히고, 현실적이고 객관적인 결과기대를 하도록 조력하는 것이 필요하다.

셋째, 진로목표가 없는 경우에는 단기적으로 수행할 수 있는 구체적인 목표를 설정하는 것이 필요하다. 목표는 가지고 있지만 목표를 달성하는 데 도움이 되는 행동을 하고 있지 않다면, 구체적인 행동계획을 함께 수립하고 실천할 수 있도록 도와주는 것이 필요하다.

넷째, 진로장벽에 대한 인식으로 인하여 선택한 진로가 제한되어 있다면, 개인의 진로장벽에 대한 지각을 확인하고, 실제 진로장벽이 생길 가능성과 대처 방안을 탐색해 볼 수 있다. 특히 남성/여성이 가질 수 있는 직업에 대한 고정관념으로 인해 고려하지 않았던 직업들도 탐색하고, 원하는 직업을 선택하지 못한 이유와 방해 요인이 무엇인지를 자세하게 알아보는 것이 필요하다.

특히 성인을 대상으로 할 경우와 달리, 청소년을 대상으로 할 경우에는 자기효능감, 결과기대, 흥미, 목표를 평가하고 적절한 행동과제를 계획하여 자기효능감과 역량을 함께 발달하도록 조력하는 것이 필요하다. 또한 진로장벽이나 지지체계 등 근접맥락변인에 관해서도 현재의 상태를 확인하고 지지체계를 확장해 나가고 진로장벽에 효율적으로 대처하는 방법을 찾아 나가도록 한다.

(2) 진로 대안 확대

우리나라의 청소년들은 부모의 소득, 지위, 안정성이라는 직업가치를 충족시킬 수 있는 전문직 관련 전공과 대학에 입학하기 위해 학업성취만을 지나치게 강요받다 보니, 다양한 진로 대안을 탐색하기 어려운 환경적 요인을 지닌다. 이에 많은 청소년이 대학에 입학한 후에야 자신이 선택한 전공과 자신의 흥미의 불일치를 경험하고 다시 자신에게 맞는 진로를 탐색하다 보니, 대학생이 되면 진로 대안이 다시 넓어지는 경향을 보인다(Hwang, Kim, Ryu, & Heppner, 2006). 이러한 현실에 처해 있는 청소년들에게 사회인지진로이론을 적용함으로써 진로자기효능감을 회복하여 진로 대안을 확장시키도록 돕고, 원하는 진로를 성취해 나갈 수 있도록 도와주는 것이 필요하다.

2. 우연이론

1) 개관

급속히 변화하고 발전하는 현대사회에서 개인이 미래를 예측하는 것은 불가능할 뿐더러, 점점 예측할 수 없는 현실에서는 아무리 철저한 계획과 준비로 무장하더라도 예측하지 못한 기회를 통해 진로 결정과 선택이 전혀 다르게 바뀔 수도 있고, 우연은 기회로 변화되어 활용되기도 한다(Krumboltz, 2009). 우연이론은 진로를 결정하는 문제보다 예측할 수 없는 변화무쌍한 사회에서 잘 적응하고 만족한 삶을 사는 것을 더 중요하게 본다. 또한 진로선택은 합리적이고 계획적으로 이루어지는 것이 아니라 아무리 개인이 자신의 진로를 잘 계획하여 준비한다고 해도 예상치 못한 우연한 일을 만나게 되고 진로계획이 변화할 수 있다는 것을 고려해야 함을 강조한다(Krumboltz, 2009). 이에 우연이론은 사람들의 진로계획이 다양하게 변화할 수밖에 없는 현실에서 어떻게 긍정적으로 도울 수 있을지를 제시해 주며, 도움이 되는 행동들이 무엇인지를 알려 준다.

2) 주요 개념

(1) 우연

우연이란 어떤 사건이 아무런 인과관계 없이 뜻하지 않게 일어날 때 쓰이는 말로, 미리 의도하거나 계획하지 않았던 일이 발생하거나 어떻게 그러한 일이 발생했는지에 대한 특별한 원인을 찾을 수 없을 때를 우연이라고 이야기한다. 점점 예측할 수 없는 사회로 변화할수록 진로선택에서 우연의 역할에 대한 비중이 커지고 있으며, 성인들의 진로선택이 우연적 사건에 의해 영향을 받았다는 결과들이 밝혀지고 있다(Williams et al., 1998). 진로선택에서 이성적 진로계획이 가능하지 않을 수 있기 때문에, 내담자가 우연한 일 혹은 기회가 진로선택 과정에서 일어날 수 있음을 고려하는 것이 필요하다고 제안되었다(Miller, M. J., 1983). 우연사건은 우연한 관계경험과 이외의 우연사건으로 나누어진다. 우연한 관계경험에는 사람들의 도움, 추천, 격려, 조언이나 정보 제공, 역할모델과의 만남 사건이 해당되며, 관계경험 이외의 우연사건에는 직업 환경의 변화, 예기치 못한 사건의 발생, 정보나 기회의 우연한 획득, 흥미 있는 활동 참여, 적재적시 등이 해당된다(이혜은, 김동일, 2018).

(2) 계획된 우연

우연적인 기회는 사람들의 통제 속에 있는 것이 아니기 때문에 이를 계획할 수는 없지만, 우연이 찾아왔을 때 이를 기회로 인식하고 자신의 진로에 활용할 수 있다(손은령, 2009). Krumboltz(2009)는 진로 발달이 진로목표를 정하고 계획하고 예측해서 목표를 성취하는 과정이라기보다는 어느 정도 우연적인 일들이 개인의 진로에 개입되고 이에 따라 직업선호와 진로선택이 바뀔 수 있는 것이라는 유연한 입장을 취한다. 따라서 진로상담을, 학습을 위한 기회에서 계획되지 않은 사건을 형성하고 만드는 것을 포함하려는 확장된 개념적 틀이며, 개인이 다양한 흥미와 능력을 개발해 나가고 가능한 한 다양한 진로 경험을 하다 보면 우연한 사건이 자신에게 긍정적으로 작용할 수 있도록 돕는 과정으로 바라본다. 이를 계획된 우연(planned happenstance)이라고 하는데, 계획되지 않았지만 이미 발생한 사건들을 개인적인 노력에 의해서 기회로 만들고자 하는 능동적 과정을 포함한다. 우연한 일을 개인에게 유리하게 만들기 위해서 우연한 일 발생 이전에 다양한 활동을 경험해 보고, 우연한 일이 일어나는 동안에는 당황스러운 마음을 추스르고 그 상황에서 자신에게 유리한 기회가 될 수 있는 일이 있는지 주위를 기울이고, 이미 우연한 일이 발생한 이후에는 자신에게 도움이 되는 적절한 행동을 할 수 있도록 해야 함을 제안한다(임은미 외, 2017). 특히 현재에서 자신에게 유리한 기회를 만들기 위한 적극적인 행동을 취하는 것을 강조하고, 이를 "계획된 우연"이라고 명칭하였다. 계획된 우연은 탐색과 기술의 개념을 포함하는데, 탐색을 통해 기회가 발생하고 개인의 준비도와 적극적인 반응에 따라서 우연이 기회가 되기도 하고 그냥 해프닝으로 끝나기도 한다. 호기심, 인내심, 유연성, 낙관성, 위험감수의 5가지 대처 기술을 강조한다. 호기심은 새로운 학습기회를 탐색하는 것, 인내심은 좌절에도 불구하고 노력을 지속하는 것, 유연성은 태도와 상황을 변화시키는 것, 낙관성은 새로운 기회가 올 때 그것을 긍정적으로 보는 것, 위험감수는 불확실한 결과 앞에서도 행동화하는 것이다.

3) 진로상담에의 적용

(1) 진로상담의 목표

진로상담 현장에서는 개인으로 하여금 변화에 민감하게 반응하고, 불확실성과 모호함을 견디면서 새로운 적응적인 반응양식을 개발할 수 있도록 도와줄 준비가 되어 있어야 한다(손은령, 2009). 우연이론을 적용한 진로상담의 목표는 개인에게 합리적으로 진로를 정하도록 돕는 것이 아니라, 어떻게 변화할지 예측하기 어려운 현실 속에서 만족한 삶을 살기 위해 개인이 실천해야 할 행동이 무엇인지를 배우도록 하는 것이다. 예를 들어, 진로탐색활동하기, 관심 직업군을 가진 사람을 인터뷰해 보기, 동아리활동 및 대외활동 하기, 자원봉사하기, 파트타임으로 일해 보기 등 실제적인 활동을 해 보도록 한다. 이를 통해 다양한 진로를 탐색하고 관련된 일을 직간접적으로 경험해 봄으로써 개인이 원하는 진로를 찾아 나가는 데 열린 마음을 갖도록 하고, 새로운 학습기회를 유용하게 활용하여 자신의 삶을 만족스럽게 만들어 가도록 도울 수 있다.

(2) 계획된 우연 모형

Mitchell, Levin, Krumboltz(1999)는 계획된 우연을 진로상담 과정에 적용하기 위해서 다음의 네 단계를 제시하였다.

단계 1은 진로상담 첫 회기에 우연한 일이 삶에서 일어나는 것이 자연스럽다고 인식하는 것을 중요하게 본다. 계획되지 않은 우연한 일들이 모든 사람에게 영향을 미치며, 이 일에 어떤 행동을 취하는가가 매우 중요한 영향을 미친다는 것을 인식하도록 돕는 것이 핵심이다. 이를 위하여 진로상담자는 '계획하지 않은 일들이 ○○ 씨 진로에 영향을 준 적이 있나요?' '어떤 것이 그런 우연한 일이 ○○ 씨에게 영향을 미치도록 할 수 있었나요?' '앞으로도 ○○ 씨의 삶에 계획하지 않은 일들이 일어날 수 있을 텐데 어떻게 생각하나요?' 등의 질문을 던질 수 있다.

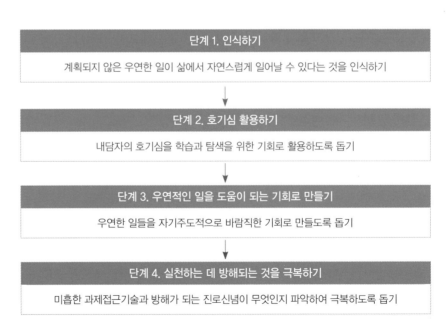

[그림 9-2] 계획된 우연 모형

단계 2는 내담자가 뜻하지 않은 일을 겪을 때, 이러한 일들이 자신의 진로에 유리하게 만들 수 있는 기회임을 알고 새로운 것을 배우고 탐색해 볼 수 있는 기회가 되도록 돕는다. 이를 위하여 진로상담자는 '○○ 씨는 어떨 때 호기심을 느끼게 되나요?' '우연한 일들이 어떻게 ○○ 씨의 호기심을 자극할 수 있었나요?' '자신의 호기심을 높이기 위해 어떤 행동을 해 왔나요?' '○○ 씨는 어떻게 자신의 호기심과 어떤 진로가 연결되어 있는지 찾아볼 수 있을까요?'라고 질문해 볼 수 있다.

단계 3은 내담자가 우연한 일을 자신에게 도움이 되도록, 자기주도적으로 바람직한 상황을 만들도록 돕는 것이다. 이를 위하여 진로상담자는 '자신에게 일어났으면 하고 바라는 우연한 일이 있다면 어떤 것인가요?' '그런 상황이 일어날 가능성을 증가시키기 위해서 지금 ○○ 씨가 할 수 있는 일은 무엇일까요?' '만약 ○○ 씨가 그렇게 행동한다면, 삶이 어떻게 바뀔까요?' '만약 ○○ 씨가 아무것도 하지 않는다면, 삶이 어떻게 바뀔까요?'라고 질문해 볼 수 있다. 특히 상담 과정에서 취미활동, 학교 프로그램 및 동아리 활동, 진로체험 등 다양한 일을 경험해 보고 도전할 수 있도록 내담자와 해야 하거나 하고 싶은 일을 생각하여 계획해 보고, 다음 상담에 오기 전에 최소한 한 가지 행동을 직접 해 보도록 과제를 내주고 다음 상담에서 이야기해 주거나 상담자에게 이메일을 보내도록 하는 방법을 활용할 수 있다(임은미 외, 2017).

단계 4는 내담자가 실제 행동으로 옮기는 데 방해가 되는 것을 탐색하고 극복하도록 돕는 단계이다. 호기심, 인내심, 융통성, 낙관성, 위험감수 등의 과제접근기술이 부족하여 우연한 사건을 바람직한 상황으로 만드는 것을 꺼릴 수도 있고, 실천하는 데 방해하는 진로신념이 있을 수 있다. 예를 들면, 문제 상황을 매우 어렵고 두려운 것으로 보는 것, 다른 사람의 반응에 대해 두려움을 갖는 것, 새로운 기술을 배우려고 하지 않는 것 등이다. 이를 위해 진로상담자는 '○○ 씨가 원하는 것을 하는 데 어떤 어려움을 겪어 왔나요?' '그러한 어려움이 얼마나 지속적인지를 어떻게 알 수 있었나요?' '다른 사람들은 그러한 어려움을 어떻게 극복하던가요?' '○○ 씨는 어떻게 그 어려움을 극복하려는 첫 시도를 할 수 있었나요?'라고 질문해 볼 수 있다. 내담자가 원하는 진로를 선택해 나가는 데 걸림돌이 되는 비합리적인 신념을 갖고 있는 경우, 어떤 신념인지 이야기를 나누면서 수정하도록 도와주어야 한다. 비합리적인 신념의 예는 '직업은 자신에게 딱 맞는 한 개를 선택해야 한다.' '내가 선택한 직업은 부모님도 좋아하시는 직업이어야 한다.' '평생 할 수 있는 직업을 선택해야 한다.' 등이다. 이러한 비합리적인 신념을 어떻게 해서 갖게 되었는지와 관련해 구체적인 사례가 있는지에 대해서 나누고, 이러한 신념을 갖고 있어 얻게 되는 장단점을 생각해 보고, 자신이 원하는 진로를 찾아 나가는 데 이러한 신념을 갖고 있는 것이 도움이 되는지의 여부를 스스로 판단해 볼 수 있도록 한다.

3. 진로구성이론

1) 개관

진로구성이론은 Super(1957)의 전생애 발달이론의 모델에서 시작해서 생애진로 이야기의 출발이 되는 개인의 고통은 사회적으로 구성된다고 보고, 성찰적 구성, 해체, 재구성을 강조한다(Savickas, 2011). 개인 내면의 동기와 강점을 확인하고 개인의 생애 이야기를 성찰하게 하여, 고통 중심의 주제에서 승리 중심의 주제로의 이동을 촉진시키며 궁극적으로 사회에 공헌하는 사람이 되도록 개인 자신의 이야기를 다시 쓰게 한다. 진로구성이론은 사람들이 일(직업)을 통해 자신의 정체성을 발견해 나가고 자신의 삶에 대한 개인 및 사회적 의미를 발견하고 사회공헌을 통해 스스로를 치유하고 자아실현을 성취하도록 돕고자 한다(Maree, 2019).

2) 주요 개념

(1) 내러티브 접근

자신의 이야기를 알고 자신에 대해 보다 명확한 그림을 가지고 일의 세계를 이해할 때 안정적인 정체성이 형성될 수 있다. 진로구성이론은 개인의 진로를 생애 이야기로 보고, 개인을 자신의 생애 이야기의 주인공으로 본다. 상담자는 내담자에게 청중이 되어 주면서 내담자의 이야기와 삶에서 의미를 성찰하는 공동 구성자 역할을 하게 된다. 내러티브 접근은 변화된 자기와 진로를 구성하기 위해서 자기성찰을 통한 의미의 탐색과 주관성을 강조한다. 개인의 모든 생애 이야기는 고통이나 외상으로 시작한다고 가정된다(Savickas, 2011). 개인은 자신의 삶에 대해서 성찰하고 자신의 진로를 이야기로 서술하면서, 자신의 낡은 생애 이야기를 성찰적으로 구성하고 해체하여 재구성하고 의미 있는 삶으로 공동 구성해 나간다. 진로구성이론의 내러티브 접근은 새로운 현실을 구성하도록 촉진하면서 과거의 경험을 수용하고 과거의 외상을 뛰어넘도록 도와준다. 개인은 자신의 생애 이야기를 성찰하고 메타성찰하여 통합하는 점들을 확인하여 궁극적으로 의미 있는 진로를 구성해 나갈 수 있게 된다(Maree, 2019).

(2) 메타성찰

메타성찰(meta-reflection)은 사람, 과제(자기구성), 전략(자기성찰, 자화상 완성하기)을 포함한다. 메타성찰은 개인이 자신의 진로 이야기를 성찰한 것에 대한 통찰을 의미한다. 기존에 성찰한 내용을 바탕으로 새로운 통찰을 가져오게 하고, 확인된 생애 주제에 대해 행동하는 방법을 찾게 한다.

(3) 생애 재설계

진로는 개인의 생애 이야기의 한 부분일 뿐이며, 전체적인 생애 이야기에서 자신의 진로와 삶을 설계하도록 돕는 것이 필요하다. 개인이 자신의 삶에서 정말 하고 싶고 원하는 일이 무엇인지, 실제로 하고 싶은 일을 하지 못하는 이유를 탐색하는 과정을 통해 내담자가 자신의 삶에서 무엇이 잘못되었는지에 대해 진지하게 성찰하고, 어떻게 자신의 생애를 재설계하는 것이 필요한지를 결정하여 자기구성하고, 자기 감각을 회복하여 자아실현하고 사회공헌을 하도록 돕는다.

(4) 진로적응력

진로구성이론은 직업 역할과 진로에 대한 관심, 진로에 대한 통제, 기회와 선택에 대한 호기심, 진로선택에 대한 확신 측면에서 개인의 변화무쌍한 진로와 생애전환에 대한 진로적응력을 강조한다.

3) 진로상담에의 적용

구성주의 이론에 기반한 진로상담은 내담자가 자신의 생애 이야기를 성찰하고 메타성찰하여 궁극적으로 의미 있는 진로를 구성해 나가도록 돕는다.

(1) 명제 대 반명제 다루기

모든 것은 대조적인 면이 있고, 모든 명제는 반명제를 가진다. 상담자는 명제 대 반명제 가정으로 작업하여 고통에서 희망으로 방향을 돌리게 한다. 내담자는 현재 갖고 있는 문제에 대한 이야기를 말하고 있지만, 이미 갖고 있는 해결책을 나타내게 된다. 특히 초기 기억은 내담자의 핵심적인 생애주제와 관련되어 있고, 그다음 두 이야기는 해결책과 연관될 가능성이 높다.

고통	희망
불리함	유리함
희생자	승리자
패배	승리
비통함	영감
불운	기회, 행운
증상	강점
우유부단	움직임
긴장	집중

[그림 9-3] 고통에서 희망 단어로 바꾸기

(2) 진로흥미프로파일

진로흥미프로파일(Career Interest Profile: CIP)은 내담자의 진로 이야기를 하는 것을 도와주기 위한 것으로, 상담자가 내담자에게 읽어 주면 내담자는 자신이 성찰한 내용을 다시 성찰하고 이야기 내용을 조율해 나갈 수 있다. 진로흥미프로파일은 총 4부로, 1부(전기적 세부 이야기와 가족의 영향), 2부(진로에 대한 선호/비선호 범주), 3부(진로선택: 직업에 대한 선호/비선호 3가지), 4부(17개의 진로 이야기와 관련된 질문)로 이루어진다.

(3) 생애자화상 만들기(8단계 전략)

생애자화상은 생애진로 주제를 이용해서 미래로 나아가는 진로계획을 확장시킬 수 있다.

① 1단계: 진로상담 시간을 어떻게 활용하겠는지를 내담자에게 묻기

내담자는 자기 인생의 전문가로 존중되어야 하며, 상담 목표도 스스로 정할 수 있도록 한다.

② 2단계: 초기 기억 3가지 탐색하기

초기 기억은 내담자의 핵심 문제 및 관심사를 나타내며, 주요 생애주제를 보여 준다. 첫 번째 이야기는 생애주제를, 두세 번째 이야기는 해결책을 제시하게 된다.

③ 3단계: 여섯 살 이전에 존경했던 역할모델 분석하기

역할모델은 내담자가 되고 싶은 자기와 중요한 삶의 목표를 보여 주고, 내담자의 중심 문제에 대한 해결책을 제공해 준다.

④ 4단계: 좋아하는 잡지, TV 프로그램, 웹사이트 분석하기

내담자의 생활양식과 가장 적합한 조건과 환경을 알게 해 준다.

⑤ 5단계: 좋아하는 이야기, 책이나 영화

주인공의 도전과 해결방법, 주인공의 장점과 단점, 변화하고자 하는 환경을 연결하는 각본을 알려 준다.

⑥ 6단계: 좋아하는 인용구나 좌우명

내담자 자신에게 주는 조언을 통해 문제에 대한 해결의 실마리를 알 수 있다.

⑦ 7단계: 자신에게 적합할 수 있는 학업 분야나 직업에 대한 분석

⑧ 8단계: 처음 요구사항에 대한 해답 찾기

다음으로 비전과 사명 선언서를 만든다. 선언서에는 다음의 내용이 포함된다.

나는 _____ (직업선택)이 될 것이며
그래서 나는 _____ (사회적 의미)를 할 수 있으며
그리고 그 과정에서 _____ (개인적 의미)를 성취할 것입니다.

4. 기타 이론

1) 인지적 정보처리이론

인지적 정보처리이론은 Peterson, Sampson, Reardon, Lenz(1996)가 주창한 이론으로, 진로결정 및 진로 문제 해결 과정에서 정보를 어떻게 이용하는지에 대해 설명한다(임은미 외, 2017). 개인의 사고가 진로의사결정에 어떤 영향을 주는지에 관심이 있으며, 개인이 현재의 진로 문제를 해결하고 진로결정을 하도록 돕기 위하여 흥미, 능력, 가치, 직장 및 직업 선호도, 직업세계 등을 알아 가도록 한다. 또한 자신의 진로 관련 신념체계를 통찰하고 진로의사결정을 위한 효과적인 전략을 제시한다. 인지적 정보처리이론에서는 진로의사결정에 있어서 정서와 인지적 처리를 중요하게 보며, 진로의사결정을 위해 자기 자신과 직업세계와 신념체계 등 진로의사결정에 영향을 주는 요인에 대한 정보를 갖고 있어야 함을 강조한다. 또한 진로의사결정에 영향을 주는 요인들은 계속 변화하고 인지적 구조는 일생 동안 발달되고 성장된다고 가정하며 정보처리능력을 향상시켜 진로 문제 해결을 돕고자 한다.

인지적 정보처리이론에서 진로 문제는 현재 진로 미결정인 상태와 이상적인 목표 간의 차이로 인한 인지적 부조화로 문제를 해결하고자 하는 동기를 불러일으킨다고 본다. 진로 문제를 해결하기 위해서는 목표를 이루기 위해 계획을 세우고 필요한 정보, 학습, 인지적 전략을 습득하고 그 과정에서의 위험을 감수해야 한다.

(1) 정보처리 피라미드

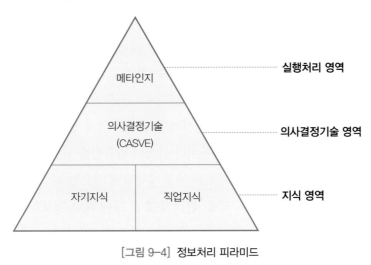

[그림 9-4] 정보처리 피라미드

　정보처리 피라미드는 진로 문제 해결과 의사결정 관련 인지적 자각을 증진시키기 위한 목적으로 제시되었으며, 지식, 의사결정기술, 실행처리 영역으로 이루어진다. 학업 및 진로 관련 이전 경험, 성적, 타인과 상호작용, 과거 에피소드, 검사 점수, 성적, 여가 및 학교생활 등 자기 자신에 대한 지식 및 직업에 관한 지식에 대해서 알고(지식 영역), 의사결정방법에 대해서 알고(의사결정기술 영역), 개인의 사고가 어떻게 자기 자신의 진로결정에 영향을 주는지를 알아차리는 메타인지를 활용하는 과정(실행처리 영역)이 필요하다. 실행처리 영역에서 자신이 어떻게 생각하고 느끼고 행동하는지를 점검하는 메타인지가 활용되는데, 자기대화, 자기인식, 자기모니터링 과정이 포함된다. 자기대화는 진로 문제와 선택에 있어서 자기 자신에게 내적 메시지를 주는 것으로, 긍정적인 자기대화를 사용할 때 더 적절한 의사결정을 할 수 있게 한다. 자기인식은 현재 자신의 진로 문제에 대해 어떻게 생각하고 느끼고 있는지, 수집한 정보는 어떠한지, 이를 어떻게 통합할 것인지, 대안의 우선순위는 어떠한지, 어떤 계획을 세우고 실행해야 하는지를 인식하는 것이다. 자기모니터링을 통해 필요한 정보가 어느 정도인지, 대안의 평가와 세운 계획이 적합한지를 수시로 점검하게 된다(임은미 외, 2017).

(2) 의사결정기술(CASVE)

　진로의사결정 과정에는 문제 파악, 정보 및 자료 분석, 대안의 확장과 축소,

대안의 장단점 평가 및 우선순위 정하기, 계획 실행하기 등이 포함된다(Sharf, 2016). 인지적 정보처리 접근에서 사용되는 의사결정기술(CASVE)은 의사소통 (Communication), 분석(Analysis), 통합(Synthesis), 평가(Valuing), 실행(Execution)의 5가지 기술을 포함하며, 필요에 따라 재순환하는 특성을 지닌다.

- 의사소통: 자기 자신과 주변 환경, 이상적인 상태와 현재 상태의 불일치를 인식하면서 진로 문제에 대해 어떤 행동이나 선택이 필요함을 인식하기 시작한다.
- 분석: 자기지식과 직업지식을 검토하여 문제해결에 필요한 자신의 흥미, 가치, 역량 등과 직업, 학업, 여가, 직장, 환경적 조건 등에 대한 정보들을 수집하고 이해한다.
- 통합: 수집된 정보를 정교화하여 정보를 통합하고 가능한 대안을 많이 고안하거나 재정 문제나 능력과 같은 현실적 제약을 고려하여 대안을 축소해 나간다. 이 단계에서 개인에게 맞지 않는 직업은 배제해 나가고 새로 수집한 정보를 바탕으로 진로 대안이 확장된다.
- 평가: 일자리 기회, 직무, 필요 자격, 비용, 직업 전망 등 각 대안의 장단점을 평가하여 잠정적인 대안들의 우선순위를 결정한다.
- 실행: 평가 과정을 거친 후 실행하기 위한 계획이나 전략을 수립하고 시도하고 실제로 계획한 것을 적용하게 된다. 봉사활동, 파트타임, 인턴 활동, 직업 훈련, 이력서 제출 등 다양한 실행활동을 수행한다.

2) 진로무질서이론

진로무질서이론은 체계 내의 모든 요소가 복잡하게 얽혀 있고 상호작용하고 있기 때문에 예측할 수 없고 단순하게 설명할 수 없다는 전제에서 출발한다(손은령, 2009). 무질서한 세상에서 개인은 복잡한 세상을 살아가야 하는 역동적인 체제이며, 개인을 둘러싼 사회도 복합한 체제이기 때문에 개인과 사회가 역동적으로 상호작용하면서 예측할 수 없는 일들이 발생하게 된다. 이에 자신에게 꼭 맞는 직업은 없기 때문에 불확실성에 대한 열린 마음을 갖고 설령 실패를 하였다 할지라도 전생애의 진로여정 안에서 새로운 기회로 통합될 수 있다. 이에 진로무질서이론에서는 진로에서 우연과 예측할 수 없는 변화를 고려해야 하며, 새로운 도전에 대한 위험감수, 긍정과 낙관으로 미래를 바라보기, 불확실성 인정과 수용하기, 실패로부터 배우기, 호기심 따르기, 자신의 직관에 귀 기울이기, 창의성과 열린 마음자세 등을 중요하게 제안한다.

(1) 유인: 체제의 기능

유인은 체제의 기능을 묘사하는 개념으로 진로에서 일반적인 행동 패턴으로 나타나며, 목표유인, 진동유인, 패턴유인, 우연유인의 4가지 유형으로 구분된다(임은미 외, 2017). 목표, 진동, 패턴 유인의 사람들은 안정된 체제에서 편안할 수 있기 때문에 우연유인을 인정하고 예측하기 어려운 변화에 대한 수용이 필요하다.

- 목표유인: 목표지향형으로 체제가 특정 지점을 향해서 움직여 가는 것으로 복잡성과 변화를 고려하지 않기 때문에 유연성이 떨어지고 새로운 기회를 잡기 어렵다.
- 진동유인: 역할지향형으로 '이것 아니면 저것'이라는 경직된 사고를 보여 중요한 정보나 가능한 대안을 과소평가할 수 있다.
- 패턴유인: 규칙지향형으로 복잡하지만 예측 가능한 방식으로 움직여 가며 시간의 흐름에 따른 패턴, 규칙 등을 만들어 가면서 변화에 대응한다. 그러나 예외가 발생하는 상황을 위협으로 받아들여 즉각 대응하기 어렵다.
- 우연유인: 변화지향형으로 예측 불가능한 방식으로 복잡하게 움직여 가지만 나름의 질서를 조직해 나간다. 우연이나 불확실성을 수용하고 새로운 아이디어나 피드백에 열린 자세를 가진다.

(2) 무경계진로

최근의 직업세계는 불확실성이 증가하고 일터 간의 경계가 불분명해지고 전문성을 기반으로 수평이동이 가능하게 되어, 하나의 고용환경에서 계속 일하기보다 여러 조직에서 경력을 이어 나가는 경우가 많아졌다. 무경계진로는 조직 경계를 넘나들며 여러 번의 고용 기회를 갖는 조직 간 이동을 말한다. 새로운 직업이 수시로 생기고 없어지며 더 나은 고용 조건의 직장으로의 이동이 많아져서 근속 연수가 짧아지다 보니 변화하는 직업세계의 무한한 가능성을 염두에 두고, 기회를 통해 성공하고 개인의 이득을 극대화하는 태도가 더욱 중요해졌다. 무경계진로는 조직의 경계를 넘어서는 공간적 이동뿐만 아니라 사고의 유연성, 융통성, 심리적 만족을 추구하는 심리적 이동성도 중요하게 간주한다(임은미 외, 2017). 이러한 무경계진로 상황에서는 주관적으로 의미 있는 일을 하고 있다는 심리적 만족감이 성공의 기준이 되고, 진로관리의 책임이 조직이 아니라 개인에게 주어지며, 지속적인 전문성 확보를 위한 개인의 노력이 중요하다(Sullivan, 1999: 임은미 외, 2017에서 재인용).

(3) 프로티언 커리어

언제 변화할지 모르는 직업세계에서 개인이 가져야 할 적극적이고 주도적인 태도가 필요하다. 프로티언 커리어(protean career)는 개인이 지향하는 가치와 주관적인 성공 기준으로 자신의 진로를 주도해 나가고 관리해 나가는 방식을 의미한다(Hall & Du Gay, 1996). 조직이 아닌 개인이 주도하는 경력으로 승진과 같은 객관적인 성공보다 만족, 성취감, 자부심 등의 주관적인 성공이 추구되며 개인이 스스로 주도하는 지속적인 학습, 전생애적 관점, 적응을 위한 자아정체성 변화 등의 진로관리행동이 강조된다. 프로티언 커리어는 경력의 책임이 개인에게 있고, 자유와 성장을 핵심 가치로 하여 주관적 성공을 성공 기준으로 보며, 개인은 전생애적 관점에서 자기주도적이고 지속적인 학습을 해 나가는 태도를 보인다. 이러한 태도는 개인의 변화에 대한 개방성, 낙관성, 진로적응력 등의 개인적인 특성과도 연결된다. 프로티언 커리어는 가치지향과 자기주도적 진로관리의 두 차원으로 구성되며, 각 차원의 소유 여부에 따라 다음의 4가지 유형으로 구분된다(Briscoe & Hall, 2006).

- 의존적 유형: 우선순위를 정하지 못하고 주도성이 미흡한 유형
- 경직적 유형: 가치는 명확하지만 그 가치에 적합하게 수행하기 위한 요구사항에 적응하지 못하는 유형
- 반응적 유형: 자신의 진로에 대한 조망을 갖지 못한 채 반응을 하는 유형
- 프로티언(변형) 유형: 자신을 타인에게 맞추고 상황에 적응하면서 계속 자신의 목표를 성취해 나가는 유형

연습문제

1. 진로구성이론을 적용하여 다음의 '고통'에 해당되는 부정적인 단어들을 '희망'의 긍정적인
   단어로 바꾸어 봅시다.

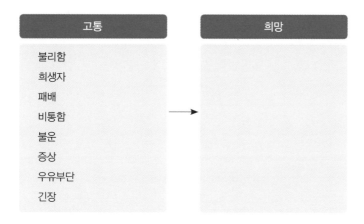

고통	희망
불리함	
희생자	
패배	
비통함	
불운	
증상	
우유부단	
긴장	

2. 다음의 진로구성 인터뷰 질문에 스스로 대답해 봅시다.

   • 어릴 적에 당신이 존경했던 3명의 역할모델은 누구였습니까? 그 이유는 무엇입니까?
   • 당신이 좋아하는 잡지, TV 프로그램, 웹사이트는 무엇입니까? 그 이유는 무엇입니까?
   • 책, 영화 또는 영화로 제작된 책 중에서 좋아하는 이야기는 무엇입니까?
   • 당신이 좋아하는 3가지 좌우명이나 인용구는 무엇입니까?
   • 당신의 삶에서 가장 초기의 기억은 무엇입니까? 여섯 살 이전에 일어난 일에 대해 기억
     하는 3가지 이야기는 무엇입니까?

3. 여러분 자신의 진로 비전을 생각해 보고, 다음의 비전과 사명 선언서를 작성해 봅시다.

   나는 _____(직업선택)이 될 것이며

   그래서 나는 _____ (사회적 의미)를 할 수 있으며

   그리고 그 과정에서 _____ (개인적 의미)를 성취할 것입니다.

제4부

건강한 직업인

제10장

대인관계의 이해

 개요

인간은 태어나면서부터 다양한 관계 안으로 자연스럽게 들어가게 된다. 가족의 일원이 되고, 성장하면서 친구, 학교, 사회, 직장 등에 소속됨에 따라 집단 구성원의 역할도 함께 주어지는 것이다. 인간관계는 한 사람의 행복에 가장 큰 영향을 주며, 사람과 더불어 성장하고 교류하며 삶의 영역도 인간관계를 통해 확장시켜 나간다. 그것은 개인적인 성장, 자아정체성의 형성, 삶의 의미와 질을 결정하기도 한다. 나아가 정서적 안정, 자아실현의 추구뿐만 아니라 주관적인 성공과 개인의 사회적 기여 및 성취에도 영향을 준다. 한 분야에서 전문적인 실력을 갖는 것도 중요하지만 이와 더불어 인간관계를 원만하게 잘해 나갈 수 있는 능력 또한 중요하다고 할 수 있다. 대인관계와 관련된 심리학적 기제의 이해와 더불어 효과적인 의사소통에 관한 내용, 타인과의 이해관계에 의해 불가피하게 처하게 되는 갈등 상황을 잘 극복하는 방법과 상호 이익을 도모함과 동시에 자신의 심리적 경계와 영역을 잘 보호할 수 있는 방법에 대해 살펴보고자 한다.

학습목표

- 대인동기, 대인신념, 대인지각 및 대인사고, 대인기술, 대인감정 및 대인행동의 개념에 대해 이해하고 설명할 수 있다.
- 언어적 의사소통과 비언어적 의사소통을 구별할 수 있다.
- 효과적인 의사소통 방법에 대해 이해하고 설명할 수 있다.
- 갈등의 개념과 진행 단계, 해결 전략 등을 설명할 수 있다.

건강한 인간관계란 '나도 좋고 너도 좋은 관계를 맺고 유지하는 능력'을 말한다(문요한, 2019). 가족, 친구, 연인, 직장동료, 중요한 타인 등 우리 주변에 늘 함께 살아가는 사람들과의 갈등이 생기면 평화로운 일상생활을 유지할 수 없게 된다. 한 사람이 심리적 안정감과 편안함으로 일상에 몰입할 수 있는 환경을 지속적으로 유지하려면, 마치 정원을 가꾸듯이 인간관계에 정성과 관심을 기울여 가꾸어야 한다. 이 인간관계 정원은 우리가 지금까지 선택한 사람들이 자신과 함께 머물러 있는 곳이기도 하고, 새로운 사람들의 진입을 엄격하게 통제하면서 날마다 가꾸어 나가는 인생의 관계 터전이기도 하다. 섬세한 정원 관리가 우리의 행복과 불행을 좌우하는 방향키가 될 수도 있다.

우리 사회의 인간관계 양상이 최근 들어 다양하게 변화되고 있다. 약속을 정하여 특정한 공간에서의 면대면 만남이 급격하게 줄어들고 있다. 취업과 결혼의 지연으로 인해 부모로부터 독립하여 오랜 기간을 혼자 지내는 1인 가구의 탄생 등도 새로운 라이프스타일의 모습이다. 이른바 사회적 관계망이라 일컫는 SNS(Social Network Service) 중심의 대인관계가 새로운 대인관계 양상이라고 할 수 있다. 이러한 방식은 개인의 고립 시간을 길어지게 하고 사람과 사람 사이에서 충족해야 할 사랑과 애정의 욕구가 잦은 좌절을 겪게 되면서 인간관계 갈등 유발의 원인이 되기도 한다. 최근 들어 정신건강 심리상담의 수요도 증가 추세에 있다. 과거와 변함없이 모든 심리상담의 주제 중에는 인간관계와 관련된 것이 가장 많다. 인간이 경험하는 대부분의 심리적 갈등과 고통은 인간관계 문제에서 파생되는 것이라 할 수 있다(권석만, 2017). 이처럼 인간관계는 우리의 행복과 심리적 안정감에 가장 크게 영향을 미치는 요인으로서 개인에게도 끊임없이 해결해야 하고 대처능력을 확장시켜 가야 하는 인생과제의 한 부분이다. 자아실현을 추구하는 건강한 한 사람으로서 인생을 잘 영위하기 위해 인간관계를 잘하는 것은 모든 사람에게 주어진 공통과제이다. 다양한 영역의 사람들과 기능적으로 교류하며 친밀한 관계를 유지하고 우호적인 인간관계를 이어 나가도록 지속적인 훈련이 필요하다.

1. 대인관계의 심리학적 이해

삶에 있어서 인간관계만큼 복잡하고 해결하기 어려운 것은 없다. 이것은 인간만이 가지는 특성에서 비롯된다고 한다(손영화, 2016). 보편적으로 인간만이 갖고 있는 특성은 성장해 가면서 인간관계의 수가 많아지고 복잡해지는 것, 사람은 모두 다르다는 것, 사람은 누구나 자신을 주인공으로 생각하고 세상에서 가장 중요한 존재로 간주하며 개인은 전체의 한 부분이라는 사실을 인정하는 데 인색하다는 것, 사람은 자기 자신을 깊이 모를 뿐 아니라 상대방에 대해서는 더더욱 모른다는 것, 다른 사람과의 적당한 거리조절을 잘 해내지 못하고 각자의 경험이나 가치관, 인생관 등에 따라 주관적인 관점으로 세상을 바라보는 것, 상대방에게 지나친 기대를 갖고 있거나 바람직한 인간관계에 대한 기법과 교육이 미흡하거나 부재한 것 등이다. 대인관계에 영향을 미치는 개념들에 대해 살펴보고자 한다.

1) 대인동기

동기는 특정한 목표를 향해 행동하게 만드는 내면적인 원동력이자 운전대의 역할을 하는 심리적 원동력이다. 대인동기(interpersonal motives)는 인간으로 하여금 대인관계를 지향하게 하고 사회적 행동을 하도록 유발하는 내면적 동기를 의미한다. 인간의 사회적 행동을 보다 잘 이해하기 위해서는 그러한 행동을 유발하는 심리적 원인을 우선적으로 이해하는 것이 필요하다. 인간이 특정한 행동을 하도록 만드는 심리적 요인이 무엇인가에 대한 답을 얻기 위해 심리학자들은 '동기'라는 개념을 사용하게 되었다. 이러한 동기는 욕구(need or desire), 충동(impulse), 본능(instinct)이라는 용어로 함께 사용되기도 한다. 인간의 사회적 행동은 내면의 동기적 요인에 의해 유발되는 것이 많다.

동기는 여러 과정을 통해 우리가 취하는 대인관계에 다양한 순기능을 조력하게 되며, 이 순기능은 다음과 같은 내용으로 구분할 수 있다. 첫째, 목표지향적 행동을 유발한다. 목마를 때에는 물을 찾아 마시고 목마름의 해소라는 개인적 목표를 향한 일련의 행동을 하게 하는 것이다. 둘째, 목표지향적 행동을 지속하게 하는 추진력,

즉 에너지를 제공하는 기능을 한다. 목이 마를 때 물을 발견하지 못하면 난관이 있더라도 물을 찾는 행동을 계속하게 하는 기능을 한다. 셋째, 동기는 목표지향적 행동을 조절하는 기능을 한다. 목마른 사람은 물을 충분히 마시면 더 이상 물을 찾지 않듯이, 목표지향적 행동을 시작하고 지속하며 종결하게 하는 기능을 한다.

동기는 그 내용이나 발생 원인에 따라 여러 가지 방식으로 구분된다. 생리적 근거가 분명하고 태어날 때부터 갖추어진 동기로서 모든 인간이 공유하는 동기인 생리적 동기, 생리적 근거보다는 학습의 영향이 더 뚜렷한 동기인 심리적 동기로 나누어진다. 또한 동기는 본능에 더 가깝다고 보는 선천적 동기와 후천적 경험에 의해 학습된 후천적 동기로 구분되기도 한다(McDougall, 1960). 선천적 동기는 후천적 경험에 의해서 강화되거나 약화될 수 있으며 변형되기도 한다. 인간의 동기는 서로 위계적인 관계를 지니고 있으며 상위 동기로의 발달은 하위 동기의 안정된 충족을 필요로 한다는 주장도 있다(Maslow, 1970). 위계론이 된 이 동기는 서로 밀접하게 관련을 맺고 있으며 일정한 방향성을 갖고 발달하는 경향이 있다는 것이다. 가장 낮은 위계인 생리적 욕구를 시작으로 안전 욕구, 소속과 인정의 욕구, 자존감의 욕구, 가장 높은 단계인 자아실현의 욕구가 있다. 이 위계의 특징은 낮은 위계의 하위 동기로부터 높은 위계의 상위 동기로 발달해 간다는 점이다. 특히 하위 동기가 만족되지 않으면 상위 동기로의 발달이 이루어지지 않는다. 따라서 상위 동기로의 발달은 하위 동기의 충족을 전제로 이루어진다. 하위 욕구의 충족에 의해 상위 욕구가 발전하여 행동에 영향을 미치더라도 하위 욕구에 불만족이 생겨나면 인간의 행동은 하위 욕구의 충족을 위해 퇴행이라는 조치를 하게 된다.

Alderfer(1972)는 직장인의 동기에 대한 이해를 돕기 위해 Maslow의 5단계 욕구 위계를 생존욕구, 관계욕구, 성장욕구로 축소하여 제시하였다. Ford(1992)는 대인 동기를 지향목표에 따라 개인지향적 동기와 집단지향적 동기로 구분하기도 하였는데, 개인지향적 동기는 개인의 발전과 성장을 목표로 하는 동기로서 개별성의 동기, 자율성의 동기, 의존성의 동기가 이에 해당된다. 반면에 집단지향적 동기는 개인보다 집단의 화합과 통합을 목표로 하는 동기로서 소속감의 동기, 사회적 책임의 동기, 형평성의 동기, 이타성의 동기로 구성된다.

그 외에도 나약한 존재로서 생존을 위해 타인의 도움과 협동을 필요로 하는 생물학적 동기, 다른 사람에게 의지하고 보호받으려는 의존 동기, 사람들과 어울리며 친밀한 관계를 맺고자 하는 친화 동기, 다른 사람에게 자신의 영향력을 행사하려는 지배 동기를 비롯하여 성적 동기, 공격 동기, 자아존중감과 자기정체성의 동기 등이 있다. 대인동기에는 개인차가 많이 나타나기도 하는데, 이것은 기질적 특성, 자아존중감, 자아 분화 수준 등과 같은 심리적 요인 등에서의 차이로 추측해 볼 수 있다. 이러한 성숙 요인의 차이로 인해 인간 접근적 성향, 인간 회피적 성향, 인간 적대적 성향을 보이게 된다고 한다(Horney, 1937).

2) 대인신념

인간은 자신이 옳다고 믿는 대로 방향성을 설정하여 행동하게 된다. 이렇게 반복적으로 행해졌던 경험 양상이 인간관계 장면에서도 동일하게 적용될 수 있다. 일반적으로 신념은 인간의 행동을 결정하는 중요한 심리적 요인이라 볼 수 있는데, 대인신념(interpersonal beliefs)은 대인관계와 대인행동에 영향을 미치는 개인적인 신념을 의미한다. 이 대인신념은 과거로부터 축적된 대인관계 경험이나 지적 체계들을 통해 현재의 대인관계에 영향을 미치는 촉진 요인 또는 방해 요인이 되기도 한다. 인간은 태어나 성장하면서 부모뿐만 아니라 인간관계 영역이 점점 더 확장되어 형제자매, 친척, 교사, 친구, 선후배, 연인, 직장동료 등 다양한 인간관계의 경험을 하게 된다. 이러한 인간관계 경험이 인지적 영역에 각인되어 향후 직면하게 되는 만남에 긍정적이든 부정적이든 영향을 미치게 되는 것이다.

대인신념의 특성은 다음과 같다. 첫째, 일시적인 사고내용이 아니라 지속적으로 지니는 비교적 안정적인 사고내용을 의미한다. 이것이 누적되면 인간관계관, 즉 인간관계에 대한 개인의 가치나 철학이 형성된다. 둘째, 새로운 인간관계 상황에 대한 기대와 예측의 근거가 된다. 인간은 주로 과거 경험을 바탕으로 미래를 예측하고 기대하기 때문에 이 예측내용에 따라 취하는 대처 행동도 달라진다. 셋째, 새로운 경험의 의미를 해석하고 평가하는 근거가 된다. 대인신념은 상대방의 언어와 행동에 대해 선택적인 주의를 기울이고 그 의미를 해석 및 평가하는 틀의 역할을 한다.

인간관계에 영향을 미치는 대인신념에 대한 이론적 핵심은 크게 3가지 영역으로 구분할 수 있다. 인간관계에 대한 신념, 자기 자신에 대한 신념, 인간관계 대상인 타인 및 인간 일반에 대한 신념이다. 인간관계에 대한 신념은 인간관계의 중요성에 대한 신념, 중요하게 생각하는 인간관계에 대한 신념, 이상적인 인간관계에 대한 개인의 신념, 친밀한 인간관계를 맺는 방법에 대한 신념 등이다. 대인신념의 내용 중에서 인간관계 장면에 가장 영향을 미치는 요소는 자기에 대한 신념, 즉 자아개념 이라 할 수 있다. 인간은 자기 자신에 대해서 지니고 있는 생각과 신념에 따라 다른 사람을 대하는 태도가 달라진다. 자신이 장점이 많은 사람이라고 믿는 사람은 자신 있고 당당하게 행동한다. 반면, 자신이 나약하고 단점이 많은 열등한 존재라고 지 각한다면 자신감이 없고 소극적인 대인행동을 보이게 된다. 건강한 자아개념을 가 진 자가 대인관계 장면에서도 친밀하고 우호적인 관계를 잘 유지한다고 보는 관점 이다.

James(1890)는 자아개념을 물질적 자아, 심리적 자아, 사회적 자아 등으로 구분하 였다. 물질적 자아는 외모 및 신체적 매력, 신체적 건강 및 체력, 재산 및 소유물 등 자아와 관계된 가시적인 물질적 측면을 말한다. 심리적 자아는 성격 및 성격적 매 력, 지적 능력, 자기조절 능력, 대인관계능력, 지식수준, 학업성적, 인생관 및 가치 관의 확립 정도를 말한다. 사회적 자아는 친구관계, 이성관계, 가족관계, 사회적 지 위 및 신분과 같이 타인과의 관계 속에서 나타나는 자신의 위치와 신분을 의미한다. 이 자아개념들은 밀접하게 서로 연관되어 있다고 할 수 있다. 그리고 시점과 관점을 통합하여 자기평가를 할 수 있는 다측면적인 구조의 관점으로 보는 자아개념으로 는 현재의 나에 대한 정보를 포함하는 현실적 자아, 이상적으로 되기를 바라는 나의 모습인 이상적 자아, 부모와 같이 중요한 사람들에 의해 기대되는 나의 모습인 의무 적 자아, 앞으로 노력하면 가능하다고 보는 나의 모습인 가능한 자아로 분류하기도 한다(Higgins, 1987; Markus, 1990).

3) 대인지각 및 대인사고

한 사람이 인생을 살아가면서 만나게 되는 사람은 무수히 많다. 우리는 사람을 만 날 때 지금까지 형성되어 온 나름대로의 인지적이고 심리적인 기제들을 통해 상대 방의 성격, 동기, 감정, 성향 등을 판단하게 된다. 대인지각(person perception) 및 대 인사고(interpersonal thoughts)는 타인과의 상호작용 과정에서 일어나는 내면적인 제반 현상을 의미한다(권석만, 2017). 우리는 대인지각 및 대인사고를 통해 파악한 상대방의 특성들을 바탕으로 하여 앞으로 상대방이 어떻게 할지 예측해 보거나 또 자신이 어떻게 행동할 것인지 고민하고 필요한 대처 전략을 선택하기도 한다. 앞서 제시한 대인동기와 대인신념 등은 개인이 인간관계를 형성하기 전에 자신의 경험을 통해 대략적으로 형성된 성격특성들이며, 대인지각 및 대인사고는 사람들을 만나 대인관계가 시작될 때부터 개인이 내면적으로 경험하게 되는 인지적 과정이라 할 수 있다. 대인지각은 인상 형성과 같이 타인에 대해 알아 가는 비교적 단순한 인식 과정인 반면, 대인사고는 타인의 행동에 대한 의도나 동기 등을 예측하고 추론하는 좀 더 복잡한 상위 수준의 인지적 기능이 포함된 인식 과정이라 할 수 있다(손영화, 2016).

대인지각은 사물에 대한 인식활동인 사물지각(object perception)과 대조되는 개념이며, 사람에 대한 인식활동을 의미한다. 사물지각은 대상 사물에 대해 판단할 때 객관적 기준이 있어서 판단의 정확도를 추구할 수 있으나, 대인지각은 사람에 대한 지각이므로 뚜렷한 기준이 있을 수 없고 또 있는 경우라 할지라도 주관적인 견해가 이미 반영된 기준인 점을 유의할 필요가 있다. 사람은 다른 사람에게 잘 보이기 위해 자신을 호감 있게 보일 수 있는 단서를 조작해서 작동시킬 수 있는 능동적인 존재이므로 지각자의 판단을 흐리게 할 수 있기 때문이다(손영화, 2016). 대인지각에서는 첫인상이 매우 중요하다. 첫인상은 첫 만남 이후의 대인관계에 영향을 크게 미친다. 이 인상 형성은 자기도 모르는 사이에 그리고 순식간에 일어난다. 충분한 대화나 접촉을 시도하지 않았는데도 과연 무엇에 근거하여 상대방에 대한 인상이 형성되며, 인상 형성에 사용되는 지각단서는 무엇인지 유념할 필요가 있다. 우리는 외관적 특성인 얼굴 생김새, 옷차림새, 비언어적인 행동단서 등을 통해 인상을 형성하게 된다. 이 인상 형성의 과정에서 상대방의 첫인상, 핵심 특성, 나쁜 평판 등을 중요하게 반영하는 경향이 있다.

대인사고는 대인관계에서 일어나는 다양한 사건의 의미를 해석하고 대처행동을 결정하는 심리적 제반 과정을 의미한다. 이 대인사고는 매우 순간적이고 자동적으로 일어나기 때문에 당사자가 미처 인식도 하지 못한 사이에 진행되어 스스로에게 분명하게 자각되지 않는 경우도 많다. 왜 그렇게 특별한 감정을 느끼고 특별한 행동을 하게 되는지에 대한 심리적인 근거와 원인을 파악하기가 어렵다는 것이다. 인지치료의 창시자인 심리학자 Aaron Beck은 이 과정을 자동적 사고라 하였다(Beck,

1976). 이 자동적 사고에 따라 어떤 사람은 우호적인 인간관계를 발전시켜 나가는 반면, 다른 이는 자기패배적 사고패턴의 반복, 파국적 사고, 과잉일반화 등의 인지적 오류가 일어나 대인관계 장면에서 방해 받는다고 한다.

자동적 사고와 더불어 대인사고의 중요한 개념은 귀인이다. 귀인(attribution)이란 한 사람의 행동이나 어떤 일에 대한 결과의 원인을 여러 가지 방식으로 찾아내는 것을 의미한다. 귀인은 내부적 귀인, 외부적 귀인 등으로 나눌 수 있다. 대인관계에서 직면하는 상황에 대해 스스로 의미를 추론하는 과정에서 상대방의 의도나 사건의 의미를 왜곡하여 오해하게 되는 인지적 오류가 나타나기도 한다(권석만, 2017). 인지적 오류에는 흑백논리적 사고, 과잉일반화, 정신적 여과, 개인화, 의미확대 또는 의미축소, 잘못된 명명, 독심술적 사고, 예언자적 사고 등이 있다. 이처럼 대인지각 및 대인사고의 개인차로 인해 문제초점적 대처를 하는 사람이 있는가 하면 정서초점적 대처를 하는 사람도 있다.

인간관계에서 대개 호감을 얻거나 비교적 만족스러운 상호작용과 대처자원을 잘 활용하는 이들은 공통점이 있다. 이들은 자신의 미래에 대한 발전적이고 숙고적인 태도, 자기파멸적인 충동에 저항하는 능력, 사려가 깊고 반성적이며, 타인과의 조화와 균형을 중요시하는 특성을 보인다. 자신이 어떤 대인지각 및 대인사고의 틀을 통해 타인을 지각하고 받아들이고 있는가에 대한 인식 여부가 인간관계의 만족도와 질적 수준을 좌우하는 것으로 볼 수 있다.

4) 대인기술

인간관계에 대한 개인차가 가장 크게 나타나는 부분이 바로 이 대인기술의 영역이라 할 수 있다. 대인기술은 인간관계를 성공적으로 이끌어 갈 수 있는 능력이며, 인간관계에서 자신이 추구하는 목표를 달성하기 위해 구사할 수 있는 언어적 또는 비언어적 능력을 의미한다(권석만, 2017). 대인기술의 특징은 다음과 같다. 첫째, 기본적으로 부모, 가족, 친척, 친구, 동료와의 관계 속에서 강화와 보상을 통해 학습되었거나 타인의 행동을 관찰함으로써 모방학습에 의해 습득될 수도 있다. 둘째, 대인기술은 언어적 행동과 비언어적 행동으로 구성된다. 셋째, 대인기술의 적절성과 효과는 행위자, 상대방, 상황의 특성에 의해 결정된다. 넷째, 대인기술은 인간관계에서 얻을 수 있는 긍정적 성과를 최대화할 수 있다(Michelson, Sugai, Wood, & Kazdin, 1983).

　인간관계에서 중요한 대인기술은 자신의 생각을 명료한 언어로 호감 있게 전달하고 표현하는 것, 잘 듣는 것이다. 대인기술은 언어적 대인기술과 비언어적 대인기술로 구분된다. 언어적 대인기술에는 경청, 질문, 반영, 공감, 설명, 강화, 자기공개, 자기주장, 유머 등이 있다. 인간 사이의 소통에서는 언어를 통해 내면적인 심리상태와 개인의 의도를 전달하는 방법이 가장 많기 때문에 그 내용과 질적 수준에 따라 성공적인 대인관계를 예측해 볼 수 있다. 대표적인 언어적 대인기술은 경청이다. 경청은 바꾸어 말하면 다른 사람의 언어적 내용을 잘 듣는 능력이라 할 수 있는데, 적극적 경청과 소극적 경청으로 구분할 수 있다. 상대방에 대한 정서적 이해가 공감이며, 공감수준은 수용하는 태도에 따라 다양하게 나타날 수 있다. 비언어적 대인기술은 비언어적 행동을 통해 자신의 의사와 감정을 표현하는 기술을 의미한다. 서양에 비해 동양에서는 언어적 행동보다 비언어적 행동을 통해 의사소통을 하는 비언어적 문화가 더 강한 경향이 있다(권석만, 2017; 최상진, 1993). 흔히 '눈치'라는 단어를 즐겨 쓰는 한국인 문화가 그 예라 할 수 있다. 한국 사회에서는 비언어적 행동과 눈치와 같은 직감적 상황판단 능력을 통해 의사소통이 이루어지는 경우가 종종 있으므로 비언어적 대인기술을 잘 이해할 필요가 있다. 비언어적 소통수단에는 몸의 움직임, 얼굴표정, 눈 맞춤, 눈 응시, 몸동작, 몸의 자세 등과 같은 신체적 움직임이 포함된다. 이와 같이 비언어적 대인기술은 언어적 소통 내용을 대체하거나 보완하고, 시각적인 정보 등을 추가적으로 제공함으로써 언어적 소통의 강조사항이나 정서적 내용을 풍부하게 전달해 주고, 대화 당사자 간의 의사소통의 흐름을 조절하며, 언어적 소통만으로는 표현할 수 없는 타인에 대한 미묘한 태도나 감정을 전달하는 의사소통적 기능을 갖는다(Hargie, Saunders, & Dickson, 1981). 비언어적 대인기술에 대한 자세한 내용은 의사소통 부분에서 다시 언급하기로 한다.

　대인기술은 행동과 연관이 높고 다른 사람의 눈에 빨리 파악되는 등 쉽게 드러나기 때문에 관계개선을 단기간에 이룰 수 있다. 우리는 외부로 표현된 것을 더 빨리 인식하는 경향이 있기 때문이다. 여기에 자신의 자아존중감, 애착 정도, 자아 분화 수준 등을 탐색하여 보는 것도 필요하다. 자신의 양육 환경과 가족 내에서 건강한 애착을 이루고 청소년기의 발달 과정을 통해 안정된 자아정체성, 정서적 안정감을 가진 사람들은 그렇지 않은 사람에 비해 인간관계에서 갈등을 만나거나 단절을 경험할 확률이 낮을 수밖에 없다. 정신과 의사인 문요한(2018)은 인간관계에서 '경계(boundary)'라는 개념을 내세워 누구든 자신만의 영역 표시인 경계를 잘 세울 필요가 있음을 주장하고 있다. 그에 의하면 자신의 인간관계 경계를 어떻게 관리하느냐에 따라 순응형, 방어형, 돌봄형, 지배형으로 구분하였다. 순응형은 건강할 때는 협조적으로 대하며 균형을 잘 유지하지만 그렇지 않을 경우에는 자기 자신을 희생하여 타인의 기준에 끊임없이 맞추어 나간다고 하였다. 방어형은 지나치게 경직되어 대인관계를 회피하고 일상생활에서 정서초점적인 대처보다도 문제초점적인 대처 방법을 더 자주 사용한다고 하였다. 돌봄형은 대상에 관계없이 누구나에게 과잉 친절을 보이며, 문제 있는 사람에게 마음이 끌리고, 과도한 책임감으로 소진을 빨리 경험하는 양상을 보인다고 하였다. 지배형은 순기능 모드일 때에는 리더십이 있고 위험감수를 잘하는 편이지만, 그렇지 않은 상황에서는 승부욕이 지나쳐 갈등이 생기면 끝까지 밀어붙여 상대를 굴복시키려 하는 양상을 보인다고 한다. 대인기술을 바람직한 방향으로 개선하고자 한다면, 다른 사람과 자신의 적당한 경계를 잘 세우고 지켜 나가며 불필요한 관계와 상황에 시간과 에너지를 낭비하지 않는 것도 유용한 방법이 될 수 있다. 사람 사이에는 서로 간의 경계가 반드시 필요하다. 가까운 사람과의 관계이든, 사회적 · 공적 관계이든 간에 우리는 적당한 물리적 거리와 시간적 거리의 경계를 잘 세우고 자아가 편안하게 쉴 수 있는 심리적 공간을 확보해 나가야 할 것이다.

5) 대인감정 및 대인행동

우리는 타인과의 관계 속에서 다양한 정서적 체험을 하게 되며, 감정과 행동은 밀접하게 관련되어 있다. 모든 행동은 감정이 선행되어 행동의 근원이 되는 무엇인가를 촉진하게 하는 역할이 있기 때문이다. 대인감정(interpersonal emotions)은 다른 사람의 관계 속에서 경험하는 총체적인 정서적 체험을 뜻한다. 인간이 경험하는 대부분의 정서는 인간관계 속에서 체험하게 되는데, 이 감정들은 기쁨, 애정, 불안감, 우울감, 분노, 공포심, 시기심, 질투심, 경쟁심 등으로 다양하다. 그리고 이러한 감정들에 대한 반응이 곧 행동으로 옮겨지게 된다. 인간관계 상황에서 타인에게 표출하는 행동적 반응을 대인행동(interpersonal behaviors)이라고 한다. 넓은 의미에서의 인간관계에 대한 한마디 정의는 사람 사이에서 대인감정을 느끼고 그에 따른 대인행동을 주고받는 과정이라고 할 수 있다(권석만, 2017).

인간의 감정은 매우 다양하지만 대부분 인간관계를 해 나가는 과정에서 체험하게 된다. 감정은 크게 정서적 체험, 생리적 반응, 행동준비성으로 구성된다. 정서적 체험은 주관적인 정서적 체험으로서 유쾌함, 불쾌함, 좋음, 싫음 등의 느낌을 포함한다. 생리적 반응은 특정한 감정이 일어날 때의 자율신경계의 변화이며, 불안한 감정을 느낄 때 근육이 긴장되고 심장맥박이 빨라지고 소화기능이 낮아지는 것과 같은 것이다. 행동준비성은 특정한 감정을 느끼면 그와 연관된 특정한 행동들을 표출하게 되는 압력을 느낀 후 이에 상응하는 행동을 준비하게 되는 것이다. 가령, 두려움의 감정을 느끼면 도망가는 행동을 준비하게 되며, 분노의 감정을 느낄 때에는 상대방을 공격하고자 하는 행동을 준비하게 된다. Russell(1980)은 인간이 경험하는 다양한 감정이 서로 밀접한 관계를 맺고 있다는 관점을 가지고 있으며, 이에 28개의 감정단어들을 유사성을 근거로 평정하여 다차원기법으로 분석하였다. 감정은 유쾌함과 불쾌함, 흥분됨과 이완됨의 두 차원으로 배열할 수 있다고 주장하였다. 또한 주요한 감정의 핵심적 사고내용으로 분노, 불안감, 슬픔, 죄책감, 수치감, 외로움, 사랑, 연민, 기쁨, 자기가치감, 감사, 안도감 등에 대한 내용도 제시한 바 있다(Lazarus, 1991).

대인행동은 인간관계 장면에서 겉으로 드러나는 언어적 · 비언어적 행동을 말한다. 인간관계 상황에서 경험한 특정한 느낌의 감정은 대인행동으로 표현하게 된다. 이 대인감정은 대인행동으로 표현되어야 비로소 상대방에게 영향을 미칠 수 있다. 대인감정을 경험하면 생리적 반응과 더불어 대인행동이 촉발된다. 감정의 유형에 따라 수반되는 신체적 · 생리적 반응이 다르고, 그 반응에 따라 대처행동이 결정된다. 기본 정서는 여러 문화권에서 공통적인 표정으로 표현된다. 감정과 얼굴근육은 신경회로에 의해 연결되어 있어 특정한 감정을 느끼면 자동적으로 그에 상응하는 얼굴근육이 움직여 특정한 표정을 만들어 낸다. 그러나 수치심, 죄책감, 경멸과 같은 이차적 감정에 대한 표정은 공통성이 상대적으로 낮은 것으로 알려져 있다(Ekman, 1984). 이처럼 서로 활발하게 소통하고자 대인행동을 적극적으로 주고받는 것이 인간관계이며, 상대방의 행동에 대한 반응으로 자신의 대인행동을 나타내고, 그에 대한 반응으로 상대방은 계속적으로 대인행동을 하게 된다. 이처럼 서로의 대인행동이 계속적이고 연쇄적으로 상호 교환되며 나타나므로, 대인행동은 방어행동이기도 하면서 제시행동이 되기도 한다. 인간관계 장면에서 부정적 대인감정과 부정적 대인행동의 대표적인 것이 분노이다. 분노조절에 실패한 사람은 인생에서도 실패한다는 말이 생겨날 정도로 분노는 인간관계에서 최악의 상황을 초래할 위험이 높다. 분노감정에 대한 대인행동은 직접적인 공격행동, 대치행동, 내향화, 승화, 용서 등 다양한 방법으로 표출될 수 있다. 내향화는 분노를 내면에 억제하는 것이고, 승화는 분노를 누구에게도 해가 되지 않도록 적절한 방법으로 분출하는 것이며, 용서는 분노에 대한 가장 성숙한 대처방법 중의 하나라고 할 수 있다. 분노는 상대방과의 힘의 불균형이 일어났을 때 이를 균형의 시점으로 회귀시키려는 감정으로서, 잘 해결하면 순기능의 역할도 한다. 그러나 많은 경우 분노행동이 한번 표출되면 비협력적 관계, 적대적 관계로 전환될 위험이 높기 때문에 신중하여야 한다. 중요한 점은 분노행동으로 상대방을 처벌하는 것이 아니라 자신이 원하지 않는 행동을 상대방이 더 이상 하지 않도록 바람직한 방향으로 설득할 필요가 있다는 것이다.

지금까지 대인동기, 대인신념, 대인지각 및 대인사고, 대인기술, 대인감정 및 대인행동에 대해 살펴보았다. 자신의 인간관계가 불안정한 사람은 앞서 살펴본 스스로의 대인관계 장면에서 주로 사용하고 있는 방어기제나 심리학적 기제들에 대한 검토가 필요하다. 그리고 모든 인간관계에서 가장 중요한 것은 건강한 경계를 잘 설정하고 지켜 가는 것이다. 이 경계의 영역에는 관계 조절 능력, 상호 존중감, 상대의 마음과 더불어 자신의 마음을 헤아릴 줄 알기, 갈등회복력을 유지하기, 자신을 솔직하게 표현하기 등이 있는데, 원만한 대인관계를 맺어 나가기 위해서는 끊임없는 노력과 지속적인 인격적 통찰과 태도의 성숙이 요구된다. 다른 사람과 우리 자신을 위해 건강한 경계와 균형을 유지하는 노력을 더욱 적극적으로 해 나갈 필요가 있다.

2. 의사소통이론

인간관계에서 의사소통(communication)은 대인관계를 보다 원활하게 하는 데 촉진적인 역할을 한다. 의사소통이라는 말은 라틴어 'communis'에서 온 것으로 '공통'이라는 뜻 외에 전달, 의미, 동작 등의 개념도 포함하고 있다. 의사소통이란 일반적으로 언어, 기호, 동작 등을 통해 개인과 집단 간의 의견이나 정보를 교환하는 것을 의미한다. 따라서 의사소통은 두 사람 사이에서 언어적 · 비언어적 수단을 통해 감정 또는 사실, 정보, 신념, 생각 등을 전달하는 과정이라 할 수 있다. 일반적으로 사람들은 수면시간을 제외한 70%에 해당하는 시간을 어떤 형태로든 의사소통을 하면서 지내며, 그중에서도 약 45%의 시간을 듣는 데 활용한다고 하였다(김종운, 2017). 의사소통을 잘한다는 것은 말하는 사람이 전달하고자 하는 의도대로 정확히 전달하며, 듣는 사람은 상대방의 말을 정확히 잘 알아듣는 것을 뜻한다. 이러한 의미에서 볼 때 인간관계를 잘하는 사람은 의사소통을 잘하는 것으로 볼 수 있을 것이다. 이 장에서는 의사소통의 유형, 소셜 미디어 시대에 적절한 의사소통 태도, 효과적인 의사소통 방법 등에 대해 살펴보고자 한다.

1) 언어적 의사소통과 비언어적 의사소통

사람과 사람 사이에 생각과 감정을 교류하도록 촉진시킬 수 있는 것이 언어라 할 수 있다. 의사소통이 언어를 통해 끊임없이 소통하는 것이라고 볼 때, 이 과정에서 동시에 표출되는 행동적 요인들은 비언어적이기는 하나 또 다른 언어적 기능을 한다고 할 수 있다. 대화, 즉 언어적 소통만 상대방과의 상호작용을 촉진시키거나 깊이를 더하게 하는 것이 아니라 사고, 감정, 삶의 경험, 욕구, 능력, 가치관에 의해 서로의 의도를 정확하게 이해하고 조화를 이루어 가는 것임을 기억해야 한다. 우리는 누구나 자신이 느끼는 감정이나 기분에 대해 어떤 통로를 이용해서든 나름대로의 의사표현을 하고 있다. 다만, 언어적이냐 비언어적이냐, 적극적이냐 수동적이냐의 차이일 뿐 인간은 누구나 인간관계 맥락에서 자기에게 더 적절한 의사소통 수단을 선택하고 있는 것이다.

언어적(verbal) 의사소통은 인지적·감정적 메시지가 단어나 억양, 말의 속도 등에 의해 전달된다. 언어적 의사소통은 말하기와 쓰기로 정보를 교환하는 것으로, 이때 언어는 사람들이 정보를 효과적으로 나눌 수 있도록 단어를 사용하여 생각과 감정을 표시하는 수단이 된다. 사용하는 단어는 개인의 문화, 사회경제적 지위, 나이, 교육수준 등에 따라 매우 다양하며, 메시지를 분명히 하기 위해서 효과적으로 단어를 선택하는 등의 의사소통 기술이 필요하다.

면대면 방식은 사람 간에 메시지를 더 정확하게 전달하고 전달 받을 수 있기 때문에 사람들이 선호하는 방식이라 할 수 있다. 직접 얼굴을 맞대고 대화를 하면 언어적인 메시지와 비언어적인 메시지를 동시에 받을 수 있으므로 자신이 들은 것을 더 쉽게 해석하고 왜곡하지 않을 수 있기 때문이다. 언어적 의사소통을 잘하기 위해서는 의식적으로 상당한 개인적 노력이 필요하다. 이야기를 잘하는 사람은 이야기를 잘 들어 주는 사람이라는 말이 있듯이, 언어적 의사소통에서 가장 중요한 것은 상대방의 이야기를 듣는 능력인 경청이다. 진심으로 상대방에게 공감하며 마음의 귀로 듣는 경청은 말하는 사람에게 감동을 주게 된다. 적극적 경청을 통해 상호 신뢰가 깊어지면 이 관계는 다른 어떤 관계보다도 훨씬 신뢰성 높은 관계로 발전할 가능성이 높다. 정확한 언어적 의사소통을 위해 지시적이고 암시적인 의미의 적절한 처리, 적절한 용어의 사용, 명료성과 단순성, 유머의 활용, 말하는 속도 및 목소리의 높낮이, 적절한 시간과 연관성, 적응성과 진실성의 반영 등을 확인할 필요가 있다(김종운, 2017). 그 외에도 역지사지의 태도로 상대방을 수용해 주는 따뜻한 공감 능력, 상대가 불편해하지 않는 범위 내에서 유연하게 접근하여 궁금한 것을 파악할 수 있는 효과적인 질문기술, 상황에 맞는 적절한 설명, 상호 간에 도움이 되는 피드백, 상대방을 존중하는 태도 등도 필요하다.

비언어적(nonverbal) 의사소통이란 단순히 말에 의한 의사소통이 아닌 신체의 움직임을 통한 몸짓과 음색의 변화, 시간과 공간이 전하는 의미, 신체의 외적인 모습에 이르기까지 문자 그대로 언어 영역 밖에 있는 모든 유의미한 의사소통 방식을 말한다(김종운, 2017). 사람들 간의 의사소통에서 언어적 표현이 30%를 차지하고, 나머지 70%는 비언어적 표현이 차지한다고 알려져 있다. 악수, 어루만지기, 팔짱 낌, 어깨에 손 얹기, 포옹, 입맞춤 등의 다양한 신체적 접촉과 머리모양, 옷차림새, 액세서리, 화장, 향수와 같은 외모의 표현도 상호 교류의 통로가 된다. 상대방과의 공간적 근접도 및 거리, 혹은 상대방을 대하는 방향, 말의 강약, 완급, 음색, 말하는 방식 등 언어적 의미가 없는 음성적 행동도 의미를 전달하는 중요한 수단이 된다. 언어적 메시지와 비언어적 메시지가 일치하지 않는 경우에는 개인적 선호방식에 따라 비언어적 메시지로 표현된 정보와 심리적 단서들을 더 신뢰하는 사람들도 있을 것이다.

2) 소셜 미디어와 대인 간 의사소통

소셜 미디어(social media)는 멀리 떨어져 있는 사람들의 의사소통을 가능하게 하는 모든 통로를 지칭하는 용어이다. 인터넷과 정보통신의 발달로 인간관계 영역에도 큰 변화가 일어나게 된 것이다. 소셜 미디어는 사람들의 삶에 중요한 사회적 유대를 형성하고, 향상시키고, 재발견하는 기회를 큰 갈등 없이 제공해 준다. 소셜 미디어를 통해 접촉하는 대상은 현재 관계를 맺고 있는 가까운 친구, 가족 구성원과의 접촉이 가장 많고, 그다음으로는 직장 동료, 취미나 여가를 함께 하는 사람들과의 접촉이 많은 것으로 파악된다. 그리고 온라인 메시지의 대부분은 문자 또는 사진, 영상 자료들을 기반으로 하기 때문에 성, 사회계층, 인종, 연령으로부터 오는 차이를 최소화함으로써 사람들을 더 친밀하게 만들어 준다. 소셜 미디어의 사용은 더 다양한 사회관계망을 가지게 해 준다는 이점이 있다. 접근이 용이한 것도 큰 장점 중의 하나라 볼 수 있다. 소셜 미디어 사용자의 대부분은 비사용자에 비해 자발적인 집단이나 조직에 더 많이 가입되어 있는 것으로 파악되며, 사회관계망 사이트를 이용하지 않는 사람들에 비해 친구들로부터 더 많은 신뢰와 지지를 받고, 친밀한 친구들이 더 많다고 한다(Adler & Proctor, 2015).

소셜 미디어는 인간관계 영역에서 대인 간 의사소통을 양적 및 질적으로 향상시키는 역할을 한다. 그것은 소셜 미디어를 통한 의사소통은 관계 유지를 더 쉽게 한다는 것이다. 한 번의 만남을 가져야 계속 유지되던 관계가 한 번의 안부 문자만으로도 해소가 되어 어색함 수준을 낮추어 주는 효과가 있다. 서로 바빠지거나 거리가 멀거나 하면 면대면 접촉이 어렵거나 불편한데, 소셜 미디어를 통한 의사소통은 시간대의 문제, 거리의 문제 등을 한꺼번에 해결해 준다. 실시간으로 연결되지는 못해도 시간차를 두고 자신의 메시지를 전하고 받을 수 있기 때문이다. 심지어 면대면

의사소통이 편리한 시점에서도 어떤 사람에게는 매체를 통해서 개인적 정보를 공유하거나 감정을 표현하거나 필요를 전달하는 것 등이 더 쉽게 생각된다. 이것은 이메일을 통한 관계 교류가 대인관계에서 중요한 관계 유지 및 촉진 역할을 한다는 연구에도 보고된 바 있다(Tannen, 1989).

SNS가 보편화되면서 의사소통 패러다임이 더 다양하게 확장되고 있는 추세이다. 이제는 SNS에서 글을 게시하는 것으로 그치는 것이 아니라 댓글을 통해 독자가 글쓴이에게 피드백을 하게 되어 실제적 의사소통이 가능하게 되었다. 글쓴이가 댓글이 달릴 것이라 예상을 하고 글을 올리면 불특정 다수의 사람이 댓글에 답을 하고, 그것에 글쓴이가 다시 댓글을 추가하는 과정을 통해 새로운 의사소통 채널이 성립된다. 특히 스마트폰이 보편화된 이후 장소와 시간에 구애받지 않고 SNS를 통해 거의 실시간으로 개인 대 개인, 개인 대 그룹의 형식으로 대화가 이루어지고 있다. 이러한 방식은 자신이 인지하지 못하는 사이에 인적 네트워크가 급격하게 확장되는 속성을 갖고 있다. 주변 지인들과의 인적 네트워크가 결합되는 속도도 점점 빨라진다. 이와 같은 의사소통은 비대면성, 비동시성, 익명성, 이동성이라는 새로운 속성을 갖고 있어 이러한 점들이 인간관계 영역에도 확대되고 있다.

여러 가지 이점에도 불구하고 소셜 미디어 시대에 우리가 가져야 할 태도가 있다. 진정한 의미에서의 의사소통의 결여가 생길 수 있다는 점, 무분별한 인적 네트워크의 확장으로 인한 사생활보호의 어려움, 정보와 신뢰성이 보장되지 않는다는 점을 유념하여 타인에 대한 보호와 스스로에 대한 개인정보 보호 및 우호적인 윤리의식을 염두에 두어야 한다는 것이다. 가공된 친밀감에 안주하지 않고 자신의 사적인 생활을 보호하고자 하는 건강한 경계 유지 능력이 요구된다. 또한 면대면의 만남 때보다 정서적인 안정감을 더 잘 유지하려 노력하여야 하며, 과다한 시간 사용과 접속하지 않을 때의 소외감 등을 잘 통제할 수 있는 바람직한 자기관리능력이 우선되어야 한다. 문자로만 소통할 때는 암묵적 메시지와 비언어적 메시지를 파악하기에 한계가 있다는 것도 주의하여야 한다. 그리고 우리가 남기는 댓글과 타인에게 보낸 문자메시지, 사진, 영상 등의 자료가 영구성이 있다는 점을 명심해야 한다. 한번 발송한 문자메시지 또는 댓글도 그 파급효과가 크고, 확산속도를 감안해 본다면 지금은 사이버 세계에서의 개인적인 품위와 인격, 도덕성, 윤리의식 등을 스스로 고민하고 대처해 나가야 한다.

3) 효과적인 의사소통

의사소통 기술이나 능력이 대체로 양호한 사람들은 일상생활과 사회생활에서 인간관계를 대부분 원만하게 유지하는 것을 알 수 있다. 자신의 감정 영역과 권리 영역을 잘 보호하면서도 타인과의 경계를 건강하게 잘 지켜 나가는 사람들은 대인관계에서 갈등이 비교적 적고, 갈등 상황에 직면하게 될 경우에도 그 문제를 수월하게 해결해 갈 수 있다.

효과적인 의사소통을 위한 기본 원칙은 명확하게 내보내기와 정확하게 받아들이기의 2가지 기능이 중요하며, 원만한 의사소통의 지속을 위해 필요한 기본적인 몇 가지 규칙이 있다(Ellenson, 1982). 여기에는 감정이입 또는 공감, 의사소통의 장애물에 대한 인식, 피드백 주고받기, 반영적 경청, 권력 사용과 타인 조종을 피하기, 인격 대 인격의 관계, 상대방을 수용하고 신뢰하기 등이 있다. 그 밖에 효과적인 의사소통과 건강한 대인관계를 위해 사람과 사람 간에는 적당한 심리적 거리가 필요하다. 〈표 10-1〉은 우리가 인간관계에서 상대방과 상호작용을 할 때 거리로 분류할 수 있는 심리적 경계를 제시한 것이다(Hall, 1959). 이 심리적 거리는 사람과 사람 사이의 긍정적인 혹은 부정적인 감정의 정도를 의미한다. 지각되는 거리가 멀어지면 멀어질수록 그들 관계에는 부정적인 감정 혹은 불쾌한 감정이 커진다. 심리적 거리의 수준이 적당하지 않을 경우 인간관계에 긴장을 유발하여 심리적인 안정감이 결여될 수 있으므로, 혹시 스스로 대인관계 기술이 미숙하다고 여겨진다면 이 심리

표 10-1 대인적 상호작용과 심리적 거리

구분	거리	적용 사례
친밀한 거리 (intimate distance)	0~45cm	사랑하는 부부, 아기와 아기를 돌보는 어머니의 거리
개인적 거리 (personal distance)	45~120cm	친밀한 대화를 나눌 수 있는 거리
사회적 거리 (social distance)	120~210cm	공식적인 사업상의 만남을 위한 거리
공적인 거리 (public distance)	210~280cm	청중 앞에서 강의를 하고 있는 조금 먼 거리

출처: Hall (1959).

적 거리를 유념하여 잘 유지하는 것이 인간관계 개선의 첫걸음이 될 수 있다.

의사소통 유형에 대한 연구는 가족치료 영역에서 꾸준히 연구되어 왔다. 가족 내의 의사소통에 따라 건강한 가족과 역기능적인 가족으로 구분하여 연구가 진행되어 왔기 때문이다. 가족 내의 의사소통 기능성 여부에 따라 기능적 의사소통과 역기능적 의사소통으로 구분할 수 있다. 이는 사람들 간의 의사소통을 언어적 표현, 정서반응, 행동, 내적 경험, 심리상태, 신체적 증상, 초점, 강점 등의 특성을 종합하여 분류한 것이다.

기능적 의사소통은 일치형으로서, 이는 언어적 메시지와 비언어적 메시지가 대부분 일치하며, 비교적 서로 간의 관계가 편안하고 솔직하며 안정감이 있다고 하였다. 일치형은 이상적인 의사소통 유형으로서, 위기가 있을 때에는 자신이 속한 공동체의 목표를 위해 연합할 줄 알고 그렇지 않은 상황에서는 개인적 영역에서 비교적 언행일치를 보이며 성숙한 언어 사용을 주로 하는 사람들이 이에 속한다.

역기능적 의사소통의 유형은 회유형, 비난형, 초이성형, 산만형으로 구분되는데, 이를 차례대로 살펴보고자 한다(Satir, Banmen, Gerber, & Gomori, 1991).

첫째, 회유형의 의사소통을 사용하는 사람들은 자신의 가치를 부정하고 다른 사람의 감정과 행동을 더 우선시하며 기분을 맞추려고 한다. 타인이 제안하는 것에 대부분 동의하며 반대 의견을 제시하지 않는 편이다. 흔히 주변에서 '예스맨(yes-man)'이라 부르는 사람들이 주로 사용하는 방식이다. 상대방의 의견에 무조건 동의하고 상대방이 원하는 대로 행동하고 모든 것을 자신의 책임으로 돌리고 자기 자신의 욕구를 숨기고 상대방에게 죄책감을 갖기 때문에 상대방에게 거부되는 것을 방어해 나가는 의사소통 유형이다. 자기희생 도식이 강하고, 배려를 성숙의 척도로 삼는 경향이 있으며, 대인관계에서의 민감성이 높다는 특성이 있다.

둘째, 비난형은 자기주장이 강하고 독선적인 특성이 있다. 명령하거나 지시하는 것을 어려워하지 않고 일방적인 의사소통을 불편해하지 않는다. 타인에게 자신을 힘 있고 강한 사람으로 인식시키려 하는 경향이 있으며 자신의 약점을 인정하거나 수용하지 않는 반면, 다른 사람의 약점을 쉽게 찾아내 지적하기도 한다. 또한 자신을 보호하기 위하여 타인, 상황, 환경 탓을 자주 하는 반면에, 실제로 깊은 내면에는 낮은 자존감과 실패감이 존재한다. 이 유형은 상대방의 의견을 경청하거나 존중하고, 때와 상황에 맞는 적절한 의사소통능력을 개발할 필요가 있다.

셋째, 초이성형은 의사소통 상황에서 자신 및 타인에 대해 과소평가를 하는 편이다. 원칙을 중요하게 여기고 실수 없는 행동을 하고자 애쓰기 때문에 강박적인 심리적 압박을 느낄 수 있다. 감정보다는 이성을 더 신뢰하며 단호함과 냉정함을 대표 강점으로 사용하는 경우 대인관계에서 융통성이 부족하다는 평판을 듣기도 한다. 자신과 다른 사람의 감정을 동시에 거부하며 다른 사람에게 들킬 만한 어떤 감정도 쉽게 내보이지 않고 객관적이고 합리적인 의사소통 유형을 선택한다. 이 유형은 대인관계에서 경직되어 있고, 원칙 중심적이고, 즐거움과 재미를 덜 느끼는 편이다.

넷째, 산만형은 복잡하고 혼란스러운 의사소통 유형이다. 청소년들에게 가장 많이 나타나는 의사소통 유형이라는 점을 반영한다면 미성숙한 면이 많은 유형이라 할 수 있다. 이들은 생각과 결심이 자주 바뀌고, 안정성이 결여되어 있어 혼란스러운 행동을 빈번하게 보이고, 주제와 관계없는 빈말, 일관성이 부족한 말, 뜻이 통하지 않는 무의미한 말을 나열하며, 상황에 적절한 반응을 못하는 편이다. 이 유형은 언어적·행동적으로 안정감이 매우 부족하며, 혼자 바쁘고, 계속 몸을 움직이고, 대

표 10-2 Satir 의사소통 유형 검사지

※ 다음 글을 읽고 자신에게 해당하는 문항의 괄호 안에 ∨로 표시하시오.

문항	a	b	c	d	e
1. 나는 상대방이 불편하게 보이면 비위를 맞추려고 한다.					
2. 나는 일이 잘못되었을 때 자주 상대방의 탓으로 돌린다.					
3. 나는 무슨 일이든지 조목조목 따지는 편이다.					
4. 나는 생각이 자주 바뀌고 동시에 여러 가지 행동을 하는 편이다.					
5. 나는 타인의 평가에 구애받지 않고 내 의견을 말한다.					
6. 나는 관계나 일이 잘못되었을 때 자주 내 탓으로 돌린다.					
7. 나는 다른 사람들의 의견을 무시하고 내 의견을 주장하는 편이다.					
8. 나는 이성적이고 차분하며 냉정하게 생각한다.					
9. 나는 다른 사람들로부터 정신이 없거나 산만하다는 소리를 듣는다.					
10. 나는 부정적인 감정도 솔직하게 표현한다.					
11. 나는 지나치게 남을 의식하여 나의 생각이나 감정을 표현하는 것을 두려워한다.					
12. 나는 내 의견이 받아들여지지 않으면 화가 나서 언성을 높인다.					
13. 나는 나의 견해를 분명하게 표현하기 위해 객관적인 자료를 주로 인용한다.					

14. 나는 상황에 적절하지 못한 말이나 행동을 자주 하고 딴전을 피우는 편이다.					
15. 나는 다른 사람이 내게 부탁을 할 때 내가 원하지 않으면 거절한다.					
16. 나는 사람들의 얼굴표정, 감정, 말투에 신경을 많이 쓴다.					
17. 나는 타인의 결점이나 잘못을 잘 찾아내어 비판한다.					
18. 나는 실수하지 않으려고 애를 쓰는 편이다.					
19. 나는 곤란하거나 난처할 때 농담이나 유머로 그 상황을 바꾸려 하는 편이다.					
20. 나는 나 자신에 대해 편안하게 느낀다.					
21. 나는 타인을 배려하고 잘 돌보아 주는 편이다.					
22. 나는 명령적이고 지시적인 말투를 자주 사용하기 때문에 상대가 공격받았다는 느낌을 받을 때가 있다.					
23. 나는 불편한 상황을 그대로 넘기지 못하고 시시비비를 따지는 편이다.					
24. 나는 불편한 상황에서는 안절부절못하거나 가만히 있지를 못한다.					
25. 나는 모험하는 것을 두려워하지 않는다.					
26. 나는 다른 사람들이 나를 싫어할까 봐 두려워서 위축되거나 불안을 느낄 때가 많다.					
27. 나는 사소한 일에도 잘 흥분하거나 화를 낸다.					
28. 나는 현명하고 침착하지만 냉정하다는 말을 자주 듣는다.					
29. 나는 한 주제에 집중하기보다는 화제를 자주 바꾼다.					
30. 나는 다양한 경험에 개방적이다.					
31. 나는 타인의 요청을 거절하지 못하는 편이다.					
32. 나는 자주 근육이 긴장되고 목이 뻣뻣하며 혈압이 오르는 것을 느끼곤 한다.					
33. 나는 나의 감정을 표현하는 것이 힘들고 혼자인 느낌이 들 때가 많다.					
34. 나는 분위기가 침체되거나 지루해지면 분위기를 바꾸려고 한다.					
35. 나는 나만의 독특한 개성을 존중한다.					
36. 나는 나 자신이 가치가 없는 것 같아 우울하게 느껴질 때가 많다.					
37. 나는 타인으로부터 비판적이거나 융통성이 없다는 말을 듣기도 한다.					
38. 나는 목소리가 단조롭고 무표정하며 경직된 자세를 취하는 편이다.					
39. 나는 불안하면 호흡이 고르지 못하고 머리가 어지러운 경험을 하기도 한다.					
40. 나는 누가 나의 의견에 반대해도 감정이 상하지 않는다.					
합계					

a: 회유형, b: 비난형, c: 초이성형, d: 산만형, e: 일치형

출처: Nichols & Davis (2017).

화를 나눌 때 주제에 주의집중을 하지 못한다.

그 외에 역기능적 의사소통이 일어나는 경우는 대화가 쌍방적이지 않고 일방적일 때, 상대방이 자신의 의도와는 다르게 이해할 때, 듣는 사람이 말하는 사람을 평가하려 할 때, 듣는 사람이 진정으로 반응하지 않거나 주의를 집중하지 않을 때, 언어적 대화에만 관심을 갖고 비언어적 대화에 무심할 때, 서로가 신뢰감을 형성하지 못할 때, 위협하고 경멸하거나 자주 비판을 일삼을 때, 침묵으로 일관하고 문제에 진정으로 방해하지 않을 때 등이다. 대화의 장면에서 친밀하고 건강한 대화를 방해하는 요소에 대해서 잘 인식하고 스스로의 모습을 비추어 상대방 존중과 자기 존중을 지향하는 대화 분위기로 개선하고 수정해 나갈 필요가 있다.

3. 갈등관리이론

신이시여! 제가 변화시킬 수 없는 것에 대해서는 그것을 수용하는 평정을 허락해 주시고, 제가 변화시킬 수 있는 것에 대해서는 그것을 변화시키는 용기를 주시며, 변화시킬 수 있는 것과 없는 것을 가려낼 수 있는 지혜를 주옵소서.

-Reinhold Niebuhr-

태어나서 갈등을 한 번도 겪지 않은 사람은 없다. 다만, 정도의 차이가 있을 뿐이다. 그것은 인간이 기본적으로 누구나 자기중심적이고 이기적인 속성을 지니고 있기 때문이다. 이러한 속성들로 인해 우리는 인간관계를 맺고 있는 사람이라면 그 인간관계 맥락 안에서 갈등을 피할 수 없음을 잘 알고 있다. 대인갈등(interpersonal conflict)은 대인관계에서 서로의 욕구와 목표가 대립하거나 충돌하는 경우 발생하게 된다(권석만, 2015). 상대방에게 자신이 기대한 것을 충족받지 못했거나, 자신이 충족시켜 줄 수 없는 그 무엇을 상대가 요구할 때 발생할 가능성이 높다. 우리가 인간관계를 형성하고자 하는 근간에는 호감적인 외모, 자신과의 유사성, 부족을 채워 줄 만한 보완성, 서로 느끼는 상호적 매력, 도움 받고 싶은 상대방의 역량, 신뢰에 의한 개방, 환경적 근접성, 인정과 같은 보상성 등을 기대하는 경우가 많다(Adler & Proctor, 2015). 힘의 균형이 엇갈리고 서로에 대한 존중 태도가 손상받게 되면, 그 사이에는 갈등이라는 부정적 요소가 서서히 스며들게 된다. 이는 개인의 행복지수를 떨어뜨리고, 소모적이며, 여러 영역에서의 적합한 역할 및 순기능을 방해한다. 누군가가 인간관계를 잘하는 사람으로 인식된다면 그 사람은 다른 사람과의 갈등이 생겼을 때 자신만의 건강한 방법으로 잘 해결해 나가는 사람일 것이다. 인간관계에서 계속 같은 이유로 누군가와 어긋나고 단절되고 실패해 본 경험이 있다면 그 본질을 면밀하게 들여다볼 필요가 있다. 어떤 상황에 직면했을 때 다른 사람들에 비해 자신이 더 크게 화가 나거나 마음속에 심한 갈등이 생겨 힘들어진다면 왜 그러한지 스스로 내면을 들여다보는 시간을 가질 필요가 있다. 자신의 어떠한 결핍, 성격적 약점, 분노처리 스타일, 미성숙한 방어기제의 반복적 사용, 친사회적 행동의 부족, 바람직하지 않은 방법으로의 분노 표출 등과 같은 것들을 점검해 볼 기회를 가져야 한다는 의미이다. 인간관계는 절대적이지 않으며 상호작용적이다. 이 상대성 때문에 인간관계를 형성하고 유지해 나가는 데 예상치 못한 노력과 시간이 필요한 것이다. 그러므로 개인이 상대하는 타인에 대한 깊은 인간적 이해가 필요하다. 이 절에서는 갈등의 원인, 갈등의 단계, 갈등의 해결방법 등에 대해 살펴보기로 한다.

1) 갈등의 원인과 특성

갈등은 '양립 불가능한 목표, 부족한 자원, 그리고 목표 달성에 대한 상대방의 방해를 지각한 두 상호의존적인 당사자가 표출한 분쟁'으로 정의할 수 있다(Wilmot & Hocker, 2010). 즉, 갈등은 두 사람의 의견이 불일치한다는 것을 서로 인식하였을 때 발생한다는 뜻이다. 상대방에게 자신의 어떤 행동들을 통해 이 불일치의 메시지를 전달하게 되는데, 노려본다거나, 말을 전혀 걸지 않는다든가, 대면 자체를 회피하는 것 등의 행동이다. 이것이 미세한 갈등의 시작인 것이다. 갈등이 발생하는 이유는 자신의 핵심 감정과 감정의 강도가 정확하게 표현되지 않았거나, 복합적인 감정에서 자신이 현재 느끼는 감정 모두를 솔직하게 표현하지 않았거나, 서로의 감정에 대해 평가하지 않고 느껴지는 감정에 대해 묵인했기 때문이다. 대인관계에서의 갈등에는 상대방에 대한 자신의 욕구나 정서적 욕구의 충족 여부, 계속적인 상호 간의 관계 악화 여부 등이 포함된다. 두 가지를 상호호혜적으로 해결할 수 있다면 가장 좋은 것이지만, 그렇지 못할 경우에는 목표 달성을 택하든 관계유지를 택하든 중요한 선택을 해야 하는 상황이 생길 수 있다. 이때 현명한 결정을 내리기 위해서는 우선적으로 갈등의 특성에 대한 이해가 필요하다. 갈등의 특성은 다음과 같다. 첫째, 갈등은 상호 간에 적대 또는 불양립성에 직면할 때, 어떤 형태의 상호작용과 상호의존성이 있을 때 일어난다. 목적의 차이, 과정 인식의 차이, 근본적인 가치관의 차이 때문에 발생한다는 것이다. 둘째, 생각과 신념, 행동 또는 목적 등이 양립할 수 없다는 지각이나 느낌이 갈등 당사자 간에 반드시 존재해야 한다. 셋째, 갈등은 상호작용적이며 모든 갈등은 작은 것에서 시작하여 큰 것으로 확대된다는 경향성을 갖고 있다. 넷째, 갈등은 공공연하게 나타날 수도 있고 잠재적으로 존재할 수도 있으며, 합리적, 비합리적, 논리적, 비논리적, 감정적일 수도 있다. 다섯째, 갈등은 실제 일어난 문제와 감정의 문제에 대한 상호 간의 불일치이다. 마지막으로, 갈등은 개인과 개인, 개인과 집단, 집단과 집단, 집단과 조직, 개인과 조직 등에서 다양하게 발생할 수 있다.

그 외에도 의사소통 과정에서의 갈등, 역할 수행에서 오는 갈등, 공평하지 못함에 대한 갈등, 다른 속성들 내의 이질감 갈등 등이 존재할 수 있다. 평소에 언어적 의사소통 과정에서 상대방과의 갈등을 유발하는 대화방식이 자신에게 있는지 살펴볼 필요도 있다. 상대방의 욕구를 무시하거나 평가절하하기, 물러서는 듯하면서 상황을 통제하여 상대방이 스스로 포기하게 만들기, 책임을 지지 않고 전가하기, 죄책감을 느끼게 하기, 갑작스럽게 대화주제 바꾸기 등을 점검해 보아야 한다. 지나치게 수동적이고 모든 상황에 순응적인 대인관계 패턴을 변화시키는 것도 필요하다. 대인관계에서 오는 갈등은 상대방과 얼굴을 붉혀야 하는 불편한 상황을 만들고 싶지 않고, 정서적으로 소모전을 벌이기 싫으며, 무엇보다 관계로 인한 일이나 성취에 있어 불이익을 당하고 싶지 않은 개인의 잠재적인 욕구 반영일 것이다. 그러나 장기적 관점으로 본다면 관계로 인한 갈등을 최소화하여 서로에게 원하는 바와 이익을 극대화할 수 있는 대인 환경으로 만들어 가도록 적극적인 노력이 필요하다.

2) 갈등의 유형과 단계

갈등 상황에서는 서로가 원하는 것을 못하고 오히려 원하지 않는 것을 억지로 지속하는 상황이 발생할 수 있다. 갈등의 시간이 길어질수록 갈등의 원인이 사라지기보다는 해결하기 힘들 정도로 규모가 커지거나 상황이 더 복잡해져 간다. 갈등을 겪는 당사자와의 비협력적인 정서적 관계는 다른 일상생활과 직업수행 등에도 부정적인 영향을 미치게 된다. 그러나 모든 갈등을 재빨리 해결한다고 해서 가장 좋은 길은 아니다. 시간이 더디 걸릴지라도 건강한 패턴으로의 전환과 한 단계 나은 수준의 인간관계로 성장해 가는 길을 모색해 보아야 한다. 갈등 상황에 대한 자신의 대처능력이 부족하다면 바람직한 대처능력을 훈련하여 같은 상황에서 또 다른 갈등의 늪에 반복하여 빠지지 않도록 인지적 통찰을 얻어야 할 것이다. 우리는 보통 계속 빠지는 늪에 또 빠진다는 것을 시인할 수밖에 없다. 그것은 기질이나 성격 특성에서 비롯된 어떤 행동경향성이 단시간 내에 쉽게 고쳐지지 않기 때문이다. 갈등 상황의 발생을 오히려 자신의 비효율적인 대인관계 패턴을 인식하고 개선하고자 하는 계기로 활용한다면 불필요한 정서적 에너지 소모를 줄여 갈 수 있을지 모른다.

갈등의 유형은 목표 갈등, 인지 갈등, 감정 갈등, 행동 갈등, 역할 갈등으로 구분할 수 있다. 차례대로 살펴보면 다음과 같다. 목표 갈등은 서로 간에 바라는 것이 차이를 보일 때 일어난다. 구성원 간의 의견 차이는 주로 목표 갈등이며, 세부적으로는 접근-접근 갈등, 회피-회피 갈등, 접근-회피 갈등으로 나눌 수 있다. 인지 갈등은 전문직을 수행하는 영역에서 일어나는 갈등이며, 서로 간의 아이디어 또는 사고 내용이 양립할 수 없을 때 일어난다. 감정 갈등은 양자 간의 감정 또는 느낌이나 태도가 서로 양립할 수 없는 상황에서 일어나는 갈등으로서 개인적인 생각과 감정에 기반을 둔 복합적인 감정들의 역동 속에서 생겨나는 갈등이다. 행동 갈등은 표면상으로 뚜렷하게 나타나는 성질의 것으로서 눈으로 보이는 행동이 판단적 근거가 된다. 역할 갈등은 서로가 선호하는 역할을 스스로 맡으려 하고 싫어하는 역할을 피하고자 할 때 나타나는 갈등의 유형이다.

갈등의 진행 단계는 일반적으로 시작, 악화, 확대, 해소의 순서를 거친다. 첫인상에서의 긍정성 왜곡이 사라지고 후광효과도 없어지면 사소한 갈등이 시작되는 시기가 된다. 우리는 누구나 처음에는 상대방에게 조심하는 경향을 보인다. 만남과 교류가 누적되어 감에 따라 편안한 분위기가 조성되면 자신이 더 편안하고 익숙한 방식으로 소통방식을 표출하기 때문이다. 사소하게 시작된 작은 불일치를 방치하면, 이것이 악화의 방향으로 속도를 낸다. 의견과 감정이 맞서게 되면, 이성적인 판단이 흐려지고 불쾌감과 함께 그동안 쌓였던 불만들이 나타난다. 그리하여 실제보다 언어, 감정, 행동을 부정적으로 과잉지각하게 되어 사이가 점점 악화된다. 이 시점에서는 상대방의 분노를 자극하는 촉발행위, 공격행동을 서서히 표출하기 시작한다. 이 갈등 악화의 단계를 거쳐 점점 갈등 상황은 더 복잡하게 확대된다. 자신의 편에서 힘이 되어 줄 수 있는 우호집단을 서로 모색하게 되면서 중립적이었던 서로의 주변인들을 매수하게 된다. 갈등 범주도 확대되는데, 갈등이 점점 커져서 상호가 아닌 제3자에게까지 급속하게 확대되어 버린다. 주변 사람에게 당사자 간의 갈등이 전염되지 않도록 갈등 회복 이후의 대인관계를 위해 신중하게 처신할 필요가 있다.

갈등을 심화시키는 태도에는 서로의 요구가 양립할 수 없을 것이라는 파국적 사고, 상대방의 행동을 실제보다 훨씬 더 부정적으로 인식하는 미움의 극대화, 상대방이 자신의 생각을 말하지 않아도 잘 알고 있을 것이라는 어리석은 생각, 혼자만 늘 정당하고 올바르게 행동하고 있다는 오만과 편견, 상대방이 의도적으로 갈등을 일으킨다고 생각하는 잘못된 신념 등이 있으며, 이들이 갈등을 장기화하거나 다른 피해를 가져오지 않도록 노력을 기울여야 한다.

3) 갈등의 해결

대인관계에서 갈등이 일어날 때 대처하는 방법은 개인마다 차이가 있다. 이 해결 방식에 따라 기존의 인간관계를 건설적으로 발전시킬 수도 있고 영구적으로 적대적 관계에 놓이거나 상호 단절될 수도 있다. 사람들이 일반적으로 갈등 상황에 대처하는 방식은 크게 4가지로 구분할 수 있다. 첫 번째 방식은 정식으로 그 관계를 떠나는 것이다. 갈등이 반복되는 친구나 연인, 부부, 직장 내 관계 등의 관계를 단호하게 청산하는 것이다. 두 번째 방식은 갈등을 해결하려 노력하지 않고 그냥 그 상태로 방치해 두면서 언젠가는 개선되기를 소극적으로 기다리는 것이다. 가장 수동적인 방식이며, 외부의 상황과 환경여건에 따라 변화하여 갈등이 완화되는 경우도 있을 수 있으나, 대부분 서로에 대한 불만이 장시간 누적되어 최악의 상황으로 전환될 가능성이 높다. 세 번째 방식은 자신의 의견과 주장이 받아들여지도록 상대방을 비판하면서 관계를 유지하는 것인데, 이러한 경우 거의 인간관계가 악화되거나 와해된다. 마지막 방식은 갈등이 초래된 문제 상황을 상대방과 논의하면서 서로 합의할 수 있는 해결방법을 찾는 것이다. 이 방식은 문제를 중심으로 대화를 나누어 적절한 해결방법을 함께 찾아 나가는 것이므로 원만한 대인관계를 위한 가장 바람직한 방법이라 할 수 있다(권석만, 2015).

갈등을 잘 해결하기 위해서는 갈등 상황과 문제에 대한 객관화된 시각이 필요하다. 예를 들어, 초기에 갈등을 해결하기, 상대방의 정체성에 대한 공격보다는 행동만을 분리시켜 긍정적으로 해석하기, 누가 옳고 그른지를 반드시 밝히려는 비정상적인 강박관념 버리기, 상대방의 의도를 주관성을 근거로 추측하여 판단 내리지 않기, 상대방을 비난하는 것보다 문제의 원인을 파악하는 데 대화의 초점을 맞추기, 분노를 다루는 여러 가지 방법을 알아 두기, 친구들이나 다른 사람의 도움을 적극적으로 요청하기 등이다.

갈등해결을 위한 유용한 방법은 바로 협상(negotiation)이다. 이는 기존의 인간관계를 잘 유지하면서도 서로의 이익을 최대화할 수 있는 방법이기 때문이다. 문제를 중심으로 갈등해결을 해 나갈 때 아주 필요한 방법이기도 하다. 협상이란 상반된 이해관계가 얽혀 있는 당사자들이 서로의 이익을 최대화할 수 있는 해결방법을 합의하기 위해 노력하는 제반 과정을 말한다(Johnson, 2000). 우리는 흔히 '협상'이라고 하면 국가 간이나 큰 조직들 간의 갈등 상황을 해결하고 조정하는 것으로 알고 있지만, 개인 간의 인간관계 갈등 상황에서도 충분히 효율적으로 사용할 수 있다. 서로의 이익을 극대화하는 협상에서는 상대방에 대한 존중이 우선되어야 한다. 상대를 무시하거나 회피하는 행동, 더 이상의 갈등 상황 악화를 향한 행동을 경계할 필요가 있다. 그리고 모두에게 유리한 윈윈(win-win)을 이루도록 노력해야 한다. 협상한다는 것은 어느 한 편에 유리한 점이 적용되어 승패를 가르는 게임이 아니라 상호 이익을 도모할 수 있는 수평적인 관계에서 좀 더 우호적인 방식을 선택하는 것이다. 이익이나 목표보다는 인간관계를 계속적으로 유지할 수 있는 양보 전략을 서로 사용하는 것이 가능하다면, 결과는 긍정적일 확률이 높아진다.

효과적인 협상을 위해서는 성숙한 대인기술을 사용할 필요가 있다. 갈등 상황에서 대화를 부드럽게 이어 가기란 쉽지 않다. 분노를 잘 처리하고, 부정적인 감정의 높낮이를 스스로 잘 알아차리며, 사용하는 언어 선택에도 평소보다 세심한 주의를 기울여야 한다. 협상의 전 과정을 통해 자신이 원래 바라던 바를 잘 이루도록 애써야 하는데, 이때 평소 사용하던 대인기술을 총동원하여 적절한 타이밍에 사용하여야 한다. 갈등 상황에서는 서로가 원하는 것, 느껴지는 감정, 바라는 상태, 목표를 이루고 싶은 이유 등을 상대방의 관점에서 생각해 보기, 서로 합의할 수 있는 해결책을 찾기 위한 노력에 최선을 다하기 등 힘을 쏟아야 한다. 이러한 협상 과정을 통해 이전까지는 파악하지 못했던 상대방의 사적인 영역들에 대한 이해와 대인관계 시 선호하는 소통 스타일에 대해 인지할 필요가 있다.

갈등은 잘 다루기만 하면 유익한 점도 있는 것으로 보고된 바 있다(Adler, 1959). 갈등을 통해 상대방과의 힘의 불균형이 공평한 균형의 상태로 회복될 수 있다. 갈등해결을 통해 자신의 뜻을 사회적으로 용인되는 방법으로 주장할 수 있는 방법도 배워 나갈 필요가 있다. 더불어 갈등을 성공적으로 해결하면 개인에게도 인격적 성장이 일어날 수 있고, 위기를 스스로 잘 극복해 냄으로써 심리적인 회복탄력성이 증진될 수도 있다. 그 외에도 갈등 상황에서 자신의 감정에 대해 솔직해지는 기회 부여, 부정적 감정의 처리와 정서적 직면을 통한 심리적 안정감 유지, 갈등 상황 통과의 과정에서 비합리적 대인신념의 확인과 수정, 대안적 행동의 발견 등으로 대인관계 영역에서 한층 더 성숙해질 수 있다. 이와 같이 갈등은 처음에는 위기로 우리 각자에게 접근해 오지만, 잘 대처하면 소중한 기회가 되기도 한다. 갈등은 잘 해결하기만 한다면 오히려 갈등이 일어나기 전의 상황보다 더 좋은 인간관계의 환경적 조건을 마련할 수 있으며, 건설적으로 잘 해결될 경우 전혀 미지의 영역이었던 상대방의 솔직한 모습을 알게 되거나, 서로를 깊이 이해하는 기회가 되어 오히려 미래의 큰 갈등 유발을 예방하는 긍정적 효과도 있다.

연습문제

1. 인간관계에 대해 자신이 갖고 있는 신념들을 탐색해 봅시다. 이 신념들 중에 혹시 비합리적이고 유용하지 못한 신념들이 있다면 어떠한 것인지 서로 나누어 보고, 그러한 신념이 형성된 시점이나 특별한 계기가 있었는지 탐색해 봅시다.

2. Satir의 의사소통 유형검사를 실시해 봅시다. 자신의 의사소통 유형에 대해 알게 되었다면, 그 유형의 강점과 약점을 탐색해 봅시다. 앞으로 건강한 의사소통 유형으로 변화되기 위해 지금부터 시도할 수 있는 자신만의 방법을 서로 나누어 봅시다.

3. 다른 사람과 갈등이 생겼을 때 자신이 바람직한 방법으로 잘 해결한 기억이 있는지 떠올려 봅시다. 그때 잘 해결하였던 자신만의 전략이나 적절한 방법이 있었다면 서로 나누어 봅시다.

4. 우리 모두는 인간관계를 통해 행복을 찾고 싶어 합니다. 앞으로 더욱더 원만한 인간관계를 위해 자신만의 독특한 인간관계 법칙을 정하고 실천해 봅시다. 그러한 법칙을 정하게 된 배경에 대해서도 서로 나누어 봅시다.

제11장

긍정심리와 자아실현

✏️ 개요

인간은 긍정적 성품과 부정적 성품을 동시에 지닌다. 그러나 지금까지의 심리학이 인간의 부정적인 측면과 정신장애에 대한 연구와 치료에만 편향되어 온 것을 반성하면서 인간의 밝고 긍정적인 측면에 대한 긍정심리학이 태동하게 되었다. 인간의 강점을 발견하고 재능을 함양하여 행복을 증진시키는 것을 목적으로 하는 긍정심리학은 인간의 최선의 가능성을 이끌어 가는 데 관심을 가진다. 긍정적 관점과 재능을 잘 아는 개인은 자신의 삶에 대한 만족도가 높고, 원하고 추구하는 목표를 이룰 가능성도 높으며, 즐거운 삶(긍정적 정서), 적극적인 삶(적극성), 의미 있는 삶(의미)을 살면서 행복을 느낄 수 있다. 이 장에서는 긍정심리학에서 제시되는 24가지의 성격강점을 소개하고, 긍정심리치료에 대해 간단히 안내하며, 행복한 직업인으로서 살아가기 위해서 반드시 필요한 직업윤리에 대해 배움으로써 직업을 통한 진정한 자아실현인이 되는 것을 돕고자 한다.

📱 학습목표

- 긍정심리학의 기본 개념과 24가지 성격강점에 대해서 이해한다.
- 행복한 삶을 살기 위한 기본 요소와 원리를 이해한다.
- 직업인으로서 반드시 지켜야 할 직업윤리에 대해서 이해한다.
- 직업을 통한 진정한 자아실현에 대해서 생각해 본다.

1. 긍정심리학

인간은 개인적이든 전체적이든 긍정적 성품과 부정적 성품의 양면성을 지닌 존재이다. 그러나 인간의 마음과 행동에 대한 학문인 심리학은 인간의 부정적 측면에 편향적 관심을 보여 왔다. 지금까지 심리학은 질병모델에 근거하여 정신장애의 연구와 치료에 집중해 왔다. 심리학이 인간의 어둡고 부정적인 측면에 편향적 관심을 기울여 왔다는 반성이 일어났고, 인간의 밝고 긍정적인 측면을 연구하는 긍정심리학이 태동되었다. Martin Seligman(2002a)은 인간의 강점과 재능을 함양하고 행복을 증진시키는 심리학의 중요한 사명을 재확인하고 구현하고자 하였다. 심리학은 인간의 약점과 장애에 대한 학문만이 아니라 인간의 강점과 덕성에 대한 학문이기도 하기에, 진정한 심리치료는 손상된 것을 고치는 것이 아니라 우리 안에 있는 최선의 가능성을 이끌어 내는 것이어야 한다고 제안하였다. 긍정심리학의 핵심 탐구주제는 인간의 긍정적 성품으로, 사회발전과 번영을 위해 구성원들이 지닌 역량과 긍정적 성품의 발휘를 강조한다. 그리고 행복과 관련하여 주관적 안녕과 자아실현적 행복관을 제시한다. 긍정적 감정을 경험한 사람은 자신의 인생과 직업에 더 만족하고 자신의 목표를 성취할 가능성이 더 높기에 긍정심리에 관심을 기울일 필요가 있다.

1) 행복한 삶

누구나 행복하기를 바라고, 행복하게 더 나은 삶을 살고 싶어 한다. 사람은 자신의 강점을 활용하면서 삶의 여러 중요한 영역에서 만족을 얻는 좋은 삶과 자신의 강점을 사용하여 사회의 중요한 어떤 것에 기여하는 의미 있는 삶을 추구한다. Park, Peterson과 Seligman(2004)은 행복한 삶은 매일의 삶에서 자신이 추구하고자 하는 활동에 열정적으로 참여하고 자신의 성격강점과 잠재력을 최대한 발휘하여 자아실현을 이루어 나가는 적극적인 삶이라고 하였다. 진정한 행복이란 사람마다 자신의 긍정적 성품을 발견하여 일, 사랑, 여가활동 등과 같은 중요한 삶의 영역에 활용함으로써 만족감과 행복감을 경험하는 것이다. 일(work)은 사회에서 자기(self)

를 표현하고 실행하는 수단으로 개인의 삶에 큰 영향을 미친다(Brown, Marquis, & Guiffrida, 2013). 우리는 인생을 살아가면서 '일'에 가장 많은 시간(1주일에 평균 26시간)을 투자한다. 인생의 대부분의 시간을 일하면서 보내기 때문에 일하는 시간을 얼마나 의미 있고 행복하게 만들 것인지가 매우 중요하다. 그러나 직장인들의 행복지수는 40%로 나타나, 10명 중 4명만 행복을 느끼고 반이 넘는 6명이 행복하지 않은 것으로 나타났다(취업포털 벼룩시장, 2018. 11. 7.).

행복한 사람은 세상, 자신과 타인을 볼 때 긍정적으로 행복을 촉진하는 방식으로 바라보는 경향이 있다(Berry & Hansen, 1996). 또한 행복수준이 높은 사람은 사회적 비교 상황에서 타인의 피드백에 덜 민감하여 타인들과의 비교에 영향을 덜 받는다. 이에 반하여 불행감 수준이 높은 사람은 실패한 상황에 더 민감하고, 절대적인 최상의 선택을 얻으려고 고군분투하고, 자기 자신에게 과도하게 빠져 생각하고 숙고하는 경향이 높으며, 부정적 사건들과 연합되어 있는 부정적 정서가 더욱 많아질 가능성이 높았다(Boehm & Lyubomirsky, 2009).

2) 긍정적인 성격강점

이에 긍정심리학은 부정적인 것에 주의를 기울이는 대신, 긍정적이고 희망적인 것으로 주의의 초점을 변경하는 것을 목표로 한다. 이를 위해 우선적으로 자신의 강점을 확인하고 그 강점을 실생활에서 적극적으로 활용하는 것이 중요하다. 강점과 관련하여 Seligman과 Peterson(2003)은 지혜, 인간애, 정의, 초월, 용기, 절제의 6개 덕목과 사랑, 낙관성, 겸손, 호기심, 용감성, 감사, 영성 등을 포함한 24가지 성격강점(The Values in Action)을 제시하였다(권석만, 2011). 성격강점과 덕목은 능력이나

표 11-1   6가지 덕목과 24가지 성격강점

지혜	인간애	용기	절제	정의	초월
• 창의성 • 호기심 • 개방성 • 학구열 • 지혜	• 사랑 • 이타성 • 정서지능	• 용감성 • 진실성 • 끈기 • 활력	• 겸손 • 신중성 • 용서 • 자기조절	• 공정성 • 시민의식 • 리더십	• 감사 • 낙관성 • 심미안 • 유머감각 • 영성

재능과 구분된다고 보았다. 다음에 설명되는 각 덕목과 성격강점 목록을 보면서 자신의 성격강점에 대해서 확인해 보기를 추천한다.

(1) 지혜

지혜는 더 나은 삶을 위해 지식을 습득하고 활용하는 것과 관련된 인지적 강점을 의미한다. 지혜 덕목에는 창의성, 호기심, 개방성, 학구열, 지혜 강점이 포함된다.

① 창의성

어떤 일을 하면서 새로운 방식으로 생각하는 능력으로 참신한 사고와 생산적인 행동방식을 포함한다. 창의성은 개인적 성공과 사회적 발전의 가장 중요한 자산이자 원동력으로 여겨지며, 개인 간 창의성 수준 차이가 크지만 모든 사람이 지니고 있는 능력에 해당한다(Guilford, 1950). 창의성의 핵심 요소는 확산적 사고로, 가능한 한 많은 해결책을 만들어 내는 유창성, 다양한 범주의 해결책을 만들어 내는 융통성, 독특한 해결책을 만들어 내는 독창성이 확산적 사고를 만들어 낸다.

창의적인 사람의 긍정적인 성격특성은 다음과 같다.

- 자신이 창의적인 사람이라고 확신한다.
- 개방적이고 독창적이다.
- 독립적이다.
- 상상력이 뛰어나며 모험을 즐긴다.
- 에너지 수준이 높다.
- 호기심이 많다.
- 복잡하고 모호한 것에 끌린다.
- 예술에 대한 관심과 미적 감각이 있다.
- 유머가 있다.

② 호기심

새로운 것에 관심과 흥미를 느끼며 삶의 영역을 확장하는 탐색적이고 도전적인 활동을 촉진하는 성격강점으로, 새로운 발견으로 영역을 확장시키는 기능을 한다.

호기심은 자극이 새롭고 복잡할수록 증가하지만, 과도한 자극은 호기심을 저하시킨다. 호기심은 외적인 처벌, 보상, 위협이 없고 내적 두려움과 죄책감이 없는 상태에서 자발적으로 행동할 수 있을 때 잘 유발된다. 호기심을 증진시키기 위해서는 현재 자신이 알고 있는 것과 모르는 것에 대한 자각, 자율성과 유능성 경험 촉진, 멘토와의 지지적인 관계를 맺는 것 등이 중요하다.

③ 개방성

자신의 감정이나 입장에 구애되지 않고 현상을 있는 그대로 객관적으로 인식하고, 적절한 것이라면 기꺼이 받아들이는 열린 마음자세를 의미한다. 자신의 신념에 반대되더라도 필요한 정보를 수용하여 자신의 신념을 수정할 수 있는 열린 자세이며, 왜곡된 신념을 교정하는 데 꼭 필요한 강점이다. 개방적인 사람은 객관적 정보에 따라 자신의 생각과 신념을 유연하게 변화시킬 수 있는 인지능력을 지닌다. 또한 상대방의 입장에 허용적인 태도를 지녀 원만한 인간관계를 맺을 수 있다.

④ 학구열

새로운 기술, 주제, 지식을 배우고 숙달하고자 하는 동기와 노력으로 자신을 성장시키려는 성격강점이다. 배움에 대한 열망과 새로운 배움에서 긍정 정서를 경험하는 성향을 의미한다. 이 강점을 지닌 사람들은 새로운 지식을 배우며 호기심을 충족시키고, 새로운 기술을 익히면서 즐거움과 기쁨을 느낀다. 새로운 것을 배우는 것에 대한 긍정적인 정서, 도전과 좌절에 대한 자기조절, 학습한 내용의 의미 탐색 및 음미, 자율감과 도전의식, 유능감 등과 같은 심리적 특성을 지닌다(Park, Peterson, & Seligman, 2004). 학구열은 일생 동안 비교적 안정적이며, 좌절과 난관에서도 학습을 지속하도록 해 주는 동기적 추진력을 제공한다. 학구열은 배움의 과정에서 자체적인 즐거움과 만족감을 경험하게 만드는 태도로, 학습에 대한 내재적 동기와 연결된다.

⑤ 지혜

사물이나 현상을 전체적인 관점으로 생각하고, 어려운 문제들을 종합적인 시각에서 이해하여 그 해결책을 발견하고, 다른 사람에게 현명한 조언을 해 줄 수 있는 능력이다. 지혜로운 사람은 자기이해를 잘하고, 어떤 결정을 할 때 감정과 이성을 모두 사용하고, 의미나 관계를 잘 파악하고, 폭넓은 안목과 관점을 지니고 있고, 다른 사람들의 욕구를 배려하고, 중요한 문제들의 핵심을 잘 알고, 다른 사람에게 현명한 조언을 해 줄 수 있으며, 자신이 아는 것과 할 수 있는 것의 한계를 잘 아는 사람이다.

(2) 인간애

인간애 덕목은 다른 사람을 보살피고 친밀해지는 것과 관련된 대인관계적 강점으로 사랑, 이타성, 정서지능 강점이 포함된다.

① 사랑

서로를 좋아하고 보살피는 마음이나 행위를 나눌 수 있는 심리적 능력으로, 다른 사람과 깊은 애정과 신뢰를 형성하고 심화하며 유지할 수 있는 강점을 말한다. 사랑은 친밀감, 열정, 헌신의 요소가 필요하다(사랑의 삼각형 이론).

- 친밀감: 개인적인 정보, 생각, 감정을 상대에게 언어적 혹은 비언어적 행동을 통해서 전달하는 자기공개와 상대방의 자기공개에 대해서 적절하고 호의적인 반응을 나타내는 반응성이 함께 작용하여 생긴다. 또한 친밀감을 형성하기 위해서 빈번한 대화와 원활한 의사소통이 일어나야 하고, 상대방의 긍정적 행동은 내부적 요인에 귀인하고 부정적 행동은 외부적 요인에 귀인하는 것이 관계를 증진하는 데 도움을 주며, 상대방의 행동과 감정을 있는 그대로 수용하고 존중하는 것이 중요하다.
- 열정: 사랑의 동기적 요인으로 사랑하는 사람과 함께 있고 싶고 일체가 되고 싶은 강렬한 욕망을 불러일으키며, 처음 만난 순간부터 강렬한 열정을 느낄 정도로 급속히 발전하나 오래 지속되기 어렵다.
- 헌신: 상대방을 사랑하겠다는 결정과 행동적 표현으로, 사랑하는 사랑을 지키겠다는 선택이자 결정이며 책임의식이다.

② 이타성

다른 사람을 위해 호의적인 행동을 하고자 하는 성격강점으로, 타인을 배려하는 친절한 행동으로 나타난다. 개인의 이익을 넘어 다른 사람들의 안녕을 위해 배려하고 보살피는 이타성은 사회적 안정과 발전에 기여하는 성격강점이다. 다른 사람을 돕는 이타적인 행동은 긍정적인 기분을 불러일으켜 자신과 삶의 만족도를 향상시킨다(Khan & Weiss, 1973). 이타성이 높은 사람은 일관성 있고, 독립적이고, 지속성과 끈기가 있고, 자기통제감이 잘 발달되어 있고, 자기효능감이 높고, 자신을 보다 긍정적으로 생각하며 미래에 대해 낙관적이다. 이타성은 공감과 연민, 사회적 책임감, 도덕적 신념과 밀접한 관계를 지닌다. 이타적 행동으로 이끄는 도덕적 신념은 다음과 같다.

- 내가 중요한 만큼 다른 사람도 중요하다.
- 모든 인간은 동등한 가치를 지닌다.
- 따뜻한 관용은 다른 사람에게 기쁨과 확신을 준다.
- 받는 것보다 주는 것이 중요하다.
- 다른 사람에게 사랑과 친절을 베푸는 것이 최선의 삶이다.
- 나는 도움에 감사하지 않는 이들도 배려한다.
- 나는 인류의 일부일 뿐이다.
- 고통받는 사람들은 공감과 도움을 필요로 한다.
- 도움이 필요한 사람들에게 보살핌을 주는 것은 당연하다.

③ 정서지능

자신과 타인의 정서를 잘 인식하고 조절하여 대인관계를 원활하게 만드는 개인적 능력으로 정서지능을 높이기 위해서는 정서인식, 정서이해, 정서활용, 정서조절의 과정이 필요하다. 정서인식은 자신과 타인의 정서를 정확하게 지각하는 능력이고, 정서이해는 정서의 복합적 양상을 이해하고 변화 과정을 잘 이해하는 것이다. 정서활용은 정서를 사고와 통합하여 인지적 활동을 촉진하는 방향으로 활용하는 능력으로 정서 체험을 문제해결, 추론, 의사결정, 창조적 활동에 활용하는 것이다. 마지막으로, 정서조절은 정서를 관찰하고 조절하여 대인관계와 개인적 성장을 향상시키는 능력으로 부정 정서와 스트레스에 효과적으로 대처할 수 있는 능력이다. 정서지능이 높은 사람들은 삶에 대한 판단력이 우수하고 사회적 적응 상태가 높으며, 공감 정확도가 높은 어머니의 자녀는 자아존중감이 높고 연인관계가 오래 지속되는 것으로 나타났다.

(3) 용기

용기 덕목은 내면적·외부적 난관에 직면하더라도 추구하는 목표를 성취하려는 의지와 관련된 강점으로, 용감성, 진실성, 끈기, 활력이 포함된다.

① 용감성

자신의 생명을 위협할 수 있는 두려움을 이겨 내고 추구하는 목표를 위하여 그 상황을 극복하기 위해 자발적으로 적절한 행동을 보이는 것이다. 용감한 사람은 위협, 도전, 난관, 고통에 쉽게 위축되지 않고 다른 사람의 반대가 있더라도 자신이 옳다고 생각하는 신념에 따라 행동한다. 위험을 지각하더라도 두려움과 공포를 덜 느끼고 용감한 행동을 더 많이 나타내는 성향이다. 용감성을 강화하는 심리적 요인은 강한 가치체계, 희망, 낙관성, 자신감이며, 다른 사람들로부터 받는 존중, 칭찬, 인정, 친사회적 행동의 관계적 요인도 높이는 것으로 나타났다.

② 진실성

자신을 있는 그대로 다른 사람에게 나타내는 긍정적 성품으로, 다른 사람을 속이는 거짓말을 하거나 위선적으로 왜곡하지 않는 정직하고 솔직한 태도를 의미한다. 진실성은 친밀하고 깊이 있는 인간관계의 기반이 되는데, 자신을 있는 그대로 보여 주고 타인에게 자신의 생각과 감정을 진솔하게 전달하는 사람은 신뢰감을 주게 된다. 특히 진실성은 자신과의 관계에서 자기 자신에게 솔직하여 진정한 자기가 되고자 하는 심리적 진솔성을 의미하며, 내면적 상태와 외현적 행동이 일치하는 태도이다. 진실성은 자신에 대한 깊고 정확한 이해를 바탕으로 하며 자기 자신에 대한 성찰과 자기수용의 깊이를 반영하는 인격적 성품이다. 진실성은 자신의 있는 그대로의 모습을 보여 줄 때 다른 사람에게서 무시나 비난을 받을 수 있기 때문에 대가를 기꺼이 치르고자 하는 상당한 용기를 필요로 한다.

③ 끈기

목표의 성취를 위해 지속적인 노력을 기울이는 심리적 특성으로 성취의 필수적 조건으로 목표를 향해서 꾸준히 노력하는 근면성과 어려움과 좌절을 이겨 내는 인내력을 포함한다. 끈기는 성공적인 결과 성취, 정교한 고난도 기술 학습, 자기효능감 향상 등 우리의 삶에 긍정적인 영향을 준다. 노력에 대한 적절한 강화, 긍정적 피드백, 사회적 지지를 통해 끈기를 높일 수 있다.

④ 활력(열정)

활기차게 적극적으로 자신이 하는 일에 강한 흥미를 느끼며 열정적으로 추진하여 탁월한 성취를 이루게 하는 긍정적 성품이다. 활력이 있는 사람들은 생동감과 에너지가 넘치고 목표를 추구하는 행동적 추진력을 지닌다. 활력과 열정은 목표를 성취하게 하는 강렬한 동기와 행동력을 제공해 성취를 촉진시킨다. 인간의 내재적인 욕구인 자율성, 유능성, 관계성의 욕구가 잘 충족될수록 활력이 증가한다. 열정은 사람들이 목표 성취를 위한 긴 과정을 견디고 좌절도 이겨 내도록 하는 중요한 에너지원이 되어 의도적 노력에 몰두하게 만든다. 내재적 동기에 의해 자발적으로 정한 목표를 추구하면서 현실적이고 구체적으로 목표를 성취하기 위한 활동에 적극적으로 참여함으로써 활력과 더불어 행복감이 증진될 수 있다.

(4) 절제

절제는 지나침으로부터 자신을 보호해 주는 긍정적 특질로 극단적인 독단에 빠지지 않는 중용적인 성격강점이다. 겸손, 신중성, 용서, 자기조절 강점이 포함된다.

① 겸손

자신의 장점과 한계에 대한 냉철한 판단과 자신감에 근거하여 자신을 과장하며 허세를 떨지 않는 덕목으로, 교만으로부터 보호하는 절제 덕목이다. 겸손한 사람들은 자신의 이미지를 위해 정보를 의도적으로 왜곡하지 않고 특권을 얻거나 자신의 지위를 높이기 위해 타인을 지배하려 하지 않는다. 또한 자신의 능력과 성취에 대한 정확한 이해를 갖고 자신의 실수, 불안전함, 한계를 인정하고 수용한다. 새로운 생각, 상반되는 정보, 충고에 대해서도 개방적인 자세를 지니고 자신의 능력과 성취를 객관적으로 균형 있게 바라보며 자신이 거대한 우주의 극히 작은 일부라는 사실과 타인지향적인 성향을 보인다. 겸손은 자신의 장점과 단점, 자신의 가치와 타인의 가치를 균형 있게 인식할 수 있도록 하는 수용적인 분위기에서 발달한다.

② 신중성

반사적 충동과 경솔한 행동을 억제하는 조심스러운 태도이며 선택을 조심스럽게 함으로써 불필요한 위험에 처하지 않고 추후에 후회할 말이나 행동을 하지 않는 능력을 말한다. 신중한 사람은 자신의 미래에 대해 깊이 생각하고 계획을 세우고 장기적인 목표를 추구하며, 자신의 충동과 감정에 대한 조절능력이 우수하며, 사려가 깊으며 반성적 태도를 지니고 조화와 균형을 중시한다. 신중성은 자기조절을 향상시키고 충동성을 감소시킴으로써 증진시킬 수 있다. 또한 문제에 대해 다양한 해결방안을 생각해 보고, 각 해결방안의 장단점을 목표에 비추어 고려해 보는 역량을 키우는 것도 신중성을 증진시키는 방법이 된다.

③ 용서

상처받은 사람이 가해자에 대한 부정적 정서, 행동, 인지를 긍정적으로 대치하는 과정으로 상대방에 대한 분노감정과 보복욕구를 자발적으로 내려놓는 노력이다. 용서는 사람과의 갈등 속에서의 미움의 감정을 해소하고 보복을 위한 폭력을 완화시킬 수 있는 긍정적 성품이며, 공감, 분노와 보복충동의 절제 과정을 통해 점진적으로 일어나는 행동이다.

④ 자기조절

지향하는 목표나 기준에 도달하기 위하여 자신의 욕망, 감정과 행동을 적절하게 제어할 수 있는 능력으로, 적응적 삶을 위한 필수적인 성품이다. 자신의 충동이나 부적응적인 습관을 억제하고 적응적인 행동을 하기 위해서는 자신의 내면적 상태나 과정에 주의를 기울여 의식적으로 관찰하기(자기관찰), 자신의 심리적 과정이나 상태에 대해 평가적으로 판단하기(자기평가), 자기평가로 인한 감정반응과 새로운 반응을 생성하기(자기반응)의 과정이 필요하다. 자기조절을 잘하는 사람은 자기조절을 위한 정서적 안정성, 스트레스 인내력 등의 기본적인 자원이 풍부하며, 평소에 자기관찰과 자기평가를 통해 자신의 삶을 항상 모니터링하고 적응적인 행동을 하려고 노력한다.

(5) 정의

정의는 정의롭고 평화로운 공동체 생활에 기여하는 긍정적 성품으로, 공정성, 시민의식, 리더십 강점이 포함된다.

① 공정성

사적인 감정이나 편견으로 인한 치우침 없이 모든 사람을 동등하게 대하는 태도이자 사회의 정의를 구현하는 가장 중요한 가치로, 조직생활과 관련된다. 조직 내 사람은 누구나 공정한 대우를 받고자 한다. 조직공정성은 조직이 조직 구성원에게 공정한 대우를 해 주고 있다고 지각하는 정도로, 구성원의 직무수행, 이직, 신뢰, 조직몰입 등에 영향을 미친다. 공정성이 높은 사람들은 친사회적 행동을 많이 보이고 비도덕적 행동을 덜 하며 자유주의적 태도를 지닌다.

② 시민의식

조직의 구성원으로서 지녀야 할 긍정적인 성품으로, 자신이 속한 집단의 공동 이익을 위해 자신의 역할과 의무를 충실히 이행하는 책임의식을 말한다. 시민의식이 높은 사람은 자신이 속한 집단에 대한 애착과 충성심을 지니며 집단 내 구성원들과 협동적으로 활동하고 책임감 있게 자신의 역할을 수행하고 아름다운 공동체를 형성하기 위해 헌신적으로 노력한다. 그리고 자신의 개인적 이익보다 공공의 이익을 소중한 가치로 여긴다.

③ 리더십

집단의 공통 목표를 달성하기 위해 집단 구성원들을 효과적이고 조화롭게 인도하는 개인적 능력과 행동이다. 집단의 활동을 조직하고 관리하며 구성원들이 각자의 역할과 임수를 수행하도록 격려하고 구성원 간의 조화로운 관계를 형성하도록 한다. 긍정적 성품인 리더십은 개인적 자질로서 집단 속에서 리더 역할을 추구하고 성공적으로 수행하려는 동기와 능력이다. 유능한 리더의 개인적 특성은 에너지 수준과 신체적 활력이 있고, 인지적 판단력과 지식, 자신감과 진실성, 열정, 주도성, 독립성을 지니고, 사회성, 대인관계기술, 협동성, 재치, 외교술이 있으며, 성취동기, 탁월성의 욕구, 목표 추구의 책임감, 끈기와 불굴의 정신을 가지는 것이다.

(6) 초월

초월은 현상과 행위에 대해 의미를 부여하고 커다란 세계인 우주와의 연결성을 추구하는 초월적 또는 영적 강점으로, 감사, 낙관성, 심미안, 유머감각, 영성 강점이 포함된다.

① 감사

자신을 위한 다른 사람의 수고와 배려를 알고 고마움을 느끼고 이에 보답하려는 성향을 의미한다. 감사는 다른 사람들과의 긍정적 연결감을 통해 자기 존재감을 확장하는 초월적 덕목으로, 수혜받은 사실에 대한 기쁨, 수혜를 베푼 사람에 대한 고마움과 우호적인 감정을 표현하려는 행동적 성향으로 구성된다. 감사를 통해 다양한 긍정적 정서를 경험하게 됨으로써 심리적 행복감이 증진된다. 그리고 겸손하고 친절한 행동을 불러일으키며 타인과 의미 있고 지속적인 인간관계를 촉진한다.

② 낙관성

미래에 대한 긍정적인 기대와 희망을 갖고 삶을 영위하는 태도를 의미하며, 낙관성을 지닌 사람들은 자신이 소망하는 일이 미래에 잘 이루어질 것이라는 희망적인 기대를 지니고 긍정 정서와 자신감을 갖고 목표를 이루기 위해 활기차고 적극적인 행동을 한다. 낙관적으로 생각하기 때문에 적극적인 행동을 하게 되고, 그 결과 성과도 좋을 수밖에 없다.

낙관성을 지닌 사람의 특징은 다음과 같다.

• 어려움이 닥쳐와도 미래에 대해서 항상 희망적이다.
• 항상 밝은 면을 보려고 노력한다.
• 자신의 삶의 방식이 최상의 결과를 가져올 것을 확신한다.
• 세운 목표가 이루어질 것이라 믿는다.

- 희망은 좌절을 이길 수 있다고 생각한다.
- 게임, 시합에서 질 것이라고 생각하지 않는다.
- 비록 실패하였다 할지라도 다음에 더 잘할 수 있을 거라 기대한다.
- 인생의 밝은 면을 보고 어려움 속에서도 용기와 희망을 잃지 않는다.

③ 심미안

아름다움과 탁월한 것을 민감하게 알아차리고 다양한 원천으로부터 아름다움을 느낄 수 있는 민감한 감상능력으로, 자연세계의 물리적인 아름다움, 예술작품이나 행위로부터 느끼는 아름다움, 지식이나 기술의 탁월성에 대한 감동적 경험, 인간의 선한 행위나 미덕에 대한 도덕적 아름다움이 대상이 된다. 심미안은 삶에서 다양하게 접할 수 있는 미적 요소를 민감하게 알아차리고 이로부터 긍정 정서를 경험하게 한다. 심미안을 지닌 사람은 매일 더 큰 기쁨을 느끼고 자신의 삶에서 더 많은 의미를 발견하고 다른 사람들과 깊은 관계를 맺음으로써 삶을 행복하고 풍요롭게 산다.

④ 유머감각

웃음을 유발하거나 즐거움을 제공하는 능력으로, 자신의 인생을 즐겁고 유쾌하게 만들고 주변 사람들을 즐겁게 만들어 친화적인 인간관계를 촉진한다. 유머감각은 농담이나 유머를 이해하는 능력, 재미있는 생각 및 이야기 구성 능력, 유머나 즐거운 일을 표현하고 전달하는 능력, 농담이나 유머를 즐겁게 감상하는 능력, 유머를 적극적으로 찾아 나서는 성향, 재미있는 사건이나 농담을 기억하는 성향, 부정적인 상황에서 유머를 대처기제로 사용하는 경향성으로 구성된다. 유머감각이 있는 사람들은 인간의 한계와 불완전함을 잘 알고 이를 수용하고 용서할 줄 안다.

⑤ 영성

실존적으로 인간의 한계를 초월할 수 있는 절대적이고 영원한 것을 추구하는 태도로, 인생의 초월적 측면에 대한 관심, 믿음을 통하여 인생의 의미와 목적의식을 느끼고 충만한 삶을 살게 한다. 영성은 삶의 방향성과 목적의식을 주고 심리적 안정과 함께 초월적 경험을 제공한다. 영성의 발달을 위해서는 지속적인 자기성찰과 이타적 행동실천이 필수적이다. 영적인 추구를 통해 성스러움을 접하면 자기가치감이 향상되고, 다른 사람과의 관계가 원만해지고 초월적인 존재와의 연결감을 느끼게 된다.

3) 긍정심리치료

행복의 구성요소는 긍정적 정서(즐거운 삶), 적극성(적극적인 삶), 의미(의미 있는 삶)로(Seligman, 2002b), 즐거운 삶은 과거 · 현재 · 미래에 대해서 긍정적인 감정을 느끼면서 살아가는 삶이며, 수용과 감사를 통해 과거의 삶에 대한 만족감과 지금 이 순간의 경험에서 유쾌함과 즐거움을 경험하는 삶을 말한다. 적극적인 삶은 현재에서 자신이 원하는 것에 몰입하며 자신의 성격강점을 발견하여 자아실현을 해 나가는 삶을 의미한다. 의미 있는 삶은 자신을 넘어 가족, 직장, 지역사회, 국가 등을 위해 봉사하고 기여함으로써 자신의 존재 가치를 느끼고 더 큰 행복을 느낄 수 있는 삶이다(권석만, 2008).

첫째, 즐거운 삶을 위해서는 과거에 대한 긍정적 정서 함양을 위해 감사하기, 용서하기 등이 도움이 되며, 현재의 긍정적 정서 함양을 위해 긍정적 경험 향유하기, 미래에 대한 긍정적인 정서 함양을 위해서는 희망, 낙관적 기대 활동을 해 볼 수 있다. 다양한 긍정적 경험의 빈도가 증가할수록 즐거운 삶이 되고 행복감이 증가된다.

둘째, 적극적인 삶을 위해서는 낙관적 사고와 강점을 통하여 긍정적 정서를 증진하고 일상적인 것에 긍정적인 의미를 부여하기, 긍정적으로 생각하기, 자신의 강점을 발견하고 사용하기, 집단과 긍정적인 경험에 대해 공유하기 등이 필요하다.

셋째, 의미 있는 삶을 위해서는 일, 관계, 친밀감, 영성, 초월 등의 구성요소가 필요하며, 사랑과 친밀감 증진하기, 시간이라는 선물, 건설적 행동하기, 행복에 이르는 길 등으로 증진할 수 있다.

긍정심리치료는 Seligman, Rashid와 Parks(2006)가 만든 14회기 긍정심리치료 프로그램이 기본이 된다. 긍정심리치료는 긍정적인 것에 주의를 기울이고 부정적인 것에 주의를 기울이거나 부정적인 일을 더 잘 기억하는 습관에서 벗어날 수 있도록 한다. 긍정심리치료에는 감사 편지 쓰기, 3가지 좋은 일과 그 이유 적기, 제일 잘한 일에서 자신의 강점이 드러나게 쓰기, 5가지 강점에 대해 쓰기 등의 활동이 포함된다(최삼욱, 2007). 예를 들어, 행복 일기와 감사 일기를 통해 하루 중 좋았던 일과 감사한 일을 적어 봄으로써 긍정적인 경험에 주의를 기울이고, 감사 편지 쓰기를 통해 자신의 일과 주변 사람들에 대한 관심과 사랑을 확인할 수 있다(Seligman, Steen, Park, & Peterson, 2005). 긍정심리치료의 효과는 우울증상이 호전되고 긍정 정서가 증가되고 삶의 만족도, 학교생활적응력, 사회적 관계능력에서 긍정적인 결과를 보이는 것으로 나타났다(김근향, 2011; 김종환, 2013; Rashid, Anjum, & Lennox, 2006; Seligman, Rashid, & Parks, 2006).

2. 직업윤리

기업은 취업 스펙도 보지만, 이보다 직업윤리, 도전정신, 긍정적 가치 등에 더욱 가치를 두고 신입사원을 채용하는 것으로 나타났다. 기업이 신입사원에게 요구하는 역량에서 성실, 책임감, 주인의식 등 직업윤리가 가장 높았고, 그다음으로 도전정신, 긍정적 가치관, 자기 관리 및 개발 능력, 대인관계능력 등이었고, 전공 지식과 외국어 능력은 가장 후순위로 요구되는 역량이었다(한국고용정보원, 2019). 성공적인 직업생활을 위해서는 직업을 생계유지와 돈 버는 수단으로만 생각하기보다 직업에 대한 건전한 윤리적 태도를 갖는 것이 중요하다. 직업윤리는 모든 직업인이 갖추어야 하는 덕목으로, 직업에 종사하는 사람들이 지켜야 할 행동규범이나 마음가짐을 의미한다. 직업은 일하는 사회 조직으로서 다른 사람들과 함께 일하게 되기 때문에 공동생활에 부합하는 직업인으로서의 건전한 윤리관을 확립하는 것이 중요하다. 바람직한 직업윤리관의 정립을 통해 직업을 돈 버는 수단으로 생각하는 것뿐만 아니라, 일의 의미를 알고, 주도적인 직업선택을 통해 행복한 노동을 실현해 나가는 것이 중요하다.

1) 대상과 범위

(1) 보편적 직업윤리

모든 직업에서 공통적으로 요구되는 직업윤리로, 사회 질서를 유지하는 기능을 한다. 사회 구성원의 판단과 행위의 상호작용 관계에서 지켜야 할 윤리로서 집단

간, 직업 구성원들 간의 갈등이나 충돌 시 조정 기준으로 적용될 수 있다. 예를 들어, 정직, 근면, 성실, 준법, 책임감, 고객 요구 반영 등이다.

(2) 특수 직업윤리

직업과 구성원 역할에 따라 다르게 요구되는 직업윤리로, 특정 집단 구성원의 행위 관계에서 지켜야 하는 기준이 된다. 예를 들어, 공직자 청렴 요구, 교사의 사명감, 과학자나 연구자들이 지켜야 할 연구윤리, 상거래 원칙 준수 등이다.

(3) 근로윤리

바람직한 직업생활을 하는 직업인이 되기 위해서는 각자의 업무를 존중하는 마음이 필요하다. 자기중심적이거나 안일하게 대충 하려는 자세로 업무에 임하는 것은 조직에서 자신의 업무 역량을 발휘하지 못하게 하고 팀워크를 저해하는 요인이 된다.

표 11-2 근로윤리 덕목

근로윤리	내용
근면	부지런하고 게으르지 않고, 능동적이고 적극적으로 스스로 행하는 태도
정직	잘못은 밝히며 거짓은 용납하지 않고 부정적인 관행은 인정하지 않는 태도로 타인의 신뢰를 쌓을 수 있음
성실	진실하고 일관되게 자신의 삶 속에서 최선을 다하고자 하는 마음

직장에서 지켜야 할 직업윤리의 기본 원칙은 다음과 같다(김봉환 외, 2019).

- 정해진 시간보다 15분 전에 출근하여 사전에 준비하고 정시에 업무가 개시되도록 한다.
- 가능한 한 지각, 조퇴, 결근이 없도록 한다.
- 업무 처리는 지시받은 내용에 대한 확실한 이해와 결과에 대한 기대를 생각한 뒤 착수한다.
- 업무는 계획을 세워 작업시간, 항목, 우선순위 등을 고려하여 수행한다.

- 업무는 기한 이전에 여유를 두고 마무리한다.
- 타인과 함께 일을 처리할 때에는 다른 사람의 의견을 존중하고 원만한 관계를 유지한다.
- 공공의 물건을 내 물건처럼 아끼고 소중히 다루며 지정된 장소에 비치한다.
- 항상 메모하는 습관을 통해 누락되는 업무가 없도록 한다.
- 출장이나 외출 시 결재를 받고 승낙을 받는다.
- 출장 중에는 진척 사항을 상사에게 중간보고하고 출장 후 복명한다.

(4) 공동체 윤리

직장생활에서 동료나 상사, 고객들을 대할 때 상대방의 말을 주의 깊게 듣고 배려하며 친절하게 대하는 태도가 중요하다. 사람을 존중하고 봉사와 책임감을 갖고 정해진 규칙을 준수하고 예의 바른 태도로 자신의 업무에 임하는 것이 필요하다.

표 11-3 **공동체 윤리 덕목**

공동체 윤리	내용
봉사정신	자신보다 고객과 다른 사람의 이익을 최우선으로 하고자 하는 태도
책임정신	내가 맡은 일을 반드시 완수하고자 하는 태도
준법성	민주시민으로서 기본적으로 지켜야 하는 의무를 지키고자 하는 태도
직장예절	기본적이고 공통된 생활방식과 관습, 문화, 사회적 인식을 받아들이는 태도

(5) 직장 내 윤리

직장 안에서의 윤리로, 직장 안에서 준수해야 할 윤리와 태도를 의미한다. 성실성, 책임감, 협동성, 봉사성, 전문성, 창조성 등이 해당한다.

(6) 직장 외 윤리

일과 직업적 사회의 윤리로 정당한 방법을 통해 이윤을 추구하고 이렇게 얻은 이윤을 사회발전을 위해 환원하는 것을 예로 들 수 있다. 장학금 기탁, 불우이웃돕기 성금 및 학문기관에 연구기금 기부, 편의 및 문화 시설 건축 등이 해당한다.

2) 기본 덕목

바람직한 직업윤리를 위해 갖추어야 할 기본 덕목은 전문가의식, 소명의식, 책임의식, 직분의식, 천직의식, 봉사의식이다.

표 11-4 **직업윤리 기본 덕목**

덕목	내용
전문가의식	자신이 하고 있는 일이 사회와 타인을 위해 중요한 역할을 하고 있다고 믿고 수행하려는 태도
소명의식	자기가 맡은 일에 개인적·사회적으로 의미 있게 헌신하려는 태도
책임의식	자신의 맡은 바 일을 성실히 수행해 내려고 하는 태도
직분의식	자신의 일이 자신의 능력과 적성에 맞는다고 여기고 그 일에 열성을 가지고 성실히 임하려는 태도
천직의식	직업에 대한 사회적 역할과 직무를 충실히 수행하며 책임을 다하려는 태도
봉사의식	직업활동을 통해 공동체에 봉사하는 마음을 가지고 실천하려는 태도

3) 윤리적 문제와 대처

세월호 사건, 식품제조업자들의 재료 관리 문제, 건축 현장에서의 안전시설 점검 미흡, 택배회사의 무책임 배달, 대중교통 기사들의 난폭 운전 등 우리가 살고 있는 직업사회에는 다양한 윤리적 문제가 발생한다. 직업인들은 직업을 통해 자아실현, 인격 완성, 생계 유지, 사회생활 참여 등의 활동을 하게 되는데, 개인은 그 과정에서 발생하는 윤리적 문제를 해결해야 할 상황에 처할 수 있다. 업무 외 사적 활동을 하는 것, 직무 관련 뇌물 수수, 조직적 부정 등의 윤리적 문제들은 개인의 직업생활은 물론, 건전한 직장과 사회 유지에도 위협이 될 수 있다. 직업에서 맞닥뜨릴 수 있는 윤리적 문제의 예는 다음과 같다(김봉환 외, 2019).

> **사례 1:** 당신은 직장 상사가 회사의 기밀을 빼내는 것을 목격했다. 그 상사는 평소에는 정말 존경할 만하게 성실한 분이었다.
>
> **사례 2:** 당신의 회사는 고객들의 정보를 이용해서 다른 사업을 추진하려고 한다. 이

사업이 성공한다면 회사는 큰 이익을 얻을 수 있지만, 고객의 소중한 개인정보가 무단으로 유출될 것이다.

사례 1은 개인에게 해당하는 윤리적 문제로, 직업적 양심, 공동체의식, 전문적 지식과 기술, 인간애 등을 벗어난 행위에 해당한다. 사례 2는 기업의 윤리적 문제로, 이윤 추구나 경영 손실을 줄이기 위해 사회 안녕과 질서 유지의 범위를 벗어나는 행위를 의미한다.

직업에서의 윤리적 문제를 해결하기 위해서는 개인적 노력과 사회적 노력이 모두 필요하다. 개인은 윤리적 문제에 당면했을 때 적합한 대처 방안을 생각하고 있어야 한다.

개인적 윤리는 개인의 도덕성과 양심에 중점을 두면서 자아실현에 중심을 두게 되며 교육을 통해 개선 가능한 특징을 지닌다. 그러나 개인의 양심과 이성에 의해 좌우되기 때문에 개인적 이기주의로 변질될 우려가 있다는 한계를 지닌다. 다음으로 사회적 윤리는 개인적 윤리를 바탕으로 하지만, 상황에 따라서 개인적 윤리와 배치되거나 충돌될 수 있는데, 이럴 때는 사회적 윤리를 우선시해야 한다. 사회 전체를 위한 직업윤리와 공공선을 추구하는 노력이 필요하다. 사회적 윤리는 사회의 구조나 제도, 정책에 중점을 두고 사회 전체의 공동의 선에 중심을 두는 특성을 지니며, 법이나 규칙 등으로 강제력을 발휘할 수 있으며 상호 유기적 입장을 지니는데, 경우에 따라서 집단이기주의로 변질될 우려가 있다. 한 단체가 직업상 지켜야 할 기본적인 윤리사항을 제시해 놓은 것을 '윤리강령'이라고 하며, 사회나 직장에서 그 일에 종사하고 있는 사람에게 요구하는 윤리를 의미한다(교육평가용어사전, 2004. 5. 31.).

윤리적 의사결정 시 '의사결정의 기준이 공개되더라도 떳떳한 것인가?'(공개성), '상황에 맞게 처리가 공정하고 임의적이지 않은가?'(공정성), '같은 상황에서 누가 결정하더라도 같은 선택을 할 수밖에 없는가?'(불가피성), '의사결정에 따라 영향을 받는 사람들이 모두 받아들일 수 있는 선택인가?'(보편성)의 4대 원칙을 고려하는 것이 필요하다.

3. 자아실현인

인간은 근본적으로 자아실현을 추구하는 성장지향적인 존재이다. 더 성장하려는 경향성, 자아실현 경향은 자신을 좀 더 가치 있는 존재로 성장시키기 위해서 자신의 모든 잠재력을 발현시켜 좀 더 유능한 인간이 되려는 생득적인 성향으로 인간의 가장 근본적인 동기이다(Rogers, 1951). 자아실현은 Maslow의 욕구단계 중 마지막 단계에 해당하며, 개인의 소질과 역량을 스스로 발견하여 그것을 충분히 발휘하고 계발하여 자신이 목표로 하는 이상을 실현하는 것을 의미한다. Rogers(1957a)는 완전하고 충분히 기능하는 유기체로서의 인간을 강조한다. 사람은 그 자신 안에 능력과 성장을 위해 자신의 가능성을 계발하고자 하는 경향성을 지닌다. 잠재되어 있어 겉으로 드러나지 않는 능력일지라도 성장을 위해 앞으로 나아가고자 한다. 적절한 환경에서는 이러한 경향성이 실제적으로 드러나 잘 기능하는 인간의 특성을 보이지만, 선천적으로 타고나는 자아실현 경향이 환경의 영향으로 차단되거나 봉쇄되었을 때 이상행동과 정신장애가 나타난다.

1) 인간의 욕구

Rogers(1957a)는 자신의 잠재력을 극대화하려는 성장 욕구를 기본 욕구로 본 반면에, Maslow는 생리적 욕구, 안전 욕구, 소속과 인정의 욕구, 자존감의 욕구, 자아실현의 욕구의 5가지 욕구 중 자아실현의 욕구를 최상의 욕구로 보았다. 인간은 살아가면서 다양한 욕구를 갖는데, 인간의 욕구는 인간을 행동하게 만드는 동기가 된다. 일단 하위 수준의 욕구가 충족되어야만 상위 수준의 욕구를 추구할 수 있다.

첫 번째 욕구는 생리적 욕구로 잠자고 먹고 싶은 욕구 등 자신의 생명을 연장하고자 하는 욕구이며 모든 생물체가 갖고 있다. 두 번째 욕구는 안전 욕구로 주변 환경의 위협으로부터 안전하고자 하는 욕구이며, 세 번째 욕구는 소속과 인정의 욕구로 인간은 다른 사람와의 관계를 통해서 자기 자신을 확인하고자 한다. 사람은 사회적 관계에서 소속되고 인정받음으로써 유대감을 느끼고자 한다. 네 번째 욕구는 자존감의 욕구로 사회에서 더 높은 지위에 올라 존경을 받고자 하는 욕구이며, 4가지 욕구를 모두 포함하는 마지막 욕구가 자아실현의 욕구이다. 자아실현의 욕구는 자기 자신의 욕구를 만족시키는 상태로 자신의 잠재된 능력을 끌어내 현재 자신의 모습을 초월한 진정한 자기 자신에 가까워지는 것을 의미하며, 외부의 가치판단이나 기준에 상관없이 어떤 상태이든 스스로 가장 만족하며 충만한 상태를 유지할 수 있는 단계에 해당한다.

2) 자아실현인의 특징

자아실현인의 핵심적 특징은 스스로를 더욱 가치 있게 여기고 자기지향적인 사람이 되어 자신의 인생에서의 즐거움, 경이로움, 환희와 기쁨 등을 인식하고 감사할 줄 아는 점이다. 또한 스트레스에 덜 좌절하고 스트레스로부터 빨리 회복하는 적응적인 사람이 된다. Maslow는 자아실현인의 특징을 다음과 같이 설명한다(두산백과).

- 정확하고 뚜렷하게 현실을 직시하고 판단한다.
- 자신과 타인의 결점과 모순을 포함한 인간 본성을 수용한다.
- 자발적이다. 자신이 원하는 대로 진실하게 살고자 한다.
- 추구하는 삶의 목표가 있다.
- 외부의 권력이나 타인으로부터 자유롭고 독립적이다.
- 삶의 기본적인 부분에 대해서도 지속적으로 감사한다.
- 고독이 가치 있다고 생각하고, 혼자 있는 것이 편하다.
- 유머에 관대하다.
- 사회적 공감과 인류애를 갖고 있다.
- 소수의 사람들과의 친밀한 관계를 선호한다.

3) 자아실현을 위한 내적 조건(Rogers, 2015)

(1) 경험에의 개방성

경험에 개방적인 사람은 방어의 과정에 의한 왜곡 없이 경험한 자극이 자유롭게 신경체계에 전달된다. 개인은 그 자체로 존재하는 순간을 인식하여 있는 그대로의 경험 속에서 살아갈 수 있어야 한다.

(2) 평가에 대한 내적 위치

개인의 성과나 결과에 대한 가치가 다른 사람의 평가나 칭찬에 의해 이루어지는 것이 아니라 자기 자신 내부의 기준에 의해 평가되는 것이 필요하다.

(3) 심리적 안정성

- 개인을 무조건적으로 가치 있는 존재로 수용하기: 자신의 권리와 자신이 표현한 것이 가치 있는 것이라 느낄 수 있도록 안정된 분위기를 제공할 때, 새롭고 자연스러운 방식으로 자아실현을 하기 위해 노력하게 된다.
- 외적 평가가 없는 분위기 제공하기: 사람은 평가받고 있지 않는 분위기 속에 있다는 것을 알고, 외적인 기준에 의해 판단되지 않는다고 인식하게 되면 상당히 자유로워진다.
- 공감적으로 이해하기: 공감적인 분위기에서 개인은 실제적인 자아를 잘 드러낼 수 있고 다양하고 신기한 형태로 표현할 수 있다.

(4) 심리적 자유

개인이 무엇을 생각하고 느끼고 내적인 것이 무엇이든지 간에 자유를 주는 것이 필요하다. 자유를 허용하는 것은 사람이 책임을 가지는 것을 의미하기도 한다.

4) 직업을 통한 자아실현

식당에서 일하는 세 사람에게 누군가 물어보았다. "당신은 지금 무엇을 하고 계신지요?" 첫 번째 사람은 짜증스럽게 "지금 일하는 것 안 보입니까?"라고 말했고, 두 번째 사람은 "돈을 벌고 있습니다."라고 담담하게 말을 했다. 마지막으로, 세 번째 사람은 행복한 표정을 지으며 "세상에서 가장 맛있는 음식을 만들고 있습니다."라고 말했다. 여러분에게 직업은 어떤 의미인가?

우리는 직업을 통해 사회와 국가에 기여하고 직업을 수행하면서 자신의 자아를 실현하고 싶어 한다. 또한 직업으로 책임을 다함으로써 당당한 사회인이자 훌륭한 직업인으로 성장하고자 한다. 그러나 최근 직장 선택 시 가장 중요한 기준이 연령대에 상관없이 '급여'인 것으로 나타나, 직업선택의 기준을 생리적 욕구 및 안전 욕구의 충족으로 보는 경향이 강하다고 할 수 있다. 인생에서 직업이 차지하는 비중에 대해 30대(44.7%), 40대(49.4%)가 매우 중요하다고 응답했지만, 20대(50%), 50대 이상(52%)이 '중요한 편이다'라고 하였고, 창업 관련 설문조사 결과에서도 응답자의 65%가 생계 목적으로 창업을 시작한다는 데 공감한 반면에, 자아실현의 목적으로 시작한다는 응답은 32%였다(리크루트타임스, 2019. 11. 5.).

직업은 개인이 자신이 바라는 이상적 가치를 실현할 수 있는 자아실현의 길이 된다. 사람들이 진로를 어떤 기준으로 선택할 것인지는 개인의 가치관에 따라 다를 수 있다. 먹고 살기 위해 직업을 갖는 것은 생리적 욕구 충족을 위한 것이며, 학력, 자격, 외국어 성적 등의 스펙을 준비하여 평생직장에 취업하고자 한다면 안전 욕구를 충족하고자 하는 동기에서일 것이다. 또한 직장에 소속되고 구성원으로서 인정을 받고 싶은 것은 소속과 인정의 욕구에서 나오는 것이며, 사회적으로 인정받는 직업을 갖고 다른 사람들에게 존경을 받는 지위를 얻는 것은 자존감의 욕구를 충족시킬 수 있다. 그리고 자신이 정말 원하는 일을 하면서 사회에 기여하며 살아가고자 하는 자아실현의 욕구 역시 직업에서 충족될 수 있다.

역사적으로 성공한 사람들의 공통점은 돈을 벌기 위하여 일을 한 것이 아니라 좋아하는 일을 하고 사회에 기여하고자 하니 자연스럽게 경제적 성공을 거두었다는 점이다. 돈을 많이 받거나 안정적인 직업을 가짐으로써 자아실현이 가능한 것이 아니라 자아실현을 위한 노력을 하다 보면 다른 기본적인 욕구도 충족될 수 있다.

연습문제

1. 24가지 성격강점 중 자신의 강점에 해당하는 것과 그렇게 생각하는 이유가 무엇인지 써 봅시다.

〈24가지 성격강점〉

지혜	인간애	용기	절제	정의	초월
• 창의성 • 호기심 • 개방성 • 학구열 • 지혜	• 사랑 • 이타성 • 정서지능	• 용감성 • 진실성 • 끈기 • 활력	• 겸손 • 신중성 • 용서 • 자기조절	• 공정성 • 시민의식 • 리더십	• 감사 • 낙관성 • 심미안 • 유머감각 • 영성

자신의 성격강점	이유

2. 여러분에게 행복이란 무엇이며, 어떤 상황에서 행복을 느끼는지를 생각해 보고 행복한 직업에 대해서 생각해 봅시다.

나에게 행복이란	
나는 어떨 때 행복을 느끼는가?	1) 2) 3)
내가 행복을 느낄 수 있는 직업은 무엇인가?	

3. 사회적으로 성공한 직업인들 중에서 직업윤리를 잘 실천하거나 실천을 위해 노력하는 모습을 가진 사람들을 조사해 보고, 그들이 가진 직업생활과 관련된 윤리적 측면들을 조사해 봅시다.

	성공적인 직업생활인	선정 이유
사례 1		
사례 2		

제12장

자기이해

 개요

이 장에서는 자아개념의 정의와 특성을 살펴보고, 자신을 이해하기 위해서 시간의 흐름에 따라 '종단적으로 본 나', 심리적 특성에 따라 '횡단적으로 본 나'를 설명하는 이론들을 통해 자아개념의 특성을 이해하고자 한다. 또한 자아개념의 구성요소들을 살펴보고, 자아개념이 어떤 과정을 통해 개인의 삶에 영향을 미치는지를 생각해 볼 것이다. 마지막으로, 자아개념을 학업적 자아개념, 사회적 자아개념, 신체적 자아개념으로 나누어 각각의 자아개념의 특성을 이해하고, 각각의 자아개념이 학업과 진로선택 과정에 어떤 영향을 미치는지를 살펴보고자 한다.

 학습목표

- 자아개념의 정의와 특성을 말할 수 있다.
- 종단적 관점과 횡단적 관점에서 자아개념의 구성요소와 영향력을 설명할 수 있다.
- 학업적 자아개념, 사회적 자아개념, 신체적 자아개념에 대해 이해하고, 각각 학업과 진로선택에 어떤 영향을 미치는지를 안다.

만약 누군가가 여러분에게 "여러분은 어떤 사람인가요? 여러분에 대해서 저에게 간단히 소개해 주세요."라는 질문을 던진다면, 여러분은 자신을 어떻게 소개할 것인가? 여러분은 이와 같은 질문을 받았을 때 자신이 누구인지 이야기하는 것이 수월한가, 아니면 자기 자신이 어떤 사람인지 말하면서도 확신이 들지 않는가? 자기 자신에 대해 확신이 들지 않을 때 어떻게 할까?

이 질문에 대한 대답은 사람마다 다를 수 있을 것이다. 자기소개를 할 때 어떤 사람은 자신의 이름, 성별, 나이, 사는 곳 등 객관적이고 관찰 가능한 정보를 중심으로 자신을 설명하기도 하고, 자신이 좋아하는 것, 하고 싶은 일, 가치관 등 눈에 보이지 않는 특성들을 중심으로 자신을 설명하기도 할 것이다. 혹은 자신의 가족, 친한 사람, 소속된 기관 등 관계와 환경적 맥락을 중심으로 자신을 소개하고자 하는 사람도 있을 것이다. 이러한 것들이 여러분이 가지고 있는 자아개념이며, 이러한 자아개념은 생애 초기부터 형성되어 삶의 전 과정에 지속적으로 영향을 미치게 된다.

'자기(self)'는 사회심리학과 성격심리학에서 가장 많이 연구된 분야 중 하나이다. 심리학 이론과 연구들을 보면 자아개념(self-concept), 자기지식(self-knowledge), 자기인식(self-awareness), 자아존중감(self-esteem), 자기효능감(self-efficacy), 자기증진(self-improvement), 자기조절(self-regulation), 자기표현(self-expression) 등 자기(self)가 들어간 용어들을 자주 접할 수 있다. 심리학 수업 시간에 이러한 용어들을 언급하다 보면 대부분의 학생은 각각이 정확히 어떻게 구분되는지 혼란스럽다는 이야기들을 많이 한다. 실제로 이러한 개념들을 정확히 구분하여 이해하는 것은 쉬운 일이 아니다. 그만큼 자기와 관련된 지각 및 감정들은 우리의 삶에 많은 영향을 미치고 있다. 자기는 잘 알 것 같지만 관심을 기울이지 않으면 제대로 알기 어려운 영역이기도 하다. 여기에서는 진로선택과 발달 과정에서 중요하게 다루는 자기이해와 관련된 자아개념의 내용들을 다루고자 한다.

1939년에 인간중심상담 이론을 소개한 Rogers는 『문제아동에 대한 임상치료(The clinical treatment of the problem child)』를 출판하면서 다음과 같은 내용을 자신의 책에 기술하였다.

내담자의 성장을 방해하는 요인들에는 다음과 같은 것들이 포함된다. 가족생활의 질과 영향, 건강상 병력(病歷) 또는 어린이의 체질, 경제문화적 배경과 영향, 어린이의 지적 발달, 더 어린 시절의 사회적 경험, 유전적 요인, 교육적 영향 등이다. 나는 그 당시에 매우 결정론적인 견해를 가지고 있었고, 나에게는 이 7가지 요인이 정말로 개인의 모든 행동을 설명해 주는 듯했다. 그러나 나는 연구를 하면서 다른 몇 가지 내적 요인을 포함시켰다. 그것은 어린이의 자기이해 정도, 자기통찰, 자기의 현실적 수용과 자신의 상황에 대한 현실적 평가, 자기 자신의 책임에 대한 수용이었다. 그것들은 모두 여덟 번째 요인에 포함되었다. 나는 가족 환경이 미래 행동을 예측하는 가장 중요한 결정요인이라는 것에 대해 매우 확신했다. 그러나 가장 눈에 띄는 발견과 우리를 정말로 당황스럽게 한 결과는 자기통찰의 수준이 미래 행동을 가장 잘 예견한다는 것이었는데, 이는 미래 행동과 .84의 놀라운 상관을 보였다. 다음으로 사회적 경험은 .55의 상관을 보였으며, 가족 영향은 미래 행동과 .36의 상관을 보였다. 불우한 유전과 문화적으로 혜택을 받지 못한 배경 모두가 적응의 어려움을 어느 정도 암시한다는 것은 사실이다. 그러나 중요한 사실은 다른 모든 것보다도 자기 자신과 현실에 대한 수용이 그의 미래 행동에 가장 중요한 결정요인이라는 것이다. 이 연구의 결과에 의해서 나타난 함의는 자기 자신과 현실에 대한 개인의 관점이 얼마나 중요한지에 대한 것이다.

이 Rogers의 글을 읽고 여러분은 어떤 생각이 드는가? Rogers는 자아개념을 강조한 학자 중 한 사람이지만, 초기에는 조금 다른 관점을 가지고 인간의 행동을 바라보았던 것 같다. 여러분은 자아개념이 우리의 행동을 얼마나 바꿀 수 있다고 생각하는가? 혹은 자아개념이 우리의 삶에 어떤 식으로 영향을 미치고 있다고 생각하는가? 자신의 경험을 나누어 보자.

1. 종단적으로 본 나

지금까지 여러분이 경험한 최고의 순간은 언제인가? 과거로 돌아갈 수 있다면 여러분은 어떤 순간으로 돌아가고 싶은가? 내 인생을 바꿀 수도 있었던 가장 후회스러운 결정 한 가지는 무엇인가? 우리는 누구나 자신만의 역사가 있다. 과거의 경험들이 현재의 자신에게 어떤 영향을 미쳤는지를 살펴보는 것은 자기이해를 위한 핵심적인 과정이다. 때로는 과거를 통해서 새로운 자신을 발견할 수도 있다.

1) 조부모에 대한 질문들

• 나의 친조부모는 어떤 분들이며, 어떤 삶을 사신 분들이신가?
  −성격, 직업, 인간관계는 어떠했는가?
  −조부모가 산 시대적 · 사회적 상황은 어떠했는가?
  −조부모는 아버지를 어떻게 기르셨는가?

• 나의 외조부모는 어떤 분들이며, 어떤 삶을 사신 분들이신가?
  −성격, 직업, 인간관계는 어떠했는가?
  −조부모가 산 시대적 · 사회적 상황은 어떠했는가?
  −외조부모는 어머니를 어떻게 기르셨는가?

2) 부모에 대한 물음들

• 나의 아버지는 어떤 분이시며, 어떤 삶을 사셨는가?
  −아버지의 성격, 학력, 직업, 인간관계는 어떠했는가?
  −아버지는 어떤 유년기, 청소년기, 성인기를 보냈는가?
  −아버지의 젊은 시절 꿈은 무엇이었는가?
  −아버지는 무엇을 위해 사신 분인가? 아버지의 인생관과 가치관은 무엇이었는가?

• 어머니는 어떤 분이시며, 어떤 삶을 사셨는가?
  −어머니의 성격, 학력, 직업, 인간관계는 어떠했는가?
  −어머니는 어떤 유년기, 청소년기, 성인기를 보냈는가?
  −어머니의 젊은 시절 꿈은 무엇이었는가?

－어머니는 무엇을 위해 사신 분인가? 어머니의 인생관과 가치관은 무엇이었
　　는가?

• 아버지와 어머니는 어떻게 결혼하게 되었는가?
　－아버지와 어머니는 언제, 어디서, 어떻게 처음 만나게 되었는가?
　－서로 어떤 점에 반해서 결혼을 하게 되었는가?
　－결혼을 하는 과정은 어떠했는가?

3) 나의 성장사에 대한 물음들

• 나의 출생은 어떠한 상황에서 이루어졌는가?
　－나를 출산할 당시 부모의 부부관계나 가족 상황은 어떠했는가?

• 나의 어린 시절은 어떠했는가?
　－내 이름의 뜻은 무엇인가?
　－나의 기질이나 성격은 어떠했는가?
　－기억하는 일이 있다면 어떤 일인가?
　－급격한 가족 상황의 변화는 없었는가?
　－초기 기억 속에 남아 있는 우리 집을 떠올려 보면 어떠한가? 다음의 칸에 평
　　면도를 그리며 구체적으로 떠올려 보자.

평면도

- 나의 초등학교 시절은 어떠했는가?

  −초등학교 시절 기억에 남는 사람이나 장소가 있는가?

  −초등학교 시절 나는 주로 어떻게 시간을 보냈는가?

  −학업성적은 어떠했는가?

  −친구관계는 어떠했는가?

  −초등학교 시절 친구들이 나를 불렀던 별명은 무엇인가?

- 나의 청소년기는 어떠했는가?

  −나의 중·고등학교 시절은 어떠했는가?

  −친구관계와 이성관계는 어떠했는가?

  −이성에 대해 호감을 느끼게 된 때는 언제인가?

  −기억에 남는 선생님이 있는가? 선생님들과의 관계는 어떠했는가?

  −청소년기를 돌아볼 때 가장 즐거웠던 일은 무엇인가?

  −청소년 때 가장 인상 깊게 본 영화(책)는 무엇인가?

  −중·고등학교 시절 나의 꿈은 무엇이었는가?

  −중·고등학교 시절 내가 동경했던 인물은 누구인가?

  −중·고등학교 시절 가장 고민했던 문제는 무엇이었는가?

4) 현재의 나에 대한 물음들

- 현재의 대학생활에 만족하고 있는가?

  −대학에 들어온 이유는 무엇인가?

  −대학에 들어오면서 어떤 기대를 가지고 있었는가?

  −대학에 들어와서 가장 즐거웠던 일은 무엇인가?

  −대학에 들어와서 가장 힘들었던 때는 언제인가?

- 현재 내가 가장 고민하고 있는 일은 무엇인가?

  −현재 나의 고민은 무엇(예: 직업, 학업, 대인관계, 가족관계 등)과 연결되어 있는가?

  −현재의 나는 무엇을 가장 소중하게 생각하는가?

5) 미래의 나에 대한 물음들

• 앞으로 20년 후 나의 모습을 그려 보면? 눈을 감고 20년 후의 하루를 떠올려 보
자. 가장 일상적인 날의 당신의 모습은 어떠할 것 같은가?

언제	어디서	무엇을	어떻게	어떤 기분으로
20년 후의 어느 날				

• 미래의 나에게 해 주고 싶은 말은 무엇인가?

• 내가 세상을 떠날 때 남들이 묘비에 써 주었으면 하는 문장은 무엇인가?

• 나는 80세의 어느 날을 보내고 있다. 눈을 감고 편안한 마음으로 지나온 일생
을 한 편의 영화를 보듯이 그려 보자. 영화는 10분 동안 상영된다. 10분이 지나
면 상상을 중지하고, 다음 질문의 답을 적어 보자.
　－영화가 일어난 무대는 어디였는가?
　－주인공은 누구이며, 등장인물들은 누구였는가?
　－함께 영화를 관람하는 사람들은 어떤 느낌으로 영화를 보고 있는가?
　－영화 내용에서 전환점은 어디인가?
　－영화의 장르는 무엇인가?
　－다시 찍고 싶은 부분이 있는가? 있다면 어떻게 바꾸고 싶은가?
　－이 영화에서 얻는 교훈은 무엇인가?
　－영화가 끝나고 난 뒤 관객들은 어떤 말을 하고 나가는가?

2. 횡단적으로 본 나

1) 자아개념의 정의와 특성

심리학에서는 자기 자신에 대해서 가지고 있는 신념을 자아개념이라 정의한다. 자아개념 안에는 신체적인 나, 심리적인 나, 사회적인 나 등 개인의 기본적인 본성, 독특한 속성들 및 전형적인 행동에 대한 신념이 모두 포함되어 있다. 사람들은 성장하면서 다양한 경험을 통해 자신에 대한 생각을 형성하게 되며, 이러한 자아개념은 자기 자신과 타인들에 대한 관점, 감정, 행동방식에 강력한 영향을 미친다. 자아개념에 대한 연구들은 심리학과 사회학 또는 사회심리학 분야에서 많이 연구되어 왔다. 심리학에서는 이러한 자아개념이 개인에게 어떤 영향을 미치는지에 초점을 맞추었으며(Gecas, 1982), 사회학 또는 사회심리학에서는 개인이 속한 사회적 맥락 안에서 자아개념이 어떻게 형성되는지를 살펴보았다. 이처럼 자아개념을 설명한 여러 이론이 있지만 각 이론들 사이에서 어느 정도 합의된 자아개념의 특성은 다음과 같다.

- 각각의 사람들은 서로 다른 독특한 자아개념을 가지고 있다.
- 자아개념은 매우 긍정적인 것부터 매우 부정적인 것까지 다양한 스펙트럼을 가지고 있다.
- 자아개념은 정서적, 인지적, 기능적 요소들을 포함하고 있다.
- 자아개념은 개인이 속한 맥락에 따라 달라진다. 즉, 개인이 어떤 환경에서 어떤 사람들과 함께 있느냐에 따라서 자아개념이 달라질 수 있다.
- 자아개념은 시간에 따라 달라진다.
- 자아개념은 개인의 삶에 중요한 영향을 미친다.

Damon과 Hart(1988)는 사람들이 성장하면서 신체적 속성(예: 키가 크다), 선호하는 활동(예: 노래 부르는 것을 좋아한다), 사회적 특성(예: 1남 1녀 중 장녀이다), 심리적 특성(예: 소극적인 편이다) 등의 공통적인 속성에 근거하여 자아개념을 표현하기 시작한다고 하였다. 이처럼 자아개념은 사회적인 측면, 종교적인 측면, 심리적인 측면, 신체적인 측면, 정서적인 측면 등 우리를 구성하는 다양한 영역에 대한 지각을 포함하고 있다. Linville(1987)은 자기복잡성이론을 설명하면서 한 사람이 담당하고 있는 사회적 역할, 관계, 다양한 활동, 상황, 목표 등 자아의 다양한 측면의 개수와 중첩 정도에 따라 개인의 스트레스와 정신건강 수준이 달라진다고 언급하였다.

자아개념은 여러 방식으로 평가할 수 있다. 여러분의 자아개념을 평가하기 위해 다음과 같은 방법들을 활용해 보자.

(1) 인터뷰

여러분의 옆 혹은 앞뒤에 앉은 친구와 짝을 지어 10분 동안 서로에 대해 인터뷰를 한다. 인터뷰 질문은 앞으로 살고 싶은 집, 학교에서 가장 좋아하는 과목, 취미 등 가능한 한 재미있는 질문들로 구성하면 좋다. 모든 인터뷰가 완료되면 각 쌍이 강의실의 전면에 나와 다른 학생들에게 자신이 파트너를 소개해 보자.

(2) 저널 쓰기

저널은 여러 가지 면에서 유익할 수 있는데, 특히 일기를 쓰는 방식으로 저널 쓰기를 습관화하면 스스로에 대해서 통찰할 수 있는 좋은 기회를 얻을 수 있다. 1년 내내 한 권의 수첩을 일기장으로 정하고 시를 쓰거나, 꿈을 묘사하거나, 당신이 바라는 것, 당신을 행복하게 하는 것, 당신을 슬프게 하는 것 등에 대해서 자유롭게 써 보자.

(3) 콜라주 활동

그림, 단어 또는 도형 등을 사용하여 자신이 누구인지를 나타내는 콜라주를 만들어 보자. 여러분은 잡지에서 물건을 잘라 내거나, 인터넷에서 인쇄하거나, 직접 그림을 그릴 수 있다. 혹은 여러분이 즐기거나 잘하는 것, 가거나 가고 싶은 곳, 존경하는 사람들에 초점을 맞추어서 콜라주 활동을 할 수 있다. 모든 사람의 콜라주가 완성되면 강의실에 콜라주를 전시하는 추가활동도 할 수 있고, 어떤 콜라주가 어떤 학생의 콜라주인지를 추측하는 활동도 할 수 있다.

(4) 순위 특성

A4 크기의 종이 한 장을 10조각으로 찢고, 여러분을 묘사한다고 느끼는 단어나 구절을 각 조각에 써 보자. 아무도 여러분이 적은 것을 보지 않을 것이므로 최대한 솔직하게 적도록 하자. 일단 10가지 특성들을 다 적었으면, 가장 좋아하는 특성부터 싫어하는 특성까지 순위를 매기도록 하자. 스스로에게 '내가 적은 10가지 특성들이 마음에 드는가?' '계속해서 10가지 특성들을 유지하고 싶은가?'와 같은 질문을 한다. 자, 이제 여러분의 10가지 특성 중에서 한 가지 특성을 포기하자. 한 특성이 없어진다면 뭐가 달라질 수 있을까? 이제 다른 특성을 포기해 보자. 여러분은 어떤 사람인가? 이런 식으로 특성들을 6가지로 줄인 후에 여러분이 원하는 다른 특성들을 하나씩 다시 추가해 보도록 하자. 활동을 하고 난 후 여러분의 경험을 나누어 보자.

(5) 나를 광고하기

다른 사람들에게 왜 그들이 여러분을 고용해야 하는지에 대한 2~3분짜리 광고를 만들어 보자. 광고는 여러분의 특별한 기술, 재능, 긍정적인 자질에 초점을 맞추어 만들어야 한다. 특히 그러한 장점들이 여러분을 고용하고자 하는 다른 사람들에게 어떤 것을 가져다줄 것인지에 대해 강조해야 한다. 자, 이제 여러분이 만든 광고를 다른 사람들 앞에서 발표해 보자. 만약 고용하겠다는 사람이 5명 이상 나온다면 여러분은 자신의 강점과 다른 사람들의 요구를 매우 잘 이해하고 있는 것이다.

(6) 자기 초상화 그리기

이 활동을 하기 전에 작은 손거울을 꺼내서 책상 위에 올려놓자. 거울을 보고 자신의 자화상을 그려 보자. 여러분의 모습을 완전히 닮을 필요는 없지만 자신의 매력을 살려 가능한 한 좋게 표현해 보자. 더불어 상황이 된다면 그림을 반으로 나누도록 하라. 왼쪽에는 동료 한 명이 자신을 보는 대로 그림을 그리고, 오른쪽에는 다른 사람들이 자신을 본다고 생각하는 대로 자신을 그려야 한다. 이후에 두 그림의 차이점에 대해 적어 보자.

2) 자아개념의 형성

이러한 자아개념은 어떻게 형성되는 것일까? 자아개념은 자신의 행동에 대한 관찰, 타인과의 비교, 타인의 피드백을 통해서 형성될 수 있다. 여기서 자신의 행동에 대한 관찰은 자아개념을 바탕으로 자신의 실행(보고 행동하는 것)과 행위(잘 해낼 수 있는 것)를 해석하는 것이다. 또한 자아개념은 타인과의 비교를 통해서도 형성된다. 사람들은 자신의 행동을 평가하기 위해서 자신과 타인의 행동을 비교하게 된다. 따라서 자신이 비교하는 대상이 누구인지에 따라서 자아개념은 달라질 수 있다. 이 때 비교기준이 되는 집단을 준거집단이라고 한다. Festinger(1954)의 사회비교이론에서는 사람들이 자신의 의견과 능력을 평가하려는 동기를 가지고 있고, 이는 사회비교를 통해 충족된다고 가정하였다. 여기서 자아는 절대적으로 존재하는 실체가 아니라 사회적으로 중요한 기준과 비교하여 지각·구성·평가되는 존재이다. 이러한 사회비교의 유형에는 상향비교, 하향비교, 유사비교가 있다. 상향비교는 비교대상을 자신보다 더 나은 사람으로 선택하는 것으로, 이러한 비교는 개인이 느끼는 상대적인 박탈감을 해소하기 위해 다양한 행동을 하도록 유도하며, 상황에 따라서는 긍정적인 행동의 동기가 되기도 한다. 그러나 비교대상이 자신보다 월등히 우월하거나 할 때는 자신에 대한 객관적인 평가를 어렵게 만들기 때문에 부정적인 효과가 있기도 하다. 최근에 SNS 등을 사용하는 빈도가 늘어나면서 이러한 상향비교 현상으로 인해 우울감이 초래되는 사례들이 많이 늘고 있다. 실제로 여러 연구에서 SNS를 통한 상향비교는 우울감을 높이는데, 이 과정에서 열등감(정소라, 현명호, 2015), 시기심(Lian, Sun, Niu, & Zhou, 2017)과 같은 부정적 정서들이 이 둘의 관계를 매개하는 것으로 나타났다. 즉, SNS 활동을 통해 외형적으로 뛰어나거나 부유해 보이는 대상과 자신을 비교함으로써 자신이 남들보다 부족하다거나 질투하는 등의 감정을 경험하게 되고, 이러한 감정이 우울과 연결됨을 알 수 있다. 하향비교는 자신보다 덜 나은 사람과 자신을 비교하는 전략이다. 하향비교는 자아개념이 위협받는 상황에서 자기에게 위로를 주기도 하지만, 객관적인 자기평가를 어렵게 만든다. 유사비교는 자신과 유사한 능력 혹은 특성을 지닌 사람과 자신을 비교하는 것으로, 사람들이 위안을 받거나 타인과 동질감을 느끼고 싶을 때 주로 쓰는 비교전략이다. 여러분은 주로 어떤 유형의 사회비교를 하고 있는가? 다음의 예에서 예준이가 경험하고 있는 고민을 사회비교를 통해서 설명할 수 있을 것이다. 예준이의 자아개념과 감정의 변화를 어떻게 설명할 수 있을까? 여러분이 예준이의 친구라면 어떤 조언을 해 줄 수 있을지도 함께 생각해 보자.

> 의과대학 1학년에 입학한 예준이는 어렸을 때부터 공부를 꽤 잘해서 전교에서 1등을 놓치지 않았던 학생이다. 대학을 오면서 원래 살았던 작은 도시에서 나와 기숙사 생활을 하게 되었다. 반에서 1등을 놓친 적이 없었던 예준이는 대학에 오고 나서 자신보다 공부를 월등히 잘하는 친구들이 많은 것 같고, 여행, 다양한 취미활동 등을 하며 즐겁게 사는 친구들과 자신을 비교할 때 우울하고 무기력해지는 일이 잦다.

자아개념은 타인의 피드백을 통해서 형성될 수 있는데, 중요한 타인이 제공하는 긍정적인 피드백은 자아개념에 긍정적인 영향을 주며, 부정적인 피드백은 자존감을 낮추는 등의 부정적인 영향을 미친다. 심리학에서는 이러한 현상을 반영된 평가(reflected appraisal)라고 하며, 반영된 평가는 다른 사람들이 자신을 생각하는 방식으로 자신을 생각하게 되는 것을 의미한다. 사회학자인 Cooley(1902)는 거울 자아(looking glass self)를 소개하면서, 사람들은 중요한 타인이 보이는 행동을 관찰하며 거울을 보듯 자기를 파악한다고 하였다. 이러한 이유로 사회적 상호작용이 개인의 자아개념의 형성에 중요한 영향을 미치게 된다. 타인의 피드백에 대한 지각과 반영된 평가의 과정에 영향을 미치는 요소들에 대해서는 아직까지 연구가 진행 중이다. 모든 사람이 타인의 피드백을 정확하게 인식할 수 있을까? 실제로는 다른 사람들이 자신에 대해 평가하는 있는 그대로의 사실(reality)과 다른 사람들의 평가에 대한 개인의 지각(metaperception)은 다를 수 있다(Shrauger & Schoeneman, 1979). 다른 사람들의 평가에 대한 개인의 지각은 주로 타인이 명확하지 않은 애매모호한 단서나 자극을 줄 때, 솔직하고 명확하지 않은 의사소통 방식을 사용할 때 차이를 보이게 된다. 때때로 사람들은 상대방이 주는 정보에 대해서 정확하게 인지를 하더라도, 상대방이 주는 피드백이 자신의 기대(Jones, 1986) 혹은 선호(Sanitioso & Wlodarski, 2004)와 다를 때 그러한 정보들을 거절하거나 축소하고 싶어 한다. 또한 반영된 평가에 영향을 미치는 요인 중 하나로 개인이 가지고 있는 자기효능감을 들 수 있다. 예를 들어, 낮거나 불안정한 자기효능감을 가진 사람들의 경우 다른 사람들의 평가를 있는 그대로 받아들이는 데 어려움을 경험할 수 있다(예: Campbell, Simpson, Boldry, & Kashy, 2005; Lemay & Dudley, 2009; Murray, Holmes, Griffin, Bellavia, & Rose, 2001). 자아존중감이 낮은 사람들은 다른 사람들이 주는 부정적인 평가에 초점을 맞추고 확대해석하는 반면, 긍정적인 평가를 축소해서 받아들이는 경향이 있다(Leary, Haupt, Strausser, & Chokel, 1998). 따라서 한 개인이 가지고 있는 자신에 대한 기대, 자아존중감, 정서 상태 등에 따라서 타인의 평가나 피드백을 어떻게 받아들일지도 달라질 수 있다.

3) 자아개념의 구성

지금까지 자아의 개념에 대해서 살펴보았다. 그러면 이러한 자아는 어떤 요소로 구성되어 있을까? Rogers는 인간중심상담이론(Rogers, 1951)에서는 인간은 누구나 태어날 때부터 타고난 잠재능력으로 자기 자신을 보호 · 유지하고 타고난 능력을 구현하려는 성향을 지니고 있다고 언급하였으며, 이를 자아실현 경향이라고 명명하였다. 자아실현 경향은 한 유기체가 단순한 실체에서 복잡한 실체로, 의존적인 존재에서 독립적인 존재로, 고정/경직된 개체에서 유연하고 융통성 있는 개체로 성장하고자 하는 욕구를 의미하며, 이 과정에서 자신의 욕구를 충족시키고, 긴장을 완화하며, 유기체를 향상시키는 다양한 활동을 통해 기쁨과 만족감을 느끼게 된다. 이렇듯 인간은 누구나 진정한 자신의 모습대로 살고자 하는 욕구를 가지고 태어나며, 부모나 중요한 타인들이 온전히 있는 그대로의 모습을 수용해 줄 때 진정한 자아를 찾을 수 있다. 그러나 인간은 사회적 존재이기 때문에 성장하면서부터 끊임없이 환경의 영향을 받게 되며, 타인으로부터 긍정적인 존중을 받고자 하는 욕구는 자연스럽게 타인의 가치를 자신의 것으로 내사화하게 만든다. 어렸을 때 부모로부터 받은 가치조건화(conditions of worth)된 메시지(예: '작은 일로 짜증 내고 울면 안 된다.' '다른 사람들 앞에서는 항상 예의 바르게 행동해야 한다.')는 자신의 욕구보다는 부모나 주변 사람들에게 수용받을 수 있는 가치에 초점을 맞추게 하며, 자신의 내면 안에서 자연스럽게 느껴지는 욕구들을 무시하거나 부인하게 만든다. 결국 부모나 주변 사람들의 기대에 맞추어 살면서 그들이 주는 긍정적인 피드백을 바탕으로 자신은 괜찮은 사람이라는 자아상(self-image)을 가지게 되더라도 자기 안에서 느껴지는 자연스러운 욕구, 즉 자기경험과 자아상의 격차는 점점 더 커질 수밖에 없다. 가치조건화는 경험들을 회피하고, 왜곡하고, 부정하게 만들며 결국 자아실현 경향을 이루려는 유기체의 경험/욕구와 마찰·갈등, 불안 등을 초래하게 된다.

Rogers는 자기를 구성하는 요소들을 소개하면서 실제 자아(real self) 혹은 자아상(self-image), 이상적 자아(ideal self), 자기가치(self-worth)의 개념을 소개하였다. 실제 자아는 한 개인이 스스로를 어떻게 보는지를 의미하며, 정신건강에 중요한 영향을 미친다. 다른 말로 하자면, 우리는 스스로를 아름답다 혹은 못생겼다, 좋은 사람 혹은 나쁜 사람이라는 인식으로 지각하는 것이다. 자아상은 사람들의 감정, 생각, 행동에 직접적인 영향을 미친다.

이상적 자아는 우리가 이루고자 하는 목표와 추구하는 이미지를 의미한다. 즉, 개인이 가지고 있는 역동적인 열정과 목표가 된다. Boeree(2006)는 우리는 유기적 가치관과 맞지 않는 가치의 조건을 가지고 살아야 하고, 조건부 긍정적인 존중과 자기존중만을 받으며, 대신 이상적 자아를 개발해야 한다고 언급했다. Rogers(1961)는 실제 자아와 이상적 자아의 차이에서 비롯될 수 있는 도달 가능한 것 너머에 위치한 것들이 있다고 제안했다(Boeree, 2006).

자기가치는 스스로에게 얼마나 가치를 부여(예: 스스로를 얼마나 좋아하는지, 스스로를 얼마나 가치 있는 사람이라 생각하는지 등 스스로에 대한 주관적인 정서)하는지를 의미한다. 자기가치는 실제 자아 혹은 자아상과는 구분되는 개념으로, 자신에 대해서 얼마나 긍정적으로 혹은 부정적으로 느끼는지를 의미하며, 정서적인 측면이 포함된 자신에 대한 평가이다. 일부 연구자들(Crocker & Wolfe, 2001)은 자기가치에 대한 평가는 자신이 중요하게 생각하는 영역에 따라 달라지며 개인의 자존감은 해당 영역(예: 성취, 타인의 인정, 도덕성 등)에 수반되어 있다고 언급하였다. 예를 들어, 학업 성취가 매우 중요한 학생에게는 또래 사이의 인기나 인간관계보다는 높은 성적을 받는 것을 통해 자신의 자존감 혹은 가치감을 유지하고 고양하고자 할 것이다. 따라서 자기가치를 생각할 때는 자신이 어떤 영역에 중요한 가치를 부여하고 있는지를 함께 고려할 필요가 있다. 다음의 예를 보고 실제 자아, 이상적 자아, 자기가치의 개념을 구분해 보자.

소희는 친구들 사이에서 인기가 많은 다재다능한 학생이다. 소희는 스스로를 성격도 좋고, 인기도 많은 괜찮은 사람이라 생각한다. 그러나 소희는 지금보다 영어도 좀 더 잘하고, 다양한 나라의 사람들을 만나고, 다양한 문화를 경험하고 싶어 한다. 소희는 자신을 꽤 괜찮은 사람이라 지각하고 있지만 스스로에 대해 그다지 좋은 느낌을 가지고 있지 않으며, 사랑받을 만한 가치 있는 사람이라 생각하지는 않는다.

동진이는 학업성적이 좋지 못한 학생이다. 운동은 잘하지만 공부에는 잘 집중을 못하고 책상 앞에 앉아서도 항상 딴생각을 하고 있다. 동진이는 그런 자신을 머리가 나쁜 사람이라 지각하고 있다. 동진이는 학생들에게 운동을 가르치는 교사가 되고 싶고, 자신이 좋아하는 분야만큼은 전문적인 지식을 갖추고 싶다. 동진이는 자신이 부족한 부분은 많지만 다른 친구들과 비교할 수 없는 장점들을 가지고 있다고 생각하며, 스스로를 존중받을 만한 가치 있는 사람이라 생각한다.

Rogers의 이론에 이어서 자아개념과 그 구성요소에 대한 다양한 연구가 수행되었으며, 자아개념이 개인의 행동과 정신건강에 중요한 영향을 미친다는 가설들이 지지되었다. 대표적인 이론 중 하나인 Higgins(1987)의 자기불일치이론(self-discrepancy theory)에서는 실제적 자기(actual-self), 이상적 자기(ideal-self), 당위적 자기(ought-self)로 자기의 구성개념을 나누면서, 각 차원 간의 불일치는 긍정적 결과의 부재와 이에 따르는 부정적 정서를 예측한다고 주장하였다. 자기불일치이론은 자기의 영역(domains of the self)과 자기를 보는 관점(standpoints on the self)으로 구성된다. 자기의 영역과 자기를 보는 관점을 조합하면 실제/자기, 실제/타인, 이상/자기, 이상/타인, 당위/자기, 당위/타인의 6가지 자기-상태 표상(self-state representations)으로 구분된다. 실제적 자기는 누군가(자기/타인)가 실제로 소유하고 있다고 믿는 특성들이며, 자아개념의 주요한 구성요소가 된다. 이상적 자기는 누군가(자기/타인)가 소유했으면 하고 바라는 이상적인 특성을 의미하며, 당위적 자기는 누군가(자기/타인)가 갖추어야 한다고 믿는 특성들을 뜻한다. 자아개념은 정서와 연결되어 있는데 실제적 자기와 이상적 자기 사이의 차이가 클 경우 우울감, 실제적 자기와 당위적 자기 간의 차이가 클 경우 불안 등의 정서를 경험할 가능성이 높다.

4) 자아개념 명확성과 자아 분화

자아개념 명확성은 한 개인이 스스로에 대해서 얼마나 명확하고, 자신감 있고, 일관적인 생각을 가지고 있는가를 의미한다(Diehl, Hay, & Berg, 2011). 명확한 자아개념을 가지고 있는 사람들은 일관된 생각과 행동을 하게 되기 때문에 개인의 적응에 긍정적인 영향을 미치게 된다. 자아 분화는 한 개인이 상황과 사회적 역할(예: 배우자로서의 자기, 부모로서의 자기, 학생으로서의 자기)에 따라서 얼마나 유연한 자아개념을 가지고 있는가를 의미한다. 아직까지 자아 분화 수준과 개인의 적응에 대한 일관된 연구결과들이 나오고 있지는 않지만 매우 낮은 수준의 자아 분화를 가지고 있는 사람들의 경우 살면서 수행해야 하는 다양한 역할에 대해 일관된 모습을 보여야 한다고 인식하며, 유연한 역할 전환을 어려워할 수 있다(Diehl, Hay, & Berg, 2011). 물론 많은 역할을 한꺼번에 수행하지 않는다면 역할 전환으로 인한 어려움이 덜할 수 있지만, 직장, 가정, 원가족 안에서 다양한 역할을 수행해야 하는 상황에서 낮은 수준의 자아 분화는 개인에게 높은 스트레스를 불러일으킬 수 있다. 다음의 예를 생각해 보자.

> 40세 영숙 씨는 요즘 스트레스로 인해 머리가 자주 아프다. 전문직을 가진 영숙 씨는 직장에서는 꼼꼼하고 완벽한 상사로 많은 부하직원들에게 존경을 받고 있다. 영숙 씨는 네 살 딸아이를 키우고 있으면서 지병으로 병원에 입원해 있는 아버지를 간호해 왔다. 직장에서 영숙 씨의 일은 꽤 예측 가능하고, 규칙적으로 이루어진다. 영숙 씨는 가정이나 가족들을 돌볼 때도 비슷한 상황이 되기를 기대하지만 항상 예측할 수 없는 일들 때문에 자신의 기대만큼 못할 때가 많으며, 가정에서는 직장 생각으로, 직장에서는 가정 일로 신경을 쓰며 실수가 잦아졌다.

3. 자아개념과 진로선택

Shavelson, Hubner, Stanton(1976)은 자아개념의 다차원적 구조를 소개하면서 ① 학업적 자아개념, ② 사회적 자아개념, ③ 신체적 자아개념 등을 소개하였다. 이 절에서는 각각의 자아개념 영역이 진로 선택 및 발달과 어떻게 관련되어 있는지를 살펴보고자 한다.

1) 학업적 자아개념

학업적 자아개념(Academic Self-Concept: ASC)은 영어, 역사, 수학, 과학 등 특정 과목에서의 학업적 자아개념 또는 일반적인 능력에 대한 인식으로 정의할 수 있다(Shavelson et al., 1976). Brookover, Thomas, Paterson(1964)이 중학생을 대상으로 연구한 결과, 자신의 능력에 대해 스스로 평정한 자아개념과 교과 성적 간에는 유의한 정적 상관이 있는 것으로 나타났다. Bloom(1976)의 연구에서는 학습자의 정의적 특성 중 학업적 자아개념이 학업성취를 예언하는 데 매우 강력한 요인으로서 학업성취의 25%를 설명하였다. Purkey(1970)는 자아개념 관련 연구를 검토한 결과, 대부분의 연구에서 학업성적이 우수한 학생들은 자아개념이 긍정적이어서 자기 자신을 가치 있고 바람직하고 유능한 사람으로 지각하는 데 비해, 학업성적이 낮은 학생들은 자아개념이 부정적이며 자신감이 부족하고 자기를 비하하며 열등감에 사로잡혀 있을 뿐 아니라 타인이 자기를 인정하지 않는 것으로 지각한다고 보고하였다.

〈표 12-1〉은 대학생들의 학업적 자아개념을 평가하기 위해 만든 척도(Liu & Wang, 2005)이다. 각 문항에 응답하면서 여러분의 학업적 자아개념을 측정해 보자. '역'으로 표시된 항목은 척도의 평균을 계산하기 위해서 역채점할 수 있다(1 → 7, 2 → 6, 3 → 5, 4 → 4, 5 → 3, 6 → 2, 7 → 1). 〈표 12-1〉의 항목 각각에 대해 1(강력하게 동의하지 않음)~7(강력하게 동의함)점의 척도로 응답해 보자.

표 12-1 학업적 자아개념 척도

문항	점수
1. 나는 강의를 쉽게 따라갈 수 있다.	
2. 강의 중간에 딴생각을 자주 한다. (역)	
3. 나는 수업을 듣는 다른 친구들을 도울 수 있다.	
4. 나는 종종 아무 생각 없이 과제를 한다. (역)	
5. 공부를 열심히 한다면 성적이 더 좋을 것 같다.	
6. 강의 중에 교수님의 말에 주의를 기울인다.	
7. 수업을 같이 듣는 친구들은 대부분 나보다 똑똑하다. (역)	
8. 나는 시험공부를 열심히 한다.	

9. 수업을 듣는 교수들은 내가 공부를 잘 못한다고 느낀다. (역)	
10. 나는 보통 내 수업에 관심이 있다.	
11. 나는 종종 내가 배운 것을 잊어버린다. (역)	
12. 이번 학기에 모든 과목을 통과하기 위해 최선을 다할 것이다.	
13. 나는 교수님들로부터 질문을 받았을 때 겁을 먹는다. (역)	
14. 나는 종종 학위 과정을 그만두고 싶다. (역)	
15. 나는 대부분의 수업에서 잘한다.	
16. 나는 항상 강의가 끝나서 집에 가기를 기다리고 있다.	
17. 나는 항상 수업을 잘 이해하지 못하고, 시험을 못 본다. (역)	
18. 어려운 상황에 처했을 때 쉽게 포기하지 않는다.	
19. 수업에서 질문을 한다.	
20. 나는 대부분의 코스에서 친구들보다 더 잘할 수 있다.	
21. 나는 내 진로에 더 많은 노력을 기울이지 않을 것이다. (역)	

출처: Liu & Wang (2005).

2) 사회적 자아개념

사회적 정체성 이론(social identity theory)에서는 개인이 어떤 그룹에 속해 있는지에 따라 정체성과 자아존중감이 달라진다고 하였다(Hogg, 2003; Oakes, Haslam, & Turner, 1994). 일반적으로 많은 사람은 자신이 속한 그룹에 대해서 긍정적인 의미를 부여하기 때문에, 특정 그룹에 속했다는 것은 긍정적인 정서를 느끼게 한다. 만약 당신이 특정 야구단의 팬이고, 서울에 살며, 가톨릭 신자라면 각 그룹에 속해 있다는 것은 당신의 정체성의 일부가 될 것이며, 당신 자신에 대해서 긍정적인 느낌을 가지게 할 것이다. 이러한 관점에서 보면 사람들이 좀 더 나은 직업을 가지고자 하고 좋은 직장에 취업하고자 하는 것에는 그 집단이 공유하고 있는 사회적인 가치를 공유함으로써 자아존중감을 향상시키고자 하는 욕구가 반영되어 있을 수 있다. 〈표 12-2〉는 당신이 특정 집단에 속해 있다는 것에 대해 느끼는 자부심을 측정하는 척도이다. 당신이 속해 있는 대학명을 괄호에 넣고, 1(강력하게 동의하지 않음)부터 7(강력하게 동의함)까지로 응답해 보자.

표 12-2　**자부심 척도**

문항	점수
1. 나는 (　　) 대학 학생들의 집단과 나 자신을 동일시한다.	
2. 나는 (　　) 대학 학생들의 집단에 속하게 되어 기쁘다.	
3. 나는 (　　) 대학 학생들의 집단에 속한 것에 대해 변명한다. (역)	
4. (　　)대학 학생이라는 것은 나 자신을 설명하는 데 중요하다.	
5. 나는 (　　) 대학 학생들의 집단에 의해 거부당하는 것처럼 느낀다. (역)	
6. 나는 (　　) 대학 학생들 집단을 비판한다. (역)	
7. 나는 내가 (　　) 대학 학생들의 집단에 속해 있다고 생각한다.	
8. 나는 (　　) 대학 학생들의 집단에 속해 있다는 것을 숨기려고 노력한다. (역)	
9. 나는 (　　) 대학 학생들과 강한 유대감을 느낀다.	
10. 나는 (　　) 대학 학생들의 일원이라고 말하는 것이 짜증 난다. (역)	

출처: Luhtanen & Crocker (1992).

한편, 우리는 자기가치를 높이기 위해 자신이 속한 사회집단의 성공을 이용한다. Cialdini 등(1976)은 우리가 때때로 우리가 속한 집단의 성공과 영광을 기반으로 자존감을 높일 수 있다는 가정을 가지고 연구를 진행하였다. 이는 개인이 자존감을 높이기 위해 집단의 긍정적인 수행 결과를 사용하는 것을 의미한다. 연구자들은 월요일에 대학생들이 수업에 입었던 옷과 액세서리를 관찰했다. 대학생들은 토요일에 자신의 대학 축구팀이 경기에서 이겼을 때, 대학의 상징이 새겨진 스웨터를 입고 모자를 씀으로써 대학의 일원임을 강조할 가능성이 높았다. 하지만 자신이 속한 대학의 축구팀이 경기에서 진 다음 월요일에는 대학의 상징이 새겨진 옷을 입을 가능성이 훨씬 적었다. 또한 승리한 게임을 묘사하도록 요청받은 연구에서 그들은 종종 '우리'라는 용어를 사용했지만, 학교가 진 게임을 묘사하도록 요청받았을 때에 그들은 '우리'라는 용어를 훨씬 덜 사용했다. 학생들이 속한 학교 팀의 승리는 '우리는 좋은 학교다'와 '우리가 그들을 이긴다'는 점을 강조하면서 학생들에게 강한 사회적 정체성을 제공해 주었고, 이로 인해 학생들은 자신에 대해 좋은 감정을 느낄 수 있었다. 여러분은 어떤 사회적 그룹에 속해 있는가? 자신이 속한 사회적 그룹이 자신에 대해 긍정적인 감정을 느끼게 하는가? 사회적으로 명성이 있는 학교와 회사에 들어가기 위해 노력하는 것은 그 그룹의 일원이라는 것이 자신에 대해 좋은 감정을 느끼게 하기 때문일 수도 있다.

3) 신체적 자아개념

우리가 가지고 있는 신체적 자아개념은 진로선택에 어떤 식으로 영향을 미칠까? 신체적 자아개념은 자신의 신체에 대한 지각(Benson, 1974)을 의미한다. Shavelson 등(1976)은 자아개념을 학업적 자아개념과 비학업적 자아개념으로 분류하면서 비학업적 자아개념 안에 신체적 자아개념을 포함시켰다. 신체적 자아개념 안에는 자신의 신체적 능력과 외모에 대한 자기평가가 하위 요인으로 포함되어 있다. 신체적 능력은 몸 전체 또는 부분을 사용하는 신체능력 전반에 대한 지각을 의미하며, 신체적 외모에 대한 평가는 겉으로 보이는 신체 및 외모(예: 체형, 생김새) 등에 대한 자기지각을 의미한다. 신체적 자아개념은 동기부여, 심리적 안녕감, 건강 관련 행동을 촉진하는 핵심 요인이다(Harter, 2012; Marsh, Papaionannou, & Theodorakis, 2006). Craven과 Marsh(2008)는 외모와 신체적 능력에 대해 긍정적으로 생각하는 사람들은 그렇지 않은 사람들에 비해 신체적 잠재력, 체력, 정신건강을 극대화할 가능성이 더 높다고 언급하였다.

특히 신체적 자아개념은 운동능력이 요구되거나 연기, 음악 등 사람들 앞에 서는 일이 잦은 전공을 선택한 학생들의 만족감을 예측하는 데 중요한 영향을 미친다. 이처럼 개인이 가지고 있는 신체적 자아개념은 전공이나 직업을 선택하고 지속하기를 결정하는 데 있어서 중요한 기준을 제공한다. 예를 들어, 자신이 다른 사람에 비해 체력이 약하거나 자주 아프다고 느낀다면 밤을 새서 일을 하거나 오랜 시간 서서 일해야 하는 일들을 피해야 할 수도 있다. 자신의 외모가 다른 사람들에게 호감을 주는 인상이라고 생각한다면 사람들을 만나는 서비스 직군에 들어가는 것이 신체적 강점을 살리는 데 도움이 될 수 있고, 호소력 짙은 목소리를 가지고 있다고 생각한다면 신문기자보다는 아나운서, 사회자, 성우 등 음성을 통해 신뢰감 있는 메시지를 전하는 일을 더 우선적으로 고려할 수 있을 것이다. 신체적 자아개념 질문지(〈표 12-3〉 참조)를 참고로 여러분이 가지고 있는 신체적 자아개념을 평가하고, 현 전공을 선택하고 관련 직업을 가지는 데 있어서 신체적 자아개념이 어떤 영향을 미칠지 생각해 보자.

표 12-3 | 신체적 자아개념 질문지

문항	점수
1. 친구들보다 운동을 더 잘한다.	
2. 나는 살이 많이 찐 편이다. (역)	
3. 내 얼굴은 잘생겼다.	
4. 나는 병원이나 약국에 갈 정도로 자주 아프다. (역)	
5. 일주일에 3~4회, 30분 이상 숨이 찰 정도로 운동한다.	
6. 나는 인생의 실패자인 것 같다. (역)	
7. 나는 내 몸을 여러 방향으로 잘 구부릴 수 있다.	
8. 나는 먼 거리를 지치지 않고 달릴 수 있다.	
9. 나는 내 또래에 비해 힘이 센 편이다.	
10. 나 자신과 내 체력에 대해 자부심을 느낀다.	

출처: 김병준(2001).

신체적 자아개념 질문지(Physical Self-Description Questionnaire: PSDQ; March, Ricards, Johnson, Roche, & Tremayne, 1994)는 한국판 스포츠 유능감, 체지방, 외모, 건강, 신체활동, 자아존중감, 유연성, 지구력, 근력, 신체 전반 등 10개 요인을 측정하도록 구성되어 있는 척도이다. 다음 문항 각각에 대해 숫자를 적어 1(강력하게 동의하지 않음)부터 5(매우 동의함)까지의 척도로 응답을 표시해 보자.

진로상담을 하다 보면 특정 직업군에 들어가기를 원하지만 신체적 조건이 되지 않아 포기해야 하는 경우를 종종 보게 된다. 예를 들어, 군인, 조종사, 항공사 승무원, 경찰 등의 직군에서는 시력이나 키, 지병 등을 채용기준에 포함시켜 놓고 있다. 다음의 사례를 보고, 여러분이 친구라면 어떤 조언을 해 줄 수 있을지 함께 생각해 보자.

민수는 운동을 좋아하고, 외향적인 고등학교 2학년 학생이다. 초등학교 때부터 경찰을 꿈꾸던 민수는 최근에 경찰이 되려면 시력이 0.8 이상은 되어야 한다는 이야기를 상담선생님으로부터 들었다. 민수는 난시가 심해 안경을 끼지 않으면 시력이 거의 나오지 않는다. 민수는 경찰 외에 다른 진로를 생각해 본 적이 없기 때문에 갑자기 공부에 대한 의욕마저 잃고 우울하기만 하다.

연습문제

1. 다음의 그래프에 나이대별로 여러분이 경험했던 주요한 사건들을 적어 봅시다. 가로축에
   5년 단위로 나이를 적고 기준점을 마련한 후 여러분의 인생에서 중요한 성취를 했던 순간을
   떠올리면서 그때 느꼈던 성취감을 세로축 기준으로 표시해 봅시다. 상황에 따라 세로축에는
   행복감이 들어갈 수도 있습니다.

생애 그래프를 그린 후 생각해 봅시다.
- '평소 생각해 오던 나의 삶과 생애 그래프가 일치하였는가?'
- '현실적인 면을 고려하여 내가 수행할 수 있는 계획을 세웠는가?'
- '내 인생에서 가장 행복한 때는 언제인가?'
- '내 인생에서 가장 침체기는 언제인가? 또 그 침체기를 극복하기 위한 방법은 무엇인가?'
- '이러한 생애 그래프를 통해 미래 계획을 세우는 데 어떠한 도움이 되었는가?'

2. Higgins(1987)의 자기불일치이론을 바탕으로 다음의 표에 여러분이 생각하는 자아개념을 채
   워 봅시다.

	자기의 영역		
	실제적 자기	이상적 자기	당위적 자기
자신의 개인적 관점			
중요한 타인(예: 부모님, 친한 친구, 연인)의 관점			

제5부

행복한 삶과 생애설계

제13장

행복론

✎ 개요

여러분은 행복이 무엇이라고 생각하는가? 대부분의 사람들이 행복한 삶을 살기 위해 노력하고 있지만, 이 질문에 간단하고 분명한 답을 하기는 어려울 것이다. 이 장에서는 먼저 심리학자들이 주장하는 행복의 의미와 행복에 영향을 주는 요인에 대해 살펴보고자 한다. 그리고 행복의 공식과 행복을 실천하기 위한 심리적 자원인 그릿의 개발과 실천 전략에 대해 알아보고, 마지막으로는 인간이 행복을 느끼는 심리적 조건이나 상태를 이해하기 위한 주요 이론과 행복과 관련된 최신 연구들을 소개할 것이다.

📖 학습목표

• 긍정심리학에서 제시하는 행복의 정의를 설명할 수 있다.

• 행복한 사람들의 특징과 행복에 영향을 주는 요인들을 이해한다.

• 행복의 공식을 이해하고 행복한 삶을 위해 그릿을 개발하고 실천할 수 있다.

• 행복에 대한 주요한 심리학적 이론을 설명할 수 있다.

1. 행복의 의미와 조건

1) 행복의 의미와 개념

심리학자들은 오랫동안 부적응 행동, 심리적 결함, 정신장애 등과 같이 인간의 부정적인 면에 주목한 반면, 인간의 강점이나 미덕, 행복 등 긍정적인 면에 대한 관심은 적었다. 아마도 인간의 부정적인 측면을 이해하고 극복하면 긍정적인 부분은 자연스럽게 따라올 것이라고 기대했기 때문일 것이다. 오랜 시간 동안 질병 모델인 소극적 관점에 근거하여 인간의 부정적인 측면을 제거하려고 했지만 완벽한 제거는 거의 불가능했으며, 부정적인 측면을 어느 정도 극복한다고 하더라도 그에 비례해서 행복해지지는 않는다는 것을 차츰 깨닫게 되었다.

이러한 기존 심리학의 관점에 전환을 제기한 학자가 긍정심리학의 아버지라고 불리는 Martin Seligman이다. 그는 심리학의 관심이 인간 행동의 부정적인 측면을 연구하고 이를 변화시키고자 하는 노력에서 인간의 긍정적인 측면을 더 향상시키는 방향으로 바뀌어야 한다고 주장하였다(Seligman, 1998). 긍정심리학은 정신장애의 증상만을 제거하려는 소극적 접근보다는 그 사람이 가진 강점을 증진시키는 적극적 접근을 취할 때 재발률이 낮아지고 삶의 질이 향상된다는 것을 입증하였다.

더 나아가 정신장애와 적극적인 의미의 정신건강이 단일차원상의 양극단에 위치하는 것이 아니라는 사실도 밝혔다. 물론 정신장애 정도와 정신건강 정도가 어느 정도의 역상관(r=−.4 정도)을 보이기는 하지만, 둘 사이는 상당히 독립적이라는 증거들이 많이 발견되었다. 즉, 정신장애에 영향을 미치는 요소를 찾아내고 제거한다고 하더라도 정신건강이 증진되는 것은 아니라는 것이다(김교헌 외, 2010). 이처럼 불행을 극복하는 것이 곧 행복의 증진을 의미하는 것은 아니다. 더 나아가 행복은 삶에서 누릴 수 있는 긍정적인 경험을 적극적으로 추구하는 노력을 통해서 얻을 수 있다(권석만, 2008).

행복에 대한 정의는 크게 쾌락주의적 관점과 자아실현적 관점으로 구분할 수 있다(권석만, 2010). 쾌락주의적 관점의 행복은 개인이 경험하는 긍정적인 심리 상태라고 보는 입장이다. 즉, 행복이란 개인이 자신의 삶에 대해 만족한다고 느끼는 주관적인 심리 상태인 것이다.

쾌락주의적 관점에서 행복을 연구하는 학자들은 '주관적 안녕(subjective well-being)'이라는 용어를 사용하는 경향이 있다. 주관적 안녕은 개인이 자신의 삶을 긍정적으로 경험하는 주관적인 심리 상태를 의미하는 것으로, 정서적 요소와 인지적 요소로 구성되어 있다(Diener, 1994). 정서적 요소는 긍정적인 정서를 강하게 그리고 자주 경험하는 동시에 부정적인 정서를 덜 경험할수록 주관적 안녕감이 높다고 본다. 인지적 요소는 개인이 설정한 기준과 현재 삶의 상태를 비교하여 평가하는 인지적인 과정을 의미하며, 삶의 만족도라고 한다. 사람들은 자신의 삶을 전체적으로 혹은 영역별로 평가하고 그 결과가 긍정적일수록 만족감을 느낀다.

다음으로 자아실현적 관점에서는 행복은 자신의 긍정적 성품과 잠재력을 충분히 발휘함으로써 개인적으로나 사회적으로 가치 있는 삶을 사는 것이라고 본다. 자아실현적 관점에서 행복을 연구하는 학자들은 '심리적 안녕(psychological well-being)'이라는 용어를 선호한다. 이러한 입장의 대표적인 학자인 Ryff(1989)는 자아실현을 강조하는 심리학자들의 주장을 통합하여 심리적 안녕의 요소를 환경 통제, 타인과의 긍정적 관계, 자율성, 개인적 성장, 삶의 목적, 자기수용 등 6가지로 제시하였다.

또한 자아실현적 관점의 긍정심리학자들은 인간이 가진 긍정적 성품에 관심을 가진다. Peterson과 Seligman(2004)은 인간의 성품을 크게 지혜, 인간애, 용기, 절제, 정의, 초월의 6가지 핵심 덕성과 24개의 하위 강점들로 분류하였다. Seligman(2002b)은 자신의 대표강점을 찾고 개발하여 일상생활에서 발휘하는 것이 행복한 삶을 위한 필수적인 요소라고 하였다.

2) 행복한 사람들의 특징

앞서 살펴본 행복의 정의 중 자아실현적 입장은 쾌락주의적 입장과 다르게 행복이 잠재력을 충분히 발휘한 상태라고 본다. 이러한 입장을 지지하는 연구자들은 성숙한 인간의 특성을 찾기 위해 많은 노력을 기울여 왔다. 여기에서는 행복한 삶을 사는 자아실현적인 사람들의 특징에 대해 알아보도록 하겠다.

(1) Allport의 자아실현: 성숙한 인간

성격심리학자인 Allport(1955)는 바람직한 인간상으로 신경증적인 성향에 대비되는 개념인 성숙한 인간(mature person)을 제안하였다. 성숙한 인간의 7가지 특징은 다음과 같다.

첫째, 성숙한 인간의 자아감은 확장되어 있다. 자기를 둘러싼 다양한 사람과 활동에 관심을 가지고 진지하게 임한다. 자신의 일, 가족이나 친구관계, 취미활동, 종교적 활동 등에 적극적이고 완전하게 참여해 자신을 확장시켜 나간다.

둘째, 성숙한 인간은 친밀감과 연민을 가지고 다양한 사람과 우호적인 관계를 형성한다. 이들은 가까운 사람들에게 친밀감과 사랑을 표현할 줄 알며, 그들의 행복에 지속적인 관심을 가지고 돌본다. 또한 연민을 가지고 있어 타인의 행동을 판단하지 않고 관용적인 태도를 보인다.

셋째, 성숙한 인간은 정서적으로 안정되어 있다. 이러한 안정감은 자기수용에서 나오는데, 자기수용이란 자신의 강점뿐 아니라 약점까지 모두 받아들이는 것을 의미한다. 이들은 자신의 내면과 사회갈등 및 인간 본성에 대한 여러 양상을 수용하며, 부정적 속성을 개선하기 위해 최선의 노력을 다한다. 또한 좌절에 대한 인내가 높아 감정이 쉽게 동요하지 않는다.

넷째, 성숙한 인간은 현실적인 지각을 한다. 성숙한 사람은 자신의 세계를 객관적으로 볼 줄 알며, 현실을 있는 그대로 지각하고 수용하여 현재를 정확히 판단하고 미래를 정확히 예측한다.

다섯째, 성숙한 인간은 완수해야 하는 과업을 위해 헌신한다. 이들은 정열적으로 수행할 과업을 가지고 있으며 이에 몰입한다. 또한 일에 대한 책임감이 강하고 일에서 삶의 의미를 느낀다.

여섯째, 성숙한 인간은 자신을 객관적으로 볼 줄 안다. 이들은 내가 어떤 사람인지에 대한 통찰력을 가지고 있으며, 타인의 의견에 대해 개방적이기 때문에 타인이 자신을 어떻게 생각하고 있는지 잘 이해하고 있다. 이러한 특징 때문에 타인에게 자신의 부정적 속성을 투사하지 않는다.

일곱째, 성숙한 인간은 일관성 있는 삶의 철학을 가지고 있다. 이들은 미래지향적이며 긴 안목을 가지고 목표와 계획을 세운다. 이를 위해 자신의 삶에서 완수해야 할 과업에 대한 뚜렷한 목적의식을 가지고 있다.

(2) Fromm의 자아실현: 생산적 인간

정신분석학자인 Fromm(1941, 1947)은 우리가 지향해야 할 인간상으로 생산적 인간(productive person)을 주장하였다. 그는 인간의 능력과 잠재력을 충분히 발휘한 삶을 생산적이고 성숙한 삶이라고 보았으며, 생산적 인간은 다음의 4가지 특징을 가진다고 하였다.

첫째, 생산적 사랑으로 서로가 자유롭고 동등한 인간관계 안에서 나누는 애정 행위를 뜻한다. Fromm은 건강한 삶의 핵심은 타인과 친밀한 관계를 맺고자 하는 욕구를 충족시키는 것이라고 하였다. 생산적 사랑은 돌봄, 책임감, 존경, 이해로 이루어진다.

둘째, 생산적 사고로 지성, 이성, 객관성이 포함된다. 생산적 인간은 사고 대상에 강한 흥미를 느끼며, 객관성과 존경심을 가지고 그것에 대해 진지하게 탐구하려고 한다. 위대한 발견이나 통찰에는 이러한 생산적 사고가 작용한다.

셋째, 생산적 인간은 행복하다. 여기서 행복이라는 것은 단순히 즐거운 감정 상태를 의미하는 것이 아니라 자신의 잠재력이 실현되어 생동감이 넘치고 개인 전체가 고양된 상태를 뜻한다.

넷째, 생산적 인간은 양심에 따라 행동한다. 생산적 인간은 권위적 양심이 아닌 인본주의적 양심을 따른다. 따라서 부모나 문화의 요구에 따라 억지로 행동하지 않고 스스로 의지를 갖고 행동한다.

(3) Maslow의 자아실현: 자아실현적 인간

대표적인 인본주의학자인 Maslow(1968, 1971)는 창조적 업적과 인격적 성숙을 이룬 많은 위인의 삶을 분석하여 자아실현을 인간 성숙의 주요 요소로 보았다. Maslow가 제안한 자아실현적 사람의 특징은 16가지이며, 이러한 특성은 네 범주로 구분할 수 있다.

첫째, 자아실현적인 사람들은 경험에 대해 개방적이다.

- 현실에 대해 긍정적 편향이나 방어적 왜곡 없이 있는 그대로 인식한다.
- 방어적이지 않기 때문에 자신과 타인, 세상에 대해 수용적인 태도를 갖는다.
- 열등감으로 자신의 모습을 위장하지 않으며 가식 없이 솔직하고 자발적으로

자신을 나타낸다.

- 일이나 일상생활에서 새롭고 독창적인 것을 추구하려는 창의적인 태도를 지니고 있다.
- 인생의 다양한 경험에 대해 기쁨, 아름다움, 경외감, 감사함을 느끼는 예민한 감상능력을 가지고 있다.
- 인생에서 강렬한 깨달음과 황홀경을 느끼는 절정 경험(peak experience)을 종종 한다.

둘째, 자아실현적인 사람들은 매우 독립적이고 독자적인 자율성을 지닌다.

- 자율적이고 독립적인 기준에 따라 행동하는 편이며, 내면의 만족을 추구한다.
- 사회적 환경으로부터 분리하여 개인적인 생활의 욕구를 충족할 줄 알며, 외부에 영향을 받지 않는 고도의 집중력을 보인다.
- 자신들이 속한 문화로부터 어느 정도 분리되어 자신이 설정한 신념과 가치에 따라 산다.

셋째, 자아실현적인 사람들은 우호적인 인간관계를 맺는다.

- 타인과의 사랑, 우정, 가족애에 관심이 있으며, 주변 사람들과 매우 깊이 있는 인간관계를 형성한다.
- 모든 인간이 처한 상황에 대해 공감과 연민을 보이는 인도주의적 성향이 있다.
- 본인의 일에 대해 사명의식을 가지고 헌신적인 태도로 임한다.

넷째, 자아실현적인 사람들은 건강한 윤리의식을 가지고 있다.

- 어떤 사람이든 공정하게 대하고 타인을 배려하고 존중하는 등 민주적인 성향이 있다.
- 건강한 윤리적 기준과 가치에 따라 행동한다.
- 누구나 미소 짓고 수긍할 수 있는 비공격적인 유머 감각을 지니고 있다.

• 수단과 목적에 대한 분별력을 가지고 있어 비윤리적인 수단을 사용하지 않는다.

(4) Rogers의 자아실현: 충분히 기능하는 인간

인간중심 심리치료의 창시자인 Rogers(1957b, 1961)는 사람들이 누구나 날 때부터 자신의 모든 잠재력을 발휘하려는 자아실현 경향을 가지고 있다고 보았다. 이러한 선천적인 성향대로 살아가는 사람들을 충분히 기능하는 인간(fully functioning person)이라고 하였다. 충분히 기능하는 사람은 다음과 같은 특징을 가지고 있다.

첫째, 경험에 대한 개방성이다. 방어적 성향을 버리고 자신의 경험을 충분히 자각하는 것이다. 이를 위해서는 안정된 자아개념과 자기수용이 필요하다.

둘째, 실존적인 삶의 자세이다. 삶의 과정을 중요하게 생각하고 그 과정에서의 경험을 충분히 음미하면서 인생을 주체적으로 만들어 가는 태도이다.

셋째, 자신의 유기체적 경험을 신뢰하는 것이다. 나에게 느껴지는 내면의 욕구, 감정 등을 있는 그대로 자각하고 신뢰하며 소중하게 여길 수 있어야 한다.

충분히 기능하는 인간은 여기에 더해 자유의 경험과 창의성의 증대라는 부수적인 특징을 가지고 있다. 이들은 비방어적인 태도로 자신의 경험에 개방적이기 때문에 자유로움을 느끼고 유연하게 행동할 수 있다. 또한 새로운 경험에 대해 적응하는 과정에서 독특한 해결방법을 추구하므로 창의성이 증대된다.

3) 행복에 영향을 주는 요인

누구나 행복하기를 원한다. 하지만 많은 사람은 지금 당장 행복해하기보다는 조건들을 붙인다. '취업만 하면, 고액 복권에 당첨되면, 좋은 집을 사면, 결혼만 하면, 건강만 회복되면……' 행복해지려면 이러한 조건들이 모두 충족되어야 하는 것일까? 긍정심리학자들은 연구를 통해 행복(주관적 안녕)에 영향을 주는 요인들을 다음과 같이 설명하였다.

(1) 인구사회학적 요인

행복에 영향을 주는 주요 인구사회학적 요인으로는 연령, 직업, 결혼, 건강, 종교 등이 있다.

① 성별

행복을 느끼는 것에도 성차가 존재할까? 다수의 연구를 살펴보면 일관되지 않은 결과를 보이고 있다. 연구에 따라서 성차를 보이고 있지 않다거나(Inglehart, 1990), 남성(Haring, Stock, & Okun, 1984) 혹은 여성(Wood, Rhodes, & Whelan, 1989)이 더 행복하다는 연구 결과들이 혼재하고 있다. 지금까지의 연구들을 종합적으로 살펴보면 성별이 행복에 미치는 영향은 1%로 매우 미미한 수준인 것으로 나타났다.

② 연령

나이와 행복은 비례할까? 어떤 연령대가 더 행복할까? 주관적 안녕은 연령이 증가함에 따라 다소 증가하는 경향이 있었으며, 노인이 젊은 사람보다 삶에 대한 만족도와 행복감이 더 높은 것으로 나타났다(Argyle, 1999). 그 이유를 살펴보면, 첫째, 젊은 사람은 노인보다 더 강렬한 감정을 경험하기 때문에 긍정 정서를 강하게 느끼기도 하지만 부정 정서 역시 강하게 느낄 수 있다. 둘째, 노인은 삶의 목표를 더 많이 성취할 수 있으며, 삶의 목표와 실제로 성취한 것들의 차이를 작게 인식하고 수용하기 때문에 삶의 만족도 역시 높아진다.

연령에 따른 성차를 살펴본 연구에서는 남성의 경우 나이와 비례해 행복이 증가하는 경향이 있는 반면, 여성의 경우에는 25세까지는 증가하다가 어린 자녀의 양육 부담이 높은 25~30세에는 일시적으로 감소했으며 그 이후 점진적으로 증가하는 것으로 나타났다(Mroczek & Kolarz, 1998).

③ 소득수준

많은 사람이 돈은 행복의 필수 조건이라고 생각한다. 그렇다면 소득이 증가할수록 행복도 함께 증가할까? 먼저, 국가 간 비교연구 결과를 살펴보면 국가의 GDP는 국민의 주관적 안녕과 .50의 상관을 보여 부유한 나라의 국민이 가난한 나라의 국민보다 더 행복한 것으로 나타났다(Diener & Biswas-Diener, 2002).

개인 간 연구의 경우 소득이 빈곤 수준을 넘어서기까지는 행복에 영향을 주지만 그 이상의 증가는 사실상 행복에 영향을 미치지 않았다(Diener, Emmons, Larsen, & Griffin, 1985). 또한 모두가 막연하게 행복할 것이라 예상하는 복권 당첨자들의 행복도 그리 길지 않은 것으로 나타났다(Brickman, Coates, & Janoff-Bulman, 1978). 복권 당첨자 중 일부는 갑자기 늘어난 재산으로 인한 삶의 혼란으로 행복 수준이 오히려 떨어지는 것으로 보고되었다(Argyle, 1999).

따라서 돈은 가난을 넘어 의식주나 질병치료 같은 기본적인 욕구를 충족시킬 때까지는 행복에 영향을 주지만, 이러한 욕구가 해결된 상태에서 행복에 미치는 영향은 미미한 것으로 볼 수 있다.

④ 교육 및 지능 수준

한국의 대학진학률은 OECD 국가 중 가장 높다. 이러한 한국의 학력 인플레이션 현상은 높은 교육수준이 좋은 직장과 높은 연봉을 보장해 줄 것이라는 기대 때문일 것이다. 하지만 연구 결과를 살펴보면 교육수준과 행복은 정적인 상관을 보이기는 하지만 그 정도는 매우 미약한 것으로 나타났다(Arglye, 1999). 특히 소득이 일정 수준을 넘으면 교육수준이 행복에 미치는 영향은 줄어든다. 오히려 실업 상태에서는 교육수준이 높은 사람이 낮은 사람보다 더 큰 불행감을 느꼈다. 오늘날은 과거에 비해 교육수준이 행복에 미치는 영향이 점차 감소하는 추세이다(권석만, 2008).

지능의 경우 교육수준이나 소득수준 등 인구사회학적 변인을 통제하면 행복과 거의 관계가 없는 것으로 밝혀졌다. 하지만 지능이 현저히 우수하고 적절한 기대수준을 가진 경우에는 삶의 만족도가 높아지는 경향을 보였다.

⑤ 직업

직업을 가진 사람들은 직업이 없는 사람보다 더 행복한 것으로 나타났으며, 어떤 직업을 가졌는지보다는 직업에 대한 만족도가 더 중요하다고 하였다. 행복과 직업만족도의 상관관계를 살펴본 결과, .40으로 상당히 높은 편이었다(Diener, Shu, Lucas, & Smith, 1999). 성인은 대부분의 시간을 일터에서 보내기 때문에 직무에 대한 정서적 반응이 삶의 만족도에 영향을 줄 수 있는 것이다(Zhao, Qu, & Ghiselli, 2011). 직무스트레스는 관상동맥질환과 높은 상관관계를 보였으며, 직업만족도는 장수와 정적 상관을 나타냈다. 또한 실업률은 자살률을 예측하는 중대한 지표이며, 실직은 심리적 장애와 성적인 어려움 그리고 이혼의 가능성과 상관이 있는 것으로 나타났다(김교헌 외, 2010).

⑥ 결혼

결혼은 인생의 무덤이라고 이야기하는 사람도 있지만, 결혼 여부는 주관적 안녕을 예측하는 가장 강력한 요인인 것으로 나타났다. 인종, 소득수준, 교육수준, 연령대와 상관없이 기혼자가 미혼자보다 더 행복한 것으로 나타났다(Argyle, 1987; Diener et al., 1999; Myers, 2000).

결혼을 하면 행복한 이유는 다음과 같다. 첫째, 행복한 사람은 결혼을 하는 반면, 불행한 사람은 결혼을 하지 않는 경향이 있기 때문이다. 또한 행복한 사람이 불행한 사람에 비해 더 매력적인 결혼상대자로 느껴질 수 있다. 둘째, 결혼생활이 행복해질 수 있는 다양한 요소를 제공하기 때문이다. 하지만 결혼 자체가 행복을 보장해 주는 것은 아니며, 긍정적인 부부관계와 같은 결혼생활의 질이 중요하다고 할 수 있다(Sternberg & Hojjat, 1997). 부부간의 갈등과 문제가 있으면 행복감이 저하되고 나아가 우울증을 유발할 수 있다(Paykel, 1979). 결혼 상태에 따른 행복도를 살펴보면 만족스러운 부부관계를 가진 기혼자가 가장 높은 것으로 나타났으며, 그다음으로 독신 여성, 독신 남성, 고통스러운 부부관계를 가진 기혼자의 순으로 나타났다(권석만, 2008).

⑦ 건강

건강 역시 주관적 안녕감과 밀접한 관계가 있는 것으로 나타났다. 질병은 개인이 목표를 달성하는 데 방해요인이 되기 때문이다. 특히 만성적인 문제를 야기하는 심각한 수준의 질병이라면 더욱 그렇다. 그러나 경미한 질병은 쉽게 극복할 수 있기 때문에 그 영향력이 미미한 것으로 나타났다. 질병과 장애는 이에 적응하는 능력이 얼마만큼 있느냐에 따라 주관적 안녕에 미치는 영향이 다를 수 있다(권석만, 2008).

건강한 사람이 행복하기도 하지만, 행복하기 때문에 건강하기도 하다. 행복한 사람들은 불행한 사람들보다 면역체계가 균형 잡혀 있고 질병에 잘 걸리지 않으며 이러한 이유로 장수하는 경향이 있다(Diener & Seligman, 2004; Segerstrom, Taylor, Kemeny, & Fahey, 1998).

⑧ 종교

사람들은 삶에서 어려움을 만나면 신을 찾거나 종교생활에 몰두하기도 한다. 실제로 종교는 정신건강과 주관적 안녕에 영향을 주는 것으로 나타났다. 종교를 통해 삶의 의미를 찾고 삶의 어려움을 극복하며 사회적 지지체계를 형성할 수 있기 때문이다. 하지만 종교가 주관적 안녕에 미치는 영향은 개인의 특성에 따라 달라질 수 있다. 예를 들어, 외향적인 사람은 종교생활을 통해 실존적 의미를 찾기보다는 사람들 사이에서 사회적 보상을 추구한다. 또한 종교는 죄책감 같은 부정적 영향을 주기도 한다(권석만, 2008).

(2) 심리적 요인

주관적 안녕에는 인구사회학적 요인보다는 심리적 요인이 더 중요한 영향을 미치는 것으로 나타났다. 행복에 영향을 주는 심리적 요인으로는 낙관성, 자아존중감, 외향성, 통제감, 긍정적인 인간관계 등이 있다(Compton, 2007).

① 낙관성

미래에 대한 긍정적 기대와 전망을 의미하는 낙관성은 주관적 안녕을 예측하는 강력한 요인이다(Diener et al., 1999). 미래에 대해 낙관적인 태도를 가지고 있으면, 긍정적인 기분을 느끼게 될 뿐만 아니라 스트레스 상황에서도 적극적으로 대처하게 된다. 낙관주의자들은 어려움에 직면하면 문제중심적 대처를 하고, 주변에 도움을 청할 줄 알며, 상황의 긍정적인 측면에 초점을 둔다. 또한 이들은 심리적 고통을 덜 경험하며 스트레스 상황에서 현실을 잘 수용한다고 한다(Carver & Scheier, 2005).

Seligman(1991)에 따르면 낙관성은 학습될 수 있다고 한다. 자신의 생각 중 비관적인 생각을 발견하고 보다 긍정적인 방향으로 재귀인하는 연습을 함으로써 낙관성을 증진시킬 수 있다. Seligman과 그의 동료들이 우울 성향이 있는 아동 집단을 대상으로 낙관성 훈련 프로그램을 실시한 결과, 우울 성향은 감소하고 낙관성은 증가한 것으로 확인되었다(Seligman, Reivich, Jaycox, & Gillham, 1995).

② 자아존중감

자신의 가치에 대한 전반적인 평가를 의미하는 자아존중감 역시 주관적 안녕의 매우 강력한 예측요인이다(Campbell, 1981). 높은 자아존중감을 가진 사람은 자신을 가치 있고 유능한 존재로 평가하며 자신에 대해 만족한다. 이러한 자아존중감은 개인의 다양한 적응적인 기능과 관련되어 있다. 자아존중감이 높은 사람들은 긍정적 정서를 많이 느끼며, 타인과의 친밀감 수준 및 관계 만족도가 높고, 타인을 돌보는 능력이 뛰어나다. 또한 창조적이고 생산적인 수행능력을 보일 뿐 아니라 분노를 잘 조절하고 비행률도 낮은 경향이 있다고 한다(Hoyle, Kernis, Leary, & Baldwin, 1999). 반면, 자아존중감이 낮은 사람들은 실패와 좌절로 인해 불안, 우울, 소외감과 수줍음 등 정서적 어려움을 경험하며, 거절에 취약한 경향을 보인다(김교헌 외, 2010).

③ 외향성

외향성은 주관적 안녕을 예측하는 중요한 성격 요인으로 알려져 있다(Diener et al., 1999). 외향적인 사람들은 사교적이라서 주변에 사람들이 많고, 이로 인해 타인과 긍정적인 대인관계를 맺을 기회도, 그들로부터 긍정적인 피드백을 얻을 기회도 더 많기 때문에 행복도가 높아질 수 있는 것이다(Okun, Stock, Haring, & Witter, 1984). 또한 외향적인 사람들은 긍정적 보상에 대한 민감성을 타고나기 때문에 더 높은 행복수준을 보인다고 한다(Compton, 2007). 따라서 이들은 사건을 긍정적으로 기억하고 시간이 흘러도 긍정적으로 회상하는 경향이 있다(Seidlitz & Diener, 1993).

④ 통제감

통제감은 삶의 중요한 사건에 대해 스스로 통제할 수 있다는 신념을 뜻한다. 통제 소재와 주관적 안녕 간의 연구를 살펴보면, 중요한 사건의 통제권을 자신이 갖고 있다고 보는 '내적 통제자'가 타인이나 외부 요인에 달려 있다고 보는 '외적 통제자'에 비해 주관적 안녕 수준이 더 높은 것으로 나타났다(Lefcourt, 1981). 내적 통제감은 자기효능감을 증진시키며(Bandura, 1997), 내재적 동기와 자기결정성을 높여 주는 것으로 나타났다(Ryan & Deci, 2000). 또한 내적 통제자들은 행동의 결과가 자신에게 달려 있다고 생각하기 때문에 더 많은 노력을 하고, 따라서 좋은 결과를 얻는다(김교헌 외, 2010).

양로원의 노인들을 대상으로 한 통제감의 효과에 대한 고전적인 연구를 살펴보면, 음식 메뉴나 여가활동을 스스로 결정할 수 있게 해 준 집단이 그렇지 않은 집단보다 더 행복하고 건강하며 적극적이고 더 오래 살았다고 한다(Langer & Rodin, 1976). 사람들은 일반적으로 스스로 선택하고 이러한 선택에 대한 책임감을 느낄 때 더 활력을 느낀다.

⑤ 긍정적인 인간관계

주관적 안녕을 강하게 예측하는 또 다른 요인은 주변에 마음을 나누는 친밀한 관계가 있는지 여부이다(Diener et al., 1999; Myers, 2000). 무조건적인 사랑과 신뢰를 바탕으로 대인관계를 맺으려는 동기가 강한 사람들은 남을 믿지 못해 적개심을 지닌 사람들보다 심신이 더 건강하다고 한다(McClelland, 1989). 배우자, 연인, 가족, 친구와의 긍정적인 인간관계는 정서적 친밀감과 사회적 지지를 제공한다.

대학생 중 행복도가 높은 상위 10%를 대상으로 그 원인을 살펴본 연구에서 그들은 매우 폭넓고 만족스러운 대인관계를 맺고 있었다(Diener & Seligman, 2002). 또 다른 연구에서도 친밀한 관계에서 사회적 지지를 받고 있다고 느끼는 사람들은 자아존중감이 높아질 뿐만 아니라 어려움 속에서도 보다 적극적으로 대처하고 심리적 장애가 유발될 가능성도 적다고 밝혔다(Sarason, Sarason, & Pierce, 1990).

2. 행복심리

행복에도 공식이 있을까? 앞에서 살펴본 행복에 영향을 주는 다양한 요인을 종합해서 이 공식을 밝힌 심리학자가 있다. 이 절에서는 행복의 공식과 행복을 실천하기 위한 심리적 자원인 그릿(grit)에 대해 살펴보고자 한다.

1) 행복의 공식

사람들은 행복해지기 원하면서도 행복은 남의 일이라고 여기는 경우가 많다. 나와 똑같이 어렵고 곤란한 상황에서도 나와는 달리 의연하게 대처하고 긍정적인 모습을 되찾는 친구를 보거나, 작은 일에도 즐거워하며 행복해하는 친구를 볼 때 '어떻게 하면 나도 달라질 수 있을까?' 하고 생각하기보다는 나의 성향을 탓하며 낙담하곤 한다.

정말 성향(유전)이 행복을 결정하는 것일까? 여기 행복이나 정서적 안정성이 유전적 요인에 의해 결정된다는 연구가 있다. Lykken과 Tellegen(1996)은 쌍둥이 연구를 통해 행복 기준점(happiness set point)이라는 개념을 제안하였다. 우리는 삶에서 원하는 것을 성취하거나 사랑하는 대상을 상실하는 등의 사건으로 인해 강력한 기쁨이나 슬픔을 경험하면 이 극단의 감정이 영원할 것이라 여기지만, 어느 정도 시간이 지나면 일정 수준으로 다시 돌아오게 된다. 이것이 바로 행복 기준점이다. 행복 기준점이 긍정 정서 쪽으로 설정되어 있다면 전반적으로 활기찬 기분 상태를 경험하겠지만, 부정 정서 쪽으로 설정되어 있다면 비관적이고 걱정이 많은 모습을 보일 수 있다.

이처럼 유전에 의해 행복의 기준점이 설정된다면 우리가 행복한 삶을 위해 할 수 있는 일이 없다는 것일까? 다행히도 대부분의 심리학자는 유전적 요인이 행복을 완전하게 설명하는 것은 아니라고 주장한다. 인간은 능동적인 존재이기 때문에 유전적 영향에서 벗어날 수 있으며, 다양한 것을 선택하고 실천할 수 있다.

Lyubomirsky와 그의 동료들은 행복을 결정하는 중요한 요소들을 종합하여 [그림 13-1]과 같은 행복의 공식을 제시하였다.

행복(100) = 유전적 설정값(50) + 환경(10) + 의도적 활동(40)

[그림 13-1] 행복을 결정하는 요소

출처: Lyubomirsky, Sheldon, & Schkade (2005).

행복을 결정하는 유전적 요인은 50%로 나타나 그 영향이 적지는 않지만, 그렇다고 절대적인 것처럼 보이지도 않는다. 무엇보다 이 공식에서 흥미로운 점은 삶의 환경이 우리의 행복에 단지 10%의 영향만 준다는 것이다. 성, 나이, 민족, 성장 지역과 같이 우리가 선택할 수 없는 영역과 부모님의 이혼이나 교통사고, 학교폭력과 같은 어린 시절에 영향을 준 부정적인 사건, 행복한 가정, 수상 경험, 인기 많았던 학창시절과 같은 긍정적인 사건 그리고 현재 경험하고 있는 크고 작은 사건 등이 여기에 해당된다. 우리는 자신이 불행한 이유를 내가 처해 있는 특정 환경에서 찾고 어떻게 해서든 그 환경을 변화시키기 위해 애를 쓴다. 하지만 이 공식에 따르면 이러한 방법은 효율성이 낮다.

그러므로 변화할 수 없는 유전적 요인을 탓하거나 우리의 행복에 큰 도움이 되지 않는 환경의 변화에 집착하기보다는 40%를 차지하는 의도적인 활동에 집중하는 것이 더 바람직할 것이다. 의도적인 활동이란 개인의 동기와 의지에 따라 선택된 자발적인 활동을 뜻한다. 행복의 공식을 살펴보면, 행복의 원천은 우리가 어떻게 행동하며 무엇을 생각하고 매일 어떤 목표를 세우는가에서 찾을 수 있다. 행동하고 실천하지 않는 행복은 존재하지 않는다(Lyubomirsky et al., 2005).

2) 행복과 그릿

(1) 행복과 그릿의 관계

그릿은 심리학자인 Angela Duckworth(Duckworth, Peterson, Matthews, & Kelly, 2007)가 제안한 개념으로 '장기적이고 의미 있는 목표를 향한 끈기(인내)와 열정'을 의미한다. 그릿의 개념이 발표된 이후 많은 학자는 그릿을 전생애에 걸친 심리 발달을 성공적으로 이끄는 중요한 개념으로 보았다(Meadows, 2019). 그릿이 높은 사람은 장기적인 목적에 일관성 있게 관심을 가지고 어떤 상황적인 어려움이 생기더라도 포기하지 않고 끝까지 해낸다. 그릿은 재능, IQ, 환경을 뛰어넘는 열정적 끈기의 힘이기 때문에 어떤 목표이든지 그것을 달성하는 데 필수적인 요소라고 할 수 있다 (Duckworth, 2016).

그렇다면 행복과 그릿은 어떤 관계가 있을까? 우리는 행복의 공식에서 행동하고 실천하는 '의도적인 활동'의 중요성을 배웠다. 이 의도적인 활동을 지속하게 해 주는 것이 그릿이라고 할 수 있다. Von Culin, Tsukayama, Duckworth(2014)는 그릿에 있어서 개인차를 보이는 것은 의지적 활동인 행복추구 성향의 차이에서 올 수 있다고 하였다. 40개국의 성인을 대상으로 한 연구(Ross, 2016)에 따르면 쾌락주의적 행복은 그릿과 부적 상관을 보였지만, 자아실현적 행복과 몰입 경험은 그릿과 정적 상관을 나타냈다. 이처럼 그릿은 우리 삶의 장기적인 목표인 행복을 향해 지속적으로 경주할 수 있게 돕는 심리적 자원인 것이다.

(2) 그릿 개발하기

행복을 위한 심리적 자원인 그릿은 학습이 가능하다. 그릿을 개발하기 위해 Caren Baruch-Feldman(2017)은 다음과 같이 제안하고 있다.

첫째, 나의 미래를 상상하고 장기적인 관점에서 사고할 때 그릿이 강화된다. 목표를 달성하기 위해서는 일정 시간 이상 노력해야 하기 때문에 지금 당장의 안락함을 선택하고 싶은 유혹을 느끼게 된다. 이때 유혹을 뿌리치고 장기적인 관점에서 사고해야 그릿을 가질 수 있다. 장기적인 관점에서 사고하는 것이 어렵다면, 유혹을 물리치고 목표를 성취한 미래의 나를 상상해 보는 것이 도움이 될 수 있다.

둘째, 그릿을 방해하는 생각을 낙관적으로 대체하면 더 강한 그릿을 발견하게 된다. 그릿을 개발할 수 있는 낙관적이고 합리적인 사고방식으로는 불편한 상황을 긍정적으로 받아들이기, 좌절에 대처하는 강한 내성 기르기, 무조건적인 자아 수용하기 등이 있다.

셋째, 성장 마음가짐(growth mindset)을 가지면 그릿 수준이 높아진다. 성장 마음가짐을 가진 사람들은 낙관적 자기대화('노력하면 할 수 있어.' '도움을 받으면 실력이 더 나아질 거야.')를 통해 역경을 극복하려고 한다. 이러한 말 속에는 노력하면 자신의 재능, 지능, 능력이 성장할 수 있다는 믿음이 있다.

넷째, 나는 '아직' 나아지고 있는 중이라는 생각을 하면 그릿이 발전할 수 있다. 많은 사람이 '나는 못 해.'라고 포기하곤 한다. 그런데 '못 해' 앞에 '아직'이라는 말을 넣으면 지금 당장은 아니지만 언젠가는 할 수 있다는 희망을 찾을 수 있다. 이러한 희망은 목표를 향해 가는 길에서 만나는 실패를 종착점이 아닌 과정으로 인식하게 만들어 다시금 출발할 수 있게 해 준다. 더 나아가 실패를 가치 있게 여기는 마음이 중요하다.

(3) 그릿 실천 전략

그릿 개발하기를 통해 그릿의 마음가짐과 사고법을 익혔다면, 지금부터는 그릿의 행동 전략인 실천 전략에 대해 알아보겠다(Baruch-Feldman, 2017).

첫째, 목표는 작고 구체적일수록 달성하기가 쉽다. 크고 장기적인 목표를 가지는 것은 바람직한 일이지만, 그러한 목표는 빠른 시일 안에 달성하기는 어렵다. 따라서 큰 목표를 작은 단위로, 보다 구체적으로 계획하는 것이 좋다. 이러한 목표는 달성 여부도 쉽게 확인할 수 있고 이에 따른 강화와 보상을 함으로써 만족감도 자주 느낄 수 있다. 목표를 잊지 않기 위해서 눈에 잘 띄는 곳에 적어 두고 자주 상기시킬 필요가 있다.

둘째, 의도적 훈련을 통해 자신의 한계를 뛰어넘을 수 있다. 자신의 한도까지 밀어붙이는 의도적 훈련은 더 높은 목표를 달성할 수 있게 한다. 반복된 훈련을 지속적으로 실시함으로써 실력을 향상시키는 것이다. 타고난 재능을 가졌음에도 무수한 노력을 멈추지 않는 예술 분야의 성공한 사람들이 여기에 해당된다고 할 수 있다.

셋째, 목표에 초점을 맞추면 포기하지 않고 지속할 수 있다. 한눈팔고 싶은 유혹을 떨쳐 내려면 목표를 중심에 두어야 한다. 새로운 그릿 행동의 이점들을 종이 혹은 핸드폰 화면에 적어 놓고 매일 읽고 결심을 새롭게 해 나가자. 이러한 행동은 포기하고 싶은 순간을 장기적인 관점의 사고로 전환하게 해 그릿 행동을 유지할 수 있게 도와준다.

넷째, 자기통제는 그릿을 키우는 데 중요한 역할을 한다. 유혹을 이겨 낼 때 의지력에만 의존하는 것보다는 유혹을 피하고 그 유혹을 대하는 사고방식을 바꾸는 자기통제를 위한 전략을 활용하는 것이 더 효과적이다. 삶의 과정을 통제하고 지시하는 능력인 자기통제를 활용하면 즉각적인 만족에 저항할 수 있어 장기적인 목표를 실현할 가능성이 크다.

다섯째, 그릿 행동이 습관이 되면 힘들게 노력할 필요가 없다. 유혹을 이겨 내는 의지력만으로는 그릿 행동을 강화하기 어렵다. 그릿을 발전시키기 위해서는 그것을 습관으로 만들어야 한다. 높은 수준의 그릿을 가진 사람들은 모두 그릿을 증진하는 습관을 갖고 있다. 행동이 습관으로 굳어지면 더 이상 힘들게 노력할 필요가 없을 것이다.

(4) 장애물 극복하기

그릿은 매력적인 자원이기는 하지만, 쉽게 얻기는 힘들어 보인다. 그릿을 끝까지 마무리하려면 중간중간 만나게 되는 장애물을 잘 뛰어넘는 것이 중요하다. 그릿을 얻기 위해 조금씩 성취해 온 것들을 다 포기해 버리고 싶어지는 순간에 도움이 되는 전략은 다음과 같다(Baruch-Feldman, 2017).

첫째, 목적을 보다 분명히 할 필요가 있다. 그릿을 방해하는 장애물을 극복하고 완주하려면 목적이 분명해야 한다. 이때 목적은 자신의 가치와 결부되어 있어야 효과적이다. 이러한 목적은 좌절의 순간에도 인내할 수 있게 해 이를 극복하게 만들어 준다. 분명한 목적은 더 큰 의미를 깨닫게 해 준다. 진전이 있었음에도 포기하고 싶다면 목적을 되새겨 보자.

둘째, 나의 커다란 그릿 목표가 다른 사람들에게 기쁨이나 이익을 안겨 줄 수 있는지 생각해 볼 필요가 있다. 그릿을 모범적으로 사용하는 사람들은 자신만을 위한 그릿을 실천하지 않는다. 그들은 더 큰 목표, 즉 자신에게도 의미가 있을 뿐 아니라 동시에 자신을 넘어선 많은 사람에게 중요한 영향을 끼치려고 한다.

셋째, 마음챙김과 감사의 마음을 기르는 것이다. 마음챙김은 미래에 일어날 일을 걱정하거나 과거의 일을 후회하지 않고 현재의 지금-여기에 집중하는 것이다. 마음챙김을 통해 우리는 더 사려 깊고 신중해질 수 있다. 또한 감사의 마음은 보다 긍정적인 사고를 할 수 있게 해 좌절의 순간에 다시 일어설 수 있게 도와준다.

넷째, 스트레스를 성장의 발판으로 삼는다. 스트레스가 심하면 그릿을 지속하기보다는 충동적으로 행동하기 쉽다. 같은 상황이라도 이를 어떻게 해석하는지에 따라 스트레스의 강도가 달라질 수 있기 때문에 스트레스의 요인을 재구성하고 극복하는 방법을 찾아야 한다. 이를 조금씩 적용해 나간다면, 훗날 비슷한 상황을 만났을 때 이전보다 능숙하게 대처할 수 있을 것이다.

다섯째, 서로에게 동기부여를 할 수 있는 그릿 공동체를 형성하는 것이다. 혼자 세운 계획은 조용히 혼자 철수하기도 쉽다. 그릿 공동체 안에 있으면 서로 자극을 받을 수도 있고 지지와 격려를 통해 그릿 행동을 지속할 수 있게 된다. 또한 그릿 공동체 안에서 모델링을 할 수도 있고 누군가에게 도움을 주면서 그릿이 더욱 강화될 수 있다.

그릿에 대해 더 자세히 알고 실천해 보고 싶다면 Angela Duckworth의 테드(Ted)

강연과 그녀의 도서『그릿(GRIT)』이나 Caren Baruch-Feldman의 도서『그릿 실천법 (The Grit Guide for Teens)』등을 참고해 볼 수 있다.

3. 행복심리학

1) 행복과 관련된 이론

인간이 행복을 느끼는 심리적 조건이나 상태를 이해하기 위한 다양한 주장 중에서 대표적인 이론인 욕망충족이론, 비교이론, 목표이론, 적응과 대처 이론을 중심으로 살펴보겠다.

(1) 욕망충족이론

욕망충족이론은 식욕, 성욕, 재물욕, 권력욕 등과 같은 욕망이 충족될 때 행복을 느낀다는 이론이다(Diener, 1984). 이러한 관점에 따르면 돈이 많을수록 혹은 높은 권력을 가질수록 더 행복해진다고 해석할 수 있다. 과연 정말 그럴까? 우리 주변을 살펴보면 객관적으로는 행복을 느낄 만한 조건을 가진 사람 중에서 불행감을 호소하는 경우가 적지 않다. 실제로 연구를 통해서 밝혀진 바로도 이러한 외부적 조건과 행복의 상관관계는 매우 빈약한 것으로 나타났다. 욕망 충족에 따른 행복감은 생각보다 오래가지 않고, 곧 그러한 상태에 익숙해져 행복감을 잘 느끼지 못하며, 자신보다 조건이 좋은 사람들과 비교하게 되면서 행복감이 저하된다. 고등학생 때는 원하는 대학만 가면 세상 걱정이 없겠다 싶었지만, 합격의 기쁨은 생각보다 길지 않고, 자신보다 더 좋은 학교에 입학한 친구들을 보며 초라한 생각마저 들 수도 있을 것이다. 이처럼 행복은 욕망 충족 이외에 다양한 심리적 요인이 작용한다.

(2) 비교이론

비교이론은 자신의 상태를 어떤 기준과 비교하여 그 기준보다 낮다고 인식할 때 행복을 느낀다는 이론이다(Micholas, 1985). 사람들은 다양한 기준으로 자신을 평가하는데, 보통 타인, 자신의 과거의 삶, 이상적 자기상, 지향하는 목표 등과 비교한다. 이러한 관점에 따르면 내가 현재 처해 있는 상태 그 자체보다는 비교의 기준이 되는 속성이 행복에 영향을 줄 수 있다. 예를 들어, 이번 학기에 3.3점의 학점을 받은 대학생은 지난 학기 성적인 2.8점의 학점과 비교한다면 행복감을 느끼겠지만, 과 수석의 학점인 4.5점과 비교한다면 불행감을 느낄 수 있는 것이다.

사회적 비교에서는 어떤 비교 방식을 사용하는지가 행복에 영향을 준다고 하였다(Lyubomirsky & Ross, 1977). 나보다 더 나은 사람들과 비교하는 상향적 비교를 하는 사람은 불행감을 느끼기 쉽지만, 나보다 못한 사람들과 비교하는 하향적 비교를 하는 사람은 행복감을 느끼는 경향이 있다고 한다. 하지만 과도한 하향적 비교는 우월 의식을 갖게 해 자기도취와 교만으로 변질될 수 있다.

또한 아주 높거나 낮은 기대수준을 가진 사람들은 모두 높은 불안과 우울을 느끼는 경향이 있어 낮은 행복도를 보인다고 한다. 높은 기대수준을 가진 사람들은 현실과의 괴리감으로 불행감을 느낄 수 있으며, 낮은 기대수준을 가진 사람은 과거의 실패경험이 반영된 것일 수 있기 때문에 행복감을 느끼기 어렵다. 따라서 기대수준 그 자체보다는 그 수준에 도달할 수 있다는 성공 가능성에 대한 믿음이 중요하다. 또한 자신의 현재 상태가 객관적인 기준에 미치지 못하더라도 목표를 향해 다가가고 있다고 느낀다면 행복감을 느낄 수 있다.

(3) 목표이론

목표이론은 자신이 추구하는 목표를 달성했거나 목표를 향해 나아가고 있다고 믿을 때 행복을 느낀다는 이론이다(Austin & Vancouver, 1996). 이 이론은 욕망충족 이론에서 발전된 형태라고 볼 수 있는데, 목표란 욕망을 구체적으로 명료화한 개념이며 달성 여부와 관련된 인지적 평가를 포함하기 때문이다.

사람들은 추구하는 목표가 있을 때 삶에 의욕을 느끼고 목표에 따른 삶의 방향과 의미를 찾을 수 있기 때문에 행복감이 증진될 수 있다. 특히 자기수용, 친밀감, 유대감과 같은 내재적 욕구를 추구하는 사람들은 재물, 권력, 미모와 같은 외재적 욕구를 추구하는 사람들에 비해 더 행복한 경향이 있다고 한다(Cantor & Sanderson, 1999; Kasser & Ryan, 1993). 이에 더해 추구하는 목표가 자율적으로 선택되었을 때, 그 목표가 기대보다 빠르게 진전되어 간다고 느낄 때 행복감은 훨씬 더 증대된다(Hsee & Abelson, 1991).

추구하는 목표가 많은 사람은 삶의 만족도와 긍정적 정서가 높지만 부정적 정서 또한 높은 편이다. 이는 다양한 목표를 추구하는 사람은 성취하는 즐거움도 크지만 성취해야 한다는 부담감 역시 커 많은 스트레스를 느끼기 때문이다. 또한 양립되는 목표를 동시에 추구하는 사람들 역시 부정적 정서와 높은 스트레스를 경험할 수 있다. 따라서 행복에 있어 추구하는 목표들 간의 일관성과 통합성이 중요하다고 할 수 있다(Sheldon & Kasser, 1995).

개인이 속해 있는 문화도 추구하는 목표와 행복의 관계에 영향을 준다. 즉, 내가 속한 문화나 집단에서 중요하게 여기는 목표를 성취할수록 행복감이 높아질 수 있다. 우리나라의 경우 집단주의 문화의 경향이 강하기 때문에 개인적인 성취나 만족보다는 조화로운 관계나 집단의 이익 추구가 더 좋은 평가를 받을 수 있어 후자의 경우 더 큰 행복감을 줄 수 있다.

(4) 적응과 대처 이론

적응과 대처 이론은 행복에 있어 적응과 대처의 심리적 과정의 중요성을 강조한 이론이다. 인간은 동일한 자극이 반복적으로 제시되면 곧 적응하여 익숙해진다. 따라서 긍정적 사건이 주는 행복감은 생각보다 길지 않다. 많은 사람이 고액 복권에 당첨되면 행복할 것 같다는 말을 하곤 한다. 정말 그럴까? 물론 복권에 당첨된 사람은 처음에는 강렬한 행복감을 경험할 것이다. 하지만 고액의 복권에 당첨된 사람들의 1년간 행복도와 평범한 사람들의 1년간 행복도를 비교해 보면 차이가 없었으며, 심지어 일상적 활동에서는 즐거움을 덜 느끼는 것으로 나타났다(Brickman et al., 1978). 복권 당첨까지는 아니어도 용돈이 갑자기 크게 올라 부자가 된 기분을 느꼈던 경험이 있을 것이다. 하지만 이러한 기쁨은 그리 오래가지 못했을 것이다. 증가한 용돈 수준은 우리의 새로운 기준점이 되어 버려서 '많다'고 지각하기보다는 보통 수준으로 여겨지게 되는 것이다. 이처럼 우리는 인생에서 일어나는 변화에 3개월 이내에 적응하게 된다고 한다(Diener & Lucas, 2000).

이러한 변화에 따른 적응은 부정적인 사건을 경험한 뒤에도 비슷하게 나타난다. 불의의 사고를 겪은 사람들과 고액의 복권 당첨자들의 비교 연구에서 사고로 인해 사지가 마비된 사람들은 현재의 행복도에서는 고액 복권 당첨자보다 낮았지만 미래에 예상되는 행복도와 일상적 활동에서의 즐거움은 더 높은 것으로 나타났다. 또한 최근에 신체적 손상을 경험한 사람은 오래전에 동일한 경험을 한 사람보다 불행감이 높았다. 후자의 경우 이미 상황에 적응했기 때문이다. 하지만 배우자의 죽음이나 치매 환자를 둔 가족의 고통은 적응에 많은 시간이 걸린다고 한다. 이는 조건에 따라 적응의 속도는 다를 수 있다는 것을 의미한다.

새로운 변화에 따른 적응과 관련하여 중요한 요소가 바로 대처이다. 적응은 수동적이지만, 대처는 능동적인 적응 과정이다. 대처능력이 높을수록 주관적 안녕감 또한 높다. 변화에 신경증적으로 대처를 하는 사람보다는 성숙하게 대처를 하는 사람이 유쾌한 감정을 더 많이 느낀다. 변화에 긍정적 의미를 부여하고 합리적으로 대처하며 필요하다면 도움을 청할 줄 알고 문제해결적 대처를 하는 사람이 행복감을 자주 느낀다. 이러한 대처에는 낙관성이 중요하게 작용하기 때문이다(권석만, 2008).

2) 행복 관련 연구 결과

앞에서 소개했듯이 많은 심리학자가 행복에 관한 연구를 해 오고 있다. 여기에서는 우리나라 행복론의 권위자인 서울대학교 심리학과 최인철 교수의 연구를 중심으로 살펴보고자 한다(최인철, 2018).

(1) 좋아하는 일 VS. 잘하는 일

여러분이 좋아하는 일을 잘하기도 하면 좋겠지만, 그럴 수 없다면 어떤 선택을 하겠는가? 행복한 사람들은 좋아하는 일과 잘하는 일 중 어떤 것을 선택할지 알아보기 위해 다음과 같은 연구를 실시하였다(정민화, 최종안, 최인철, 2017).

먼저, 대학생 A집단 참가자들에게 그들이 좋아하는 일자리를 소개해 주면서 '이 일을 잘하는지를 아는 것이 얼마나 중요한가'에 대해 물어보았다. 그리고 대학생 B집단 참가자들에게는 그들이 선호하지 않는 일을 소개해 주며 동일한 질문을 하였다. 그 결과, 두 집단 모두 행복감이 낮은 학생들이 행복감이 높은 학생들보다 자신이 그 일을 얼마나 잘하는지 아는 것이 중요하다고 대답하였다. 반면, 행복감이 높은 학생들은 자신이 좋아하는 일이라면 잘하는지의 여부는 그렇게 중요하지 않다고 대답하였다. 또한 자신이 좋아하지 않는 일에 대해서는 애초부터 얼마나 잘하는지가 별로 중요하지 않았다고 응답했다.

이에 더해 그 일자리가 본인이 잘하지 못하는 일이라고 알려 주면서 '그 일을 얼마나 좋아하는지를 아는 것이 자신의 결정에 어느 정도 중요한지'를 물어보았다. 행복감이 높은 학생은 자신이 그 일을 좋아하는지의 여부가 매우 중요하다고 하였지만, 행복감이 낮은 학생은 자신이 잘하지 못하는 일이라면 그 일을 얼마나 좋아하는지는 중요하지 않다고 응답했다. 이를 통해 행복한 학생은 자신이 잘하지 못하는 일이라도 그 일을 좋아하는 것이 중요한 반면, 행복감이 낮은 학생은 못하는 일이면 그 일을 좋아하는지의 여부는 의미가 없다고 여기는 것을 알 수 있다.

또 다른 연구(최인철, 2018)에서는 자신이 좋아하는 일과 잘할 수 있는 일 중 어떤 활동을 할 때 실제 행복도가 높은지를 알아보았다. 이를 위해 대학생에게 학기 초 수강 신청한 과목이 '좋아해서 선택한 것인지, 잘할 수 있어서 선택한 것인지'를 물어보고 학기 말에 수업을 통해 경험한 행복감을 측정하였다. 그 결과, 그 수업을 좋아해서 듣는다고 응답한 학생일수록 수업에서 경험한 행복감이 높은 것으로 나타났다. 반면, 잘할 수 있어서 수업을 듣는다고 응답한 정도와 행복감은 관계가 없는 것으로 나타났다. 이처럼 내가 좋아하는 일에 관심을 가지고 집중하면 행복에 한 걸음 더 가까이 갈 수 있다.

(2) 사회 비교 VS. 사회적 유대

우리는 주변 사람들과 자신을 비교해서 열등감 혹은 우월감을 느끼기도 하고, 다른 사람들과의 유대관계를 통해 친밀감을 느끼기도 한다. 만약 사회 비교와 사회적 유대가 충돌한다면, 행복한 사람들은 어떤 선택을 할까? 이 질문에 답을 얻기 위해 다음과 같은 연구를 실시하였다(Kim, Hong, Choi, & Hicks, 2016).

참가자들에게 중요한 시험의 가채점 결과, 자신의 점수가 60점이라고 알려 주면서, 2명의 친구에게 문자를 받았다고 상상하게 했다. 친구 두리는 90점이고, 하나는 40점이다. 두리는 나보다 똑똑하지만 만나면 늘 기분 좋은 친구이고, 하나는 만나면 그렇게 유쾌하지는 않은 친구이다. 참가자들은 두 친구 중 누구와 어울리기 원했을까?

행복감이 높은 사람들은 자신보다 높은 점수를 받았더라도 만나면 기분 좋은 친구를 선호했지만, 행복감이 낮은 사람들은 자신보다 점수가 낮아 우월감을 느낄 수 있는 친구를 선호하는 것으로 나타났다. 즉, 행복한 사람은 사회적 유대를 선택했지만, 행복감이 낮은 사람은 우월감을 느낄 수 있는 사회 비교를 선택했다.

이는 경제적 수준에 비해 행복감이 낮은 우리나라 사람들이 다른 나라 사람들보다 사회 비교를 더 자주 사용하지는 않는지 기능적 자기공명영상(functional Magnetic Resonance Imaging: fMRI) 기법을 사용한 연구(Kang, Lee, Choi, & Kim, 2013)에서도 비슷한 결과를 확인할 수 있다. 이 연구를 위해 한국으로 이주한 지 2년 미만의 미국인들과 이와 사회경제적 조건이 유사한 한국인들을 모집했다. 이 연구에서는 참가자들이 어떤 선택을 한 뒤 그 결과 주어진 본인의 점수와 함께 동일한 과제를 한 다른 참가자의 점수를 거짓으로 알려 주었다. 이때 기능적 자기공명영상을 사용하여 좋은 일이 생기면 활성화되는 뇌의 '보상 영역'을 관찰하였다. 결과를 살펴보면 미국인들의 보상 영역은 자신의 점수에 강하게 반응했지만, 한국인들은 다른 사람과의 점수 차이에 강하게 반응하는 것으로 나타났다. 불행하게도 한국인은 자신의 점수 자체에 관심을 가지기보다는 상대방과 비교한 자신의 점수에 더 높은 관심이 있기 때문에 행복감이 낮았던 것이다. 이처럼 비교는 우리를 불행하게 만든다.

(3) 돈의 힘 VS. 관계의 힘

사람들은 각자의 인생에서 추구하는 경험이 다르다. 어떤 경험을 했는지는 그 사람의 삶의 중요한 결과들을 예측하게 해 준다. 행복한 사람들과 행복하지 않은 사람들이 선택한 경험의 차이를 보여 주는 3가지 연구가 있다.

첫 번째 연구는 스트레스 이후 선택하는 경험에 관한 비교이다(Sul, Kim, & Choi, 2016). 행복한 사람은 스트레스 사건 이후 좋은 사람들과 보내는 시간을 선택하지만, 행복하지 않은 사람은 주로 금전적 이득을 추구하였다.

두 번째 연구는 물질주의자와 비물질주의자의 경험의 차이에 관한 연구이다(김현지, 2014). 참가자들에게 하루에 3번씩 무작위로 문자를 보내서 그 순간 어떤 활동을 누구와 함께 하는지 보고하게 하였다. 그 결과, 물질주의자들은 TV를 보거나 쇼핑을 하는 시간이 많은 반면, 책을 읽거나 봉사하는 시간은 적었다. 특히 비물질주의자들에 비해 다른 사람들과 함께 보내는 시간이 현저하게 적은 것으로 나타났다.

세 번째 연구에서는 친밀한 사람들과 다양한 활동(예: 여행 가기, 콘서트 관람, 영화보기 등)이 예정되어 있다고 가정하고, 얼마를 받으면 이 활동을 포기할 수 있을지 물어보았다(김현지, 2014). 타인과의 친밀한 시간을 돈으로 환산해 보게 한 것이다.

그 결과, 행복감이 상위 50%인 학생들은 연인과의 2박 3일 제주도 여행을 포기하기 위해 1,600만 원은 받아야겠다고 응답했지만, 행복감이 하위 50%인 학생들은 350만 원이면 충분하다고 하였다. 크리스마스 이브 날 콘서트를 포기하기 위해서 행복감이 상위 50%인 학생들은 600만 원을 받아야 한다고 했지만, 하위 50%인 학생들은 40만 원 정도면 된다고 하였다. 이처럼 행복감이 높은 사람들은 친밀한 사람과의 관계에 큰 가치를 부여하는 것을 알 수 있다.

연습문제

나의 그릿은?

- 여러분이 생각하는 그릿의 뜻은 무엇인가요? 여러분의 말로 그릿을 정의해 봅시다.
- 당신에게 그릿은 왜 중요한가요?
- 어려운 일을 끝까지 해내어 그릿을 보여 주었던 당신의 경험을 써 봅시다. 그때 성공요인은 무엇이었다고 생각하나요?
- 그릿이 부족해서 너무 일찍 포기하고 만 당신의 경험을 써 봅시다. 그때 어떤 기분이었나요?
- 당신은 실패나 어려움에도 굴하지 않고 과업을 완수했을 때, 그 고된 노력과 희생이 가치 있었다고 느꼈나요? (그렇다/아직 아니다)
- '아직 아니다'라고 대답했다면, 어떻게 하면 그것을 가치 있다고 느낄 수 있을까요?

출처: Baruch-Feldman (2017), pp. 31-33.

제14장

행복한 삶의 설계와 실천

✎ **개요**

이 장에서는 행복한 삶의 밑그림을 그리고 이를 적극적으로 실천하기 위한 방법들을 살펴보았다. 행복한 삶은 주어지는 것이 아니라 개인의 노력에 의해, 그리고 삶의 지향을 명확하게 함으로써 실현 가능한 것이다. 이 장에서는 행복한 삶의 모습을 살펴보기 위하여 행복한 삶의 의미를 어원적으로, 그리고 자기돌봄의 측면에서 살펴본 후 구성요소들을 확인해 보았다. 전생애 발달과 생애개발의 측면에서 행복한 삶을 설계해야 할 필요성을 제시하고, 그 준비를 위해 필요한 영역들도 검토하였다. 마지막으로, 어떻게 행복을 찾고, 이를 실천하며, 만들어 갈 수 있는지를 제안하였다.

 학습목표

- 행복한 삶의 의미를 이해하고, 자신의 삶에서 이를 구현할 수 있는 방법들을 찾아서 실천할 수 있다.
- 행복한 삶을 설계하기 위해 점검해야 할 여러 영역을 이해하고, 그에 대한 진단을 토대로 건강한 생애개발을 할 수 있다.
- 행복한 삶, 행복한 사람에 대한 상을 명확하게 그려 낼 수 있으며, 이를 토대로 부족한 영역을 채울 수 있는 방법을 익히고, 자신만의 방법론을 계발할 수 있다.
- 전생애 발달과 생애개발의 관점에서 행복한 삶의 모습이 변화해 간다는 사실을 자각하고, 이를 자신의 삶 안에 적극 반영하려 노력할 수 있다.

1. 행복한 삶

행복의 의미와 조건 그리고 행복과 관련된 여러 이론을 제13장에서 살펴보았으므로, 이 장에서는 행복과 삶의 어원적·개인적 의미를 살펴보고, 행복한 삶의 면면을 전생애적(life-span) 관점과 안녕의 관점에서 구체화하였으며, 행복한 삶을 구성하는 요소들을 알아보았다.

1) 행복한 삶의 의미

(1) 행복한 삶의 어원적 의미

행복한 삶은 모두의 꿈이자 지향이라 할 수 있지만, 그 모습을 확인해 보면 공통점과 함께 상당한 차별성이 나타난다. 개인의 인생에서 볼 때 특정 시점에서의 행복이 다른 시점에서는 행복이 아닌 다른 감정으로 명명되기도 한다.

어원적으로 볼 때 행복(happiness)은 우연(happenstance)과 사건(happening)에서 출발한다. 행복은 계획적으로 만들어지기보다는 갑작스럽게 그리고 돌발적으로 경험하는 충족감 또는 기쁨 등을 의미한다고 할 수 있다. 또한 행복은 어떤 일이든 실천하는 행위 속에서 우연히 발견되는 것이고, 자신에게 발생한 여러 가지 사건 속에서 발견되는 것이라고 할 수 있다. 무언가를 행해야만 행복감을 느낄 수 있게 되므로 행복을 경험하기 위해서는 가급적 다양한 경험을 시도해야 하며, 열린 자세로 여러 일에 반응해야 한다.

열린 상태에서 오는 변화나 기회를 받아들여야 한다는 진리는 삶 또는 인생이라는 말 속에도 숨어 있다. 'life(인생)'라는 말 속에는 'if(만약에)'가 숨겨져 있다. 다시 말해, 인생에는 행복 또는 행운을 만날 수 있는 수많은 기회가 있으며, 이는 찾는 사람들의 몫이고, 그들이 기울이는 노력의 결과물이 행복한 삶이라는 의미로 해석될 수 있다. 행복을 찾아 헤매다 집에 돌아와 보니 행복은 이미 내게 있었다는 동화 『파랑새』를 군이 거론하지 않더라도 우리의 노력과 태도 변화 및 달라진 시각에 의해 숨어 있는 행복을 언제든지 찾아낼 수 있고, 만들어 낼 수 있음을 알 수 있다.

(2) 행복한 삶을 위한 자기돌봄

행복한 삶을 만들려면 기본적으로 자신을 돌볼 수 있는 에너지가 있어야 한다. 현대인의 삶은 개인으로 하여금 심리적 에너지를 지나치게 많이 쓰게 만들기 때문에 많은 사람이 소진 상태에 이르게 된다. 수명이 길어졌기 때문에 신체적 · 심리적 에너지 배분을 고르게 하지 않으면 탈진 상태, 즉 소진될 수 있다. 소진은 우울감, 의욕상실, 고립감, 비인격화, 감소된 생산성, 대처능력 저하 등을 야기하며, 이는 행복과 정반대의 모습이다. 이러한 상태에 이르기 전에 자기돌봄을 우선해야 하는데, 자기돌봄의 영역은 기본적으로 신체적, 심리적, 정서적, 영성적, 전문적 자기돌봄으로 구분할 수 있다. Saakvitne, Pearlman, Abrahamson(1996)은 다음과 같은 자기돌봄의 방법을 제안하였다.

- 신체적 자기돌봄: 규칙적으로 식사하기, 건강하게 식사하기, 운동하기, 예방을 위해 정기검진 받기, 필요한 때 의료 서비스 받기, 아플 때 쉬기, 댄스, 수영, 걷기, 뛰기, 스포츠 활동하기, 노래하기 또는 재미있는 신체활동하기, 충분한 휴가 갖기, 자기만의 시간 갖기(휴대폰 금지)
- 심리적 자기돌봄: 자기성찰의 시간 갖기, 개인적인 심리치료나 상담 받기, 일과 관련 없는 책 읽기, 새로운 영역이나 활동에 몰두하기, 스트레스원 줄이기, 내적 경험에 주목하기, 자신의 생각 · 판단 · 신념 · 태도 · 감정에 귀 기울이기, 타인으로부터의 조언 얻기, 불필요한 책임 지지 않기
- 정서적 자기돌봄: 좋아하는 사람들과 교류하기, 내 인생에 중요한 사람들과 연락하기, 자신을 격려하기, 편안한 활동 · 물건 · 사람 · 관계 · 장소를 확인하고 그것을 찾아보기, 우는 것을 허용하기, 나를 웃게 하는 일들을 찾기, 사회적 활동, 편지, 기부 등을 통해 자신의 분노를 표현하기, 아이들과 놀기
- 영성적 자기돌봄: 반성의 시간 갖기, 자연과 함께하기, 영성적인 관계나 단계를 찾기, 영감을 받아들이기, 낙관주의와 희망을 고취하기, 자기 삶의 비물질적 측면을 인식하기, 때때로 책임을 지지 않거나 전문가가 되지 않기, 앎에 개방적이 되기, 명상하기, 기도하기, 노래하기, 외경심을 갖는 경험하기, 당신이 믿는 것에 헌신하기, 영성 서적 읽기
- 전문적 자기돌봄: 일과 중 쉴 틈을 갖기(예: 점심), 동료와 잡담할 시간 갖기, 과

업을 완수하기 위해 조용한 시간을 만들기, 흥미 있고 보상이 되는 프로젝트나 과업을 확인하기, 한계를 정하기, 하루의 업무가 과도하지 않도록 균형 잡기, 편안한 공간으로 일터를 배치하기, 정기적인 슈퍼비전이나 자문을 활용하기, 자신의 욕구(이득, 보수, 시간 등)를 협상하기, 동료 지지집단을 만들기, 스트레스를 주지 않는 전문적인 흥미를 개발하기

자기돌봄은 일종의 예방활동이므로, 전인적(hollistic) 관점에서 자신이 안녕(well-being)한지 점검한 후 부족한 부분에 대해 자기돌봄을 행해야 한다. 전인적 안녕감이란 "개인의 신체, 마음, 영성이 통합되어 인간으로서, 또 공동체 안에서 최적의 건강과 안녕을 추구하며, 좀 더 완전히 살게 되는 삶의 한 양식"(Myers, Sweeney, & Witmer, 2000)을 의미한다. 전인적 안녕감을 이야기한 Chandler, Holden, Kolander(1992)는 6가지, 즉 지적, 신체적, 직업적, 정서적, 사회적, 영성적 측면에서 조화를 이루어야 한다고 이야기하면서 건강한 사람은 신체적 자기를 돌보고, 지적으로 도전하며, 자신의 정서를 폭넓게 표현하고, 보람된 대인관계를 맺으며, 삶에 방향이 되는 의미 있는 삶의 양식을 만들기 위해 몰두한다고 보았다.

비슷한 관점에서 Myers와 Sweeney(2005)는 Adler의 관점과 안녕감의 바퀴 모형을 결합하여, 건강하게 기능하는 삶, 즉 행복한 삶의 기본 요소로 5가지 삶의 과제—영성, 자기주도성, 일과 여가, 우정, 사랑—를 제시한 바 있다. 이후 이 관점은 통합적 자기(indivisible self) 모델로 확장되었는데, 안녕의 하위 5개 요소인 창의적인 자기, 대처하는 자기, 사회적 자기, 본질적인 자기, 신체적 자기를 평가하고 그에 대한 보완 과정이 안녕감 유지에 필수적임을 제안하고 있다(Myers & Sweeny, 2008). 이상의 모델들은 안녕한 삶, 행복한 삶은 한 영역에 치우치지 않고, 전반적으로 균형 잡힌 에너지 배분, 자기돌봄과 예방을 통해 가능한 일임을 시사한다.

2) 행복한 삶의 구성요소

(1) 행복한 삶의 구성요소

행복한 삶의 구성요소를 Seligman(2002b)은 즐거움, 적극성, 의미로 보았다. 다시 말해, 적극적으로 즐거움을 찾고 의미를 만들어 가면 행복해질 수 있다는 것이

다. 즐거운 삶이란 자신이 살아온 과거와 현재 그리고 앞으로 살아갈 미래를 긍정적으로 평가하며 만족하는 한편, 부정적인 정서보다 긍정적인 정서를 더 크게 느끼는 삶을 말한다. 즉, 긍정적인 정서를 최대화하고, 부정적인 정서를 최소화하는 삶을 말하는데, 이는 행복에 대한 쾌락주의적 입장을 반영한 것이다. 적극적인 삶이란 자신이 택한 일이나 여가활동에 열정적으로 참여하고 몰입함으로써 자신의 잠재력을 충분히 발휘하는 한편, 자신의 성격 강점과 잠재력을 최대한 발휘하고 자아실현을 이루어 나가는 삶을 뜻한다. Seligman(2002b)은 진정한 행복이란 대표강점을 찾아내고 계발하여 일상생활에서 잘 활용하는 가운데 발견하는 것이라고 주장하였다. 의미 있는 삶은 자신의 삶과 행위에서 소중한 의미를 발견하고 부여할 수 있는 삶을 뜻하며, 삶의 의미는 자신보다 더 큰 것과의 관계 속에서 발견된다.

(2) 행복한 사람의 특성

　행복한 삶의 3가지 구성요소를 잘 구현해 낸 사람이 행복한 사람이다. 행복한 사람의 특성에 대해 Ryff(1989)는 다음의 6가지, 즉 환경의 통제, 타인과의 긍정적인 인간관계, 자율성, 개인적 성장, 인생의 목적, 자기수용을 제시하였다. 이를 풀어서 설명하면 다음과 같다. 첫째, 환경을 잘 통제한다. 그들은 자신의 욕구에 적합한 환경을 선택할 줄 알고 잘 활용한다. 다시 말해, 자신을 잘 알고, 자신을 동기화하는 지점을 잘 찾을뿐더러 자신에게 적합한 상황이나 맥락을 잘 탐색한다는 것을 뜻한다. 둘째, 타인과 긍정적인 인간관계를 맺으며, 공감을 잘하며, 친밀하게 관계를 맺을 줄 안다. 또한 인간관계의 상호교환적 속성을 잘 이해한다. 셋째, 자율성이 있기 때문에 독립적이며, 필요에 따라 사회적 압력에 저항하는 능력을 보이는데, 이는 자신의 내면적 기준에 따른 행동이다. 넷째, 새로운 경험에 개방적이고 지속적으로 성장하려고 노력한다. 이러한 특성은 일종의 실천 능력을 의미한다. 단순히 앎에서 그치지 않고 이를 적극적으로 받아들이고 실천해 나감으로써 자신의 격을 높여 감을 의미한다. 다섯째, 인생에 의미를 부여하는 신념체계와 일관성 있는 인생의 목적과 목표를 갖고 있다. 이렇게 의미화하는 한편, 가치를 선별하는 기능을 갖고 있기 때문에 어떤 것을 지금 하고 어떤 것을 나중에 해야 할지, 무엇이 중요하고 무엇이 덜 중요한지에 대한 판단이 가능해진다고 할 수 있다. 여섯째, 자신의 긍정적인 특성 외에 부정적인 특성까지 포함하여 다양한 특성을 인정하고 수용하는 태도를 지닌다.

행복에 대한 연구를 소개한 서은국(2014)은 행복이 거창한 관념이 아니라 구체적인 경험이라고 말하면서, 한국인은 맛있는 음식을 마음이 맞는 사람들과 함께 나눌 때 가장 행복해한다고 결론지었다. 반드시 음식이라는 구체적인 아이템이 중요한 것은 아닐 것이다. 좋아하는 일이나 활동을 혼자가 아닌 동반자들과 함께 경험할 때 행복을 느낄 수 있다는 말로 해석할 수 있다. 그러므로 행복을 자주 경험하는 행복한 사람이 되어서 행복한 삶을 만들려면, 즐겁고 기쁜 일을 찾고, 이를 실천하며, 그 의미를 스스로 만들어 가야 한다.

(3) 행복한 삶의 구성 과정

앞서 말한 행복한 삶, 행복한 사람의 구성요소들을 종합해서 모토로 만든다면 '찾고, 실천하고, 만들자!'가 된다. 적극적으로 즐거움을 찾고 이를 실천하며 의미를 만들어 가는 과정에서 행복한 삶을 선물처럼 받게 되는 것이다. 이를 위해서는 먼저 자신의 흥미를 찾아야 한다. 단순히 일이나 과업에 대한 흥미만이 아니라 놀이와 쉼, 관계 등 여러 측면에서 자신의 호기심을 자극하고, 몰입하게 하며, 강점이 발휘되는 영역을 찾아야만 한다. 타성에 젖어서 관습대로 살기보다는 무엇을 할 때 자신의 열정이 불타오르는지, 어떤 상황에서 시간을 잊은 채 몰두하는지 등을 찾아야 하며, 그때 자신의 강점들이 어떻게 잘 발휘되는지를 탐색해야 한다. 그러한 탐색 과정이 생략된 채 남들이 하니까 그대로 좇아간다든지, 습관처럼 하던 일을 무심하게 반복한다면 행복한 삶은 가능하지 않게 된다.

이러한 찾기의 과정과 함께 필요한 것이 실천과 의미화이다. 나의 열정을 불타오르게 하는 일이나 여가활동을 찾는 것에 더하여 일상의 삶에서 그것을 실천하고 몰입하는 경험이 필요하다. 아는 것과 실천하는 것은 같지 않다. 나를 자극하고 활기 있게 하는 일, 여가, 관계 등을 찾은 후에는 이를 적극적으로 자신의 삶 안으로 들여와야 한다. 그럼으로써 진정으로 우리가 바라는 행복한 삶을 경험하게 될 것이다. 또한 이 과정에서 과연 내가 누리는 그리고 몰두하는 일들이 어떤 의미인지를 확인하는 작업이 필요하다. 소소한 일상으로 치부될 수 있는 일들이 사실은 중요한 의미를 지니고 있음을 발견하고 그 의미를 적극적으로 만들어 가는 일이 병행되어야 행복한 삶이 완성될 수 있다. 의미는 주어지는 것이 아니라 만들어 가는 것이며, 그 과정에서 행복한 삶이 내게 오는 것이다. 그리고 그 의미화는 혼자서만 만드는 것이 아니라 함께 만들고 이를 수시로 나눌 때 더 큰 기쁨으로 다가올 것이다. 행복은 기쁨의 강도가 아니라 빈도이기 때문이다(서은국, 2014).

2. 행복한 삶의 설계

1) 발달 관점에서 본 행복한 삶

(1) 전생애 발달과 행복

최근의 발달이론은 발달 초기, 즉 아동기, 청소년기, 청년기에 이르는 상승적 변화뿐만 아니라 중년기, 노년기에 이르는 여러 가지 변화를 포함한 전생애 발달을 강조하고 있다. 발달의 다면성(도덕 발달, 사회성 발달, 신앙 발달, 진로 발달 등)을 강조하는 한편, 수동적인 발달이 아니라 개인의 노력에 의한 적극적 · 능동적 발달, 즉 개발의 측면을 강조하고 있다. 다시 말해, 변화하는 환경과의 교호적인 상호작용을 통해 발달이 이루어진다는 맥락적 관점과 전생애적 관점에서 행복한 삶을 이해하고 그 밑그림을 그려 나갈 필요가 있다.

인간의 발달은 복잡하며 여러 수준에서 이루어진다. 지속적으로 변화가 발생하는 과정에서 진전이 아니라 후퇴나 쇠퇴가 일어나기도 하고, 삶의 방식을 조절해야 할 시점에 이르러서는 과도기적 불균형 상태에 이르기도 한다. 발달의 여러 측면이 동일한 속도로 변화해 가는 것이 아니기 때문에 그 차이로 인한 간극으로 개인이 고통받기도 하지만, 고통을 겪으면서 인간은 성장해 가며, 그만큼 더 안녕한 상태에 이르기도 한다.

행복한 삶을 이야기하면서 길어진 수명을 이야기하지 않을 수 없다. 지금 우리는 100세 인생을 이야기하는 시대에 살고 있다. 몇십 년 전만 하더라도 환갑, 즉 60세까지 사는 사람이 많지 않았기 때문에 환갑잔치를 하면서 긴 인생을 축하하기도 하였다. 하지만 지금은 남녀 모두 평균수명이 80세 이상이며, 건강관리를 잘할 경우 100세는 대부분의 사람이 도달하게 될 기대수명이 되었다. 다만, 늘어난 수명만큼 삶의 질, 즉 행복한 삶을 영위하고 있는가의 문제는 또 다른 이야기이다. 과거에는 생애 전반기, 즉 아동기와 청년기까지의 삶이 중요하였지만, 근자에는 전반부보다 중반부와 후반부, 즉 중년기, 장년기, 노년기의 삶이 훨씬 더 중요해졌기 때문에 지혜로운 생애개발자로서의 역할을 잘 수행해야 한다(손은령 외, 2017).

(2) 생애개발과 행복

'생애(生涯)'라는 말에 사용된 '가장자리 애(涯)'는 한계라는 뜻을 갖고 있다. 다시 말해서, 이 말은 자신의 한계를 넓혀 가면서 살아가야 한다는 일종의 당위를 담고 있는데, 단순히 운명의 수레바퀴에 따라 굴러가는 것이 아니라 그 바퀴를 자신의 지향점에 맞게 움직이고, 속도를 조절해 가면서 적극적으로 조종해야 한다는 것을 의미한다. 자연적인 발달과 변화를 수용해야 한다는 수동적인 의미보다는 환경과의 상호작용을 통해 자신의 가능치를 알아보고 그 한계를 조금씩 넓혀 가는 것, 즉 자신이 팔 벌려 안을 수 있는 크기인 아름을 잘 알고 자기답게 그 가능성을 확장해 가야 한다는 적극적인 의미를 담고 있는 것이다.

생애개발(life development)이란 자신의 인생을 적극적으로 구성해 가기 위해 필요한 자신의 역량을 진단하는 한편, 심리적·사회적 영역에서의 기능 정도를 객관적으로 점검하고 보완해 나가면서 가치 있게 자신의 능력을 활용해 가는 것을 의미한다. 어느 한쪽에 치우치게 인생을 살아가는 것이 아니라 전생애적 관점에서 일, 여가, 관계, 쉼 등이 조화롭게 발달해 가도록 노력하는 과정에서 잠재력이 개발되고, 삶의 만족도가 높아지며, 결과적으로 안녕한 상태에 이르는 것을 뜻한다.

비교적 짧은 수명을 영위해야 했던 과거에는 목표를 달성하기 위한 시간이 많지 않았으며 가용한 자원도 부족하였다. 하지만 지금은 속도가 중요한 것이 아니라 어디를 향해서, 무엇을 위하여, 어떤 지향점으로 살아갈 것인가의 문제, 즉 방향성이 더 중요해졌으며, 빨리 가는 것이 아니라 무엇을 느끼고, 누구와 함께, 어떻게 살아갈 것인가를 고민하고 점검해야 하는 시대가 도래하였다.

자기주도적인 측면을 강조해서 본다면 생애 발달이 아니라 생애개발의 측면에서 자신의 삶을 이해해야 하며, 행복한 삶으로의 방향키를 스스로 돌려야 할 때가 온 것이다. 생애개발의 여러 측면에 대해서 손은령 등(2017)은 상담 서비스와 관련지으면서 3가지를 제시하였다. 첫 번째는 평생학습 영역이고, 두 번째는 일과 재정 영역, 세 번째는 건강과 여가의 영역이다. 이러한 관점을 확장하여 고홍월 등(2020)에서는 총 10개의 영역, 즉 학습, 진로, 성격, 대인관계, 여가, 문화적응, 음식, 건강, 재무, 영성을 제안하고 있다. 어떻게 보든 생애개발이 필요한 영역 간의 조화와 균형을 이루어 가야 행복한 삶을 만들 수 있음은 자명해 보인다.

2) 행복한 삶의 준비

행복한 삶을 만들기 위해서는 기본적으로 자가점검이 필요하다. 출발선을 명확하게 해야만 방향과 속도, 에너지 배분 등이 가능해지며, 과거로부터 이어진 현재의 내가 어떤 상태인지를 평가해야 행복한 삶을 준비할 수 있다.

(1) 가치의 평가(우선순위의 설정)

자가점검이 필요한 이유는 다음의 예에서 찾을 수 있다. 유리병에 커피, 모래, 조약돌, 큰 돌을 넣을 때 무엇부터 넣어야 할까? 먼저 커피부터 넣어야 할까, 아니면 큰 돌부터 넣고 조약돌, 모래, 커피를 넣어야 할까? 실험을 해 보면 큰 것부터 넣어야 한다는 것을 알 수 있다. 이 일화는 우리 삶에도 적용된다. 우리에게 주어진 시간과 에너지는 무한하지 않다. 그러므로 일상을 영위할 때 우선순위를 평가하여 중요한 것을 먼저 해야 하는데, 막상 살아가다 보면 하루하루를 보내는 데 급급하여 진정 소중하고 중요한 일들을 할 에너지와 시간이 남아 있지 않을 수 있다. 따라서 우선적으로 점검해야 할 것은 내가 지향하는 삶의 방향, 즉 내가 중요하게 여기는 가치가 무엇인가에 대한 평가이다. 무엇을 할까보다 어떻게 살 것인가에 대한 성찰이 우선되어야 한다. 때때로 우리는 수단과 목적을 혼동한다. 열심히 살다가 문득 멈추어 자신을 보면 내가 지금 무엇 때문에 이 노력을 하는지 모호해지는 것이다. 이는 실존적 질문이기도 하다. 인간은 모두 시한부 인생이다. 죽음으로 소멸되는 삶을 살아가면서 그 삶을 무엇으로 채우고, 어떤 것을 경험하고 느낄 것인지에 대한 것을 먼저 확인할 필요가 있다. 행복한 삶을 준비하는 데 우선해야 할 것은 가치에 대한 평가이다. 이를 위해서는 삼찰(관찰, 성찰, 통찰)과정이 필요하다. 자신이 지금까지 살아온 과거와 지금의 삶을 관찰해 보고, 이에 대한 깊은 성찰 과정을 거쳐야만 자신이 지향하는 가치들에 대한 통찰이 가능해질 것이다.

(2) 삶의 시공간적 분석(시공간적 인생 조감도)

과거, 현재, 미래 모두를 관찰하고 성찰해야 한다. 과거의 삶을 바라볼 때 도움이 되는 것이 인생 로드맵 또는 생애곡선이다. 이는 여러 가지 방식으로 작성될 수 있다. 공통적인 내용을 보면 태어나면서부터 현재, 그리고 예상되는 수명까지의 시기를 선으로 그어 구분한 후 행복했던 시점 또는 좋았던 시절과 힘들었던 시점 그리고 암울했던 시기를 점으로 찍고, 그 점들을 이어 본 후 향후 미래의 시점들에 대해서도 비슷한 방식으로 예상을 해 보는 것이다. 이러한 작업을 해 보면 자신이 과거에 놓쳤던 부분을 알게 되며, 불필요하게 집착했던 상황들에 대한 통찰도 이루어지고, 자신이 활기차게 생활했던 시기와 활동들에 대한 알아차림도 가능해진다. 이 과정에서 전경과 배경이 분명해질 수 있다. 어떤 것이 자신의 삶에서 전경으로 떠올라야 행복감을 더 많이 느낄 수 있게 되는지가 드러나는 것이다.

종단적으로 인생 로드맵을 그려 보는 것과 함께, 횡단적으로 삶의 평면도를 그려 볼 필요가 있다. 인생은 5개의 공으로 하는 저글링이라는 말이 있다. 건강, 친구, 직업, 종교, 가족이라는 5개의 공을 순서대로 계속 던졌다 받으면서 살아간다는 것이다. 그 공들은 대부분 유리공이며, 1개 또는 2개의 공만이 고무공이라서 놓치더라도 복구가 가능하다고 한다. 우선순위에 따라 공의 내용물이나 공의 영역이 달라질 수는 있지만, 이 말은 결국 어느 한쪽에 치우쳐서 다른 부분을 외면하게 되면 삶이 망가질 수 있다는 점을 보여 준다. 이 때문에 최근에는 균형 있는 삶을 살자는 관점에서 워라밸(work-life balance)이라는 말이 상용되고 있다. 하지만 실상 이 말은 잘못 만든 말이다. 삶의 영역 간에 균형을 맞추어야 하는 것이지, 일과 삶이 조화를 이루어야 하는 것은 아니기 때문이다(손은령, 손진희, 2019).

어찌 되었든 개인적인 관점에 따라 그 공의 수는 달라진다. Freud는 일(work), 놀이(play), 사랑(love)이 조화를 이루어야 함을 강조하였고, Witmer, Sweeney, Myers(1998)는 삶의 다섯 과제(안녕의 얼레)를 말하면서 영성, 자기지향, 직업과 여가, 우정, 사랑의 비중이 비슷해야 함을 제안하기도 하였다. 또한 생애개발의 10가지 영역을 고려해야 한다(김봉환, 2020)는 요청에도 귀 기울일 필요가 있다. 영역의 순서가 중요한 것은 아니다. 3개의 영역이든 5개의 영역이든 과연 지금의 나는 어떤 쪽에 무게중심을 두고 있는지 그 비중을 살펴보는 것이 필요하며, 이를 통해 지나치게 삶의 중심이 한쪽으로 몰려 있다면 그에 대한 보완이 시급하다는 단서로 받아들여야 한다. 도화지나 종이를 펴 놓고 집의 평면도를 그리듯이, 지금 자신의 일들이 어떤 영역에 배당되어 있는지를 그려 보는 작업을 하면 진단과 교정이 가능해질 수 있다. 동그라미를 그려 비율을 확인하든, 막대그래프를 그려 높이를 구분하든, 네모 상자를 구획하여 크기를 평가하든 상관없다. 혼돈스럽게 일상을 영위하게 되면 그 밑바닥에 깔려 있는 자신의 욕구, 소망, 지향들이 뒤섞이지만, 이러한 정리 작업을 통해서 자기다움, 자기 색을 드러낼 수 있는 시간을 만들기 때문에 보다 명확한 방향성을 찾을 수 있다.

(3) 삶의 영역 재배치

삶의 영역을 재배치하는 과정에는 현실요법 상담이론의 기법을 활용해 보면 도움이 된다. 현실요법은 선택이론을 기반으로 한다. 다시 말해, 우리 자신만이 욕구를 충족하는 행동을 선택하고 통제할 수 있으며, 더 나은 선택을 행할 수 있는 주도권을 갖고 있다는 것이다. 과거가 우리 자신의 삶에 영향을 주기는 하지만, 현재의 욕구를 충족시키는 방법을 변화시킬 수 있으며, 그 방법을 간단하게 정리하면 WDEP의 과정으로 이해할 수 있다. 내가 지금 어떤 것을 원하고 있는가, 무엇이 나의 욕구(Want)인가를 명확하게 하고, 자신이 지금 하고 있는 행동과 그 지향점 (Doing & Doing Direction)을 살펴보아야 한다는 것이다. 그런 연후에 내가 지금 하는 일이 잘되고 있는지, 나의 욕구를 달성할 수 있는지를 평가(Evaluation)하고, 행동의 계획(Plan)을 새롭게 세운 후 실천해 가는 것이다. 현실요법의 관점은 혼돈스러운 일상을 정리하는 기본적인 틀이 될 수 있으며, 평가 및 진단을 토대로 변화할 수 있는 시작점을 마련하는 데 도움을 준다. 계획을 세울 때 염두에 두어야 할 것은 그 계획이 실천 가능한 형태로 구성되어 있는가이다. 현실요법에서는 SMART 원칙을 제안하고 있다. 목표는 단순하고 구체적이고(Simple & Specific), 측정 가능해야 하며 (Measurable), 성취 가능하고(Achievable), 현실적이어야(Realistic) 한다. 그리고 목표를 설정했으면, 그것을 달성하는 시점(Time-limited)까지 명확하게 제시되어야 한다.

(4) 버킷리스트 작성

이상의 준비 과정을 거치면, 자신이 하고 싶은 것이 무엇이고 인생을 어떤 내용으로 채우고 싶은지가 드러난다. 이때 하고 싶은 일의 목록을 작성해야 하는데, 이 일은 일종의 버킷리스트가 된다. 내게 남은 시간이 얼마 없다고 가정했을 때 소망하는 것들을 작성해 보는 것이다. 그 과정에서 지금 당장 할 수 있음에도 불구하고, '언젠가는……' 또는 '때가 되면……'이라는 핑계로 미적거리고 있었던 일들이 나타날 것이다. 그런 일들은 WDEP의 기준에 맞추어 평가해 볼 필요가 있다. 현실요법에서 이야기하는 욕구에는 생존, 애정 또는 소속, 힘, 자유 또는 독립, 재미 또는 즐거움 등의 5가지 욕구가 있다. 자신의 버킷리스트에 있는 활동들이 어떤 욕구를 충족시키는지를 평가하고, 현재의 행동이 그 욕구들을 충족시키는 방향에 있는지를 확인해 볼 필요가 있다. 그리고 새로운 계획을 SMART하게 짜 보고 실천계획을 짜다 보면, 상당히 많은 일이 버킷리스트에서 삭제되거나 지금 당장 실행할 수 있는 일들로 판명이 날 것이다. 그 일들을 지금 당장 실행하다 보면 그만큼 행복감이 높아질 것이며 버킷리스트의 길이는 짧아질 것이다.

(5) 행복의 보호요인과 위험요인 평가

행복한 삶을 준비하기 위해서는 하버드 대학교 졸업생을 대상으로 행복의 조건을 연구한 Vailant(2002)의 주장에 귀 기울일 필요가 있다. 그는 행복하고 건강한 삶을 예측할 수 있는 7가지 조건으로 '성숙한 방어기제, 적정한 체중, 규칙적인 운동, 교육수준, 안정적인 결혼생활, 알코올중독 경험 없음, 흡연량이 많지 않음'을 제시하였다. 이 내용을 토대로 행복한 삶의 위험요인과 보호요인을 평가해 보는 것도 도움이 된다. 스트레스에 대해 어느 정도 견디는 능력이 있는지 그리고 그 과정에서 어떠한 지지자원을 활용할 수 있는지를 계산한 후 가감해 보았을 때 플러스 점수가 나와야 삶의 무게를 견디는 한편, 행복한 삶으로 움직여 갈 수 있는 여력이 있다는 말이 된다.

(6) 행복공식의 적용

행복의 보호요인과 위험요인에 대한 평가는 다른 방식의 계산법으로 수렴될 수 있다. 앞서 말한 통합적 자기 모델의 5가지 요소에 가중치를 두는 방식으로 공식을 만들어 볼 수도 있고, 안녕의 얼레(삶의 다섯 과제)들을 중심으로 공식을 만들 수도 있다. 18년 동안 1,000여 명의 남녀를 대상으로 연구한 심리학자 Rothwell과 상담자 Cohen의 제안(2003)도 행복한 삶을 준비할 때 활용할 수 있는 기본 공식으로 보인다. 그들은 'Happiness=P(personal)+5E(existence)+3H(high order)'로 행복공식을
제시하였다. 이 공식을 구성하는 3가지 요소는 개인 특성, 실존적 조건, 고차원적
상태이다. 이 세 요소는 행복한 삶에 모두 필요하지만 그 중요성이 다르기 때문에
가중치가 다르다. 가장 큰 가중치는 건강, 금전, 인간관계로서 5배의 영향력을 갖고
있으며, 자존감, 기대, 유머감각과 같은 고차원적 상태는 3배의 가중치를 부여한다.
개인적인 특성도 필요한데, 여기에는 인생관, 적응력, 유연성 등이 포함된다. 이를
종합적으로 해석해 보면, 행복하기 위해서는 삶의 기본적인 욕구들을 충족할 수 있
는 실존적 조건들이 가장 중요하고, 고차원적 목적에 의해 삶이 움직여 가야 하며,
즐겁게 살 수 있는 개인 특성들이 잘 발달해야 한다는 말이 된다. 개개인은 행복한
삶의 실천을 위한 기본적인 기법이나 기능들을 개발하고 발전시켜 나가야 하지만,
그 이전에 행복한 삶을 그려 나가고 만들어 갈 수 있는 요소들을 갖추고 있는지를
점검해야 한다.

　　그들의 행복공식은 하버드 연구(Vailant, 2002)의 행복 조건과 맥을 같이하고 있
다. 행복공식에서 가장 크게 가중치를 두고 있는 실존적 조건 3가지(건강, 금전, 인간
관계)는 하버드 연구에서 제시한 5가지 조건(적정한 체중, 규칙적인 운동, 안정적인 결
혼생활, 알코올중독 경험 없음, 흡연량이 많지 않음)과 유사하다. 건강을 유지하기 위해
서 운동하고, 금연ㆍ금주하는 한편, 체중을 유지해야 하며, 이성 간의 결혼을 넘어
서 다양한 관계를 잘 맺어 가는 능력을 갖추고 있어야 한다는 사실을 보여 준다. 물
론 금전적인 문제에 대해서는 거론하고 있지 않지만 여러 연구를 보면 금전은 행복
의 필요조건이었을 뿐 충분조건은 아니었다는 점을 염두에 둘 필요가 있다. 행복공
식의 고차원적 상태(자존감, 기대, 유머감각)와 개인 특성(인생관, 적응력, 유연성)은 하
버드 보고서의 '교육' '성숙한 방어기제'와 관련된다. 살아가면서 자신의 격을 높이
고, 지혜를 얻기 위해 끊임없이 교육받는 한편, 여러 어려움에 담대하게 대응하면서
자존감을 지켜 나가려 노력할 필요가 있음을 시사한다. 타성에 젖은 삶이 아니라 지
금보다 조금씩 성장하려고 애쓰고 다양한 관점과 가치들을 수용하려는 유연한 태
도는 성숙하고 적응적인 방어기제를 갖고 있어야 가능하기 때문이다.

3. 행복한 삶의 방법

행복한 삶을 준비하기 위해 종단적·횡단적으로 자기의 위치를 확인하고, 여러 영역에서 자신이 지금 어떤 상태인지를 파악했으면, 지금보다 좀 더 행복해지기 위한 방법론을 익힐 필요가 있다. 그 방법론을 간단하게 설명한다면 행복 찾기, 행복 실천하기, 행복 만들기로 구분할 수 있다. 각자의 삶에 숨어 있는 행복을 드러내어 찾아보는 한편, 이를 일상에서 실천해야 행복해질 수 있으며, 때로는 행복한 삶을 만들어 가려 노력해야 하기 때문이다. 앞서 말한 바와 같이 행복은 찾고, 실천하고, 만들어야 한다.

1) 행복 찾기

(1) 강점 찾기

행복해지기 위해서 먼저 해야 할 일은 자신의 강점을 찾는 것이다. 긍정심리학자들은 문제나 약점, 핸디캡이 많은 부분에 초점을 맞추기보다는 인간이 가진 긍정적인 성품, 강점 또는 장점에 주목할 것을 요구한다. 인간은 문제를 일으키기도 하지만 동시에 문제를 해결할 자원을 갖고 있으며, 건강하고 긍정적인 면을 확장할 때 더 나은 인간으로 성장할 가능성이 크다. 다시 말해서, 잘하는 부분이나 잘난 부분을 인식하고 이를 활용할 수 있도록 도와줌으로써 작은 변화가 발생하고, 이것이 모여서 큰 변화를 이룰 수 있기 때문이다.

우리가 갖고 있는 좋은 강점 또는 긍정적인 성품은 무엇인가? 최근의 긍정심리학 연구에서 공통적인 요소를 추출한 권석만(2008)은 6개의 상위 덕목과 3~5개의 하위 덕목으로 구성된 24개의 성격강점과 덕성을 소개했다. 그 내용을 살펴보면 〈표 14-1〉과 같다.

이 목록을 살펴보면 우리가 가진 강점이 여러 개 있다는 사실을 알게 된다. 180도 다르게 생각해 보면, 우리가 가진 약점이 때로는 강점으로 작용하는 경우가 많다. 우유부단한 사람이라고 해석할 수도 있지만 신중한 사람으로 해석할 여지가 있는 것과 마찬가지이다. 화끈한 사람은 긍정적으로 볼 때 분명한 사람이지만 부정적으

표 14-1 24개 성격강점과 덕성

1. 지혜	
더 나은 삶을 위해서 지식을 습득하고 활용하는 것과 관련된 강점	
창의성	어떤 일을 하면서 새롭고 생산적인 방식으로 생각하는 능력
호기심	일어나고 있는 모든 경험과 현상에 대해서 흥미를 느끼는 능력
개방성	사물이나 현상을 다양한 측면에서 철저하게 생각하고 검토하는 능력
학구열	새로운 기술, 주제, 지식을 배우고 숙달하려는 동기와 능력
지혜	사물이나 현상을 전체적인 관점에서 생각하고 다른 사람에게 현명한 조언을 제공해 주는 능력

2. 인간애	
다른 사람을 보살피고 친밀해지는 것과 관련된 대인관계적 강점	
사랑	다른 사람과의 친밀한 관계를 소중하게 여기고 실천하는 능력
이타성	다른 사람을 위해서 호의를 보이고 선한 행동을 하려는 동기와 실천력
정서지능	자신과 다른 사람의 동기와 감정을 잘 파악할 뿐만 아니라 다양한 사회적 상황에서 어떻게 행동하는 것이 적절한지를 잘 아는 능력

3. 용기	
내면적 · 외부적 난관에 직면하더라도 추구하는 목표를 성취하려는 의지와 관련된 강점	
용감성	위협, 도전, 난관, 고통에 위축되지 않고 이를 극복하는 능력
진실성	진실을 말하고 자신을 진실한 방식으로 제시하는 능력
끈기	시작한 일을 마무리하여 완성하는 능력
활력	활기와 에너지를 가지고 삶과 일에 접근하는 태도

4. 절제	
지나침으로부터 우리를 보호해 주는 긍정적 특질로, 극단적인 독단에 빠지지 않는 중용적인 강점	
겸손	자신이 이루어 낸 성취에 대해서 불필요하게 과장된 허세를 부리지 않는 태도
신중성	선택을 조심스럽게 함으로써 불필요한 위험에 처하지 않으며 나중에 후회할 말이나 행동을 하지 않는 능력
용서	나쁜 일을 한 사람들을 용서하는 능력
자기조절	자신의 다양한 감정, 욕구, 행동을 적절하게 잘 조절하는 능력

5. 정의	
건강한 공동체 생활과 관련된 사회적 강점	
공정성	편향된 개인적 감정의 개입 없이 모든 사람을 동등하게 대하고 모두에게 공평한 기회를 주는 태도

시민의식	자신이 속한 집단의 이익을 추구하고자 하는 책임의식으로, 사회나 조직 속에서 자신에게 주어진 임무와 역할을 인식하고 부응하려는 태도
리더십	집단활동을 조직화하고 그러한 활동이 진행되는 것을 파악하여 관리하는 능력
6. 초월	
현상과 행위에 대해 의미를 부여하고 커다란 세계인 우주와의 연결성을 추구하는 초월적 또는 영적 강점	
감사	좋은 일을 알아차리고 그에 대해 감사하는 태도
낙관성	최선을 예상하고 그것을 성취하기 위해 노력하는 태도
심미안	다양한 삶의 영역에서 나타나는 아름다움, 수월성, 뛰어난 수행을 인식하고 평가하는 능력
유머감각	웃고 장난치는 일을 좋아하며 다른 사람에게 웃음을 선사하는 능력
영성	인생의 궁극적 목적과 의미에 대해 일관성 있는 신념을 가지고 살아가는 태도

로 본다면 지나치게 독선적이거나 단정적인 사람이라는 의미가 될 수도 있다. 따라서 우리는 약점을 강점으로 돌려 보는 혜안을 지녀야 하며, 사람의 행동 속에 숨겨진 강점을 발굴하는 일종의 심마니가 되어야 한다. 이를 위해 필요한 것은 관점 전환이다. 강점을 보기 위해서는 우리의 안목에 변화가 생겨야 한다. 일종의 시각 교정이 필요하다. 라식수술이 낮아진 시력을 높이는 데 목적이 있다면, 시각 교정술은 부정적인 시각을 긍정적인 시각으로 180도 변화시키는 것이다. 다르게 생각하는 훈련을 통해서 시각을 교정할 수 있다. 죽이는 각도, 즉 '사각(死角)'보다는 살리는 각도, 즉 '생각(生角)'으로 삶과 사람을 볼 수 있어야 행복감을 느낄 수 있으며, 행복한 일들을 찾아낼 수 있다(손은령 외, 2017).

(2) 몰입되는 일과 여가 찾기

자신의 강점과 더불어 찾아야 할 또 다른 측면은 만족감, 충족감을 주는 일과 여가이다. 깨어 있는 시간의 대부분을 우리는 일하거나 놀거나 쉰다. 어떤 일을 하고 어떻게 쉬는가는 행복한 삶의 열쇠라 할 수 있다. 생존을 위해서만 일을 하면 일과 거리감이 생기고, 일로부터 소외된다. 때로는 지나치게 일에만 매여 있어서 일중독 현상을 만들거나 소진되기도 한다. 여가도 마찬가지이다. 생활시간의 대부분을 놀이로, 그것도 무의미한 놀이로 채우게 되면 생산성이 떨어질 뿐만 아니라 결과적으로 무력감을 느끼게 될 가능성이 높다. 그러므로 몰입을 경험할 수 있는 일과 여가를 찾아야 한다. 몰입(flow)은 지금 하고 있는 일에 심취하여 일종의 무아지경에 이르는 상태에 도달하는 것이다(Csikszentmihalyi, 1990). 좋아하고 즐기는 일과 여가를 찾게 되면 삶의 순간순간에 '몰입'하게 되며, 이는 행복한 삶으로의 문을 열어 놓는 것과 같다. 자신에게 최적의 경험(optimal experience)을 제공하는 일이나 여가활동을 하게 될 때 시간이 지나가는 줄도 모르게 자기충족적인 '몰입'을 경험하게 되는 것이다. 따라서 이러한 일들이 무엇인지를 찾아야 한다.

직업적인 측면에서의 탐색(찾기)은 이미 앞서 여러 장에 걸쳐서 그 과정이 제시되었기 때문에, 여기에서는 여가 찾기에 필요한 내용을 간단히 정리하고자 한다. 여가란 상식적인 의미에서 쉬는 시간 또는 잠시의 여유로 이해되며, 사전적으로는 '겨를, 틈'을 뜻한다(손은령, 손진희, 2019). 여가는 시간적인 의미(잉여시간)와 활동적인 의미(기분전환 활동) 외에도 초월적 정신 상태를 의미하는 존재론적 의미와 정신해방 및 도야를 중심으로 한 심리학적 의미도 갖고 있기 때문에 복합적으로 파악할 필요가 있다. 어떤 측면에서 파악하든지 간에 여가는 일과 더불어서 조화로운 삶, 행복한 삶을 구성하는 중요한 요소이다. 하지만 많은 사람은 여가의 의미를 잘 알지 못하거나, 좋지 못한 여가에 탐닉함으로써 자신의 삶을 위협하기도 한다. 따라서 자신이 활동시간을 어떻게 관리하고 있으며, 선호하는 여가가 무엇인지를 알아보아야 한다. 또한 여가에 대해 갖고 있는 가치관을 점검하는 한편, 희망하는 여가와 현실적으로 가능한 여가활동 간의 간극도 살펴볼 필요가 있다. 이 과정에서 여러 장애요인이 있다면 그것을 확인한 후 해결 방안과 대처 기술들을 개발할 필요도 있다.

2) 행복 실천하기

앞서 말한 행복 찾기는 실천을 전제로 한다. 아는 것과 행하는 것이 일치되어야 한다는 것은 자명한 사실이다. 행복해지기 위해서 우선적으로 필요한 것은 마음관리이다. "일체유심조"라는 말이 있다. 마음먹는 것이 그만큼 중요한 것이다. 동일한 상황이라도 어떻게 이를 바라보고, 해석하는가, 그리고 그 결과를 예상하는가에 따라 대응 능력이 달라진다. 마음과 함께 생각도 긍정적으로 변해야 능동적인 행동이 가능해진다. 마음과 몸, 그리고 생각이 행복한 방향으로 움직여야 하는 것이다. 이 모든 것의 토대는 자신에 대한 건강한 시각이라 할 수 있다. 여기에서는 행복 실천의 방법론으로 자기격려, 마음/생각 관리, 10가지 행복 실천법을 제안한다.

(1) 자기격려

행복은 어느 정도의 모험을 수반한다. 아무것도 하지 않으면 아무 일도 일어나지 않으며, 아무 일도 없다면 행복해질 수 없다. 모험의 과정에는 불안이 끼어드는데, 그 불안에 압도당한다면 시도하지 않고 포기하게 된다. 그때 '실패해도 괜찮다.' '그 정도만 해도 충분히 잘한 것이다.'와 같은 자기격려 방법을 아는 사람은 좌절하지 않고 다시 나아가지만, '안 될 거야.' '괜히 했어.'와 같은 말을 읊조리게 되면 힘이 사라지고 주저앉게 된다.

격려는 포기하지 않고 용기를 잃지 않도록 북돋는 것으로서, 결과가 아닌 과정에 찬사를 보내는 것이며 애쓰고 있음에 박수를 보내는 것이다. 결과는 중요하지 않다. 지속적으로 세상의 어려움에 맞서고 좌절하지 않으며 성장하려고 노력하는 것의 가치를 알아차리고 그것의 긍정적 의미를 피드백할 필요가 있다. 다른 사람과 비교하지 않고, 어제의 내 모습에서 조금 변화되고 성장한 내 모습에 주목하며, 그 과정에서 쏟은 땀방울의 의미를 일깨워 주어야 한다. "일신우일신(日新又一新)"이라는 말의 의미를 되새김질해 주는 것이 격려의 기본이다. 주변의 사람들이 이렇게 격려해 주면 좋겠지만 그렇지 못하다면 스스로 격려할 줄 알아야 한다. 자기를 보듬는 일을 통해 세상에 도전할 힘이 생기게 되며, 그 과정에서 행복감을 느끼게 된다.

격려(encouragement)라는 말 안에 있는 용기(courage)의 어원은 불어로 'coeur'이다. 이는 '심장'을 뜻한다. 다시 말해, 해 보자는 마음이 생겨서 가슴이 쿵쿵 뛰고 그러한 추진력으로 새로운 일에 뛰어들 수 있는 것이다. 두려움을 가라앉히고 해 보겠다고 쿵쾅거리는 가슴에 불을 지피는 것이 격려이며, 이를 통해 문제를 만났을 때 굴복하기보다는 세상의 어려움에 맞설 기회로 받아들이고 위기를 기회로 환영하면서 해결할 시점으로 해석하면, 해결지향적인 긍정적 행동이 생겨날 수 있다. 성공적인 경험을 하게 되면 다시금 긍정적인 자기 피드백이 가능해지면서 자아존중감이 높아질 수 있다. 개인은 이러한 과정을 통해 교육학에서 흔히 이야기하는 '탄력성(resilience)'을 갖게 된다. 탄력성은 실패에도 굴하지 않고 다시 도전하는 심리적 힘을 의미하는데, 성공하는 사람들에게서 나타나는 주요한 특성이다. 따라서 격려를 통해서 자아탄력성이 높은 행복한 사람으로 성장한다고 할 수 있다.

격려는 기본적으로 인간의 가능성과 노력에 대한 인정과 믿음을 토대로 하며, 긍정적 행동을 하도록 개인의 내적 자원과 용기의 발달을 촉진하는 과정이다 (Dinkmeyer & Losoncy, 1980). 따라서 격려는 성과에 대한 긍정적 진술이라고 할 수 있는 칭찬이나 긍정적 강화물의 제공 같은 보상과는 차원을 달리한다. 격려는 결과가 아니라 이전과의 차이를 만들기 위한 노력과 애쓰는 과정을 강조하며, 그러한 과정에서 갖게 되는 좋은 감정에 주목한다.

(2) 마음/생각 관리

살면서 우리는 다양한 사건을 경험한다. 그 사건들은 자신의 통제 범위 밖에 있지만 때때로 우리는 그 모든 것을 우리가 책임져야 할 것으로 생각하여, 우울에 빠지거나 불안해하기도 한다. 그러나 잠시 사건의 전후관계를 생각해 보면 내가 할 수 있는 일들이 많지 않음을 알게 된다. 그것을 받아들이게 되면 마음의 흔들림이 가라앉게 되면서, '그럼에도 불구하고' 아직 내게 남아 있는 많은 것에 시선이 멈추게 된다. 그러면 '다행이다'라는 생각이 들고, 마음에는 '감사'가 자리 잡게 된다. 그때 우리는 행복을 경험한다. 어떤 의미에서 보면 무력감을 느끼고, 실존적 한계를 체험하면서, 가능한 영역과 불가능한 영역을 구분하게 되고, 없어진 것들에 대한 아쉬움보다는 남아 있는 것들의 소중함을 깨닫게 된다. 이 모든 과정은 일종의 마음관리, 생각관리의 결과라 할 수 있다.

마음관리를 위해 활용할 수 있는 방법이 마음챙김이다. 연습을 통해 우리는 한 번에 하나씩 집중하는 법을 배우고, 주의를 방해하는 것이 생겼을 때 주의집중을 현재로 돌릴 수 있게 된다. 부정적인 생각, 감정, 감각 등이 떠오를 때마다 이를 알아차림으로써, 고통스러운 정서와 생각에 대한 반응성을 줄이고, 좀 더 현재에 몰두할 수 있게 된다(Brown, Marquis, & Guiffrida, 2013). 그러면 현재 경험하는 것에 대한 호기심과 연민의 태도가 발달하며, 과거를 곱씹거나 미래에 대한 걱정에 사로잡히지 않고 현재의 경험에 내적으로 집중할 수 있게 된다. 이를 통해서 행복감에 대한 감수성이 발달하며, 이를 더 누릴 수 있게 된다.

생각관리를 위해서는 인지치료의 관점을 활용할 수 있다. 인지치료에서는 동일한 상황이라도 이를 받아들이는 사람의 관점에 따라 전혀 다르게 해석되므로, 생각의 방향을 바꾸어야 한다고 주장한다. 생각이 변화하면 그에 따라서 행동, 습관, 성격, 운명이 바뀐다는 것이다. 사건이 문제가 아니라, 그 사건에 대한 해석이 문제가 되어서 마음에 요동이 치고, 행동도 고착된다는 사실을 인지치료는 강조하고 있다. 감정과 행동에 영향을 주는 사고의 역할을 강조하는 인지치료는 사건이 문제가 아니라 그 사건에 대한 자기패배적 사고와 내적 대화가 문제라고 본다.

인지치료에서는 다양한 방식으로 사고를 표면화하고 그에 대해 논박함으로써, 사고의 전환을 시도한다. 대표적인 것이 부정적인 감정에 대한 대안 일지를 작성하는 것이다. 부정적으로 지각되는 사건을 적고, 그 사건에 대한 본인의 생각을 적어 보면, 대부분 부정적이거나 자기비판 또는 세상 비판적인 경우가 많다. 그 후에 대안적인 견해들을 작성해 보면서 논박해 보는 것이다. '과연 내 탓인지' '그렇게 해석할 여지가 있는지' '그런 생각이 맞는지' '그렇게 생각하는 것이 도움이 되는지' 등등을 적어 보면 사실상 근거가 희박하거나 자의적인 해석이 많았음을 깨닫게 된다. 그러면서 그 생각의 방향을 부정적인 쪽에서 긍정적인 쪽으로 바꾸어 가는 것을 도모하게 된다.

비슷한 관점에서 독서치료의 방법을 활용해 볼 수 있다. 책 읽기와 함께 그에 대한 생각을 나누고 마음을 드러내는 시간을 마련해 보는 방법으로 손은령(2020)은 '삼자대면'을 제안하였다. 그 프로그램은 6~8명 정도의 사람들이 30분간 모여서 책을 읽고, 그 책에서 마음에 와닿는 내용에 줄을 치거나 포스트잇에 글을 적은 후, 나머지 30분 동안 각자 그것에 대해 이야기하는 프로그램이다. '읽자, 쓰자, 나누자'의 뒤 글자를 떼어서 '삼자' 그리고 함께 만나는 시간이라는 의미에서 '대면', 그래서 '삼자대면'이라는 이름을 붙였다. 이러한 방법을 통해 각자 다양한 책을 통해 자신의 삶을 보고, 생각을 확인하며, 타인과 건강한 관계를 만들어 갈 기회를 마련할 수 있다.

(3) 10가지 행복 실천법

개개인의 욕구와 상황에 따라 행복을 실천하는 방법이 달라질 것이다. 실천하는 데는 여러 가지 걸림돌이 있을 수 있기 때문에 지속적으로 이를 유지하는 것은 힘들 수 있다. 그럼에도 불구하고, 자신의 삶에서 실천할 수 있는 작은 일들을 찾아 실제로 해 본 경험이 행복감을 고취시킬 수 있음을 2008년 MBC 방송의 실험이 증명하고 있다. 이 방법을 모두 따라 해 보아야 하는 것은 아니지만, 연구 참여자들은 그중

일부라도 실천을 하게 되면 점차 행복해졌음을 보고하고 있다. 그 내용을 살펴보면 3가지 주제, 즉 감사, 친절, 선행으로 수렴된다. 이 3가지 주제의 변주들로 10가지 실천법이 마련되는데, 그 내용은 다음과 같다.

- 매일 저녁, 그날 일어난 감사한 일 3가지를 일기에 쓴다.
- 신문에서 감사할 만한 뉴스를 찾아 스크랩한다.
- 평소 감사한 마음을 표현하지 못한 사람을 찾아 감사편지를 전한다.
- 나에게 하루에 1가지씩 선물을 준다.
- 하루에 한 번씩 거울을 보고 크게 소리 내어 웃는다.
- 남에게 하루에 한 번 친절한 행동을 한다.
- 아무도 모르게 좋은 일을 한다.
- 대화하지 않던 이웃에게 말을 건다.
- 좋은 친구나 배우자와 일주일에 1시간씩 방해받지 않고 대화한다.
- 연락이 끊겼던 친구에게 전화를 해서 만난다.

이상의 내용을 살펴보면 그리 어려운 일이 아니었음을 알 수 있다. 하지만 연구 참여자들에게 미친 긍정적인 영향은 놀랄 정도였다. 행복하고 싶은가? 그렇다면 지금 당장 이 목록 중 하나를 하기 바란다. 그리고 자신에게 맞는 방법들을 찾아서 지속하면 된다.

3) 행복한 삶 만들기

행복한 삶은 주어지는 것이 아니라 적극적으로 자신이 만들어 가야 한다. 우리 모두는 시한부 인생을 살고 있지만, 유한한 삶을 사는 이유를 부여하고, 의미를 만들며, 삶이 주는 자유 안에서 기쁨을 찾아 즐기는 것은 우리의 권리이자 의무라 할 수 있다. 그럼에도 불구하고 많은 사람은 그 기쁨을 누리기보다는 삶의 무게에 헉헉대며 불만족과 무력감을 느끼고 있다. 기계화와 산업화로 인해 세상살이는 편해졌지만 정작 그 편함 속에서 우리는 일상의 행복에 둔감해져 가고 있다. 아이러니한 일이다.

그에 대한 해답은 만드는 기쁨, 찾는 기쁨, 함께하는 기쁨을 느낄 시간과 공간을 만드는 과정에 있다. 행복에 대한 감수성을 높이고, 행복을 함께 느낄 수 있는 관계를 만들며, 행복한 일과 여가거리를 만들 필요가 있다. 이렇게 행복한 삶을 만드는 기쁨은 여러 곳에서 찾을 수 있다. 요리를 만들고, 목공을 하고, 텃밭을 가꾸며 야채를 기르는 일을 하거나, 함께 합창을 하고, 그림을 그리고, 생산적인 일들을 해 가는 것 또한 큰 행복을 선사한다. 봉사활동을 위한 조직을 만들고, 놀이를 새롭게 구성하며, 여행 계획을 만들어 가는 것도 좋다. 각자의 방식으로 행복한 삶 만들기 레시피를 구성해야겠지만, 우선적으로 두 가지, 즉 '성공 이야기 만들기'와 '행복어 사전 만들기'를 제안한다. 이 두 가지는 모두 삶 속에 숨어 있는 보물들을 찾고, 다듬으면서 중요한 의미를 만드는 과정 속에서 행복한 삶을 만들 수 있음을 보여 준다.

(1) 성공 이야기 만들기

우리 모두는 스스로 상담하고 격려하는 방법을 익힐 필요가 있다. 그래야만 급속하게 변화하는 세태에 휩쓸려 가지 않고, 주도적으로 자신의 삶을 구성해 갈 수 있으며, 시시각각 마주하게 되는 여러 역경에 능동적으로 대처해 갈 수 있다. 그러기 위해서는 자신의 지난 삶 속에 놓인 여러 경험을 건강한 시각으로 새롭게 의미화해 가는 한편, 위축되어 가는 자신을 보듬고, 새로운 힘들을 모아서 힘들지만 겁내지 않고 나아가야 한다. 빠른 속도로 변해 가는 시대를 잘 살아가기 위해서는 그 흐름을 따라잡으려 노력하기보다 그 흐름의 가운데서 중심을 잡고 탄탄한 토대 위에서 삶을 영위할 수 있어야 하기 때문이다.

세상의 파도를 잘 탈 수 있기 위해서는 각자의 방식으로 중심을 잡고 살아갈 수 있어야 하며, 이는 모든 사람에게 자기돌봄의 전문가가 될 것을 요구한다. 건강한 사람은 신체적으로 자기를 돌보고, 지적으로 도전하며, 자신의 정서를 폭넓게 표현하고, 보람된 대인관계를 찾고, 삶의 방향이 되는 의미를 찾는 삶의 양식을 만들기 위해 몰두한다(Corey & Corey, 2016). 개개인이 스스로 살고, 스스로 일어서며, 스스로 버티어 가는 법을 체득하게 되면 안녕감을 유지하면서 일상을 잘 살아갈 수 있게 된다. 그러므로 스스로 행하면서 자신을 돕는 활동은 행복한 삶, 건강한 삶의 필수 조건이다. 이를 위해 필요한 것이 자기 삶 속에 숨은 성공 이야기를 찾아내는 것이다. 이야기치료에서는 각자의 삶 속에 있는 실패 이야기를 새로운 관점에서 바라보고,

이를 성공 이야기로 바꾸어야 하며, 그 과정에서 우리 모두는 자기 삶의 주인공이 되어 보다 책임감 있게 그리고 보다 강건하게 삶의 여러 어려움에 대응해 갈 수 있다고 말한다. 어떤 관점으로 바라볼 것인가에 따라 의미가 달라질 수 있으며, 그에 따라 행복도 가까이 또는 더 멀리 있게 된다.

'스스로 돕는다', 즉 자조(自助, self-help)라는 말은 자신과 타인과의 상호작용이 아닌 자신이 만든 여러 생각의 축, 차원과의 교류를 통해서 자신의 여러 면을 이해할 수 있고, 교정해 갈 수 있음을 뜻한다. 상담자라는 자기 밖의 거울이 아니더라도 자기를 보는 거울들을 여러 곳에 스스로 배치함으로써 자신의 여러 면을 볼 수 있고, 받아들일 수 있으며, 수정해 갈 수 있다. 지나온 인생 사건들을 다시 한번 들여다봄으로써 그 사건의 의미를 횡으로 그리고 종으로 재해석해 볼 필요도 있다. 어떠한 인생도 한 길로 쭉 뻗어 갈 수 없다. 인위적인 힘이 가해지지 않는 한 모든 강은 구불거린다는 말처럼, 지그재그, 울퉁불퉁하게 이어져 왔던 인생길에 놓인 수많은 사건이 발굴되고 그것을 긍정적인 시각에서 재조명해 보면 우리 모두는 삶의 시련을 극복해 온 주인공이고 영웅이었음을 깨닫게 된다. 자신들이 지금까지 우연과 기회의 갈림길에서 어떤 일들을 벌여 왔으며, 운명의 수레바퀴를 자신에게 유리하게 움직여 왔는지 그리고 앞으로 어떻게 움직여 갈 것인지를 가늠해 볼 수 있도록 구성주의적인 관점에서 '헤쳐, 모여' 함으로써 새로운 인생 이야기를 만들어 보는 과정은 행복한 삶을 만드는 데 핵심적인 내용이라 할 수 있다.

(2) 행복어 사전 만들기

우리가 모르는 단어가 있을 때 사전을 찾아서 단어를 익히듯, 불안하거나 절망에 빠졌을 때 펼쳐 볼 수 있는 사전, 즉 행복어 사전을 만들 필요가 있다. 이 사전에는 각자가 찾은 행복어들을 수록하고 그 의미를 긍정적으로 해석한 내용들이 담겨야 한다. 그동안 흘려들었던 속담, 영화 대사, 소설, 노래 가사, 동화, 동시 등에 숨어 있는 행복한 이야기 또는 행복한 단어들을 찾아 그 의미를 곱씹어 봄으로써 숨겨진 행복이 드러날 수 있게 되며, 이는 일종의 놀이가 될 수 있었다. 이렇게 행복어를 찾고 그 의미를 이어 자신만의 행복어 사전을 만드는 과정 속에서 자신의 삶 속에 잠시 모습을 드러내었으나, 까맣게 잊고 있었던 행복한 기억들도 들추어질 수 있다. 행복어 사전 만들기 작업은 자신의 삶과 일상 속에서의 행복했던 경험과 단어, 드라마,

사진, 경험 등에서 긍정적인 의미를 발굴해 내는 활동이다. 동시에 자신의 추억 속에서 행복한 느낌과 기억들을 들추어내는 일종의 숨은 행복 찾기 경험을 제공함으로써 '자기주도적인 행복 학습자'가 될 수 있다.

이상의 과정을 통해 행복한 느낌에 대한 감수성이 향상되면, 행복한 삶의 방법론을 체화할 수 있게 된다. 무엇이든 많이 경험해야 그에 대한 민감성이 개발된다. 많이 먹어 보아야 요리를 잘 만들 수 있고, 많이 보아야 좋은 그림을 감별해 낼 수 있다. 행복한 느낌도 많이 경험해야 민감성이 개발된다. 예를 들어, 필자의 행복어 사전에는 다음과 같은 뜻풀이가 담겨 있다.

> 항복과 행복은 한 끗 차이이다. 행복에서 'ㅣ'를 빼면 항복인 것이다. 모든 것에 백기 투항하면 된다. 아무것도 내가 이룰 수 없으며, 주님(부처님 또는 조물주)의 예비하심과 도우심이 없으면 어떤 것도 완성될 수 없음을 깨닫고 항복했다는 뜻으로 하늘로 두 손을 번쩍 들어 올리면 하늘에서 줄이 내려온다. 그 줄을 잡으면 된다. 그건 나를 행복한 삶으로 이끄는 동아줄이다.
>
> 그러니 행복하려면 너무 애쓰지 말아야 한다. 자연의 섭리에 순응하듯이 유연하게 삶이 주는 여러 시련을 받아들이고, 지금 내게 온 여러 일상을 감사히 여기면서, 주시면 받고 안 주시면 견디면 되는 것이다. (손은령, 2020)

개개인은 책의 구절들을 읽고, 지나온 삶에서 경험한 사건들의 의미를 새롭게 풀어내며, 일상 속에 숨겨진 에피소드들을 다르게 바라본 내용들을 행복어 사전에 담게 된다. 자기만의 방식으로 그 뜻을 긍정화하여 해석하는 일을 일종의 놀이처럼 즐기면서 행복감을 높여 갈 수 있다. 자신의 사진첩에서, 일상의 단어에서, 드라마 속 대사에서 깊은 뜻과 긍정적인 의미를 찾아내고 이를 음미해 가다 보면 행복 민감성이 높아지게 된다. 이러한 작업을 통해 무엇이 자신을 행복하게 하는지를 깨닫고, 그 방향으로 움직여 갈 수 있게 될 것이며, 능동적인 삶을 구성하는 경험을 통해 행복을 만들어 가게 될 것이다.

연습문제

1. 5가지 자기돌봄의 영역을 검토한 후 자신의 현재 상태에 대해 평가해 봅시다. 그런 후 통합적 자기 모델에서 제시하는 안녕의 하위 5개 요소, 즉 창의적 자기, 대처하는 자기, 사회적 자기, 본질적인 자기, 신체적 자기에 어느 정도 에너지를 쓰고 있는지를 평가하고, 노력해야 할 영역을 찾아봅시다.
   - 창의적 자기: 생각하기, 감정, 통제, 작업, 긍정적 유머
   - 대처하는 자기: 여가, 스트레스 관리, 자기가치, 현실적 신념들
   - 사회적 자기: 우정, 사랑
   - 본질적인 자기: 영성, 성 정체성, 문화적 정체성, 자기관리
   - 신체적 자기: 운동, 영양

2. 24가지 성격강점 중 자신이 갖고 있다고 생각하는 강점 3가지를 선택한 후 그와 관련된 에피소드를 이야기해 봅시다. 그리고 그 강점을 잘 발휘할 수 있는 일과 여가활동을 찾아봅시다.

3. 10가지 행복 실천법 중 즉시 실행할 수 있는 일 3가지를 선택한 후 시도해 보고, 그 느낌을 적어 봅시다.

4. 행복한 삶을 위한 자기돌봄에는 자기격려가 필수적입니다. 자신을 보듬고 격려하는 말을 5개 만들고, 스스로 격려해 줍시다.

5. 행복한 삶을 위한 10계명을 각자 만들어 봅시다.

참고문헌

고용노동부(2018). 한국고용직업분류 2018 설명자료.

고홍월, 공윤정, 김봉환, 김인규, 김희수, 박성욱, 박승민, 손은령, 왕은자, 이동혁, 이상희, 이자
　　명, 임은미(2020). 생애개발상담. 서울: 학지사.

권석만(2008). 긍정 심리학: 행복의 과학적 탐구. 서울: 학지사.

권석만(2010). 심리학의 관점에서 본 욕망과 행복의 관계. 철학사상, 36, 121-152.

권석만(2011). 인간의 긍정적 성품: 긍정 심리학의 관점. 서울: 학지사.

권석만(2015). 현대 성격심리학: 이론적 이해와 실천적 활용. 서울: 학지사.

권석만(2017). 젊은이를 위한 인간관계의 심리학(3판). 서울: 학지사.

권석만, 김지영(2002). 자기 및 타인 표상과 대인관계 문제의 관계. 한국심리학회지: 임상, 21(4),
　　705-726.

김교헌, 김경의, 김금미, 김세진, 원두리, 윤미라, 이경순, 장은영(2010). 젊은이를 위한 정신건강.
　　서울: 학지사.

김근향(2011). 정신과 입원환자의 적응기능 향상을 위한 긍정심리치료 프로그램의 효과. 고려
　　대학교 대학원 박사학위논문.

김동규, 김중진, 장재호(2013). 직업사전 비교를 통한 국내외 직업구조 분석: 한 · 미 · 일 3국을
　　중심으로. 서울: 한국고용정보원.

김동규, 이은수(2019). 4차 산업혁명 시대 내 직업 찾기. 충북: 한국고용정보원.

김민선, 김민지, 이소연(2018). 대학생 진로상담 사례개념화 요소 도출에 관한 질적연구. 진로교
　　육연구, 31(1), 103-130.

김민선, 연규진(2014). 진로결정의 어려움 관련 정서 및 성격 척도의 한국 축소판 개발 및 타당
　　화 연구: 대학생들을 대상으로. 진로교육연구, 27(3), 65-94.

김병숙(2007). 직업심리학. 서울: 시그마프레스.

김병준(2001). 한국판 신체적 자기개념 측정도구 개발. 한국스포츠심리학회지, 12(2), 69-90.

김봉환(2019). 진로상담의 이론과 실제. 서울: 학지사.

김봉환(2020). 생애개발상담의 개요. 고홍월 외 공저, 생애개발상담(pp. 15-41). 서울: 학지사.

김봉환, 강은희, 강혜영, 공윤정, 김영빈, 김희수, 선혜연, 손은령, 송재홍, 유현실, 이제경, 임은미, 황매향(2018). 진로상담(2판). 서울: 학지사.

김봉환, 김계현(1997). 대학생의 진로결정수준과 진로준비행동의 발달 및 이차원적 유형화. 한국심리학회: 상담 및 심리치료, 9(1), 311-333.

김봉환, 김영미, 오칠근, 윤재성, 이제경, 최명운(2018). 고등학교 진로와 직업. 서울: 비상교육.

김봉환, 이제경, 유현실, 황매향, 공윤정, 손진희, 강혜영, 김지현, 유정이, 임은미, 손은령(2010). 진로상담이론: 한국 내담자에 대한 적용. 서울: 학지사.

김봉환, 최명운(2013). 청소년용 직업카드(2nd). 서울: 학지사 심리검사연구소.

김순옥(2013). 가족의 의사소통. 한국가족학연구회 편, 가족학(pp. 249-284). 서울: 도서출판 하우.

김영빈, 김동규, 김소현, 박가열, 오민홍, 장현진, 정윤경(2017). 직업세계와 직업정보 탐색 지도. 서울: 사회평론.

김은영(2001). 한국 대학생 진로탐색장애검사(KCBI)의 개발 및 타당화 연구. 이화여자대학교 대학원 박사학위논문.

김종운(2017). 인간관계 심리학(2판). 서울: 학지사.

김종환(2013). 공기업 조직문화 유형과 조직효과성 간의 관계에 관한 연구. 서울대학교 행정대학원 석사학위논문.

김중진(2017). 직업진로정보_시대별 직업세계 변천-과학기술 발전의 영향을 중심으로. 충북: 한국고용정보원.

김중진, 권윤섭(2019). 2020 한국직업사전 통합본(제5판). 충북: 한국고용정보원.

김중진, 박가열, 최영순(2016). 2016 국내외 직업 비교 분석을 통한 신직업 연구. 충북: 한국고용정보원.

김중진, 장재호, 김진관(2018). 2018 직종별 직업사전. 충북: 한국고용정보원.

김지연, 장은영(2019). 대학생의 진로적응성 향상을 위한 맞춤형 진로집단프로그램 개발 및 효과성 검증. 청소년학연구, 26(9), 125-159.

김창대(2002). 몰입(Flow)이론을 적용한 진로상담 모형. 청소년상담연구, 10(1), 5-30.

김춘경, 이수연, 이윤주, 정종진, 최웅용(2016). 상담학사전. 서울: 학지사.

김춘경, 이수연, 최웅용(2006). 청소년상담. 서울: 학지사.

김현지(2014). Well-being and the price tag of relationships: The effect of happiness on relational experience valuation. 서울대학교 대학원 석사학위논문.

김희수(2005). 고등학생이 지각한 부모의 양육태도와 학생의 자아존중감 및 진로결정과의 관계. 중등교육연구, 53(3), 63-88.

남미정(2015). 진로 취업 매뉴얼. 서울: 학지사.

대외경제정책연구원(2019). 2020년 세계경제 전망. *World Economy Today, 19*(23). http://eiec.kdi.re.kr/policy/domesticView.do?ac=0000149931

문요한(2018). 관계를 읽는 시간: 나의 관계를 재구성하는 바운더리 심리학. 서울: 더퀘스트.

박가열, 김동규, 김중진, 이랑, 최기성, 최영순, 김진관, 이은수, 최화영, 김창환, 박문수, 오민홍, 문나래, 배상호(2018). 2019 한국직업전망. 충북: 한국고용정보원.

박가열, 김은석, 박성원, 이영민(2018). 4차 산업혁명 시대의 미래직업능력 연구. 충북: 한국고용정보원.

박가열, 오민홍, 박문수, 박샘(2019). 2020 청년층 혁신성장 직업전망. 충북: 한국고용정보원.

박수길(2001). 한국대학생의 진로결정 수준에 영향을 미치는 가족변인과 개인변인에 관한 연구. 숙명여자대학교 대학원 박사학위논문.

법제처 국가법령정보센터(2019). 자격기본법(시행 2019. 10. 24., 법률 제16335호, 2019. 4. 23. 일부개정).

서수균, 권석만(2005). 비합리적 신념, 자동적 사고 및 분노의 관계. 한국심리학회지: 임상, 24(2), 327-339.

서은국(2014). 행복의 기원: 인간의 행복은 어디서 오는가. 경기: 21세기북스.

선혜연, 김계현(2008). 청소년 진로의사결정에서 부모와 자녀의 특성에 따른 부모의 관여방식 차이. 아시아교육연구, 9(2), 161-179.

손영화(2016). 인간관계 심리학. 서울: 학지사.

손은령(2009). 진로상담: 진로선택과정에서 우연 혹은 기회의 역할 고찰. 상담학연구, 10(1), 385-397.

손은령(2017). 우연과 계획의 조우: 진로상담의 새로운 담론. 서울: 학지사.

손은령(2020). 책을 읽고 마음을 잇다: 혼자 그리고 함께 성장하는 우리들의 책 읽기. 서울: 학지사.

손은령, 문승태, 임경희, 김희수, 손진희, 임효진, 여태철, 최지영, 손민호, 고홍월, 공윤정, 허창수(2017). 진로진학상담교육론. 서울: 사회평론.

손은령, 손진희(2019). 여가상담의 현실과 과제. 상담학연구, 20(2), 191-206.

신다은, 김진화(2016). 평생학습자의 학습정향성에 의한 군집화와 특성탐구. 평생학습사회, 12(1), 223-248.

신명희, 강소연, 김은경, 김정민, 노원경, 박성은, 서은희, 원영실, 황은영(2010). 교육심리학(2판).

서울: 학지사.

신명희, 서은희, 송수지, 김은경, 원영실, 노원경, 김정민, 강소연, 임호용(2017). 발달심리학(2판). 서울: 학지사.

신우열, 김민규, 김주환(2009). 회복탄력성 검사 지수의 개발 및 타당도 검증. 한국청소년연구, 20(4), 105-131.

안창규(1996). 진로 및 적성탐색검사의 해석과 활용. 서울: 한국가이던스.

양난미, 이은경, 송미경, 이동훈(2015). 외상을 경험한 여자 대학생의 성인애착과 외상 후 성장의 관계에서 스트레스 대처방식의 매개효과. 상담학연구, 16(1), 175-197.

워크넷(2018). 한국직업사전으로 본 우리나라 직업 수의 변화 게시자료. 충북: 한국고용정보원.

워크넷(2019). 마이다스아이티 "인재에게 무한한 성장 기회 제공해요". 충북: 한국고용정보원.

유영달, 이희영, 김용수, 이동훈, 하도겸, 유채은, 박현주, 천성문, 이정희, 박성미, 이희백(2013). 인간관계의 심리: 행복의 열쇠. 서울: 학지사.

유진이(2013). 청소년 심리 및 상담. 경기: 양서원.

유현실(1998). 재능의 발달 과정에 관한 연구: 체육 재능을 중심으로. 서울대학교 대학원 석사학위논문.

이동우(2014). 디스턴스: 원하는 것을 얻게 만드는 거리의 비밀. 서울: 엘도라도.

이득연(2004). 진로탐색행동에 영향을 미치는 변인간의 관계: 진로결정수준별 공변량구조분석. 전남대학교 대학원 박사학위논문.

이은아(2018). 안전기반치료(Seeking Safety)의 한국 적용방안에 대한 제언: 개관연구. 한국심리학회지: 일반, 37(4), 471-502.

이재창, 조봉환, 최인화, 임경희, 박미진, 김진희, 정민선, 최정인, 김수리(2017). 상담전문가를 위한 진로상담의 이론과 실제(2판) 경기: 아카데미프레스.

이태연(2014). 인간관계 심리학. 서울: 신정.

이하리, 이영선(2015). 청소년의 교사 · 또래 애착과 회복탄력성의 관계에서 자아존중감의 매개효과: 인문계 고등학생을 중심으로. 청소년상담연구, 23(2), 467-486.

이현숙, 조한익(2004). 지각된 부모의 양육태도가 성취목표 및 진로결정수준에 미치는 영향. 한국심리학회지: 상담 및 심리치료, 16(1), 89-105.

이혜은, 김동일(2018). 상담자의 진로결정과정−우연한 관계 경험을 중심으로. 상담학연구, 19(6), 175-201.

임선영(2013). 역경후 성장에 이르는 의미재구성 과정: 관계상실을 중심으로. 서울대학교 대학원 박사학위논문.

임선영, 권석만(2012). 관계상실을 통한 성장이 성격적 성숙과 정신건강에 미치는 영향. 한국심

리학회지: 임상, 31(2), 427-447.

임언, 박보경, 현진실(2012). 청소년의 직업가치관 변화. 진로교육연구, 25(3), 19-37.

임은미(2011). 대학생의 진로결정 과정과 개입요인 탐색. 상담학연구, 12(2), 447-466.

임은미, 강지현, 권해수, 김광수, 김정희, 김희수, 박승민, 여태철, 윤경희, 이영순, 임진영, 최지영, 최지은, 황매향(2019). 인간발달과 상담(2판). 서울: 학지사.

임은미, 강혜영, 고홍월, 공윤정, 구자경, 김봉환, 손은령, 손진희, 이제경, 정진선, 황매향(2017). 진로진학상담 기법의 이론과 실제. 서울: 사회평론.

장계영, 김봉환(2009). 진로상담: 진로전환검사 타당화 연구. 상담학연구, 10(1), 399-415.

장계영, 김봉환(2011). 대학생 진로적응성 척도 개발. 상담학연구, 12(2), 539-558.

장세진, 고상백, 강동묵, 김성아, 강명근, 이철갑, 정진주, 조정진, 손미아, 채창호, 김정원, 김정일, 김형수, 노상철, 박재범, 우종민, 김수영, 김정연, 하미나, 박정선, 이경용, 김형렬, 공정옥, 김인아, 김정수, 박준호, 현숙정, 손동국(2005). 한국인 직무 스트레스 측정도구의 개발 및 표준화. 대한직업환경의학회지, 17(4), 297-317.

전도근, 윤소영(2015). 직업카드 200. 경기: 교육과학사/(주)하자교육연구소.

정문자, 정혜정, 이선혜, 전영주(2012). 가족치료의 이해(2판). 서울: 학지사.

정민화, 최종안, 최인철(2017). 행복한 사람들의 선택: 좋아하는 것과 잘하는 것. 한국심리학회 학술대회 자료집, 258.

정소라, 현명호(2015). SNS 이용자의 상향비교 경험과 우울의 관계에서 열등감의 매개효과 및 자기개념 명확성의 중재효과. 한국심리학회지: 건강, 20(4), 703-717.

정옥분(2000). 성인발달의 이해. 서울: 학지사.

정옥분(2015a). 전생애 인간발달의 이론(3판). 서울: 학지사.

정옥분(2015b). 청년발달의 이해(3판). 서울: 학지사.

정옥분(2018). 아동발달의 이해(3판). 서울: 학지사.

정옥분(2019). 발달심리학: 전생애 인간발달(3판). 서울: 학지사.

정의석(2013). 상담심리전공자를 위한 진로상담의 이론과 실제. 서울: 시그마프레스.

직업능력개발원(2015). 50개 직업의 커리어패스 정보.

청소년대화의광장 편(1997). 천재들의 삶과 꿈. 서울: 청소년대화의광장.

최병태, 최광만, 김언주, 임선희, 천세영, 김두정, 김충회, 김정겸, 이종승, 권순명, 주삼환(2006). 교육학개론. 서울: 학지사.

최삼욱(2007). 긍정적 치료: 긍정 심리학의 치료적 개입. 스트레스연구, 15(3), 227-234.

최상진(1993). 한국인의 심정심리학: 정(情)과 한(恨)에 대한 현상학적 이해. 한국심리학회 학술대회 자료집, 1993(3), 3-21.

최인철(2018). 굿 라이프: 내 삶을 바꾸는 심리학의 지혜. 경기: 21세기북스.

최현규(2019). 남북관계 개선에 따른 남북과학기술협력, 2018년 과학기술혁신 및 사회이슈 분석을 위한 예측기반연구. 서울: 한국과학기술기획평가원.

통계청(2018). 한국표준직업분류 개정 주요 내용.

한국고용정보원(2005). 성인용직업가치관검사.

한국고용정보원(2008). 직업선호도 검사 개정 연구 보고서(1차년도).

한국고용정보원(2019). 2019 미래를 함께 할 새로운 직업.

한국고용정보원(2019. 4. 26.). 향후 10년간 일자리 전망 밝은 직업은?

한국과학기술기획평가원(2019). KISTEP ISSUE PAPER(vol 260) 미래이슈보고서.

한지영(2012). 이공계 인력의 미래 유망직업 연구동향: 한국·미국·호주의 직업전망을 중심으로. 공학교육연구, 15(5), 140-150.

홍경화(2014). The high price of Korean materialism on chronic and momentary happiness. 서울대학교 대학원 석사학위논문.

황매향, 이동혁(2017). MCI 직업카드. 경기: 한국가이던스.

Adler, A. (1959). *Understanding human nature*. New York: Fawcett.

Adler, R. B., & Proctor, R. F. II. (2015). 인간관계와 의사소통의 심리학 (*Looking out looking in*, 14th ed.). (정태연 역). 서울: 교육과학사. (원저는 2013년에 출판).

Alderfer, C. P. (1972). *Existence, relatedness, and growth: Human needs in organizational settings*. New York: The Free Press.

Allport, G. W. (1955). *Becoming*. New Haven: Yale University Press.

Allport, G. W. (1961). *Pattern and growth in personality*. New York: Holt, Rinehart & Winston.

Argyle, M. (1987). *The psychology of happiness*. London: Methuen.

Argyle, M. (1999). Causes and correlates of happiness. In D. Kahneman, E. Diener, & N. Schwartz (Eds.), *Well-being: The foundation of hedonic psychology*. New York: Russell Sage Foundation.

Austin, J. T., & Vancouver, J. F. (1996). Goal construction in psychology: Structure, process, and content. *Psychological Bulletin, 120*, 338-375.

Baltes, P. B., & Baltes, M. M. (1990). Psychological perspectives on successful aging: The model of selective optimization with compensation. In P. B. Baltes & M. M. Baltes (Eds.), *Successful aging: Perspectives from the behavioral sciences* (pp. 1-34). New York:

Cambridge University Press.

Baltes, P. B., Smith, J., & Staudinger, U. M. (1992). Wisdom and successful aging. In T. B. Sonderegger (Ed.), *Neberaska Symposium on motivation: Vol. 39. Psychology and aging.* Lincoln: University of Nebraska Press.

Bandura, A. (1961). Psychotherapy as a learning process. *Psychological Bulletin, 58,* 143-159.

Bandura, A. (1965). Influence of models' reinforcement contingencies on the acquisition of imitative responses. *Journal of Personality and Social Psychology, 1*(6), 589-595.

Bandura, A. (1977a). *Social learning theory.* Englewood Cliffs, NJ: Prentice-Hall.

Bandura, A. (1977b). Self-efficacy: Toward a unifying theory of behavioral change. *Psychological Review, 84*(2), 191-215.

Bandura, A. (1986a). *Social foundations of thought and action: A social cognitive theory.* Englewood Cliffs, NJ: Prentice-Hall.

Bandura, A. (1986b). The explanatory and predictive scope of self-efficacy theory. *Journal of Social and Clinical Psychology, 4*(3), 359-373.

Bandura, A. (1992). Exercise of personal agency through the self-efficacy mechanism. *Self-efficacy. Thought Control of Action, 1,* 3-37.

Bandura, A. (1997). *Self-efficacy: The exercise of control.* New York: W. H. Freeman.

Bandura, A., Ross, D., & Ross, S. A. (1961). Transmission of aggression through imitation of aggressive models. *The Journal of Abnormal and Social Psychology, 63*(3), 575-582.

Baruch-Feldman, C. (2017). 그릿 실천법: 목표를 향해 끝까지 밀고 나가는 단 하나의 공식 (*The grit guide for teens. A workbook to help you build perseverance, self-control and a growth mindset*). (김지선 역). 서울: 보랏빛소. (원저는 2017년에 출판).

Beck, A. T. (1976). *Cognitive therapy and emotional disorders.* New York: International Universities Press.

Benson, L. (1974). *Images, heroes, and self-perception.* Englewood Cliffs, NJ: Prientice Hall.

Berry, D. S., & Hansen, J. S. (1996). Positive affect, negative affect, and social interaction. *Journal of Personality and Social Psychology, 71*(4), 796-809.

Bloom, B. S. (1976). *Human characteristics and school learning.* New York: McGraw-Hill.

Blustein, L. (1990). Explorations of the career exploration literature: Current status and future directions. Invited address delivered at the American Education Research Association Convention, Boston, April.

Boehm, J. K., & Lyubomirsky, S. (2009). The promise of sustainable happiness. In C. R.

Snyder & S. J. Lopez (Eds.), *The Oxford handbook of positive psychology* (pp. 667-677). Oxford, UK: Oxford University Press.

Boeree, C. G. (2006). Personality theories: Carl Rogers. Retrieved February 13, 2013, from http:// webspace.ship.edu/cgboer/rogers.html.

Brickman, P., Coates, D., & Janoff-Bulman, R. (1978). Lottery winners and accident victims: Is happiness relative? *Journal of Personality and Social Psychology, 36*, 917-927.

Bright, J. E., Pryor, R. G., & Harpham, L. (2005). The role of chance events in career decision making. *Journal of Vocational Behavior, 66*(3), 561-576.

Briscoe, J. P., & Hall, D. T. (2006). The interplay of boundaryless and protean careers: Combinations and implications. *Journal of Vocational Behavior, 69*(1), 4-18.

Brookover, W. B., Thomas, S., & Paterson, A. (1964). Self-concept of ability and school achievement. *Sociology of Education, 37*(3), 271-278.

Brown, A. P., Marquis, A., & Guiffrida, D. A. (2013). Mindfulness-based interventions in counseling. *Journal of Counseling & Development, 91*(1), 96-104.

Campbell, A. (1981). *The sense of well-being in America.* New York: McGraw-Hill.

Campbell, L., Simpson, J. A., Boldry, J., & Kashy, D. A. (2005). Perceptions of conflict and support in romantic relationships: The role of attachment anxiety. *Journal of Personality and Social Psychology, 88*(3), 510-531.

Cantor, N., & Sanderson., C. A. (1999). Life task participation and well-being: The importance of taking part in daily life. In D. Kahneman & E. Diner (Eds.), *Well-being: The foundation of hedonic psychology* (pp. 230-243). New York: Russell Sage Foundation.

Carver, C. S., & Scheier, M. F. (2005). *Perspectives of personality* (5th ed.). New York: Pearson Education.

Chandler, C. K., Holden, J. M., & Kolander, C. A. (1992). Counseling for spiritual wellness: Theory and practice. *Journal of Counseling & Development, 71*(2), 168-175.

Cialdini, R. B., Borden, R. J., Thorne, A., Walker, M. R., Freeman, S., & Sloan, L. R. (1976). Basking in reflected glory: Three (football) field studies. *Journal of Personality and Social Psychology, 34*, 366-375.

Compton, W. C. (2007). 긍정 심리학 입문 (*Introduction to positive psychology*). (서은국, 성민선, 김진주 공역). 서울: 박학사. (원저는 2005년에 출판).

Conger, J. J. (1977). *Adolescent and youth* (2nd ed.). New York: Harper & Row.

Cooley, C. H. (1902). *Human nature and the social order.* New York: Charles Scribner's Sons.

Corey, M. S., & Corey, G. (2016). 좋은 상담자 되기 (*Becoming a helper, 7th ed*). (이지연, 김아름 공역). 서울: 사회평론. (원저는 2016년 출판).

Craven, R. G., & Marsh, H. W. (2008). The centrality of the self-concept construct for psychological wellbeing and unlocking human potential: Implications for child and educational psychologists. *Educational and Child Psychology, 25*, 104-118.

Crocker, J., & Wolfe, C. T. (2001). Contingencies of self-worth. *Psychological Review, 108*(3), 593-623.

Csikszentmihalyi, M. (1990). *Flow: The psychology of optimal experience.* New York: Harper & Row.

Damon, W., & Hart, D. (1988). Cambridge studies in social and emotional development. *Self-understanding in childhood and adolescence.* New York: Cambridge University Press.

Dawis, R. V., & Lofquist, L. H. (1984). *A psychological theory of work adjustment.* Minneapolis, MN: University of Minnesota Press.

Dewey, J. (1933). *How we think: A restatement of the relation of reflective thinking to the educative process* (Revised edn.). Boston: Heath.

Diehl, M., Hay, E. L., & Berg, K. M. (2011). The ratio between positive and negative affect and flourishing mental health across adulthood. *Aging & Mental Health, 15*(7), 882-893.

Diener, E. (1984). Subjective well-being. *Psychological Bulletin, 193*, 542-575.

Diener, E. (1994). Assessing subjective well-being: Progress and opportunities. *Social Indicators Research, 31*, 103-157.

Diener, E., & Biswas-Diener, R. (2002). Will money increase subjective well-being? Aliterature review and guide to needed research. *Social Indicators Research, 57*, 119-169.

Diener, E., Emmons, R., Larsen, R., & Griffin, S. (1985). The satisfaction with life scale. *Journal of Personality Assessment, 49*, 71-75.

Diener, E., & Lucas, R. E. (2000). Explaining differences in societal levels of happiness: Relative standard, need fulfillment, culture, and evaluation theory. *Journal of Happiness Studies, 1*, 41-78.

Diener, E., & Seligman, M. E. P. (2002). Very happy people. *Psychological Science, 13*, 81-84.

Diener, E., & Seligman, M. E. P. (2004). Beyond Money: Toward an economy of well-being. *Psychological Science in the Public Interest, 5*, 1-31.

Diener, E., Shu, E. M., Lucas, R. E., & Smith, H. L. (1999). Subjective well-being: Three decades of progress. *Psychological Bulletin, 125,* 276-302.

Dinkmeyer, D., & Losoncy, L. (1980). *The encouragement book: Becoming a positive person.* Englewood Cliffs, NJ: Prentice-Hall.

Duckworth, A. L. (2016). *Grit: The power of passion and perseverance.* New York: Scribner.

Duckworth, A. L., Peterson, C., Matthews, M. D., & Kelly, D. R. (2007). Grit: Perseverance and passion for long-term goals. *Journal of Personality and Social Psychology, 92,* 1087-1101.

Duffy, R. D., & Sedlacek, W. E. (2007). The presence of and search for a calling: Connections to career development. *Journal of Vocational Behavior, 70*(3), 590-601.

Ekman, P. (1984). Expression and the nature of emotion. In P. Ekman & K. Scherer (Eds.), *Approaches to emotion* (pp. 319-342). Hillsdale, NJ: Erlbaum.

Ellenson, A. (1982). *Human relations.* New Jersey: Prentice-Hall.

Emerson, M. J., & Miyake, A. (2003). The role of inner speech in task switching: A dual-task investigation. *Journal of Memory and Language, 48,* 148-168.

Erikson, E. H. (1968). *Identity: Youth and crisis.* New York: Norton.

Erikson, E. H. (1985). *The life cycle completed.* New York: Norton.

Festinger, L. (1954). A theory of social comparison processes. *Human Relations, 7,* 117-140.

Ford, M. E. (1992). *Motivating humans: Goals, emotions, and personal agency beliefs.* Newbury Park: Sage Publications.

Freud, S. (1960). *A general introduction to psychoanalysis.* New York: Washington Square Press.

Fromm, E. (1941). *Escape from freedom.* New York: Avon Books.

Fromm, E. (1947). *Man for himself.* New York: Holt, Rinehart & Winston.

Gardner, H. (2007). 다중지능 (*Multiple intelligences new horizons*). (문용린, 유경재 공역). 서울: 웅진지식하우스. (원저는 2006년에 출판).

Garrison, D. R. (1997). Self directed learning: Toward a comprehensive model. *Adult Education Quarterly, 48*(1), 18-29.

Gecas, V. (1982). The self concept. *Annual Review of Sociology, 8,* 1-33.

Ginzberg, E., Ginsburg, S. W., Axelrad, S., & Herma, J. L. (1951). *Occupational choices.* New York: Columbia University Press.

Goldstein, S., & Brooks, R. B. (2009). 아동·청소년 적응유연성 핸드북 (*Handbook of*

Resilience in Children). (신현숙 역). 서울: 학지사. (원저는 2005년에 출판).

Gottfredson, L. S. (1981). Circumscription and comprise: A developmental theory of occupational aspirations. *Journal of Counseling Psychology, 28*, 545-579.

Gottfredson, L. S. (1996). Gottfredson's theory of circumscription and compromise. In D. Brown & L. Brooks (Eds.), *Career choice and development* (3th ed., pp. 179-232). Sanfrancisco: Jossey-Bass.

Gottfredson, L. S. (2002). Gottfredson's theory of circumscription, compromise, and self-creation. In D. Brown & L. Brooks (Eds.), *Career choice and development* (4th ed., pp. 85-148). Sanfrancisco: Jossey-Bass.

Gottfredson, L. S., & Becker, H. J. (1981). A challenge to vocational psychology: How important are aspirations in determining male career development? *Journal of Vocational Behavior, 18*, 121-137.

Graham, L. (2014). 내가 나를 어떻게 도울 수 있을까: 휘어지되 꺾이지 않는 내 안의 힘. 회복탄력성의 모든 것 (*Bouncing back: Rewiring your brain for maximum resilience and well-being*). (윤서인 역). 서울: 불광출판사. (원저는 2013년에 출판).

Guglielmino, L. M. (1997). Contributions of the self-directed learning readiness scale (SDLRS) and the learning preference assessment (LPA) to the definition and measurement of self-direction in learning. Paper presented at the First Word Conference on Self-Directed Learning, Montreal, Canada.

Guilford, J. P. (1950). *Fundamental statistics in psychology and education* (2nd ed.). New York: McGraw-Hill.

Hackett, G., & Betz, N. E. (1981). A self-efficacy approach to the career development of women. *Journal of Vocational Behavior, 18*(3), 326-339.

Hall, E. T. (1959). *The hidden dimension*. New York: Doubleday.

Hall, S., & Du Gay, P. (Eds.). (1996). *Questions of cultural identity*. London: SAGE Publications.

Hargie, O., Saunders, C., & Dickson, D. (1981). *Social skills in interpersonal communication*. Cambridge: Brookline Books.

Haring, M. J., Stock, W. A., & Okun, M. A. (1984). A research synthesis of gender and social class correlates of subjective well-being. *Human Relations, 37*, 645-657.

Harter, S. (2012). *The construction of the self: Developmental and sociocultural foundations* (2nd ed.). New York: Guilford Press.

Herr, E. L., & Cramer, S. H. (1992). *Career guidance and counseling through the life span* (4th ed.). New York: Harper Collins.

Higgins, E. T. (1987). Self-discrepancy: A theory relating self and affect. *Psychological Review, 94*(3), 319–340.

Hogg, M. A. (2003). Social identity. In M. R. Leary & J. P. Tangney (Eds.), *Handbook of self and identity* (pp. 462–479). New York: Guilford.

Holland, J. L. (1994). *Self-directed search.* Odessa, FL: Psychological Assessment Resources.

Holland, J. L. (1997). *Making vocational choice: A theory of vocational personalities and work environment* (3rd ed.). Odessa, FL: Psychological Assessment Resources.

Horney, K. (1937). *The neurotic personality of our time.* New York: Norton.

Houle, C. O. (1988). *The inquiring mind* (2nd ed.). Norman, OK: Oklahoma Research Center for Continuing Professional and Higher Education, University of Oklahoma.

Hoyle, R., Kernis, M., Leary, M., & Baldwin, M. (1999). *Self-hood: Identity, esteem, and regulation.* Boulder, CO: Westview Press.

Hsee, C. K., & Abelson, R. P. (1991). Velocity relation: Satisfaction as a function of the first derivative of outcome over time. *Journal of Personality and Social Psychology, 60*, 341–347.

Hwang, M. H., Kim, J. H., Ryu, J. Y., & Heppner, M. J. (2006). The circumscription process of career aspirations in South Korean adolescents. *Asia Pacific Education Review, 7*(2), 133–143.

Inglehart, R. (1990). *Cultural shift in advanced industrial society.* Princeton, NJ: Princeton University Press.

James, W. (1890). *Principles of psychology.* New York: Henry Holt and Company.

Johnson, D. W. (2000). *Reaching out: Interpersonal effectiveness and self-actualization.* Boston: Allyn and Bacon.

Jones, G. R. (1986). Socialization tactics, self-efficacy, and newcomers' adjustments to organizations. *Academy of Management Journal, 29*(2), 262–279.

Kang, P., Lee, Y., Choi, I., & Kim, H. (2013). Neural evidence for individual and cultural variability in the social comparison effect. *Journal of Neuroscience, 33*(41), 16200–16208.

Kasser, T., & Ryan, R. M. (1993). A dark side of the American dream: Correlates of financial success as a life aspiration. *Journal of Personality and Social Psychology, 65*, 410–422.

Kelly, H. H. (1967). Attribution theory in social psychology. In D. L. Vine (Ed.), *Nebraska symposium on motivation.* Lincoln: University of Nebraska Press.

Ketterson, T. U., & Blustein, D. L. (1997). Attachment relationships and the career exploration process. *The Career Development Quarterly, 46*(2), 167-178.

Khan, S. B., & Weiss, J. (1973). The teaching of affective responses. In R. M. W. Travers, (Ed.), *Second handbook of research on teaching* (pp. 759-804). Chicago: Rand McNally.

Kim, J., Hong, E. K., Choi, I., & Hicks, J. A. (2016). Companion versus conparison: Examining seeking social companionship or social comparison as characteristics that differentiate happy and unhappy people. *Personality and Social Psychology Bulletin, 42*(3), 311-322.

Klein, K. L., & Weiner, Y. (1977). Interest congruency as a moderator of the relationship between job tenure and job satisfaction and mental health. *Journal of Vocational Behavior, 10*, 91-98.

Knowles, M. S. (1980). *The modern practice of adult education: From pedagogy to andragogy.* Englewood Cliffs, NJ: Cambridge Adult Education.

Kohlberg, L. (1963). The development of children's orientations toward moral order, Pt 1 Sequence in the development of moral thought. *Vita Humane, 6*, 11-33.

Kohlberg, L. (1975). The cognitive-development approach to moral education. *Phi Delta Kappan, 56*, 670-677.

Kolb, D. A. (1984). *Experiential learning: Experience as the source of learning and development.* New Jersey: Prentice-Hall.

Krumboltz, J. D. (1996). A learning theory of career counseling. In M. L. Savickas & W. B. Walsh (Eds.), *Handbook of career counseling theory and practice* (pp. 55-80). Palo Alto, CA: Consulting Psychologists Press.

Krumboltz, J. D. (2009). The happenstance learning theory. *Journal of Career Assessment, 17*(2), 135-154.

Krumboltz, J. D., & Baker, R. (1973). Behavioral counseling for vacational decision. In H. Borow (Ed.), *Career guidance for a new age* (pp. 235-284). Boston: Houghton Mifflin.

Krumboltz, J. D., & Henderson, S. J. (2002). A learning theory for career counselors. In S. G. Niles (Ed.), *Adult career development: Concepts, issues, and practices* (3rd ed., pp. 39-56). Columbus, OH: National Career Development association.

Krumboltz, J, D., & Levin, A. S. (2004). *Luck is no accident: Making the most of happenstance.* Ataseadero, CA: Impact.

Krumboltz, J. D., & Levin, A. S. (2010). *Luck is no accident: Making the most of happenstance in your life and career* (2nd ed.). Atascadero, CA: Impact Publishers.

Labouvie-Vief, G. (1986). Modes of knowing and life-span cognition. Paper presented at the meeting of the American Psychological Association. Washington, DC.

Langer, E. J., & Rodin, J. (1976). The effects of choice and enhanced personal responsibility for the aged: A field experiment in an institutional setting. *Journal of Personality and Social Psychology, 34*(2), 191-198.

Laucht, M., Esser, G., & Schmidt, M. H. (2002). Vulnerability and resilience in the development of children at risk: The role of early mother-child interaction. *Revista de Psiquiatria Clinica, 29*(1), 20-27.

Lazarus, R. S. (1991). *Emotion and adaptation.* New York: Oxford University Press.

Leary, M. R., Haupt, A. L., Strausser, K. S., & Chokel, J. T. (1998). Calibrating the sociometer: The relationship between interpersonal appraisals and state self-esteem. *Journal of Personality and Social Psychology, 74*(5), 1290-1299.

Lefcourt, H. M. (1981). *Research with the locus of control construct.* New York: Academic Press.

Lemay, E. P., Jr., & Dudley, K. L. (2009). Implications of reflected appraisals of interpersonal insecurity for suspicion and power. *Personality and Social Psychology Bulletin, 35*(12), 1672-1686.

Lent, R. W., & Brown, S. D. (2013). Social cognitive model of career self-management: Toward a unifying view of adaptive career behavior across the life span. *Journal of Counseling Psychology, 60*(4), 557-568.

Lent, R. W., Brown, S. D., & Hackett, G. (1994). Toward a unifying social cognitive theory of career and academic interest, choice, and performance. *Journal of vocational behavior, 45*(1), 79-122.

Lent, R. W., Brown, S. D., & Hackett, G. (1996). Career development from a social cognitive perspective. *Career Choice and Development, 3*, 373-421.

Lent, R. W., Brown, S. D., & Hackett, G. (2000). Contextual supports and barriers to career choice: A social cognitive analysis. *Journal of Counseling Psychology, 47*(1), 36-49.

Lent, R. W., Ezeofor, I., Morrison, M. A., Penn, L. T., & Ireland, G. W. (2016). Applying the social cognitive model of career self-management to career exploration and decision-making. *Journal of Vocational Behavior, 93*, 47-57.

Lerner, R. M. (1992). Sociobiology and human development: Arguments and evidence.

Human Development, 35, 12-33.

Levinson, D. J. (1990). A theory of life structure in adulthood. In C. N. Alexander & E. J. Langer (Eds.), *Higher stages of human development: Perspectives on adult growth* (pp. 35-53). New York: Oxford University Press.

Lian, S., Sun, X., Niu, G., & Zhou, Z. (2017). Upward social comparison on SNS and depression: A moderated mediation model and gender difference. *Acta Psychologica Sinica, 49*(7), 941-952.

Linville, P. W. (1987). Self-complexity as a cognitive buffer against stress related illness and depression. *Journal of Personality and Social Psychology, 52,* 663-676.

Liu, W. C., & Wang, C. K. J. (2005). Academic Self-Concept: Across-sectional study of grade and gender differences in a Singapore secondary school. *Asia Pacific Education Review, 6*(1), 20-27.

Luhtanen, R., & Crocker, J. (1992). A collective self-esteem scale: Self-evaluation of one's social identity. *Personality and Social Psychology Bulletin, 18*(3), 302-318.

Lykken, D., & Tellegen, A. (1996). Happiness is a stochastic phenomenon. *Psychological Science, 7,* 186-189.

Lyubomirsky, S., & Ross, L. (1977). Hedonic consequences of social comparison: A contrast of happy and unhappy people. *Journal of Personality and Social Psychology, 73,* 1141-1157.

Lyubomirsky, S., Sheldon, K. M., & Schkade, D. (2005). Pursuing happiness: The architecture of sustainable change. *Review of General Psychology, 9*(2), 111-131.

Marcia, J. E. (1980). Identity in adolescence. In J. Adelson (Ed.), *Handbook of adolescent psychology* (pp. 159-187). New York: John Wiley.

Maree, J. G. (2019). 진로구성상담의 원리와 실제 (*Counseling for career construction*). (김봉환, 장계영 공역). 서울: 학지사. (원저는 2013년에 출판).

Markus, H. (1990). Unsolved issues of self-representation. *Cognitive Therapy and Research, 14,* 241-253.

Marsh, H. W., Papaionannou, A., & Theodorakis, Y. (2006). Causal ordering of physical self-concept and exercise behavior: Reciprocal effects model and the influence of physical education teachers. *Health Psychology, 25,* 316-328.

Marsh, H. W., Richards, G., Johnson, S., Roche, L., & Tremayne, P. (1994). Physical self-description questionnaire: Psychometric properties and multitrait–multimethod analysis of relations to existing instruments. *Journal of Sport & Exercise Psychology, 16,* 270-305.

Maslow, A. H. (1968). *Toward a psychology of being.* New York: Van Nostrand.

Maslow, A. H. (1970). *Motivation and personality* (2nd ed.). New York: Harper.

Maslow, A. H. (1971). *The farther reaches of human nature.* New York: Viking.

McClelland, K. L. (1989). Parallel distributed processing: Implications for cognition and development. In R. G. M. Morris (Ed.), *Parallel distributed processing: Implications for psychology and neurobiology* (pp. 8-45). Oxford: Oxford University Press.

McDougall, W. (1960). *An introduction to social psychology* (3rd ed.). London: Methuen & Co.

McGillicuddy-DeLisi, A. V. (1982). Parental beliefs about developmental process. *Human Development, 25,* 192-200.

Meadows, M. (2019). Grit 그릿을 키워라: 포기하고 싶을 때 힘을 얻는 책 (*Grit: How to keep going when you want to give up*). (정종진 역). 서울: 학지사. (원저는 2015년에 출판).

Michelson, L., Sugai, D., Wood, R., & Kazdin, A. (1983). *Social skills assessment and training with children.* New York: Plenum.

Micholas, A. C. (1985). Multiple discrepancies theory (MDT). *Social Indicators Research, 16,* 347-413.

Miller, M. J. (1983). The role of happenstance in career choice. *Vocational Guidance Quarterly, 32*(1), 16-20.

Miller, P. H. (1983). *Theories of developmental psychology.* San Francisco: W. H. Freeman & Company.

Mitchell, K. E., Al Levin, S., & Krumboltz, J. D. (1999). Planned happenstance: Constructing unexpected career opportunities. *Journal of Counseling & Development, 77*(2), 115-124.

Mitchell, L. K., & Krumboltz, J. D. (1996). Krumboltz's learning theory of career choice and counseling. In D. Brown, L. Brooks, & Associates (Eds.), *Career choice and development* (3rd ed., pp. 233-280). Sanfrancisco: Jossey-Bass.

Mroczek, D. K., & Kolarz, C. M. (1998). The effect of age on a positive and negative affect: A development perspective on happiness. *Journal of Personality and Soial Psychology, 75,* 1333-1349.

Murray, S. L., Holmes, J. G., Griffin, D. W., Bellavia, G., & Rose, P. (2001). The mismeasure of love: How self-doubt contaminates relationship beliefs. *Personality and Social Psychology Bulletin, 27*(4), 423-436.

Myers, D. G. (2000). The funds, friends, and faith of happy people. *American Psychologist, 55,* 56–67.

Myers, I. B., & McCaulley, M. H. (1985). *MBTI manual: A guide to the development and use of the Myers–Briggs Type Indicator.* Palo Alto, Calif.: Consulting Psychologists Press, Inc.

Myers, J. E., & Sweeney, T. J. (2005). Introduction to wellness theory. In J. E. Myers & T. J. Sweeney (Eds.), *Counseling for wellness: Theory, research, and practice* (pp. 7–14). Alexandria, VA: American Counseling Association.

Myers, J. E., & Sweeney, T. J. (2008). Wellness counseling: The evidence base for practice. *Journal of Counseling & Development, 86*(4), 482–493.

Myers, J. E., Sweeney, T. J., & Witmer, J. M. (2000). The wheel of wellness counseling for wellness: A holistic model for treatment planning. *Journal of Counseling & Development, 78*(3), 251–266.

Nevill, D. D., & Super, D. E. (1986). *The salience inventory: Theory, application and research.* Palo Alto, CA: Consulting Psychologists Press.

Nichols, M. P., & Davis, S. D. (2017). 가족치료: 개념과 방법 (*Family therapy: Concepts and methods*). (김영애 역). 서울: 시그마프레스. (원저는 2016년에 출판).

Niles, S. G. (2001). Using Super's career development assessment and counseling (C-DAC) model to link theory to practice. *International Journal for Educational and Vocational Guidance, 1,* 131–139.

Oakes, P. J., Haslam, S. A., & Turner, J. C. (1994). *Stereotyping and social reality.* Oxford and Cambridge, MA: Basil Blackwell.

O'Brien, K. M. (1996). The influence of psychological separation and parental attachment on the career development of adolescent women. *Journal of Vocational Behavior, 48*(3), 257–274.

Okun, M. A., Stock, W. A., Haring, M. J., & Witter, R. A. (1984). Health and subjective well-being: A meta-analysis. *International Journal of Aging and Human Development, 19,* 111–132.

Osborn, D. S., & Zunker, V. G. (2012). *Using assessment results for career development* (8th ed.). Pacific Grove, CA: Brooks/Cole.

Papalia, D. E., Camp, C. J., & Feldman, R. D. (1996). *Adult development and aging.* New York: McGraw-Hill.

Papalia, D. E., Olds, S. W., & Feldman, R. D. (2009). *Human development* (11th ed.). New

York: McGraw-Hill.

Park, N., Peterson, C., & Seligman, M. E. (2004). Strengths of character and well-being. *Journal of social and Clinical Psychology, 23*(5), 603-619.

Parsons, F. (1909). *Choosing a vocation.* Boston: Houghton Mifflin.

Paykel, E. S. (1979). Recent life events in the development of the depressive disorders. In R. A. Depu (Ed.), *The Psychology of the depressive disorders: Implications for the effects of stress* (pp. 245-262). New York: Academic Press.

Peterson, C., & Seligman, M. E. P. (2004). *Character strengths and virtues: A handbook and classification.* New York: Oxford University Press/Washington, DC: American Psychological Association.

Peterson, G. W., Sampson, J. P., Reardon, R. C., & Lenz, J. G. (1996). A cognitive information processing approach to career problem solving and decision making. *Career Choice and Development, 3,* 423-475.

Piaget, J. (1952). *The language and thought of the child.* London: Routledge & Kegan-Paul.

Piaget, J. (1954). *The construction of reality in the child.* New York: Basic Books, Inc.

Piaget, J. (1983). Piaget's theory. In P. H. Mussen (Ed.), *Handbook of child psychology* (Vol. 1, pp. 294-356). New York: Wiley.

Plutchik, R. (1980). *Emotion: A psychoevolutionary synthesis.* New York: Harper & Row.

Purkey, W. W. (1970). *Self-concept and school achievement.* Englewood Cliffs, N.J.: Prentice Hall.

Rashid, T., Anjum, A., & Lennox, C. (2006). Positive psychotherapy for middle school children. Toronto District School Board. Results presented in Rashid, T., & Anjum, A. (2008). Positive psychotherapy for young adults and children. In J. R. Z. Abela & B. L. Hankin (Ed.), *Handbook of depression in children and adolescents* (pp. 250-287).

Reinhold, K. P. (1943). *The Nature and Destiny of Man.* Boston: 20th century.

Roe, A. (1956). *The psychology of occupations.* New York: John Wiley & Sons Inc.

Rogers, C. R. (1939). *The clinical treatment of the problem child.* George Allen and Unwin Ltd, London.

Rogers, C. R. (1951). *Client-centered therapy: Its current practice, implications and theory.* Boston: Houghton Mifflin.

Rogers, C. R. (1957a). Personal thoughts on teaching and learning. *Merrill-Palmer Quarterly, 3,* 241-243.

Rogers, C. R. (1957b). The necessary and sufficient conditions of therapeutic personality change. *Journal of Consulting Psychology, 21*, 95-103.

Rogers, C. R. (1961). *On becoming a person*. Boston: Houghton Mifflin.

Rogers, C. R. (2015). 진정한 사람되기: 칼 로저스 상담의 원리와 실제 (*On becomimg a person-A therapist's view of psychotherapy*). (주은선 역). 서울: 학지사. (원저는 1961년에 출판).

Rosenberg, M. (1957). *Occupations and values*. Glencoe, IL: The Free Press.

Ross, C. N. (2016). *The three ways to happiness: How orientations to pleasure, engagement, and meaning relate to Grit and well-being in a longitudinal, international sample*. (Unpublished masters thesis). Victoria University of Wellington, Wellington, New Zealand.

Rothwell, C., & Cohen, P. (2003). *Happiness is no laughing matter*. extracted from http://www.petecohen.com in 02/14/04

Russell, J. A. (1980). A circumplex model of affect. *Journal of Personality and Social Psychology, 39*, 1161-1178.

Ryan, R. M., & Deci, E. L. (2000). Self-determination theory and the facilitation of intrinsic motivation, social development, and well-being. *American Psychologist, 55*(1), 68-78.

Ryan, R. M., Rigby, S., & King, K. (1993). Two types of religious internalization and their relations to religious orientations and mental health. *Journal of Personality and Social Psychology, 65*, 586-596.

Ryff, C. D. (1989). Happiness is everything, or is it? Explorations on the meaning of psychological well-being. *Journal of Personality and Social Psychology, 57*(6), 1069-1081.

Saakvitne, K. W., Pearlman, L. A., & Abrahamson, D. J. (1996). *Transforming the pain: A workbook on vicarious traumatization*. New York: W.W. Norton.

Saka, N., Gati, I., & Kelly, K. R. (2008). Emotional and personality-related aspects of career decision-making difficulties. *Journal of Career Assessment, 16*, 403-424.

Sanitioso, R., & Wlodarski, R. (2004). In search of information that confirms a desired self perception: Motivated processing of social feedback and choice of social interactions. *Personality and Social Psychology Bulletin, 30*, 412-422.

Sarason, B. R., Sarason, I. G., & Pierce, G. R. (1990). *Social support: An interactional view*. New York: Wiley.

Satir, V., Banmen, J., Gerber, J., & Gomori, M. (1991). *The Satir model family therapy and beyond*. Palo Alto: Science and Behavior books.

Savickas, M. L. (1994). Vocational psychology in the postmodern era: Comment on Richardson (1993). *Journal of Counseling Psychology, 41*(1), 105-107.

Savickas, M. L. (2002). Career construction: A developmental theory of vocational development. In D. Brown (Ed.), *Career choice and development* (4th ed., pp. 149-205). San Francisco: Jossey-Bass.

Savickas, M. L. (2005). The theory and practice of career construction. In S. D. Brown, & R. W. Lent (Eds.), *Career development and counseling: Putting theory and research to work* (pp. 42-70). Hoboken, NJ: John Wiley.

Savickas, M. L. (2011). Constructing careers: Actor, agent, and author. *Journal of Employment Counseling, 48*(4), 179-181.

Savickas, M. L., & Porfeli, E. J. (2012). Career Adapt-Abilities Scale: Construction, reliability, and measurement equivalence across 13 countries. *Journal of Vocational Behavior, 80*(3), 661-673.

Schaie, K. W. (1977). Quasi-experimental research designs in the Psychology of aging. In J. E. Birren & K. W. Schaie (Eds.), *Handbook of the psychology of aging* (pp. 39-58). New York: Van Nostrand Reinhold.

Schneider, B. (2002). Social captial: A ubiquitous emerging conception. In D. L. Levinson, P. W. Cookson, Jr., & A. R. Sadovnik (Eds.), *Education and sociology: An encyclopedia* (pp. 545-550). New York: Routledge Falmer.

Segerstrom, S., Taylor, S., Kemeny, M., & Fahey, J. (1998). Optimism is associated with mood, coping and immune change in response to stress. *Journal of Personality and Social Psychology, 74,* 1646-1655.

Seidlitz, L., & Diener. E. (1993). Memory for positive versus negative events: Theories for the differences between happy and unhappy person. *Journal of Personality and Social Psychology, 64,* 654-664.

Seligman, M. E. P. (1991). *Learned optimism*. New York: Knopf.

Seligman, M. E. P. (1998). Positive social science. *APA Monitor, 29*(4), 2, 5.

Seligman, M. E. P. (2002a). Positive psychology, positive prevention, and positive therapy. *Handbook of Positive Psychology, 2,* 3-12.

Seligman, M. E. P. (2002b). *Authentic happiness*. New York: Free Press.

Seligman, M. E. P., & Peterson, C. (2003). Positive clinical psychology. In L. G. Aspinwall

& U. M. Staudinger (Eds.), *A psychology of human strengths: Fundamental questions and future directions for a positive psychology* (pp. 305–317). American Psychological Association. https://doi.org/10.1037/10566-021

Seligman, M. E. P., Rashid, T., & Parks, A. C. (2006). Positive psychotherapy. *American psychologist, 61*(8), 774–788.

Seligman, M. E. P., Reivich, K., Jaycox, L., & Gillham, J. (1995). *The optimistic child.* Boston: Houghton Mifflin.

Seligman, M. E. P., Steen, T. A., Park, N., & Peterson, C. (2005). Positive psychology progress: Empirical validation of interventions. *American psychologist, 60*(5), 410–421.

Shaffer, D. R. (1994). *Social and personality development* (3rd ed.). California: Brooks/Cole.

Sharf, R. S. (2006). *Applying career development theory to counseling* (4th ed.). Pacific Grove, CA, Brooks/Cole.

Sharf, R. S. (2016). 진로상담 (*Applying career development theory to counseling*). (김진숙, 김정미, 서영숙 공역). 서울: 박학사. (원저는 2013년에 출판).

Shavelson, R. J., Hubner, J. J., & Stanton, G. C. (1976). Self-concept: Validation of construct interpretations. *Review of Educational Research, 46*(3), 407–441.

Sheldon, K. M., & Kasser, T. (1995). Coherence and congruence: Two aspects of personality integration. *Journal of Personality and Social Psychology, 68*, 531–543.

Shrauger, J. S., & Schoeneman, T. J. (1979). Symbolic interactionist view of self-concept: Through the looking glass darkly. *Psychological Bulletin, 86*(3), 549–573.

Smith, J., & Baltes, P. B. (1992). Wisdom-related knowledge: Age/cohort differences in response to life planning problems. *Developmental Psychology, 26(3)*, 494–505.

Spanier, G. B., & Furstenberg, F. F. (1987). Remarriage and reconstituted families. In M. B. Sussman & S. D. Steinmetz (Ed.), *Handbook of marriage and the family.* New York: Plenum Press.

Sternberg, R. J., & Hojjat, M. (1997). *Satisfaction in close relationships.* New York: Guilford Press.

Sternberg, R. J., & Williams, W. M. (2002). *Educational psychology.* Boston, MA: Allyn & Bacon.

Sul, S., Kim, J., & Choi, I. (2016). Subjective well-being, social buffering and hedonic editing in the quotidian. *Cognition and Emotion, 30*(6), 1063–1080.

Super, D. E. (1955). Dimensions and measurement of vocational maturity. *Teachers College*

Record, 57, 151–163.

Super, D. E. (1957). *The psychology of careers: An introduction to vocational development.* New York: Harper & Bros.

Super, D. E. (1965). The preliminary appraisal in vocational counseling. *The Personnel and Guidance Journal, 36,* 154–161.

Super, D. E. (1980). A life-span, life-space approach to career development. *Journal of vocational Behavior, 16,* 282–298.

Super, D. E. (1990). A life-span, life-space approach to career development. In D. Brown & L. Brooks (Eds.), *Career choice and development: Applying contemporary theories to practice* (2nd ed., pp. 197–261). San Francisco: Jossey-Bass.

Super, D. E., Ctites, J. O., Hummel, R. C., Moser, H. P., Overstreet, P. L., & Warnath, C. E. (1957). *Vocational development: A framework for research.* New York: Teachers College Press, Columbia University.

Super, D. E., & Knasel, E. G. (1981). Career development in adulthood: Some theoretical problems and a possible solution. *British Journal of Guidance and Counselling, 9*(2), 194–201.

Super, D. E., & Overstreet, P. L. (1960). *The vocational maturity of ninth grade boys.* Oxford, England: Teachers Collage Press.

Tannen, D. (1989). *You just don't understand: Women and men in conversation* (pp. 152–157, 162–165). New York: William Morrow.

Tracey, T. J., & Hopking, N. (2001). Correspondence of interests and abilities with occupational choice. *Journal of Counseling Psychology, 48,* 178–189.

Vailant, G. E. (2009). 행복의 조건 (*Aging well*). (이덕남 역). 서울: 프런티어. (원저는 2002년에 출판).

Von Culin, K. R., Tsukayama, E., & Duckworth, A. L. (2014). Unpacking grit: Motivational correlates of perseverance and passion for long-term goals. *The Journal of Positive Psychology, 9*(4), 306–312.

Vygotsky, L. S. (1956). *Izbrannye psikhologicheskie issledovaniya* [Selected psychological investigations]. Moscow: Izdatel'stvo Akademii Pedagogicheskikh Nauk.

Vygotsky, L. S. (1979). *Mind in society: The development of higher mental processes.* Cambridge, MA: Harvard University Press.

Watson, J. B., & Rayner, R. (1920). Conditioned emotional reaction. *Journal of Experimental*

Psychology, 3, 1-14.

Werner, E. E., & Smith, R. S. (2001). *Journeys from childhood to midlife: Risk, resilience, and recovery*. Ithaca, NY: Cornell University Press.

Wexler, L. M., DiFluvio, G., & Burke, T. K. (2009). Resilience and marginalized youth: Making a case for personal and collective meaning-making as part of resilience research in public health. *Social Science & Medicine, 69*(4), 565-570.

Williams, E. N., Soeprapto, E., Like, K., Touradji, P., Hess, S., & Hill, C. E. (1998). Perceptions of serendipity: Career paths of prominent academic women in counseling psychology. *Journal of counseling psychology, 45*(4), 379-389.

Williamson, E. G. (1939). *How to counsel students*. New York: McGraw-Hill.

Wilmot, W., & Hocker, J. L. (2010). *Interpersonal conflict* (8th ed., pp. 11-19). New York: McGraw Hill.

Witmer, J. M., Sweeney, T. J., & Myers, J. E. (1998). *The wheel of wellness*. Greensboro, NC: Authors.

Wood, W., Rhodes, N., & Whelan, M. (1989). Sex differences in positive well-being: A consideration of emotional style and marital status. *Psychological Bulletin, 106*, 249-264.

Yakushko, O., Davidson, M. M., & Williams, E. N. (2009). Identity salience model: A paradigm for integrating multiple identities in clinical practice. *Psychotherapy: Theory, Research, Practice, Training, 46*(2), 180-192.

Zhao, X. R., Qu, H., & Ghiselli, R. (2011). Examining the relationship of work-family conflict to job and life satisfaction: A case of hotel sales managers. *International Journal of Hospitality Management, 30*(1), 46-54.

교육평가용어사전(2004. 5. 31.). 윤리강령. https://terms.naver.com/entry.nhn?docId=1924339&cid=42125&categoryId=42125

국제표준직업분류(2008). https://www.ilo.org/public/english/bureau/stat/isco/isco08/index.htm

뉴시스(2020. 2. 10.). 채용 시 가장 중요하게 보는 인재상 키워드는… 책임감 1위. http://www.newsis.com/view/?id=NISX20200210_0000913304&cID=13001&pID=13000

두산백과. 자아실현 https://terms.naver.com/entry.nhn?docId=1185789&cid=40942&categoryId=31531

리크루트타임스(2019. 11. 5.). 직업, 자아실현의 장. http://www.recruittimes.co.kr/news/

articleView.html?idxno=85877

워크넷(2020. 5. 15.). 직업선호도 검사 결과. 한국고용정보원. https://www.work.go.kr/consltJobCarpa/jobPsyExam/aduPreSNewDetail.do?tabIdx=example

워크넷(2020. 5. 15.). 직업정보 찾기 검색 결과. 한국고용정보원. https://www.work.go.kr/consltJobCarpa/srch/jobInfoSrch/summaryExmpl.do?jobNm=01291

취업포털 벼룩시장(2018. 11. 7.). 직장인, 행복의 잣대는 성과에 대한 경제적 보상. https://www.newswire.co.kr/newsRead.php?no=878488

한국고용직업분류(2018). http://www.moel.go.kr/info/lawinfo/instruction/view.do?bbs_seq=20171200272

한국표준직업분류(2017). https://kssc.kostat.go.kr:8443/ksscNew_web/index.jsp

국가직무능력표준 http://www.ncs.go.kr

원불교대사전 https://terms.naver.com/list.nhn?cid=50765&categoryId=50778

표준국어대사전 https://stdict.korean.go.kr/main/main.do

HRD용어사전. 프로틴경력(프로티언경력). https://terms.naver.com/entry.nhn?docId=2179005&cid=51072&categoryId=51072

O*NET OnLine https://www.onetonline.org

찾아보기

내용

저자 소개

손은령(Son Eunyoung)
서울대학교 교육학 박사(교육상담 전공)
현 충남대학교 사범대학 교육학과 교수

김민선(Kim Minsun)
연세대학교 교육학 박사(상담교육 전공)
현 단국대학교 심리치료학과 교수

김현정(Kim Hyunjung)
홍익대학교 교육학 박사(상담심리 전공)
현 오산대학교 사회복지상담학과 교수

이혜은(Lee Hyeeun)
서울대학교 교육학 박사(교육상담 전공)
현 서울대학교 대학생활문화원 전문위원

김지연(Kim Jiyeon)
서울대학교 교육학 박사(교육상담 전공)
현 경기대학교 일반대학원 상담학과 조교수

이순희(Lee Soonhee)
충남대학교 교육학 박사(교육상담 전공)
현 충남대학교 교육대학원 교수

대학생의 행복한 삶을 위한

진로심리학

Career Psychology for Happy Life of University Students

2020년 9월 10일 1판 1쇄 발행
2022년 5월 30일 1판 2쇄 발행

지은이 • 손은령 · 김민선 · 김현정 · 이혜은 · 김지연 · 이순희
펴낸이 • 김진환
펴낸곳 • ㈜**학지사**
　　　　　04031 서울특별시 마포구 양화로 15길 20 마인드월드빌딩
대표전화 • 02-330-5114　　팩스 • 02-324-2345
등록번호 • 제313-2006-000265호

홈페이지 • http://www.hakjisa.co.kr
페이스북 • https://www.facebook.com/hakjisa

ISBN 978-89-997-2146-5　93180

정가 22,000원

이 도서의 국립중앙도서관 출판시도서목록(CIP)은 서지정보유통지
원시스템 홈페이지(http://seoji.nl.go.kr)와 국가자료공동목록시스템
(http://www.nl.go.kr/kolisnet)에서 이용하실 수 있습니다.
(CIP 제어번호: CIP2020031011)

출판 · 교육 · 미디어기업 **학지사**

간호보건의학출판 **학지사메디컬** www.hakjisamd.co.kr
심리검사연구소 **인싸이트** www.inpsyt.co.kr
학술논문서비스 **뉴논문** www.newnonmun.com
교육연수원 **카운피아** www.counpia.com